SOCIÉTÉ ARCHÉOLOGIQUE D'EURE-ET-LOIR.

CARTULAIRE

DE L'ABBAYE

DE LA SAINTE-TRINITÉ DE TIRON

PUBLIÉ ET ANNOTÉ

PAR M. LUCIEN MERLET

Archiviste d'Eure-et-Loir, Membre correspondant de l'Institut.

TOME PREMIER

CHARTRES
IMPRIMERIE GARNIER
15, Rue du Grand-Cerf, 15

M DCCC LXXXIII

CARTULAIRE

DE

L'ABBAYE DE TIRON

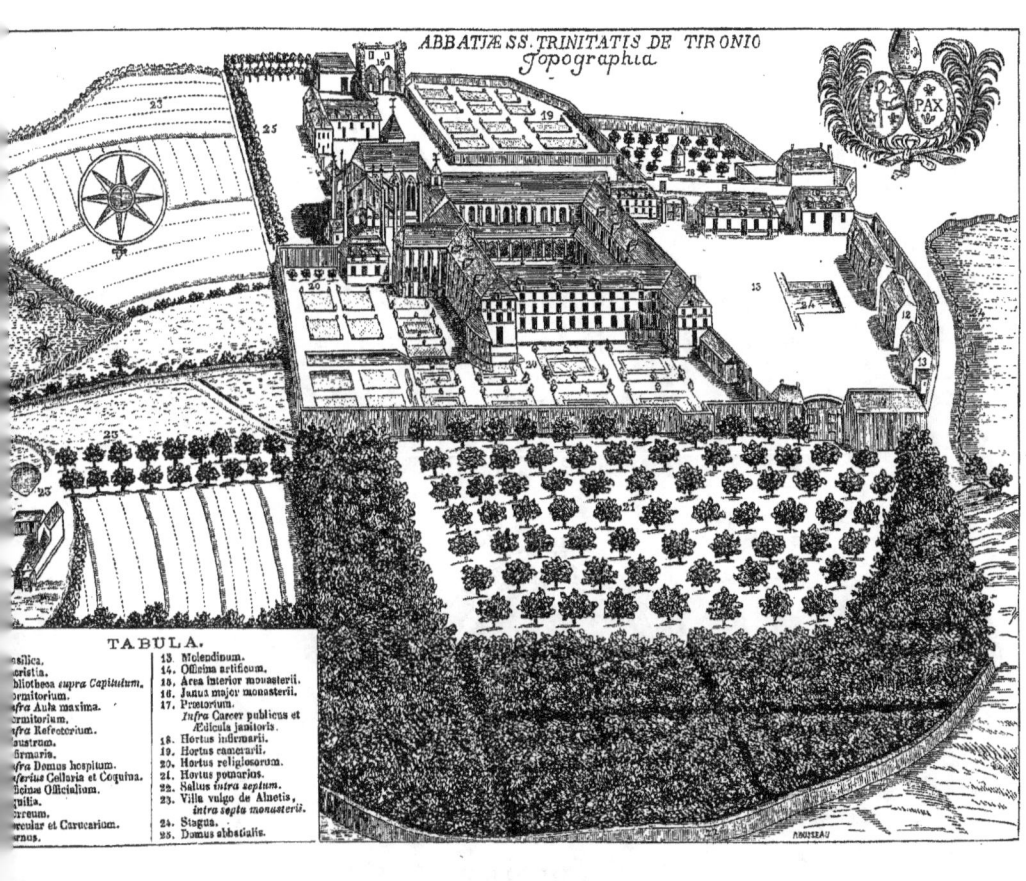

SOCIÉTÉ ARCHÉOLOGIQUE D'EURE-ET-LOIR.

CARTULAIRE

DE L'ABBAYE

DE LA SAINTE-TRINITÉ DE TIRON

PUBLIÉ ET ANNOTÉ

Par M. Lucien MERLET

Archiviste d'Eure-et-Loir, Membre correspondant de l'Institut.

TOME PREMIER

CHARTRES
IMPRIMERIE GARNIER
15, Rue du Grand-Cerf, 15

M DCCC LXXXIII

INTRODUCTION.

I.

Plus on remonte le cours des siècles, plus les ténèbres se font autour des évènements que l'on cherche à approfondir : aussi généralement, dans l'histoire d'une abbaye, sa fondation même est la partie la plus obscure. Il ne semble pas devoir en être ainsi pour notre monastère de Tiron [1] : d'abord il ne remonte pas à une très haute antiquité (les premières années du XIIe siècle) ; puis, par une heureuse singularité, nous avons la Vie de celui même qui l'a fondé, écrite par un de ses contemporains, par un de ses compagnons, dans ce style plein de candeur et de bonne foi qui n'appartient qu'aux chroniqueurs des XIIe et XIIIe siècles. Et cependant, parmi tous les auteurs qui ont parlé de l'abbaye de Tiron, je ne sais s'il en est un seul qui ait assigné à la fondation du monastère sa véritable date.

---

[1] L'orthographe primitive de Tiron était certainement celle que nous avons adoptée pour notre abbaye, *Tiron* sans *h* ; aujourd'hui Thiron s'écrit toujours avec un *h*. Quand il est question de la commune moderne, nous avons cru devoir conserver l'orthographe consacrée par le *Dictionnaire des Postes* et par l'usage.

INTRODUCTION.

La cause de cette étrange anomalie, nous l'indiquerons plus tard ; nous voulons, avant d'entrer dans la discussion, raconter, d'après notre bénédictin du XIIe siècle, la fondation de l'abbaye de Tiron, fondation si tourmentée qu'involontairement, en l'écrivant, notre esprit se reporte aux premiers vers de l'Enéide, où Virgile rappelle les longues traverses de son héros :

Tantæ molis erat Tironis condere cœtum !

Et d'abord deux mots sur l'auteur, puis nous parlerons de son œuvre. Il s'appelait assurément Geoffroy, *monachorum omnium infimus Gaufredus,* dit-il lui-même : on le désigne sous le nom de Geoffroy le Gros, *Gaufredus Grossus* ou *Grossinus.* D'où vient ce surnom, nous n'avons pu le découvrir. Geoffroy vivait certainement du temps de saint Bernard de Tiron ; il fut un de ses plus fidèles disciples : il le dit en maints endroits de son livre, et, dans sa Préface, il écrit : *Ea quæ vidi, litteris commendata, successoribus transmisi.* On a pensé que la Vie de saint Bernard avait été écrite de 1130 à 1135 environ (¹), ne discutons pas cette date ; mais on a fait de Geoffroy un abbé de Bonneval, ce qui est absolument inadmissible. De peur de nous égarer, apprenons donc à nous contenter de ce que nous savons de science certaine : Geoffroy était un moine de l'abbaye de Tiron, contemporain et compagnon de saint Bernard. Après la mort de son maître, cédant aux instances de l'évêque de Chartres, Geoffroy de Lèves (²), il mit par écrit ce dont il avait été témoin, pour servir à l'édification de ses confrères à venir (³).

(¹) Cette date n'est qu'approximative : nous verrons plus loin qu'on ne peut faire remonter plus haut qu'à 1151 l'époque où Geoffroy écrivit la Vie de saint Bernard.

(²) *Vestris exhortationibus obtemperans,* dit Geoffroy dans sa Préface à l'évêque de Chartres.

(³) Nous avons rencontré dans le *Cartulaire* plusieurs mentions qui nous semblent se rapporter à Geoffroy le Gros. Ainsi la charte LXXIX, datée du 3 août 1126, fut écrite

Quelle somme de foi devons-nous ajouter au récit du moine du XIIe siècle? J'ai lu et relu son ouvrage, et je n'hésite pas à déclarer que, pour ma part, je lui accorde pleine et entière confiance. Il est impossible, en parcourant ces pages si naïves, de ne pas se sentir pénétré de ce parfum de vérité que la fable, avec toutes ses grâces, ne peut obtenir. Dans tout le récit de Geoffroy, on reconnaît non-seulement la foi ardente de ces grandes époques de notre histoire nationale, mais encore la fidélité du témoin oculaire qui ne raconte que ce qu'il a vu. Aussi, nous le déclare-t-il lui-même : « Ce n'est pas en vous rap-
» portant de grands et nombreux miracles, quoique nous en citions
» quelques-uns, que nous voulons vous faire admirer notre père Ber-
» nard, c'est en vous disant qu'il était doux et humble de cœur ([1]). »

Est-il rien de plus touchant et qui puisse mieux prédisposer à écouter avec bienveillance l'histoire qui va nous être racontée? Aussi, sans plus tarder, j'aborde, avec Geoffroy, la Vie de saint Bernard, au moment où il quitta la forêt de Savigny, près de Fougères, pour se diriger vers le Perche ([2]).

par le chancelier Geoffroy, surnommé le Gros, *Goffredus cancellarius, cognomine Grossinus, scripsit*. Dans la charte CCLIV, nous voyons que saint Bernard avait laissé comme prieur à Saint-Sulpice-en-Pail un moine appelé Geoffroy, et une note du XVIe siècle jointe au Cartulaire original porte : *Gauffredus deputatus a beato Bernardo forsan is erat Gauffredus qui ejus vitam postea composuit*. Enfin dans la charte CCLXXXIX, de l'année 1146 environ, nous voyons figurer comme témoin *Grossinus presbiter*, qui nous semble bien le même que notre Geoffroy le Gros.

([1]) *Non patrem nostrum Bernardum patratione miraculorum, quamvis illa penitus non deerunt, commendamus, sed quia mitis et humilis corde*.

([2]) L'ouvrage de Geoffroy a été publié par J.-B. Souchet, sous ce titre : *Beati Bernardi fundatoris et I abbatis SS. Trinitatis de Tironio, ordinis S. Benedicti, Vita, auctore coetaneo Gaufrido Grosso, nunc primum prodit in lucem, opera et studio Joan-Bap. Soucheti, S. T. doctoris et Carnotensis canonici. Lutetiæ Parisiorum, sumptibus Joannis Billaine*, 1649, *in*-4°. Dans une courte Préface, Souchet nous apprend comment il eut connaissance du manuscrit de cet ouvrage. Lors d'un carême qu'il prêchait à Chartres, le R. P. Jacques Dinet, de la Compagnie de Jésus, lui confia un manuscrit de la *Vie de saint Bernard*. Frappé de l'intérêt de ce récit, Souchet partit pour Thiron afin de

La forêt de Savigny avait été concédée à Bernard par Raoul, seigneur de Fougères, afin qu'il s'y établît avec ses moines. C'était un sol fertile, arrosé par de nombreux ruisseaux : les compagnons de Bernard s'y construisirent une habitation, et là, ils passèrent plusieurs années, vivant du travail de leurs mains. Mais Vital de Mortain [1] était venu rejoindre son ami et s'était installé avec ceux qui le suivaient à environ deux stades de l'habitation de Bernard. On s'occupait de défrichements, de travaux d'agriculture ; on recevait chaque jour de nouvelles recrues : bientôt l'espace manqua aux deux colonies. On commença par fonder d'autres établissements dans le voisinage des premiers ; mais personne ne voulait s'éloigner des vénérés Bernard et Vital : il ne fallait rien moins que l'obéissance passive imposée aux disciples pour les décider à vivre dans une autre habitation que leurs maîtres. Bernard comprit qu'il valait mieux se séparer.

Il résolut de chercher au loin d'autres solitudes. Il choisit quatre de ses religieux et les chargea de trouver quelque vaste désert, où l'on pût élever de larges habitations pour donner asile à tous les moines ensemble. Les disciples partirent à la voix de leur maître et parcoururent en tous sens les vastes forêts du Maine ; mais ils ne rencontrèrent d'abord rien qui parût convenir à leur dessein.

---

rechercher l'original dans les archives de l'abbaye. Il le trouva en effet, mais dans le plus triste état : c'étaient de vieux feuillets de parchemin, autrefois reliés ensemble ; mais le temps avait rongé les nerfs qui les retenaient. Peu importait : l'essentiel était qu'on pût vérifier l'authenticité du manuscrit. C'est ce que fit notre savant chanoine, et, ayant pris une copie exacte de l'œuvre de Geoffroy, il publia le livre dont nous nous servons aujourd'hui.

[1] Vital de Mortain, ainsi surnommé d'une prébende que Robert, comte de Mortain, lui avait donnée dans la collégiale de Mortain en 1082, mena d'abord la vie érémitique dans la forêt de Craon, puis dans celle de Fougères. Ce fut en 1105 qu'il vint rejoindre Bernard dans la forêt de Savigny. Vital fonda en 1112 l'abbaye de Savigny, qui, comme celle de Tiron, devint chef d'ordre et posséda plusieurs abbayes et de nombreux prieurés en France et en Angleterre.

L'un d'eux cependant eut une vision : il aperçut durant son sommeil un jeune homme resplendissant de beauté, vêtu d'une robe blanche comme la neige, qui, lui posant la main sur la tête, lui dit : « Lève-toi » sur-le-champ et va trouver Rotrou, comte du Perche ; il vous donnera » ce que vous désirez. » Se levant aussitôt, il raconte sa vision à ses compagnons, mais ceux-ci rient de lui et reviennent faire part à Bernard de l'insuccès de leur voyage. L'homme de Dieu ne se décourage pas et renvoie deux d'entre eux continuer les recherches : ces nouveaux envoyés ne sont pas plus heureux d'abord, mais, se rappelant le songe de leur confrère, ils se déterminent à aller vers Rotrou et lui exposent ce qu'ils désirent.

Le comte accueille leur requête avec bonté et leur promet d'y satisfaire. Rotrou en effet possédait un territoire nommé Arcisses, distant d'environ un mille de son château de Nogent. C'était une terre féconde, entourée de tous côtés de forêts, abondamment arrosée de sources et de ruisseaux, dont la fraîcheur entretenait des prés toujours verts. Le sol était parfaitement propre à la culture de la vigne et pouvait fournir largement à tous les besoins : déjà les prédécesseurs du comte y avaient construit un oratoire, préparé un vivier, planté des vergers, ménagé en un mot tout ce qui pouvait être utile et agréable à la vie. Rotrou conduit aussitôt en ce lieu les deux disciples de Bernard et s'engage à donner à perpétuité ce domaine au serviteur de Dieu et à ses compagnons.

Ravis de ces paroles, les envoyés de Bernard rendent grâces à l'auteur de tout bienfait, et reconnaissent dans la prompte et heureuse issue de leur voyage l'accomplissement de la promesse que l'ange leur avait faite précédemment. Prenant congé du comte, ils retournent vers leur maître, et, comme Rotrou le leur avait commandé, ils le ramènent avec eux. Mais les choses avaient bien changé. Rotrou, il est vrai, reçoit

Bernard avec tout le respect qui lui était dû, mais il retire la parole qu'il avait donnée et invite son hôte à accepter, en échange d'Arcisses, un autre territoire qu'il veut bien lui concéder. C'est que Béatrix, mère de Rotrou, était venue trouver son fils et lui avait demandé de ne pas permettre que les compagnons de Bernard s'installassent si près de Nogent. Elle favorisait en effet d'une manière particulière les moines de Cluny établis au monastère de Saint-Denis de Nogent, et ceux-ci redoutaient le voisinage de Bernard, dont le renom de sainteté et de science était parvenu jusqu'à eux.

L'homme de Dieu ne fut nullement troublé de ce contretemps; avec le même visage serein et satisfait, il accepte la nouvelle offre de Rotrou. Le lendemain, il envoie deux de ses disciples visiter les lieux qui leur étaient offerts. Ceux-ci, guidés par un des officiers du comte, arrivent à un endroit nommé Tiron (¹); ils l'examinent en tous sens, et le même jour ils reviennent vers leur maître à qui ils rendent compte de leur mission. « Nous avons trouvé, disent-ils, un terrain auquel manque tout » ce qui est utile à la vie; » et, consternés de leur déception, ils se disposent à repartir pour la forêt de Savigny.

Mais, pendant la nuit, Bernard aperçoit suspendue, au-dessus du territoire que lui destine le comte de Nogent, une lampe brillant au milieu d'un ciel sans nuages et embrasant de sa clarté tous les lieux d'alen-

---

(¹) Ce lieu, nommé Tiron, n'est pas celui qui porte ce nom aujourd'hui, et où Bernard fonda définitivement son abbaye. Comme nous le verrons par la suite, ce nom de Tiron s'appliquait à la forêt qui devait s'étendre au loin. Le premier établissement de Bernard fut dans la paroisse de Brunelles, non loin de Saint-Denis-d'Authou. En effet, ce fut en qualité de curés primitifs de la paroisse de Brunelles que les moines de Saint-Denis de Nogent réclamèrent les dîmes et les droits curiaux aux compagnons de Bernard, et, dans un autre passage de son livre, Geoffroy, parlant de la frayeur qu'inspiraient aux habitants les nouveaux moines, s'exprime ainsi : *Fama volat Gentiles adventasse atque Sarracenos apparuisse, penes Authoun, scilicet urbem antiquam, nunc vero solo tenus dirutam, cujus usque hodie veteres ruinæ ibidem monstrantur.*

tour (¹). Cette vision le détermine ; il acceptera l'offre de Rotrou. Le lendemain, lorsque les religieux s'apprêtent à regagner Savigny, il annonce son intention d'aller lui-même visiter le territoire qui lui est proposé. Il arrive à la forêt de Tiron ; il la parcourt avec soin, et le lieu lui semble si plaisant que rien ne peut le décider à s'en éloigner : ce qui le ravit, ce n'est ni l'agrément du pays, ni la grandeur du domaine, ni la vue de prés et de ruisseaux, ni la perspective de raisins et de fruits abondants, mais c'est l'aspect sauvage, c'est la nudité du sol, c'est surtout le désert et l'abandon.

Il accepte donc avec reconnaissance le présent du comte Rotrou (²). « Voici, dit-il à ses disciples, voici, mes frères bien-aimés, le lieu » qui nous convient réellement ; c'est bien là la solitude qu'a si long- » temps cherchée notre dévotion. » Aussitôt tous s'inclinent et, se prosternant, rendent gloire au Dieu tout-puissant. On attache à un arbre Poitevin (c'était le nom de l'âne qui portait sur son dos le serviteur du Christ) ; on pose à terre le léger bagage, on construit une cellule sans art et sans apprêt. Puis, quelques jours après avoir ainsi pris possession de sa nouvelle demeure, Bernard se remet en route pour aller rassembler ses disciples restés en Bretagne et en Normandie et pour les ramener promptement avec lui.

Ici se place dans le livre de Geoffroy un incident qui va un peu

---

(¹) On a tiré de cette vision l'origine de la consécration de l'abbaye de Tiron à la Très Sainte Trinité : *Flammam quæ super Tyrono apparuit triplicem ferunt, quæ in unam coaluit, ad Trinitatis personarum in una essentia indicandum mysterium ; ex quo Tyronensis ecclesiæ uni Deo et trino nuncupatio.* Mais c'est là une interprétation moderne ; le bon moine du XII° siècle n'était pas si habile.

(²) Ce premier établissement de Bernard dans la forêt de Thiron semble devoir être fixé à l'année 1109, bien que la Chronique de Saint-Aubin d'Angers le rapporte à l'année 1107. *Eodem anno (1107), Bernardus abba, quem Sancti-Cypriani diximus, in Pertico suum cœpit cœnobium ædificare in loco qui vocatur Tiro, in honore Sanctæ Mariæ, ubi plus C monachos insimul habuit.*

retarder notre récit, mais que nous ne pouvons résister au plaisir de rapporter, tant il nous semble une peinture fidèle et naïve des mœurs de l'époque.

Bernard se rendait de Nogent à Mortagne ; il était assis sur le fidèle Poitevin et deux de ses disciples l'accompagnaient à pied. Un chevalier, nommé Payen du Theil, suivait la même route : à la vue de ces voyageurs couverts de robes grossières, il jugea bien que ces pauvres et humbles vêtements ne pouvaient convenir qu'à des hommes de vie sainte, contempteurs des vanités du monde ; prenant pitié de leur fatigue, il leur demanda où ils allaient. Bernard lui répondit que, s'ils le pouvaient, ils comptaient aller ce jour-là coucher à Mortagne. « Je demeure en » cette ville, leur dit Payen, et, si vous daignez y consentir, je serai » heureux de vous recevoir en ma maison. » Bernard accepta le gîte qui lui était offert avec tant de charité et remercia son nouvel hôte. A leur arrivée à Mortagne, Payen conduisit les voyageurs à son logis, et s'efforça de leur rendre tous les devoirs de la plus cordiale hospitalité. Mais l'ennemi du genre humain, jaloux de tout ce qui se fait de bien sur la terre, résolut de troubler la joie de Payen et de ses hôtes. Il infecte de son venin l'âme d'un des hommes d'armes du chevalier, et lui inspire le dessein de dérober, à la faveur de la nuit, le destrier de son maître. Lorsque Payen connut ce larcin, il fut pénétré de douleur ; il aimait beaucoup son cheval et il pensait en avoir besoin avant peu, car il y avait alors une grande guerre entre ceux de Bellême et ceux de Mortagne. Mais, pour ne pas troubler par la tristesse la joie de ses hôtes, il montre un visage souriant, et, dissimulant son chagrin, invite Bernard à prendre le repas du matin. Celui-ci ne put être trompé ; il découvre la douleur du chevalier, et, par ses paroles, tâche d'amener la consolation dans son cœur, lui remontrant combien il serait indigne de se laisser abattre pour des intérêts temporels. La divine bonté ne voulut pas laisser sans récompense le zèle chrétien du chevalier et il lui plut de faire sentir en quelle estime elle avait les mérites de son serviteur. En effet, elle aveugla si bien le voleur que, bien que, depuis son enfance, il eût fait mille fois le chemin de Mortagne à Bellême, il ne put jamais reconnaître ces deux villes, et, croyant se rendre à Bellême, il se retrouva, le lendemain matin, avec le destrier, à la porte de son maître. Arrêté aussitôt et interrogé sur les motifs de son retour, il avoua la cause de son erreur et déclara qu'une puissance divine seule l'avait forcé de revenir sur ses pas.-Payen, admirant la bonté du Tout-Puissant, conçut dès lors une si grande affection pour l'homme de Dieu à la protection duquel il attribuait ce miracle que, pendant toute sa vie, il combla le monastère de présents, non pas autant qu'il l'aurait voulu, mais autant que ses biens le lui permettaient (1).

Quant à Bernard, après avoir achevé la route qu'il avait entreprise, il rassembla tous ses disciples, et, les ayant amenés avec lui à Tiron, il commença à demeurer avec eux.

Ce fut en l'an de l'Incarnation du Verbe 1109 qu'après avoir reçu la bénédiction du saint pontife Ives, alors évêque de Chartres, Bernard célébra, le jour de Pâques, la première messe dans un sanctuaire en bois, qui se trouvait déjà élevé au lieu que le comte Rotrou lui avait concédé. Cette solitude était particulièrement chère à Bernard, parce qu'il pensait qu'elle lui avait été indiquée par Dieu lui-même : il encourageait ses frères ; il travaillait avec eux à construire leurs demeures, en même temps qu'il les instruisait sans cesse dans la doctrine du Seigneur.

A cette époque, l'abondance des pluies avait tellement détrempé le

---

(1) Ce Payen du Theil nous paraît être le même que *Gauterius, qui vocabatur Paganus, filius Richerii*, qui fit en effet de nombreuses donations à l'abbaye de Tiron. Voir chartes XI, XCI, CXIX, CXXII, CXXIII, CLXVI.

sol qu'on ne put faire les semences et que la terre se trouva sans moissons. Une grande famine s'en suivit, et des milliers d'hommes mouraient de faim. La multitude de moines qui étaient avec Bernard manquaient non-seulement de pain, mais de l'argent nécessaire pour se procurer des aliments. Cependant, obéissant aux préceptes de l'Evangile, ils ne s'occupaient que de chercher le royaume de Dieu, espérant que tout le reste leur serait donné par surcroît. Et ils ne furent pas trompés dans leur foi, car Guillaume, alors comte de Nevers, qui ne connaissait Bernard que de réputation, pensa à l'humble serviteur du Christ, caché dans les solitudes les plus ignorées du Perche : il lui envoya de Bourgogne un grand vase d'or, afin qu'en le vendant il pût acheter des vivres pour lui et pour les siens.

Ranimés par ce présent, ils se mettent avec plus d'ardeur à l'ouvrage, travaillant nuit et jour à la construction de leurs lieux claustraux. Mais ils étaient complètement inconnus aux habitants de la contrée. Ils portaient un habit monacal, mais sale, grossier, inculte, tout différent de l'habit des autres moines (¹), ressemblant entièrement aux peaux de brebis dont il était formé. Or les hommes ignorants et rudes qui habitaient près de là avaient horreur de tout ce qui leur paraissait insolite. Leur imagination se monte : ce ne sont plus des moines, ce sont des Sarrasins qui sont sortis de quelques cavernes souterraines et qui précèdent le gros de leur nation ; quelque jour ils viendront en armes fondre sur la contrée et tout mettre à feu et à sang : il ne faut pas différer ; il faut les anéantir avant qu'ils exécutent leurs infâmes desseins.

(¹) Jacques de Vitry, dans son *Histoire d'Occident*, appelle les moines de Tiron les *moines gris*, parce que leur robe était couleur de cendre. *Sunt præterea in regno Franciæ, circa partes Carnotenses, monachi quidam, quos appellant de Tirone. Hi a consortio nigrorum monachorum, mutato habitu nigro in griseum, recedentes, seorsum habitare cœperunt, primas nigrorum monachorum observantias, quas per negligentiam et dissolutionem hi a quibus recesserunt ex magna parte reliquerant, in se reformare cupientes.*

On envoie des éclaireurs ; ceux-ci approchent en tremblant du repaire de leurs ennemis. Ils trouvent des hommes sans armes, qui n'élèvent ni camps ni tours, mais construisent de modestes cellules, qui n'entonnent pas des cris de guerre, mais chantent des psaumes et des hymnes sacrées. Ils retournent joyeux près des leurs et leur disent que ce ne sont pas des Sarrasins, mais de véritables prophètes que Dieu a suscités dans le désert.

Aussitôt tous se précipitent, riches et pauvres, également avides de voir les nouveaux venus. Bernard, à l'annonce de cette grande multitude de visiteurs, s'avance vers eux, leur parle et leur enseigne le Dieu qu'ils doivent craindre et adorer. Il les exhorte à changer les biens périssables pour le bonheur éternel. Beaucoup se laissent persuader; ils renoncent au monde et, prenant l'habit monacal, ils se soumettent au maître qui vient de convertir leurs cœurs.

Mais d'autres épreuves attendaient Bernard et ses compagnons. Les moines de Cluny, jaloux des succès qu'obtenaient les prédications du saint, prétendirent que les dîmes et les droits curiaux du nouveau monastère leur appartenaient comme propriétaires de la cure de Brunelles, que le comte Rotrou leur avait octroyée précédemment et sur le territoire de laquelle Bernard avait formé son établissement. Toujours résigné, Bernard ne tenta pas de lutter contre ces injustes revendications. Le cœur ferme et dispos, il abandonna ces édifices qui avaient coûté tant de travail à ses disciples et il chercha aussitôt un autre sol où il lui fût permis de trouver le repos et la paix. Il se rendit à Chartres, dans cette illustre basilique fondée en l'honneur de la Très Sainte Vierge Marie, et là il s'adressa au vénérable évêque Ives et aux chanoines de la puissante église, les priant de lui céder une petite portion du territoire dont ils étaient seigneurs, près de son ancien monastère, afin qu'il y construisît une abbaye digne de ses nouveaux protecteurs.

Le Chapitre de Chartres possédait une petite bourgade nommée Gardais, située auprès du domaine que le comte Rotrou avait donné à Bernard. Les chanoines accueillent le suppliant avec le respect dû à ses vertus; ils l'écoutent avec bonté et, mesurant leur largesse à leur noblesse et à leur munificence, ils lui accordent plus de terre qu'il n'en avait demandé. Ils font aussitôt rédiger une charte de leur donation [1] et chargent le chanoine Geoffroy dans la prévôté duquel était la terre de Gardais [2], d'aller installer Bernard dans son nouveau domaine. On arrive sur les bords de la Thironne et c'est là que le prévôt Geoffroy donne au soldat du Christ la terre nécessaire pour construire son abbaye, avec les mêmes droits et la même liberté dont jouissait auparavant le Chapitre de Chartres [3].

[1] Cette charte est celle du 3 février 1114, que nous publions sous le n° I de notre Cartulaire. C'est la véritable charte de fondation de l'abbaye de Tiron. Il est curieux de comparer la narration si simple et si vraie de Geoffroy le Gros avec le récit fantastique imaginé par les faussaires du XVIe siècle pour expliquer la fondation de l'abbaye. « Comme, pendant trois jours de suite, plusieurs d'entre nous avaient eu des visions, » les uns voyant un essaim d'abeilles s'abattre sur nos demeures, les autres apercevant » un homme en habit monacal, environné d'une admirable blancheur, qui venait les » tirer de leur sommeil et, comme ces visions étaient accompagnées de la plus suave » odeur des aromates les plus exquis, nous cherchions entre nous ce que pouvaient » signifier ces présages et nous venions de célébrer une messe du Saint-Esprit pour » implorer ses lumières, lorsqu'on vint nous annoncer que Dom Bernard, le révérend » père des moines de Tiron, demandait à être introduit près de nous pour nous pré- » senter une requête... »

[2] Ce chanoine Geoffroy, que nous pensons être le même que Geoffroy de Lèves, depuis évêque de Chartres, était alors titulaire de la prévôté de Fontenay-sur-Eure, dont dépendait la paroisse de Gardais.

[3] Nous verrons que, au XVIe siècle, les religieux de Tiron prétendirent précisément avoir, d'après leur charte de fondation, les mêmes droits et la même liberté dont jouissait le Chapitre de Chartres, et, au premier abord, les paroles de Geoffroy le Gros sembleraient leur donner raison. Mais jamais le Chapitre de Chartres ne contesta à l'abbaye ces droits et cette liberté sur le territoire qui lui avait été concédé par Ives et par les chanoines de 1114: ce qui faisait la difficulté, c'est que les religieux voulaient étendre ce privilège à toutes leurs possessions, quelles qu'elles fussent, à quelque époque qu'elles fussent arrivées en leur pouvoir.

Or il arriva qu'au même temps une noble dame, issue du sang royal, Adèle, comtesse de Blois (¹), offrit à Bernard une terre beaucoup plus vaste et des lieux plus fertiles pour édifier son monastère. Mais il refusa ce présent, aimant mieux placer son abbaye sous la protection de la bienheureuse Vierge Marie que sous la tutelle des plus puissants seigneurs séculiers.

Les chanoines, ravis de posséder sur les terres de leur église un hôte d'un si grand mérite, lui prodiguèrent, pendant toute sa vie, les témoignages de la plus tendre affection. Ils lui conférèrent plusieurs bénéfices et enrichirent son église de somptueux ornements : ils veillèrent avec la plus active vigilance à la défense des droits de l'abbaye naissante et opposèrent le bouclier de leur protection aux attaques qu'on dirigea contre elle. Quant à Bernard, heureux d'avoir fondé son monastère dans les domaines de la bienheureuse Mère de Dieu, il conserva toujours pour elle une si vive affection, qu'il fonda en son honneur une messe spéciale pour le salut de tous les bienfaiteurs de l'abbaye et en particulier des chanoines de Chartres. Cette messe, dite de la Mère-Dieu, devait se célébrer tous les jours à perpétuité, et, jusqu'à la destruction de l'abbaye de Tiron, elle fut dite avec grande solennité.

La réputation de sainteté de Bernard s'accroissait de jour en jour ; la renommée, la portant sur ses ailes, la publiait par tout le monde. Elle dépeignait le vénérable abbé ; elle représentait sa taille, ses traits, son visage, où la pureté des mœurs, la piété, l'innocence, la douceur se réflétaient comme dans un miroir. Elle disait la rigueur de ses abstinences, la sainteté de sa vie, la majesté de ses cheveux blancs.

(¹) Adèle, quatrième fille de Guillaume le Conquérant, roi d'Angleterre, se maria avec Henri-Etienne, comte de Chartres et de Blois. Elle était veuve depuis plusieurs années à l'époque de la fondation de l'abbaye de Tiron et elle gouvernait les comtés de Chartres et de Blois pendant la minorité de ses enfants.

Elle le décrivait si bien que, quoique absent, il paraissait présent aux yeux de tous, et tous le connaissaient et l'aimaient.

Aussi sa réputation non-seulement remplit les contrées de la Gaule, mais traversa les pays lointains des Bourguignons, des Alains (¹) et des Aquitains, parvint aux extrêmes limites des Bretons, des Normands et des Anglais, et arriva jusqu'à l'Albanie écossaise (²), comme on le vit plus tard par les témoignages qu'il en reçut. De toutes ces contrées, beaucoup de gens se rendaient vers lui, jaloux de contempler de leurs propres yeux celui que la renommée leur avait fait connaître, avides de recevoir de sa bouche les préceptes de la saine doctrine, curieux de constater par eux-mêmes les vertus qu'ils avaient entendu célébrer. Parmi ces nombreux visiteurs, beaucoup enrichissaient l'abbaye par des sommes d'argent ou par des donations importantes ; d'autres, ne pouvant emmener avec eux le saint abbé, obtenaient de lui douze de sesmoines (³) pour fonder dans leur pays un couvent de son ordre.

Un des plus fervents admirateurs de Bernard fut Henri Ier, roi d'Angleterre et duc de Normandie (⁴). Il envoya à Tiron deux excellents princes : Thibaut, comte de Blois (⁵), et Rotrou, comte du Perche (⁶), pour supplier l'abbé de se rendre en Normandie, s'excusant de ne venir

(¹) Il faut sans doute entendre par là les Saxons, *qui Salam fluvium habitant, unde Salanos aut Alanos.*

(²) L'Ecosse avait reçu le surnom d'Albanie à cause de ses montagnes toujours blanches de neige. Les auteurs du Moyen-Age désignent souvent ce pays sous le nom d'Albanie.

(³) La règle générale était qu'il fallait douze moines pour former un couvent. Pierre de Cluny le rapporte ainsi dans ses statuts : *Statutum est ut ubicumque loci permiserit, duodecim fratres constituantur, addito priore, plenumque ordinem tencant.*

(⁴) Henri Ier, fils de Guillaume le Conquérant, régna de 1100 au 1er décembre 1135.

(⁵) Thibaut IV, comte de Chartres et de Blois de 1102 à 1151, fils du comte Henri-Etienne et d'Adèle, fille de Guillaume le Conquérant.

(⁶) Rotrou II, dit le Grand, comte du Perche de 1100 à 1144, avait épousé en premières noces Mathilde, fille naturelle du roi d'Angleterre Henri Ier.

le trouver lui-même, empêché qu'il était de sortir de son duché par les guerres incessantes qu'il avait alors avec le roi de France et le comte d'Anjou. Le saint fondateur accéda à cette demande et dès que le roi l'aperçut, levant les mains au ciel, il se confondit en actions de grâces envers Dieu, puis, embrassant Bernard à plusieurs reprises, il lui prodigua les plus grands honneurs. Après avoir reçu ses doctes enseignements, il lui fit en retour de riches présents et voulut, entre autres bienfaits, que chaque année l'abbaye prît sur son trésor quinze marcs d'argent (Voir ch. XXVII).

Ce n'est pas tout encore : la piété de ce grand roi envers Bernard subsista après la mort de ce dernier. Tant que vécut Henri, il eut une telle affection pour l'abbaye de Tiron qu'indépendamment de ce revenu de quinze marcs, il envoyait aux religieux chaque année cinquante, soixante marcs d'argent, plus ou moins, pour subvenir à leurs besoins les plus urgents. Il voulut aussi faire édifier à ses frais le dortoir de l'abbaye et il mena à fin cette grande œuvre où il déploya une magnificence vraiment royale.

Le roi de France Louis le Gros eut le même désir que Henri d'Angleterre de jouir de la vue et de la conversation de Bernard. Celui-ci se rendit donc à la Cour de France, et le roi fut si content de son entretien qu'il lui fit présent du territoire de Cintry (Voir ch. VII). Après la mort du saint fondateur [1], Louis témoigna le même respect à ses successeurs,

---

[1] On a toujours fixé la mort de Bernard à l'année 1116. Comme on le voit par ce passage, elle doit en effet être reportée au plus tard à cette année. Philippe, le fils aîné de Louis le Gros, mourut en 1130, âgé de quatorze ans ; il dut donc être baptisé vers l'année 1116 ou 1117, et déjà Bernard était décédé. Le jour de la mort du saint fondateur de Tiron est le 25 avril. On lit dans la Chronique de Maillezais, à l'année 1116 : *Obiit Bernardus, fundator cœnobii Tironis, quod est in Pertico*, vii *kal. maii* ; et à la même date, dans le Nécrologe de Notre-Dame de Chartres : *Obiit Bernardus, abbas de Tiro, qui ejusdem loci ecclesiam a fundamentis construxit et multos ibidem monachos sub sanctitatis et religionis norma congregavit.*

tellement qu'il voulut que ses deux fils, Philippe et Louis, tous deux rois dans la suite, fussent tenus par eux sur les fonts de baptême ([1]), et il ne cessa jusqu'au jour de sa mort de combler l'abbaye de ses nombreux bienfaits.

Thibaut, comte de Blois, fit également des dons importants au monastère pendant sa vie, et, après sa mort ([2]), lui légua de riches ornements et d'autres présents qu'il serait fastidieux d'énumérer. Il fit aussi construire de ses propres deniers l'infirmerie du couvent.

Il nous est impossible de citer en détail tous ceux qui accoururent vers Bernard des divers royaumes de l'Europe : nous ne pouvons pas davantage nommer tous les prieurés qui furent fondés à cette époque, ni rapporter ces présents sans nombre dont beaucoup ne sont connus que de Dieu seul. Parmi les bienfaiteurs de l'abbaye, nous rappellerons seulement Guillaume, duc d'Aquitaine ([3]), Foulques, comte d'Anjou, puis roi de Jérusalem ([4]), Robert, comte de Glocester ([5]), Henri, comte de Warwick ([6]), Gui le Jeune, comte de Rochefort ([7]),

---

([1]) Le récit de Geoffroy le Gros est parfaitement conforme à la vérité historique. Ce fut Hugues, le successeur de saint Bernard, qui fut parrain de Philippe. Suivant une charte fausse du 12 avril 1120 (Voir ch. XXX), charte citée avec honneur et reproduite en fac-simile par les auteurs du *Nouveau traité de diplomatique*, ce serait Bernard lui-même qui aurait eu cet honneur, et cela en l'année 1120 !

([2]) Thibaut IV, comte de Chartres et de Blois, mourut le 8 janvier 1151 : il est donc impossible que l'ouvrage de Geoffroy soit antérieur à cette date.

([3]) Guillaume VIII, duc d'Aquitaine, mort en 1126.

([4]) Foulques, comte d'Anjou, fils de Foulques Réchin et de Bertrade de Montfort, épousa Mélisende, fille de Baudouin, roi de Jérusalem. Devenu à son tour roi de Jérusalem en 1131, il mourut en 1144. Voir charte XLIV.

([5]) Robert de Caen, fils naturel de Henri Ier, roi d'Angleterre, mourut après 1138.

([6]) Henri, comte de Warwick, était fils de Roger, seigneur de Beaumont, et d'Adeline de Meulan. Il devint beau-frère de Rotrou II par son mariage avec Marguerite, sœur du comte du Perche.

([7]) Gui le Jeune ou le Roux, comte de Rochefort, fils de Gui le Vieux, partit pour la Terre-Sainte vers 1115. Le roi Louis le Gros, dans sa jeunesse, avait été fiancé à

Guillaume, comte de Nevers (¹), Robert, fils de Martin (²), Guichard, sire de Beaujeu (³), Geoffroy, vicomte de Châteaudun (⁴), Giraud, fils de Berlai (⁵), Brice de Chillon (⁶), etc., etc.

Nous ne suivrons pas plus longtemps Geoffroy dans les chapitres qu'il a consacrés aux bienfaiteurs de l'abbaye : nous retrouverons successivement ceux-ci dans les chartes mêmes qui témoignent de leurs donations, et nous tâcherons, par des notes succinctes, d'établir suffisamment l'identité de chacun d'eux.

Nous croyons, dans les pages qui précèdent, avoir clairement exposé les longues épreuves qu'eurent à soutenir Bernard et ses compagnons avant de pouvoir se reposer tranquillement dans la paroisse de Gardais, sur les bords de la Thironne. Il nous paraît démontré d'une façon évidente que la véritable fondation de l'abbaye de Tiron ne remonte pas au-delà de la donation de saint Ives et du Chapitre de Chartres, c'est-à-dire pas au-delà du mois de février 1114. Nous devons expliquer main-

---

Lucienne, fille de Gui le Roux ; mais ce mariage ne fut pas consommé. Ce fut néanmoins en vertu de ces droits prétendus que le roi assiégea successivement Chevreuse, Montlhéry et Bretheucourt, dont il ne put se rendre maître. Voir charte VI.

(¹) Guillaume II, comte de Nevers, était fils de Renaud et d'Alix, fille du roi Robert. C'est ce comte qui avait envoyé aux compagnons de Bernard le vase d'or qui les sauva de la famine. L'abbé de Tiron ne se montra pas ingrat : Guillaume ayant été fait prisonnier par Thibaut IV, comte de Blois, Bernard se rendit à Blois, avec Robert d'Arbrissel, pour réclamer sa liberté.

(²) Voir chartes XXV, XXVI et XXXI.

(³) Guichard, fils d'Humbert Iᵉʳ, sire de Beaujeu, épousa Lucienne de Rochefort, fiancée d'abord, comme nous l'avons dit, au roi Louis le Gros. Il fut le fondateur de l'abbaye du Joug-Dieu. Il mourut à Cluny le 22 septembre 1137.

(⁴) Geoffroy IV, fils de Hugues II, fut vicomte de Châteaudun de 1110 environ à 1146. Voir charte XXI.

(⁵) Giraud de Montreuil-Bellay était fils de Berlai III, seigneur de Montreuil, et d'Orgueilleuse. Voir chartes XIX et CXII.

(⁶) Brice de Chillon ne nous est connu que par notre Cartulaire. Voir chartes CCXIII, CCXXI.

tenant pourquoi des indécisions se sont produites à ce sujet, et comment un fait appuyé sur des preuves aussi certaines a pu être contesté jusqu'à ce jour.

II.

La réputation de sainteté du bienheureux fondateur de l'abbaye, la piété et la dévotion des premiers compagnons de Bernard avaient, comme nous le raconte Geoffroy le Gros, attiré au nouveau monastère les dons les plus généreux. A l'époque où fut rédigé par les moines le Cartulaire qui a servi de base à notre travail, c'est-à-dire vers le milieu du XIIe siècle, onze abbayes et plus de cent prieurés dans les provinces les plus diverses de la France, en Angleterre et en Ecosse, reconnaissaient la suprématie de l'abbaye de Tiron : le monastère était devenu chef d'ordre, et l'on disait l'ordre de Tiron, comme on disait depuis longtemps l'ordre de Cluny, comme on allait dire l'ordre de Cîteaux.

Chaque année, un chapitre général réunissait à Tiron les délégués des abbayes et des prieurés dépendant de la maison-mère, et là, l'abbé de Tiron, entouré de onze autres abbés crossés et mitrés, jugeait en dernier ressort toutes les infractions à la discipline monastique, nommait et destituait les abbés et les prieurs, réglait l'administration des biens, passait les baux, ordonnait les acquêts, etc.

Une si grande et si rapide prospérité devait amener des abus, *nihil tamen ex tanto splendore succrevit boni.* Les abbés perdirent bientôt l'humilité et la modestie de leur saint fondateur; leur puissance les aveugla et ils voulurent rivaliser avec les plus hauts prélats. Déjà, à la fin du

XIII⁰ siècle, dans un procès que le Chapitre de Chartres eut à soutenir en 1291 contre Jean de Chartres, les chanoines reprochaient amèrement à cet abbé de ne paraître en public qu'entouré d'une armée de sergents portant des verges blanches devant lui, *qui famulis quasi fecialibus cinge-batur* (¹). Ce n'étaient plus les huttes modestes des premiers moines, c'était un somptueux palais qu'habitaient les religieux, car Jean de Chartres venait de faire reconstruire tous les lieux claustraux, et la facilité, le luxe de la vie devaient fatalement amener le relâchement des mœurs. Il fallait de l'argent pour maintenir le train fastueux auquel on s'était accoutumé, et cet argent, on commença à se le procurer par des moyens plus ou moins avouables. Les auteurs du *Gallia christiana* ont très bien dépeint l'état de l'abbaye après l'administration de Jean de Chartres : *Nec dispar*, disent-ils, *monachorum in privata studia vitæque laxioris commoda propensio : quibus malis non satis occurrebant annua, quæ celebrari mos erat, comitia generalia. Tametsi enim in eis leges saluberrimæ conderentur, sensim viscera premebat atrum peculii virus, quo presertim abbates et qui rerum satagebant officiales enecabantur.*

Un terrible fléau vint fondre sur l'abbaye et sur tous les pays environnants, nous voulons parler de l'invasion étrangère. A la suite de la guerre de Cent ans, les Anglais s'emparèrent de toute la Normandie, de la Beauce et du Perche. Les revenus de l'abbaye furent anéantis, les moines furent dispersés, les prieurés furent détruits. Le monastère lui-même ne put échapper au fléau : en 1428 (et non 1450, comme le dit le *Gallia christiana*), le comte de Salisbury, se rendant à Orléans, passa par Thiron et incendia l'abbaye (²), *ignem in ecclesia, domibus et edificiis illius apponi fecit, et totum monasterium igne combustum fuit.*

(¹) Une ancienne miniature conservée dans l'abbaye de Tiron représentait Jean de Chartres, dans l'église de Notre-Dame de Chartres, précédé de six laïcs marchant la baguette levée, et suivi de quatre clercs.

(²) Voir charte CCCCXIII.

Il semble d'abord que ces désastres auraient dû réprimer le faste auquel les religieux s'étaient accoutumés : mais la pente est fatale ; quand on a pris l'habitude du bien-être, il est difficile d'y renoncer, et lorsqu'on n'a plus le moyen de soutenir honnêtement le luxe dont on s'est fait une nécessité, il arrive trop souvent qu'on a recours à la tromperie et à la ruse pour trouver les ressources qui font défaut. Les religieux de Tiron n'étaient plus des saints, *religionis amor sacrarumque studia litterarum ab eorum animis procul aberant*. Leurs revenus étaient diminués de moitié ; les donations n'arrivaient plus abondantes comme aux beaux temps du XII° siècle et il leur fallait plus d'argent que jamais pour réparer leurs ruines : ils cherchèrent un expédient pour combler ce qui leur manquait. On ne leur faisait plus de dons ; ils s'en firent à eux-mêmes.

Reprenant les chartes de leur monastère à commencer par la charte même de leur fondation, ils les remanièrent ([1]) en y introduisant des clauses anormales qui constituaient à leur profit d'énormes privilèges. De leur autorité privée, ils s'exemptaient de toute juridiction spirituelle et temporelle ; ils ne devaient plus aucune redevance ni au Chapitre de Chartres, ni aux seigneurs dans les domaines desquels leurs terres étaient situées : partout où ils devenaient propriétaires, ils étaient en même temps seigneurs suzerains, détruisant à leur profit, par le fait même de leur acquisition, tous les droits féodaux dûs au seigneur dominant.

Une pareille usurpation ne pouvait être acceptée sans protestation de la part de ceux qui se trouvaient lésés. Le Chapitre de Chartres, plus

---

([1]) A mesure qu'ils falsifiaient une charte, les religieux détruisaient le titre original : aussi ne retrouve-t-on presque plus que des actes faux dans le chartrier de l'abbaye. Heureusement, ils ne songèrent pas au *Cartulaire* original du XII° siècle, *veterum studia litterarum aberant*, et c'est avec ce secours inespéré que nous avons pu reconstituer les véritables annales du monastère.

que tous les autres seigneurs, était attaqué dans ses droits; car non-seulement il était le plus riche propriétaire de la province, mais c'était sur le fonds même de sa prêtrière de Charonville que le monastère de Tiron avait été fondé et qu'il possédait une grande partie de ses biens. Le Chapitre d'ailleurs comptait dans son sein des hommes instruits et éclairés qui, mieux que tous autres, pouvaient juger la fausseté des actes produits par les religieux de Tiron. Aussi les chanoines refusèrent-ils dès l'abord d'admettre la légitimité des chartes qu'on leur opposait : ils attaquèrent les religieux comme faussaires devant le bailli de Chartres, devant le Châtelet, devant le Parlement. Ce fut l'occasion d'un long et intéressant procès dont nous allons publier toutes les pièces qui nous sont demeurées. Les dires du Chapitre et les réponses des religieux sont comme une sorte de cours de diplomatique. On verra combien les chanoines du XVIe siècle avaient une connaissance certaine des règles invariables de cette science : avec une sûreté et une précision remarquables, ils signalent les points défectueux des actes falsifiés, et l'on ne peut trop s'étonner qu'après une démonstration aussi lumineuse, les auteurs du *Nouveau traité de diplomatique* aient accepté comme authentiques des documents entachés d'une fausseté évidente, contre laquelle les accusations des chanoines auraient dû les tenir en garde [1].

En 1505, l'abbé de Tiron, Louis de Crevant, acquit par échange une maison et un jardin assis à Chartres, rue aux Anes, dans la censive du Chapitre : celui-ci réclama les droits de lods et ventes. L'abbé refusa de les payer, prétendant que, d'après la charte de fondation de l'abbaye et

---

[1] Nous citerons entre autres le prétendu diplôme de Louis VI du 12 avril 1120 (voir charte XXX), si souvent invoqué pour éclaircir la question des origines du Parlement et que le *Nouveau traité de diplomatique* a jugé si important qu'il a cru devoir en publier un fac-simile (T. III, p. 672, et pl. LXVIII).

d'autres chartes confirmant celle-ci, le monastère était exempt de toutes ventes, lods, saisines, amendes et autres droits quelconques dans toute l'étendue des possessions du Chapitre de Chartres. Grand étonnement et grande indignation des chanoines, qui déclarèrent ignorer complètement la charte sur laquelle s'appuyaient les religieux et qui les citèrent en cas d'excès devant le bailli de Chartres. Là apparurent pour la première fois les documents sur lesquels les moines basaient leurs prétentions : la charte de fondation fabriquée par eux (voir t. I, p. 3), une confirmation de cette charte par Daimbert, archevêque de Sens, une nouvelle confirmation par le Chapitre devant les notaires Piperelli et de Tremblayo, et enfin une confirmation de tous les biens et privilèges de l'abbaye par le pape Alexandre III (voir t. II, p. 103). Nous n'avons plus malheureusement les pièces de ce premier procès, mais il semble que le bailli de Chartres ait donné raison aux religieux; au moins voyons-nous que le Chapitre en appela au Châtelet de Paris.

Car, le 30 avril 1509, Jacques d'Estouteville, garde de la Prévôté de Paris, rendit une sentence, par laquelle il ordonna que « comme certaines chartes, dont s'estoient précédemment aydez ceulx de Tiron, leur ont esté rendues, après que, sur information, visitacion et comparaison, elles ont esté reconnues suspectes, et néantmoings lesdicts de Tiron, depuis ce, s'en seroient aydez au procès pendant par-devant le bailly de Chartres, par devant lequel lesdicts de Chapitre de Chartres les auroient derechef maintenues fausses, lesdictes lettres et lesdicts procès, en l'estat qu'ilz sont, seront apportés au greffe du Chastellet de Paris pour y estre procédé ainsy qu'il appartiendra. »

L'information fut longue : les religieux, une fois lancés dans la voie de l'usurpation, voulurent tirer des chartes par eux fabriquées tout le profit qui pouvait en résulter, pensant peut-être, par leur audace même, intimider leurs adversaires. Ils commencèrent par faire paître leurs bestiaux dans les pâtures de Gardais, qui, de temps immémorial, appartenaient au Chapitre ; puis ils prétendirent avoir le droit d'usage dans toute l'étendue des bois aux Clercs ; enfin non-seulement ils refusèrent de payer au Chapitre les dîmes et le champart des terres qu'ils possédaient dans les paroisses de Gardais et de Saint-Denis-d'Authou, mais ils soutinrent qu'eux seuls avaient le privilège de percevoir ces droits sur les terres qu'ils avaient acquises ou qui leur avaient été données.

Cette audace leur réussit d'abord. Le 17 mars 1525, une sentence du Châtelet déclara que « lesdicts deffendeurs seront absoulz des demandes, requestes et conclusions desdicts demandeurs, non obstant la faulseté prétendue par lesdicts demandeurs ne aultre chose par eulx proposée en nostre Court. »

Le Chapitre, débouté de sa requête, en appela au Parlement et rédigea un long Mémoire, où il avait accumulé en 156 articles tous les moyens qu'il avait pu rassembler pour établir la fausseté des pièces fournies par les religieux. Ce Mémoire n'existe plus ; mais nous verrons les moyens du Chapitre reproduits par les religieux dans leur réponse aux dires des chanoines, et nous pourrons constater que déjà, comme nous l'avons dit, la critique diplomatique était assez avancée. Le Parlement d'ailleurs fut frappé de la valeur des arguments invoqués par le Chapitre de Chartres. Le 4 août 1535, il rendit une sentence portant « *quod litteras per dictos defensores productas et per prenominatos actores de falso manutentas scriptoribus hujus civitatis communicentur : quorum quidem relatio cum litteris procuratori nostro generali, pro per eum suas conclusiones, prout rationi erit, capiendo, communicabuntur.* » Nous n'avons plus le rapport des écrivains experts : mais nous trouvons que, le 18 août, le procureur-général du Roi formula une requête « pour prendre telles conclusions que de raison, à cause de la faulseté prétendue par ledit procureur-général contre lesdites pièces. »

Sur le point d'être ainsi confondus, les religieux ne se rebutèrent pas. Ils appelèrent à leur aide toutes les ruses de la chicane et firent à leur tour rédiger un long Mémoire qui ne comprend pas moins de 293 feuillets in-4°, dans lequel ils reprirent un à un tous les griefs du Chapitre de Chartres et prétendirent les réfuter par des arguments, qui, il faut l'avouer, la plupart du temps ne supportent pas une sérieuse discussion. Le faussaire, fort habile comme écrivain, avait fait preuve d'une ignorance notoire des règles les plus élémentaires de la diplomatique: le rédacteur du Mémoire les traite aussi légèrement. Aux objections très savamment déduites des chanoines de Chartres, il répond avec une désinvolture sans pareille, accumulant les injures, et, quand il est trop embarrassé, déclarant les chartes suspectes authentiques par ce seul fait qu'elles existent saines et entières. Elles sont, donc elles sont vraies: un pareil système de critique défie toute réplique [1].

Nous ne pouvons publier *in extenso* le Mémoire des religieux de Tiron; mais nous en donnerons d'assez longs extraits, car, nous le répétons, ce factum est un document des plus précieux pour l'histoire de l'étude de la diplomatique [2].

---

[1] Lorsqu'il y a environ trente ans nous publiâmes, dans la *Bibliothèque de l'Ecole des Chartes* (3ᵉ série, T. V, p. 516), un article sur les Chartes fausses de l'abbaye de Tiron, un ardent défenseur de l'authenticité de ces pièces nous répondit, comme les moines répondaient au Chapitre: « Les actes existent, donc ils sont légitimes. »

[2] C'est par le plus grand et le plus heureux des hasards que ce Mémoire existe encore. Lors de la Révolution de 1793, on brûla sur le parvis de la cathédrale une grande partie des parchemins et papiers formant les Archives de l'ancien Chapitre de Notre-Dame, toutes les pièces de procédures entre autres. Des témoins oculaires ont souvent raconté que le bûcher brûla pendant trois jours et trois nuits, entretenu par ces documents dont beaucoup, heureusement, n'avaient pas un grand intérêt historique. Quoi qu'il en soit, tout ce qui avait trait aux procès du Chapitre fut anéanti: nous en avons

« Sur une fantasie impertinente et non concluante de nécessité à faulseté, les demandeurs dient et ont tousjours dit que, au temps de dacte de la lettre en forme de chartre datée de l'an 1113, les prévostz de Normandie, de Mésangé, d'Euvers et de Hingré n'estoient encore existants et qu'ils ne le furent que quatre-vingtz ans après ledict an 1113, c'est-à-dire en l'an 1193 (¹), et que les deffendeurs n'ont sceu répondre audict moyen de faulceté, lequel ilz dient estre péremptoire et insoluble, lesdiz deffendeurs ayant voullu dire par évasion que en ladicte église de Chartres a tousjours eu quatre prévostz, et que si, audict an 1113, date de ladicte chartre, on les appelloit « *Normannia, Mesengio, Euversio, Ingreyo,* » ou aultrement, *videlicet* « *de Amyliaco, Fontenayo, Nogento et Belsia* », que c'estoit tout ung et *quod est disputatio verborum que pertinacibus est relinquenda,* disans oultre que en ladicte response ou évasion n'a apparence et qu'elle est une droite moquerie, etc. Lesdiz deffendeurs dient et

la preuve. Ces titres avaient fait l'objet au XVIII° siècle d'un Inventaire spécial formant 2 vol. in-fol. sous la rubrique *Décharges :* aucune des pièces analysées dans ces deux volumes n'a été retrouvée, absolument aucune, si ce n'est ce Mémoire, qui est lui-même fort endommagé, mais par l'humidité.

(¹) La charte dont il est ici question est celle qui est connue sous le nom de *charte des prévôtés*. Elle fut donnée par l'évêque Renaud de Mouçon au mois d'octobre 1193 : nous l'avons publiée dans le *Cartulaire de Notre-Dame de Chartres* (T. I, p. 225). Les biens du Chapitre de Chartres formant la manse capitulaire avaient été, dès le IX° siècle, confiés à quatre régisseurs, appelés prévôts, qui avaient la charge de la gestion des affaires temporelles et de la distribution des pitances. Les prévôts ne tardèrent pas à abuser de la confiance de leurs mandataires. Les évêques Eudes, à la fin du X° siècle, et Ives, au commencement du XII°, essayèrent de mettre un frein à la rapacité de ces officiers, mais les abus, un instant réprimés, ne tardaient pas à renaître. En 1171, Guillaume aux-Blanches-Mains, légat du pape, archevêque de Sens et administrateur du diocèse de Chartres, ôta aux prévôts l'intendance des biens du Chapitre, ainsi que la justice des séculiers. Cette ordonnance de Guillaume souleva de nombreuses protestations : pour y mettre fin, Renaud de Mouçon consentit à indemniser les prévôts dépossédés en annexant à leurs dignités la jouissance des anciennes précaires de Normandie, de Mazangé, d'Auvers et d'Ingré, dont ils durent prendre le nom. Avant 1193, les titres de prévôts de Normandie, Mazangé, etc., étaient absolument inconnus.

respondent que, par les lettres conservées au Trésor du monastaire de Thiron, pareillement des monastaires de Sainct-Jehan et de Sainct-Père-en-Valée-lez-Chartres et autres, ilz ont clairement monstré que, du temps mesme de *Yvo*, évesque de Chartres, et de *Arnaldus, decanus* dudict Chartres, en ladicte église de Chartres avoit non-seullement quatre prévostz, mais six, *qui sic denominabantur prout tunc placebat illis de Capitulo Carnotensi*, comme encore font. Et si sera prouvé d'abondant par iceulx deffendeurs que, ung peu paravant ledict an 1113, iceulx de Chartres envoyèrent à Thiron ung des personnages de ladicte église qui se intitulloit « *Gauffridus prepositus de Garseis*(¹), » et toutesfoys, *hodiernis temporibus*, on appelle et dénomme celui qui tient le revenu que tenoit ledict *Gauffridus* prestrier dudict Gardées.

» *Item*, et avec ce *probaretur*, si mestier estoit, que encores à présent, soubz ladicte église de Chartres, a plusieurs et divers lieux autres que Hyngré, Mésangé, Euvers et Normandie, qu'on appelle et dénomme prévostez.

» *Item preterea* il est prouvé par une charte dactée de l'an 1188, commençant « *Gauffridus Carnotensis*, » que en icelle *describuntur pro testibus* « *Hugo, prepositus de Amilliaco*, » et un autre « *Raherius prepositus*, » sans mectre ne *de Fontaneyo, Belsia, Mesangio vel Normannia*, ne d'Yngré ne aultre lieu ; qui monstre bien la variation *ad placitum* des noms, et que la terre qui par aucun temps *denominata fuerat precaria*, en aultre temps *vocabatur prepositura, aut mairia, et econtra*. Et par ce *est verum dicere et presumere* que, en l'an 1113, date de ladicte chartre, *Normannia*, Mésangé, Auvers et Yngré s'appeloient prévostez, et après, *successu temporum*, et avant

---

(¹) Jamais Geoffroy ne s'est intitulé prévôt de Gardais ; il était en effet prévôt, mais prévôt de Fontenay-sur-Eure.

l'an 1193, date de ladicte prétendue commutacion, *fuerunt vocate precarie vel mairie.*

» *Item*, en une charte commençant « *Hugo, Amyliaci prepositus* », dactée de l'an 1201, qui est huict ans après la dacte de la prétendue commutacion *que dicitur* de l'an 1193, la terre *de Normannia vocatur prepositura seu precaria, quod denotat* que les noms n'estoient pas bien fixés, d'autant que *de Amyliaco vocabatur prepositura*, qui par ladicte commutacion ne se devoit plus appeler prévosté. Par quoy s'ensuit que la coustume et observance *tunc temporis erat, uti nunc est*, que les unes et les autres s'appellent tantost prévostez et précaires, ou prébendes et mairies, *ad placitum*. Et ne vauldroit que lesdiz demandeurs cuydent respondre ad ce qu'il avoit esté convenu par ladicte commutacion que ceulx qui *tunc* tenoient *vel regebant* lesdictes terres *de Normannia*, d'Yngré, de Mésangé et d'Euvers, et pareillement ceulx qui tenoient les aultres, comme Amilly, Beaulce, etc., *gauderent illis* tant qu'ils vivroient, *et ita ut faciebant* auparavant ladicte commutacion ; car à ce dire n'y a apparence, ne appert dudict faict *quod videlicet* audict an 1201 vesquit aulcun d'iceulx qui avoient lesdiz Amilly, Beaulce, etc. (¹). Mais supposé, sans riens confesser, que les possesseurs d'icelles terres eussent deu demourer et qu'ilz fussent demourez en leur entier *et in statu antiquo tamdiu quamdiu vixerunt* quant à la perception du revenu et qu'ilz ou aulcun d'eulx eussent esté en vie audict an 1201, toutesfoiz quant à l'intitulacion ilz en eussent changé, veu que ladicte commutacion estoit *de recenti*, par quoy n'est vraysemblable *quod voluissent derogare*. D'où

---

(1) Il fallait que les religieux de Tiron apportassent une grande mauvaise foi pour ne pas vouloir reconnaître dans le *Hugo, prepositus de Amilliaco* en 1201, le même personnage que celui, mentionné avec le même titre en 1188, comme ils le rapportent eux-mêmes.

est prouvé que ladicte variation de intitulacion *erat ad placitum et voluntatem* dudict Chappitre *et possidentium*.

» *Item* la preuve que ladicte chartre n'est faulce *augmentatur*, pour tant que besoing seroit, par d'autres chartres du temps de *Yvo*, évesque de Chartres, et de *Gaufridus* et *Goslenus*, évêques, *qui fuerunt successores immediati* dudict *Yvo*, conservées dans les monastaires de Sainct-Père et de Sainct-Jehan-en-Vallée, dans lesquelles chartres les propres noms des doyens et prévostz descriptz et nommez en ladicte chartre sont escriptz et nommez *pariter, videlicet* « *Gaufridus, Henricus, Alanus et Hugo*, » et le nom et qualité du doyen tout une. De quoy s'ensuit que ladicte chartre est vraye et faicte du temps dudict *Yvo* et lorsque en icelle église ledict *Arnaldus* estoit doyen, et *Gaufridus, Henricus, Alanus et Hugo prepositi*. Car si ladicte chartre eust esté faicte *a posteriori* et si longtemps après, comme prétendent lesdiz demandeurs, il eust esté impossible à celluy *qui pretenditur* avoir contrefaict ladicte chartre de deviner le propre nom des personnaiges, doyen et aultres, qui pour lors, du temps d'icelluy *Yvo*, régnoient à Chartres.

» *Item non obstat* ce que les demandeurs, *retorquendo* icelles pièces, s'efforcent dire qu'elles seroient contre les deffendeurs, en ce que leurdicte chartre *describitur*: « *Ego Gaufridus, prepositus in Mesengio; ego Alanus, prepositus in Inversio, etc.*, » et que, en lesdictes chartres de Sainct-Jehan et de Sainct-Père, *non describuntur* lesdictz tiltres, *sed solum nomina propria*. Car ad ce respondent les deffendeurs *quod illud non arguit falsitatem neque minuit fidem* de ladicte chartre, attendu *maxime* que ladicte chartre et celles de Sainct-Père et de Sainct-Jehan *concordant in nominibus predictis*.

» *Item et per premissa* est faicte souffisante response ad ce que disent les demandeurs, c'est assavoir que ladicte chartre de Thiron a esté fabriquée sur celles de Sainct-Jehan et Sainct-Père-en-Vallée, et qu'elles se ressemblent, *excepto* que celluy qui a faict celle de Thiron a tout gasté d'y avoir mis « *prepositi in Normannia, Mesangio, etc.* » Par là ilz monstrent bien qu'ilz n'ont apparence de vraisemblance, car si ladicte chartre de Thiron eust esté prise sur celles de Sainct-Jehan ou de Sainct-Père ou aultres, on n'eust point mis davantaige ne supposé ou changé les noms, surnoms ou intitulacions desdiz *Henricus*, etc., non plus que les noms ; car qui se mect à commettre faulseté la faict conforme le plus qu'il peut à toute vérissimilitude.

» *Item* aussi *per jamdicta* est donné solucion souffisante à ung autre frivol argument, duquel toutesfoys partyes font grande feste, *videlicet* que en ladicte chartre y a ces motz « *Ego Yvo, etc.*, » et les autres y a « *Sigillum Georgii;* » car c'est ung en effect et substance estre escript « *Ego Johannes, prepositus de Normannia, sigillavi vel signavi* (¹), » *vel scribatur* « *Signum vel sigillum Johannis prepositi.* » Ladicte diversité de soubzcription se prent et se reigle selon la voulenté et à la fantasie de celluy qui soubscript et signe ou de celluy qui fait la lettre.

» *Item, quare non est insistendum* à ce que iceulx de Chartres dient que, en la lettre produicte par lesdiz de Thiron y sont ces motz « *Dacta per manum Vlgrini,* » et és autres sont ces motz « *Dacta et scripta propria manu.* » Car seroit débile argument et moyen, *cum verba equipolentia idem significant,* et est permys souventes foys de changer les motz et forme de parler et d'escripre, *signando vel sigillando et scribendo subscriptionem,* et aucunes foys cela vient des stilles divers des escripvans ou dictans les lettres, qui sont après signées et scellées par autres que par ceulx qui les ont escriptes

---

(¹) Telle n'a jamais été la formule des souscriptions ; le mot même le dit : *Ego Johannes subscripsi,* et non *sigillavi* ou *signavi.*

ou dictées. Et d'ailleurs, de raison, *ubi in instrumento sunt plura capitula et plures clausure separate et diverse, data falsitate in uno capitulo vel clausula, alia capitula vel clausule non viciantur, nisi esset falsitas in hoc quod esset de substancia tocius instrumenti, ut in nomine tabellionis aut data in contractibus* (¹).

» *Item* ad ce qu'ilz dient contre la bulle de confirmation du pape Alexandre datée de l'an 1179, c'est assavoir que lesdictes bulles sont très suspectes de faulx *ratione loci a quo producuntur, subjungentes calumpniose* que du costé desdiz deffendeurs n'est question que de lettres faulses. Respondent que ladicte bulle n'a aucune suspicion de faulseté, car est saine et entière en escripture, plomb et dacte *et aliis requisitis.* Il est injurieusement, calumpnieusement et contre vérité escript et imposé auxdiz deffendeurs et à leurdicte abbaye et monastaire qu'ilz sont coustumiers de commettre faulsetez et que de leur maison ne sort autre chose que faulseté. Et pour ce protestent d'injures atroces *et de calumpnia et falsa impositione,* et d'en avoir la réparation en temps et lieu ; car eulx et leurdict monastaire ont et a esté tousjours de religieuse, dévote et bonne existimacion, sans avoir esté reprins, soupçonnez, *quin ymo* ne prévenuz de faulseté ne d'autre cas desviant à religion et honnesteté. Mais il fault entendre que Bougier (²), l'un des chanoines et soliciteur trop affecté, et qui fait son propre fait de la présente matière pour les demandeurs et qui se y aide par tous moyens, estant le procès à Chartres, voyant qu'il avoit mal conseillé

(¹) Comme on le voit, les religieux de Tiron ont recours à toutes les subtilités de la procédure. Ne pouvant défendre l'authenticité de leurs prétendues chartes contre les arguments si probants des chanoines, ils se jettent dans les arguties de la chicane la plus vulgaire.

(²) Jean Bouguier, déjà chanoine de Chartres, avait été reçu prévôt d'Auvers le 18 mai 1521. Le 14 avril 1535, Gui Bouguier fut reçu chanoine au lieu de *feu Jean Bouguier.*

et persuadé au Chapitre de commencer ce présent procès, congnoissant qu'il en descherra à sa grande confusion et que ceulx du Chapitre n'auroient cause d'estre contens de luy, pour rendre ledict procès long et immortel, et affin que son mauvays conseil *non pateret*, s'efforça machiner les calumpnieuses et controuvées faulsetez, *qui tamen deficit et deficiet in via*, et sa calumpnie et faulse accusation *judicabitur* par l'issue du présent procès.

» *Item de indictione, error vel falsitas in indictione non viciat rescriptum si ex aliis appareat verum.*

» *Item nec obstat* aussy ce qu'ilz dient que la dacte de ladicte bulle est en rasure *et illud viciat, juncta discordia indictionis;* car sont allégances perdues et indignes de response.

» *Item* et est aussi impertinent de dire que ladicte bulle diffère *a stillo communi;* car c'est un calumpnieux moyen, veu la teneur de ladicte bulle, *in qua nichil describitur a religione aut fide alienum*. Aussi fauldroit qu'ilz prouvassent quel stille il y avoit lors à Chartres et Rome, lors de la dacte de ladicte bulle, et aussi *quomodo tunc computabantur indictiones;* car les stilles et façons de faire en Court de Rome *et alibi per universum orbem*, mesmement à Chartres, sont bien autres à présent que n'estoient deux ou trois cens ans à.

» *Item* aussi peu vault que par ladicte chartre ceulx de Thiron seroient exempts des évesques de Chartres et de leurs officiers archidiacres, et toutesfoys en ladicte bulle sont ces motz « *Salva sedis apostolice et diocesani episcopi canonica justicia*, » *que sunt repugnantia*. Car ad ce respondent les deffendeurs que cela faict pour eulx et démonstre que ladicte bulle confirmative s'entend de leurdicte chartre ; car ilz ne se dient pas exemptz ne du pape ne de l'évesque de Chartres, *nisi in certis casibus expressis* en la chartre, mais bien des archidiacres et autres dignités de l'église de Chartres *conformiter* à ladicte chartre, et par ce lesdiz motz « *Salva diocesani episcopi justicia* » s'entendent *de casibus de quibus non erant exempti* de l'évesque en ladicte chartre ; aussi se pourroient entendre *de canonica cognitione* appartenant aux diocésains.

» *Item* et ung autre argument et moyen dont parties s'efforcent faire grand signe, assavoir que en ladicte chartre est contenu que le lieu d'Arcisses avoit abbaye, et que en ladicte bulle confirmative, qui estoit soixante après, est contenu que iceluy lieu d'Arcisses n'avoit lors que prioré, inférant de là que ladicte bulle avoit esté forgée *a posteriori*, disant que ledit moyen est irréfutable. Respondent iceulx deffendeurs que parties font grant feste de peu de chose, car *non sequeretur* que si en ladicte bulle confirmative avoit esté mis « *prioratum de Arcissis,* » *loco* d'abbaye, *errore aut negligentia aut alia causa*, que pourtant icelle bulle fust nulle ne fausse, car *non agebatur* d'Arcisses, ne s'il estoit ou est prioré ou abbaye. Et a esté ung erreur, car Arcisses ne fut oncques prioré.

» *Item* tant que touche ce qu'ilz disent qu'ilz ont vériffié que les seaulx que les deffendeurs prétendent du Chapitre de Chartres apposez en ladicte chartre sont de cire jaulne et non de cire blanche pure, comme ilz dient que ont accoustumé estre *de illo tempore* les vrays seaulx d'icelluy Chapitre, et qu'il ne sera sceu ne trouvé que ledict Chapitre scellast oncques de cire jaulne, ad ce respondent lesdiz deffendeurs qu'il n'a point esté vériffié que lesdiz seaulx soient de cire jaulne ne aussi que ledict Chapitre ayt tousjours accoustumé sceller de cire blanche, et que par ce ilz abuzent, supposant *falso* avoir prouvé et vériffié lesdiz deux faiz, ce qu'ilz nient, et prouvent par autres pièces que, au temps de ladicte chartre, ledict Chapitre scelloit *aliquando* de cire verte et *aliquando* de cire d'autre coulleur, et comme bon leur sembloit, et que le scelleur trouvoit la cire.

« *Item* et certes a encore moins d'apparence à ce qu'ilz disent que lesdiz seaulx apposés en ladicte chartre ont esté gardés et enveloppés comme reliques, comme de ce ilz dient apparoir par vostre procès-verbal, faisant mention qu'ilz estoient cousus en cuir blanc (1), inférans *de hoc* que la fracture desdiz seaulx a esté faicte, *industria, ne possent cognosci nec de eis fieri comparatio* à autres seaulx. Car *licuit* aux deffendeurs d'avoir gardé et enveloppé précieusement lesdiz seaulx, car c'est leur trésor, tiltre et deffenses contre lesdiz demandeurs leurs voisins. Mais ilz ne les ont si bien sceu garder et envelopper qu'ilz n'aient esté froissés et cassés depuis le commencement du présent procès : ce qui est intervenu à l'occasion de ce que Malsac, lieutenant à Chartres (2), porta ladicte chartre en ceste ville de Paris, la feist veoir, visiter et manier lesdiz seaulx à tant de gens et par tant de foys; et, en les portant et rapportant, ilz ont esté cassés et mis en l'estat qu'ilz sont, *dolo et facto* de parties adverses.

» *Item* ilz s'efforcent dire que les seaulx que lesdiz deffendeurs dient estre seaulx du Chapitre de Chartres ne sont yssus du vrai scel d'argent dudict Chapitre par eulx à vous exhibé, comme ilz dient avoir vériffié par la depposition des graveurs de seaulx, comme aussi que les seaulx de *Yvo*, évesque de Chartres, et de *Daimbertus*, archevesque, ne sont semblables aux seaulx véritables de ces prélats; ce qu'ilz

---

(1) Nous parlerons assez longuement des sceaux apposés aux chartes fabriquées par les religieux de Tiron; mais nous constaterons dès maintenant qu'à plusieurs de ces chartes sont encore en effet suspendus de petits sacs en cuir blanc garnis de filasse. Sur ces sacs on lit, de la même écriture que la pièce elle-même, le nom du donateur : *Sigillum capituli Carnotensis*. — Il est à remarquer que tous les sceaux ainsi renfermés dans ces sacs de cuir sont complétement brisés, tandis que ceux qui n'étaient pas protégés sont presque tous intacts. On en verra la raison.

(2) Jacques Fouet, sieur de Malsac, lieutenant-particulier au bailliage et siége présidial de Chartres, en 1510. Les descendants de Jacques Fouet acquirent vers 1620 la seigneurie de Fruncé qu'ils possédèrent pendant environ un siècle.

dient estre un autre moyen insoluble. Respondent lesdiz deffendeurs que l'on veoit souvent que les évesques, abbez et autres prélats ont plusieurs divers seaulx *et eodem tempore*, l'un commun et l'autre appelé de la Chambre, et aucunes foys en ont trois, c'est assavoir l'un *ad causas et controversias*. Et mesme lesdiz de Chapitre usent et ont accoustumé user de deux seaulx, quand bon leur semble, l'un grand et l'autre petit, *et ita fatentur;* par quoy est *ridiculosum* parler de ladicte prétendue plus grande différence entre le scel de ladicte chartre et les scelz à icelle comparez, car, soit grande ou petite, ladicte prétendue différence est tout ung. Aussi est-il vray que quand l'on refaict un scel perdu ou que l'on en faict un nouvel qui se faict *ad placitum*, on ne le faict ou refaict pas toujours au plus près d'un autre, mais ainsi qu'il plaist à celuy qui le faict faire ou refaire; ainsi il peult estre que ledict *Yvo*, évesque, et ledict *Daimbertus* aient faict refaire leurs seaulx. Aussi avoient peu user de diverses cires selon les lieux où ils se seroient trouvés; car aucunes foys ceulx qui veullent sceller ne trouvent pas de la cire de la coulleur qu'ils veullent, *vel forte, ex varietate temporis, voluntas sigillantis*, quant à la coulleur de la cire, *mutata fuisset*.

» *Item* les graveurs et autres expers oys ne depposent que lesdiz seaulx soient faulx, mais au contraire ont exposé que les seaulx *qui adhuc remanent* viennent bien et se conforment de grandeur et largeur aux seaulx comparés. Bien dient que la cire et ymaige a été mal empreincte et n'y peuvent adjouster mesure, mais cela peult tenir et avoir esté parce que en scellant les aucuns scelleurs sçavent mieux sceller que les autres, *vel forte* que les aucuns d'iceulx scelz auroient esté enveloppés *post longum intervallum*. Depposent en oultre lesdiz graveurs et expers qu'il leur semble que tous lesdiz seaulx sont bien anciens, ce qui démonstre le contraire à ce que les demandeurs *falso allegant,* disant les seaulx avoir esté forgés et apposés de nouvel.

» *Item* rien ne vault ce que quatre jurez nouveaux ont dit et depposé que lesdiz seaulx sont faulx, car quand on les a interrogés *super modo falsificationis,* ilz ont dit que leur semble que lesdiz seaulx ont esté contrefaicts et prins sur une contreempreinte. A quoy rétorquent formellement les deffendeurs qu'il eust esté trop difficile à ceulx qui eussent voulu faire la faulseté dont se vantent les demandeurs qu'ilz eussent peu recouvrer ledict scel d'argent pour en prendre une contreempreinte (¹), car à cela faire y eust fallu grand loysir, à quoy n'a vérissimilitude aucune, veu que ledict scel d'argent est si précieusement et soigneusement gardé.

« *Item* dient les demandeurs que, au temps des lettres signées « Piperelli et de Tramblay, » les vrayes lettres scellées dudict Chapitre n'estoient de leur notaire ni greffier, et n'estoit telle la coutume. A quoy respondent les deffendeurs que de coustume contraire ilz n'ont faict apparoir, et que, considéré la grandeur et pondérosité du contenu ésdiz actes qui estoient de grande importance et conséquence, il estoit bien requis qu'il y eust deux notaires; car l'on voit souvent que, *etiam en pays de droict escript ubi sufficit unus notarius cum duobus testibus,* és grans passemens et contracts *adhibeantur quam plurimum duo aut tres notarii,* pour plus corroborer et donner foy *rei ponderose geste.*

« *Item* et par mesme raison est respondu à ce qu'ilz dient que, audict temps, les notaires du Chapitre n'estoient nommez *Piperelli neque de Tremblayo,* et que jamais audict Chapitre n'eust notaires qui

---

(¹) Les jurés avaient parfaitement jugé, comme nous le dirons à la fin de ce chapitre. Ce n'était pas sur le scel d'argent du Chapitre que la contre-empreinte avait été prise, mais sur les anciens sceaux en cire qui étaient joints aux titres originaux.

fussent ainsi nommez. Car ce seroit une négative improuvable, et encores qu'il apparust *vere et plene* de ladicte négative improuvable, c'est que lesdiz *de Tremblayo et Piperelli* n'eussent jamais esté notaires ne greffiers dudict Chapitre, *quod falsum est*, aussi *non constat de tali negativa,* toutesfois non pourtant par ce *inferri posset aliqua presumptio falsitatis* contre lesdictes lettres *ratione jamdicta;* car, veu la grandeur et pondérosité desdiz actes *et quod agebantur cum hiis qui non erant de Capitulo potuerunt adhiberi in notarios* autres notaires que le greffier ou notaire dudict Chapitre, *aliis forte non confidentibus propter gravitatem materie* aux notaires ou greffiers d'icelluy Chapitre, *vel forte* iceulx greffiers ou notaires estoient malades ou empeschés lors du passement desdiz actes : pour quoy ledict objet ou moyen est frustratoire et n'a apparence.

« *Item* encores en a moins ung autre fondé sur une autre négative improuvable, soubz coulleur de dire que les actes cappitulaires d'une église, mesme qui sont en forme d'appoinctement, sont enregistrés és registres des Chapitres, et que toutesfoys lesdictes lettres ne actes n'y sont aucunement enregistrés, comme ilz dient l'avoir fait apparoir par leur production. Car il n'est vrai qu'ils ayent fait apparoir de ladicte négative, *videlicet quod non sunt registrata* lesdiz actes signés « *Piperelli et de Trembleyo,* » et par ce que dient les demandeurs, ilz se confondent du tout et montrent que l'un de leurs principaulx fondemens seroit faulx, car ilz dient et confessent en plusieurs lieux et s'efforcent vérifier que la ville de Chartres et mesmement l'église a esté bruslée et les chanoines chassés et que les registres anciens ont esté perdus, bruslés et pillés, et mesmement ceulx en date desdictes lettres : par quoy ne sont recevables de dire qu'ils avoient devers eulx les registres et actes capitulaires dudict temps, et que en iceulx *non reperiuntur descripta* lesdiz actes signés par *Piperelli et*

Tremblayo, quia si verum dicant de amissione registrorum et actorum dudict temps, le registre capitulaire desdittes lettres signées « Tramblay et Piperelli » auroit esté perdu, bruslé et pillé, comme les autres registres d'icelluy temps.

« *Item* ad ce qu'ilz prétendent qu'il y a des présomptions véhémentes contre lesdictes lettres *quia stillus non fuit servatus.* Respondent que c'est ung bien frustratoire objet, car ilz ne monstrent de ladicte négative, *videlicet quod stillus non fuit servatus*, aussi ne dient *in quo non fuit servatus*, ne quel stille estoit observé au temps desdictes lettres, *et est infirmitas animi* dudict solliciteur, qui s'efforce alléguer stille *de tempore Yvonis episcopi*, sans en monstrer. Qu'il parle du stille du Parlement ou de *Cicero*, Homère, Virgille ou autres docteurs ou orateurs qui ont reddigé leur manière et stille d'escripre pour instruire les jeunes gens; mais que ledict *Yvo*, ne sondict chapitre, ne ceulx qui pour lors estoient, ne aussi ledict pape Alexandre lors régnant, ne *Daimbertus*, archevesque qui lors estoit de Sens, ayent laissé aucun stille par escript, les deffendeurs n'en croient rien. Mais il y a plus : car quand ores lesdiz demandeurs eussent monstré ladicte négative, *non nihil tamen ex hoc fuisset sequutum;* car l'on sçait assez que les évesques et les chanoines ne les arcevesques ne le pape n'escripvent par eulxmesmes les lettres de dons *que emanant ab eis,* mais les secrétaires, notaires ou autres officiers, *qui ut plurimum utuntur diversis stillis* et de diverses façons de parler, escripre et coucher les mots.

» *Item* considéré que *describitur* en la Vie de saint Bénard [1], premier abbé, et de ses compaignons et successeurs, que lesdiz *Yvo*, évesque, et le Chapitre de Chartres, meus de dévotion et en considé-

---

[1] *Sic;* le nom du fondateur de Tiron est partout dans le Mémoire ainsi écrit *Bénard :* c'est au moins une singulière inadvertance.

ration à bonne vie, dévote et religieuse conversation dudict Bénard, premier abbé, et de ses frères et disciples, qui estoient en grant nombre, remplis de toute dévotion, humilité, sainte vie et austère, se seroient monstrés libéraulx envers eulx et leur avoient donné lesdiz privillèges et libertez en les recepvant en leur terrouer *sub protectione Virginis gloriose*. Depuis lesquelz dons, privillèges et fondation de ladicte abbaye de Thiron *in solo et fundo* desdiz Yvo, évesque, et dudict Chapitre, les roys de France, contes du Perche, d'Alençon, de Chartres, de Bloys, de Dunoys et autres seigneuries circonvoisines, auroient augmenté et construict audict lieu de Thiron en l'honneur de la Trinité dont est fondé ledict monastaire, et aussi en faveur dudict saint homme Bénard et ses autres successeurs donné et aulmosné plusieurs lieux, terres et domaines, aussi plusieurs beaux et amples privillèges. Par quoy, quand ores en ladicte chartre y auroit quelque clause fort grasse et ample, *ymo que esset insolita*, que non n'y auroit par ce apparence de y présumer faulseté, *attenta persona donantis* qui estoit ledict évesque et ledict Chapitre, lors plein de dévotion et de zelle envers religion et ledict saint homme Bénard, lesquels évesque et Chapitre estoient riches et puissans, *attenta* aussi *persona* des donataires qui estoient ledict saint homme et ses dévots disciples et compaignons, aussi *considerata causa donandi, scilicet ob devotionem et religionem*, et pour fonder une si belle, si honorable, religieuse et perpétuelle congrégation comme est ladicte abbaye de Thiron, en laquelle y a toujours eu religieulx dévots en grand nombre, et y sont Dieu et l'Eglise servis et révérés aussi bien que en abbaye de France; par quoy le don et privilége leur a deu avoir été faict grand et excellent. Aussi lesdiz abbé et religieulx dudict Thiron n'ont esté et ne sont ingratz envers les évesques et Chapitre de Chartres, *pro quibus singulis diebus celebratur* en ladite abbaye la messe de la Mère-Dieu. Et est chose par trop inhumaine que, à l'appétit d'un ou deux particuliers chanoines de ladicte église de Chartres, mère et fondateresse de ladicte abbaye de Thiron, sa fille, s'efforce vouloir destruire *radicitus* sadicte fille, la voullant deffonder et s'efforçant annihiler les privillèges et bienfaits de leurs prédécesseurs. A quoy vous, mondict seigneur et les jugeans, aurez, s'il vous plaist, considération, veu que lesdiz demandeurs ne la y veulent avoir.

» *Item,* et qui plus est, depuis l'octroy et donation d'iceulx privillèges, iceulx deffendeurs n'ont eu ne acquis en tout soixante livres de rentes sur les terres, fiefs ne territoire desdiz évesque et Chapitre, soit en fief, domaines, dismes ne jurisdiction. Et s'ilz n'avoient autres biens et aulmosnes données en leurdicte abbaye sur autres terres et seigneuries que sur celles de ladicte église de Chartres, ladicte abbaye ne vauldroit ung prioré et ne s'en pourroient entretenir deux des religieulx dudict monastaire : par quoy appert que les demandeurs font grand bruit de peu de chose.

» *Item nec obstaret* ce qu'ilz dient qu'il pourroit advenir cy-après, *succedente tempore,* que ceulx de Thiron tolliroient la juridiction temporelle et droits seigneuriaux d'icelle église de Chartres, ou la pluspart d'iceulx, car ilz pourroient acquérir tout le revenu de ladicte église ou ce que tient et est mouvant d'eulx, car, selon le contenu de ladicte chartre, és choses qu'ils acquièrent la jurisdiction des lieux leur appartient, et les cens qui seroient deubz seroient convertis en rente, et les droits et devoirs seigneuriaulx par ce moyen adnichilés, et que par conséquent seroit tollir toute jurisdicion, seigneurie et revenu dudict Chapitre, comme champars et dimes, *in quibus dicunt consistere* la pluspart de leur revenu. A ce respondent les deffendeurs qu'ilz ne sont si puissans pour faire de si grandz ni effrénés acquestz, ne n'en ont faict par cy-devant qui passe soixante livres depuis cent

XL INTRODUCTION.

ans en ça, comme dict est; et les demandeurs en ce disant ressemblent aux anguilles de Melun, lesquelles se plaignent avant qu'on les escorche ne que l'on en fait semblant. Voirement d'ailleurs si, *procedente tempore,* lesdiz deffendeurs faisoient si grans et excessifs acquestz, qui seroit impossible s'ilz n'avoient une mendragore, lors, et non devant, auroient les demandeurs cause de eulx plaindre et eulx user du remède que le droict leur accorde, *videlicet* que tel privillège *potest tunc revocari, ymo revocatur ipso jure.*

» *Item,* parlans du bois d'Autou, duquel est faict mention en une des lettres, *subjungunt* que ledict boys d'Autou n'appartenoit lors auxdiz de Chapitre, et que, longtemps après, comme soixante-dix ans, la moictié d'icelluy boys leur fut *quam primum* donnée par le conte du Perche ([1]), soubz condition qu'ilz ne la pourroient vendre; et qui est mocquerie de dire et d'estre contenu en ladicte chartre que lesdiz de Chapitre donnassent ledict boys ne partie d'icelluy, oudict temps ouquel ilz n'y avoient rien, inférans *ex hoc* ladicte chartre avoir esté faicte *a posteriori.* Respondent les deffendeurs que, auparavant la dacte d'icelle chartre, les demandeurs avoient la moictié audict boys d'Autou, dont ilz ont les lettres d'acquisition en dacte du temps dudict Yves, évesque, mais ne les veulent monstrer ([2]). Mais quant ores les demandeurs ne leurdicte église n'eussent eu rien audict

([1]) L'acte auquel le Chapitre se référait a été publié par nous dans le *Cartulaire de Notre-Dame de Chartres* (T. I, p. 221). Par cette charte, datée du 20 juin 1190, Rotrou III, comte du Perche, reconnaît que le Chapitre aura le droit à l'avenir de posséder de moitié avec lui les bois d'Authou et toutes les pâtures qui se trouvent dans lesdits bois, sous certaines clauses et conditions détaillées dans l'acte, notamment à la charge de deux anniversaires qui doivent être célébrés dans l'église de Chartres, l'un pour le repos de l'âme de Mathilde, femme dudit comte, l'autre pour le repos de celle de la comtesse Amicie, sa mère.

([2]) Les religieux de Tiron font ici allusion à une donation faite au Chapitre de Chartres par la comtesse Mathilde, femme de Rotrou III : nous n'avons pu retrouver cet acte de donation, mais en tout cas il ne pourrait remonter au temps d'Ives de Chartres.

boys d'Autou au temps de ladicte chartre, que si non toutesfoys *posset presumi ex hoc aliqua presumptio falsitatis* contre icelle chartre, car lors d'icelle chartre et paravant lesdiz demandeurs estoient seigneurs temporels, spirituels et patrons de ladicte paroisse d'Autou, en laquelle ils ont et avoient, au temps et dacte d'icelle chartre, plusieurs terres, domaines, boys, buissons et autres droicts, et *maxime* plus de deux cens arpens de terre et buissons, tout au long et joignant le grand boys d'Autou. Par ce, ledict privillège et don *de quo meminit* ladicte chartre *posset refferri* audict boys de deux cens arpens séparé dudict grand boys, et par ce *illa verba apposita* en ladicte chartre « *in nemoribus de Autonio* » *verifficarentur in illis*, et par ce ne préjudicieroit la chartre et ne contrairoit à la prétendue lettre.

Item ce n'est vrai aussi *quicquid dicatur* que les tesmoins de l'enqueste des deffendeurs ayent depposé que l'abbé Lyonnet Grimault eust achepté, vingt-cinq ans à, le molin au Soult et le molin de la Gastine (¹), mais bien depposèrent que ledict abbé Lyonnet Grimaulx les auroit bailles de nouvel à vies et que plusieurs les tiennent *tali titulo*, et les tenanciers desquelz ont tousjours et d'ancienneté respondu et respondent à Thiron à la justice des deffendeurs, et non à Gardées à la justice des demandeurs. Aussi *potuisset esse* que lesdiz molins qui d'ancienneté avoient esté de ladicte abbaye de Thiron, ayant cessé *esse per presumptionem vel alias*, par ce *non fuisset* inconvénient que ledict abbé Grimaulx les eust *iterato* acquis, *et ex illis non posset inferri aliqua conjectura falsitatis*.

» *Item*, et quoy qu'ilz dient, les tesmoings des deffendeurs depposent de tout le temps de leur congnoissance, et sont anciens, par quoy, veu leurs aages et leurs deppositions, ils parlent de plus de quarante ans; mais quant ilz n'en parleroient que de dix, *satis esset*, car il

---

(¹) Le moulin de la Gâtine existe encore dans la commune de Thiron.

n'est question principallement de prescription, mais de continuation et entretenement. Et depposent que lesdiz deffendeurs sont francs, quictes et exemptz de toute jurisdicion de seigneurs temporelz, *rege solo excepto*, et mesmement des demandeurs, et que de ce ilz ont veu joyr les deffendeurs par le temps de toute leur mémoire et congnoissance.

» *Item* ad ce qu'ilz dient que l'évesque *Alberius* mourut à Nevers l'an 1243 et que en l'an 1253 estoit évesque de Chartres ung nommé Mathieu, n'y a tant soit peu d'apparence, veu la lettre d'icelluy *Alberius*, laquelle est *in forma probante et solita*, bien seellée, et *non constat* aussi ne que *Alberius esset mortuus* ne que Mathieu *tunc esset episcopus*. Car la vérité est et se prouvera, se mestier est, que ledict évesque *Alberius* vivoit audict an 1253 (¹) et fut enterré en l'église des Frères Prêcheurs à Chartres, et non ailleurs (²). Et si n'y a apparence dire que ledict Mathieu *tunc esset episcopus*, car est vray que entre ledict *Alberius* et ledict *Matheus* fut évesque *Henricus*, comme appert par l'ancienne Cronique (³) estant *penes* les demandeurs;

(¹) Suivant la *Vieille Chronique*, Aubry Cornut aurait en effet siégé de 1246 à 1258 ; son successeur, Henri, aurait possédé l'évêché de Chartres de 1256 à 1262, année en laquelle seulement Mathieu serait devenu évêque. Mais le Catalogue des évêques de Chartres, donné par la *Vieille Chronique*, et longtemps adopté sans contrôle, est erroné dans toute sa chronologie. La vérité est telle que les chanoines de Chartres l'affirmaient dans leur Mémoire : Aubry Cornut siégea depuis 1236 jusqu'au 15 des calendes de novembre 1243, date de son décès ; son successeur, Henri de Grez, mourut en 1246, le jour des nones de décembre, et enfin Mathieu des Champs prit possession de l'évêché de Chartres en 1247 et siégea jusqu'à sa mort, le 31 décembre 1259.

(²) Les chanoines de Chartres ne contestaient point qu'Aubry Cornut eût été enterré dans l'église des Frères Prêcheurs de Chartres ; ils disaient seulement qu'il était mort à Nevers en 1243. *La Vieille Chronique* elle-même le constate, mais elle ajoute que son corps fut rapporté à Chartres pour y être inhumé ; ce qui est la vérité.

(³) La *Vieille Chronique* fut écrite en 1389, comme l'indique le titre même qu'elle porte dans l'original. Bien qu'elle renferme une foule d'erreurs, elle fut longtemps citée par la plupart des auteurs chartrains comme la véritable source de l'histoire de l'Église de Chartres. Nous l'avons publiée pour la première fois en tête de notre *Cartulaire de Notre-Dame de Chartres*.

INTRODUCTION.   XLIII

laquelle ilz cachent et l'ont ostée et déchesnée (¹) depuis le commencement du présent procès et doleuse invention de faulsetez, affin que les deffendeurs ne s'en puissent ayder pour convaincre les demandeurs, qui est grandè malice.

» *Item* et quoy qu'ilz disent au sujet de la sentence du 27 novembre 1297, le siège épiscopal de Chartres ne vaquoit lors, et vivoit l'évesque Simon (²), *ut patet* par ladicte sentence ; lequel évesque Simon vesquit longtemps après ladicte datte, c'est assavoir jusques en l'an 1300 et plus, comme par ladicte Cronicque des évesques de Chartres et autrement deument se monstrera, se mestier en est.

» *Item* et ne vault ce qu'ilz dient contre ladicte sentence, assavoir qu'elle contient choses insolites et inusitées, car c'est chose impertinente *quia non declaratur quid insolitum vel inusitatum contineat*, mais, à la vérité, ésdicte sentence et confirmation *continentur verba usitata et solita* au regard dudict temps.

» *Item* et est fort calumpnieulx de mettre en avant que, lors de la dacte d'icelle sentence, maistre Regnault de Pleysy n'estoit archidiacre de Blois, car *non est verum;* aussi *non constat* que maistre Jacques *de Medunta* estoit lors archidiacre dudict archidiaconé.

» *Item* et maistre Jehan *de Grangia,* au temps mentionné en la sentence contre luy donnée, estoit archidiacre de Dunoys, *et ita pre-*

(¹) Il existe encore à la première travée de droite du tour du chœur de la cathédrale de Chartres une planchette de chêne, sur laquelle était déposé, soit la *Vieille Chronique*, soit tout autre manuscrit ; on voit au-dessus les crampons de fer qui servaient à maintenir les volumes.

(²) Le siège épiscopal de Chartres était en effet vacant le 27 novembre 1297, l'évêque Simon de Perruchay étant mort le 5 des ides de novembre. Il est vrai que la *Vieille Chronique* le fait vivre jusqu'en 1306. L'inscription placée sur la tombe de Simon de Perruchay dans l'église des Saints-Innocents à Paris portait formellement : *Icy gist noble homme Simon de Perruchay, qui trespassa l'an de grâce mil II^c IIII^{xx} et XVII, le lundi après la Toussains.*

sumitur et probatur par la sentence contre luy donnée, et *sic* n'appert *de negativa, videlicet* que lors maistre Philippes de Cornillon *esset* archidiacre dudict Dunoys.

» *Item* la pièce concernant la prioré d'Osème est escripture autentique, sainé en scel, seing et escripture, et *probat* que *de Sancto-Dyonisio* estoit, lors de la dacte d'icelle, chancellier de ladicte église de Chartres, et n'est besoing le monstrer autrement; par où l'on doit conclure que les chancelliers de l'église de Chartres prengnent et prenoient, lors de la dacte d'icelle pièce, dismes de vin, laynes et aigneaulx au lieu d'Osème, excepté és terres et domaines du prioré dudict lieu deppandant de Thiron. Car ledict prieur prend icelles dismes, et est la vallée et terre qu'on appelle Oisème-Grande, et en laquelle ledict chancellier prend plusieurs dismes, mais non sur les terres d'icelluy prioré assises en ladicte vallée.

» *Item* ad ce qu'ilz dient que les deffendeurs n'ont jurisdicion au lieu de Thiron, sinon *in una carrucata terre*, qui est l'encloz et circuit de leur abbaye, et que encores elle est bien limitée et restreinte. Respondent que la lettre de donation est plus ample et contient plus qu'ilz ne dient (¹).

» Considéré doncques ce que dit est et les si très évidentes calump-

---

(¹) C'est sur la demande même de saint Bernard que le Chapitre de Chartres lui avait concédé une charruée de terre à Gardais pour l'établissement de son monastère (Voir charte I). L'Inventaire manuscrit du Chapitre nous a conservé la notice d'une transaction faite au mois de décembre 1252 au sujet de cette charruée de terre. « Transaction entre le Chapitre et les abbé et religieux de Thiron, par laquelle, pour terminer entre les parties quelques contestations au sujet de la justice, ledict Chapitre leur abandonne ce droit sur une pièce de terre contenant le labour d'une charrue, et sur le bourg de Thiron, laquelle pièce de terre leur avoit cy-devant esté donnée par le Chapitre pour la fondation et édification de leur monastère, le Chapitre de Chartres se réservant la justice sur ses censitaires et hommes de corps dans l'étendue de la paroisse de Gardais ; et quant à la justice sur les habitans du Bouchaige et d'Authou consent ledict Chapitre qu'elle demeure commune, comme par le passé, entre lui et lesdits religieux. »

nies et fausses accusations faictes de quatre et de dix-huict lettres si très auctentiques et anciennes et vrayes et ayans si très [bonne forme autentique, joinct la bonne fame, renommée, vie religieuse des religieulx abbé et couvent de Thiron, appert que ledict Bouguier et autres de Chapitre de Chartres leur doivent estre condempnez en grosses amendes et repparations : autrement s'il estoit permis d'injurier et calumpnier ainsi les gens de bien, il ne seroit icelluy qui osast plaider, et fault très rigoureusement pugnir les falsaires quant la faulseté est prouvée, mais quant vérité abonde il fault oster occasion de calumpnier et faulsement accuser. Et ne peut estre faict si ce n'est en pugnissant à la rigueur de la lectre et de la loy les calumpniateurs et accusateurs, *ut, postquam virtutis amore a malo non cessant, saltem formidine pene pertimescant; in quo laborare debet officium boni, recti, justi et severi judicis, quia pessimum genus hominum est calumpniatorum et falsorum accusatorum.*

» Par quoy protestent, etc., offrent, etc., nyent, etc., et demandent despens, dommaiges et intérestz. »

Ce Mémoire des religieux de Tiron fit entrer le procès dans une nouvelle phase. Les membres du Parlement n'étaient pas tenus d'être paléographes : devant des assertions aussi audacieuses, qui ne manquaient pas au premier abord d'une certaine vraisemblance, ils hésitaient et ne savaient trop de quel côté était le bon droit. Les procédures menaçaient de durer indéfiniment. Le Chapitre de Chartres, qui, dans toute cette affaire, fit preuve de la plus sage modération, consentit à une transaction, qui fut passée, le 14 avril 1542, devant Mathurin Bourgeois, tabellion juré à Illiers. Nous reproduisons les principales dispositions de cette transaction.

« A tous ceulx qui ces présentes lettres verront, Jehan Larcevesque, chevallier, seigneur et baron de Soubzbise, conseiller du Roy nostre sire, gentilhomme de la Chambre, bailly et cappitaine de Chartres, salut : Comme les doyen et Chappitre de Chartres ayent despiéçà mis en procès aux Requestes du Palais les religieulx abbé et couvent de Thiron et contre eulx requis que, pour desgatz, abouz et malversations par eulx ou autres de par eulx et à leur adveu commis et perpétrez és bois aux Clercs, situez et assis en la paroisse de Gardées, appartenans à iceulx de Chappitre, ilz fussent perpétuellement privez du droict d'usaige par eulx prétendu ésditz boys et autres terres et héritaiges appartenans à iceulx de Chappitre si aucuns en auroient ; lesdiz de Thiron soustenans le contraire et qu'ilz avoient droict d'usaige en iceulx boys et avoient joy à juste tiltre, mesme au moyen d'un prétendu privilège ou chartre dacté l'an de grâce 1113, *secundo nonas februarii*, et autrement, deuement. Sur quoy lesdictes parties seroient entrées en contrariété de faictz et auroient escript de part et d'autre, et depuis encores sur autres incidens deppendans dudict procès, tellement que lesdictes parties auroient esté et seroient en grant involution de procès et grans inconvéniens, pertes et dommaiges, tant d'une part que d'autre, parce que lesdiz de Chappitre vouldroient, pour la conservation de leursdictes terres, empescher lesdiz de Thiron et autres leurs serviteurs et commis de plus aller en iceulx, au moyen de certaines deffenses ordonnées estre faictes par lesdictes Requestes ou Messeigneurs de Parlement, et aussi lesdiz de Thiron s'efforcent d'entretenir et continuer leurdict prétendu droict d'usaige. Pour obvier auxquelz inconvéniens, pertes, dommaiges et despens qui pourroient advenir de ce que dessus, et pour nourrir paix et tranquilité entre les parties, et pour le grant bien, prouffict et utilité de leurs églises, et craignant l'issue des procès intentez et qu'il est doubteux demourer aux jugemens des hommes, eulx voullans plus tenir au certain qu'à l'incertain, considérans lesdiz de Thiron que iceulx de Chappitre sont en partie fondateurs de ladicte église et monastère de Thiron, et qu'il y a plusieurs réparations à faire nécessaires en ladicte église, et ad ce que ladicte religion et service divin soient mieulx entretenuz, et pour plusieurs autres raisons, comme les parties cy-après nommées disoient. Savoir faisons que par-devant Mathurin Bourgeois, tabellion juré à Illiers pour le Roy nostre sire soubz le tabellion de Chartres, furent présens et comparans personnellement noble et scientificque personne Lois de Crevant, abbé de l'abbaye et monastère de la Sainte-Trinité dudict Thiron, frères Charles Renoncet, prieur de Heudreville, Mathieu André, prieur claustral, Guillaume des Guetz, prieur de Montallier, Michel Regnard, soubzprieur, Jehan Dumoustier, Jehan Bellanger, Jehan Lesueur, Hector de Gauville, Françoys de Rasilly, Jehan Fortin, Anthoyne de Mornay, Roulland de Seuroy, Adam du Bouschet, Phelippes de Ponpas, Françoys Renoncet, Nicolas Souchay, Guillaume Letourneux, Toussains Lebreton, Nicolas Chasseloup, Miles de Gallot, Pierre des Guetz, Françoys de la Lande, Françoys de Boisvillier, Loys du Fay, Gervaise Flamoire, Françoys Chappelain, Françoys Jouin, Françoys de Pilliers et René Gaubert, tous religieux profès en ladicte abbaye de Thiron, congrégez et assemblez au son de la cloche en leur chappitre, en ladicte abbaye de Thiron, en la manière accoustumée, traictans de leurs négoces et affaires et de leurdicte abbaye et église, d'une part, et maistres Jehan Meyne, Pierre le Seneux et Jehan Fleury, chanoines en l'église de Chartres, en leurs noms comme chanoines dessusdiz, et encores eulx és noms et comme procureurs de Messeigneurs les vénérables doyen et Chappitre de Chartres, d'autre part; lesquelles parties et chacune d'elles, és noms, causes et qualitez que dessus, congneurent et confessèrent, congnoissent et confessent avoir faict et par ces présentes font ensemble les traicté, accord, transaction et appoinctement tel qu'il ensuit : C'est assavoir que lesdiz de Thiron ont du tout quicté et renoncé et délaissé, quictent, renoncent et délaissent ausdiz de Chappitre tous et telz droictz d'usaiges et servitudes qu'ilz maintiennent leur compecter et appartenir en et au-dedans des boys aux Clercs et de tous et chascuns les autres boys et terres appartenans ausdiz de Chappitre, quelque part qu'ilz soient situés, et mesmes au boys d'Authou si lesdiz de Chappitre de Chartres y ont eu et prétendu, ont et pourroient prétendre cy-après droict de propriété et seigneurie, soient lesdiz prétendus droictz d'usaiges et servitudes au moyen d'icelluy prétendu privilège cy-dessus spécifié, ou en quelque autre manière que ce soit ou puisse estre, et ont deschargé et deschargent d'iceulx droictz d'usaiges et servitudes et autres droictz quelzconques iceulx terres et boys aux Clercs, d'Authou et autres quelzconques. Ensemble lesdiz de Chappitre et leurs successeurs, voullans et accordans iceulx de Thiron que toutes et chascunes lesdictes terres et boys demeurent à tousjours mès et perpétuellement francz, quictes et délivres d'iceulx prétendus droictz d'usaiges, servitudes et autres droictz quelzconques, de sorte que lesdiz de Chappitre en puissent faire et disposer à leur plaisir et volunté comme de leur propre chose à eulx appartenant, et que la renonciation faicte par iceulx de Thiron au prouffict de Madame de Vendosme ([1]) pour le regard du droict d'usaige par eulx prétendu audict boys d'Authou soit et demeure pour et au prouffict d'iceulx de Chappitre comme si faict avoit esté pour eulx et en leur nom, utilité et faveur, ou cas que lesditz boys leur appartiennent de présent et appartinssent cy-après, moyennant toutesfoys et parmy ce que lesditz de Chappitre ont délaissé et transporté, délais-

---

([1]) Nous reparlerons plus loin de cette transaction faite par les religieux de Tiron avec la duchesse de Vendôme.

sent et transportent ausditz de Thiron la pleine et entière propriété, fond et dommaine et directe seigneurie, sans ce que en rien lesditz de Thiron soient tenus ressortir par devers eulx ne les recongnoistre en supériorité pour raison des deux tierces parties de toute la pièce dudict boys aux Clercs, à icelle prendre et mesurer de perche en perche du costé de la forest et terres de Thiron ; lesquelles demoureront à iceulx de Thiron qui les ont acheptées pour leur chauffaige et entretenement de leur église, et pour récompense dudict droict d'usaige et autres droictz d'usaiges et servitudes par eulx prétendus ; ladicte autre tierce partie et autres terres et bois appartenans ausditz de Chappitre à eulx demeurans en toute propriété et seigneurie franchement et quictement, deschargées desditz prétendus droictz d'usaiges et servitudes quelzconques prétendus par iceulx de Thiron : desquelz boys et terres partant pourront lesditz de Chappitre faire leur volunté comme de leur propre chose, ainsi que dict a esté. Et entre lesdiz bois aux Clercs, du costé du ruisseau faisant la séparation d'iceulx bois aux Clercs et des bois Bruslez (¹) et terres contiguz, demeure ung chemin commun de dix-huict pieds entre icelles parties et leurs subjectz, et sera la justice dudict chemin commune en l'endroict où lesdictes parties auront terres joignans des deux costés d'icelluy chemin, et autrement demeurera à iceulx de Chappitre de Chartres ladicte justice. Et pour plus grande seureté des parties seront mises et apposées bornes et fossés séparans et divisans lesdictes deux tierces parties qui seront baillées et livrées à iceulx de Thiron d'avecques l'autre tierce partie qui sera et demourera à iceulx de Chappitre, à icelle prendre à l'endroict lequel maistre Michel Chevallier et ledict

---

(¹) Les bois Brûlés étaient contigus aux bois aux Clercs, avec lesquels ils étaient quelquefois confondus. Ainsi un acte du Chapitre de Chartres, en 1520, porte *les bois Bruslez ou bois aux Clercs*.

INTRODUCTION.

Fleury, chanoines et commissaires desdiz de Chappitre, ont monstré auxdiz de Thiron. Et seront les manans, habitans et subjectz desdiz de Thiron évincez desdiz droictz d'usaige, et pour ce faire seront poursuivis les procès à ce nécessaires contre iceulx habitans et subjectz soubz le nom desdiz de Chappitre et à leurs despens par ung tiers, et aux despens desdiz de Thiron pour les deux autres tiers. Autrement et où lesdiz subjectz ne seroient évincez dedans deux ans à compter du jour d'huy lesdiz de Chappitre pourront retourner, si bon leur semble, aux droictz qu'ilz ont de présent et ont eu par cy-devant ésdiz boys aux Clercs. Et ont oultre, et par dessus ce que dict est, promis et promectent iceulx Meyne, le Seneux et Fleury, en leurs noms comme chanoynes dessusdiz et comme procureurs desdiz doyen et Chappitre de Chartres, bailler et paier auxdiz de Thiron la somme de mil livres tournois, qui seront employez et convertiz en victres et réparacions nécessaires de ladicte église et monastère de Thiron..... Donné en tesmoing de ce, soubz le scel royal estably aux contractz de la chastellenie dudict Chartres, en présence de maistre Jehan Charlot, licencié en loix, advocat en Parlement, et Jehan Pasquier, clerc, tesmoings, le vendredi 14e jour d'apvril l'an 1542 après Pasques. »

La même année, le pape Paul III confirma cette transaction, et le Parlement, heureux de trouver un biais pour mener à fin cette interminable procédure, rendit, le 24 mai 1542, un arrêt aux termes duquel « la tierce partie des bois aux Clercs, en la paroisse de Gardais, appartenant au Chapitre de Chartres, est déclarée exempte de tous droits d'usage et servitude, de même que tout ce que possède le Chapitre en ladite paroisse de Gardais. »

Il semblait donc que la paix dût être établie entre le Chapitre et l'abbaye et qu'il ne serait plus question, au moins judiciairement, de ces prétendues donations, sinon convaincues, au moins fort suspectes de fausseté. Il n'en fut rien : la condescendance même du Chapitre encouragea les injustes prétentions de ses adversaires. Dans la transaction de 1542, le Chapitre avait avoué « qu'il est doubteux demourer aux » jugemens des hommes, » les religieux pensèrent que peut-être ces jugements finiraient par leur être favorable et, moins de huit ans après, ils recommencèrent leurs usurpations sur les droits des chanoines dans les paroisses de Gardais et de Saint-Denis-d'Authou. Force fut donc au Chapitre de reprendre les procédures : il appela de nouveau les moines de Tiron devant le bailli de Chartres ; mais les religieux firent aussitôt opposition à cette assignation et requirent que l'affaire fût renvoyée devant les Requêtes du Palais à Paris. Les débats durèrent encore cinq ans : la sentence ne fut rendue que le 5 octobre 1556. Elle était fortement motivée, car le parchemin où elle fut transcrite ne mesure pas moins de quatre mètres et demi de longueur. Nous ne la publierons pas *in extenso* assurément, mais nous voulons cependant en extraire ce qui nous semble le plus intéressant.

Elle commence par analyser les dires des deux parties. Le Chapitre de Chartres poursuivait l'abbaye de Tiron en cas de saisine et nouvelleté, disant que, « à cause de la fondacion, dotacion et augmentacion, leur compectent et appartiennent plusieurs beaulx droictz tant de cens, rentes, avenaiges, dixmes, champars que aultres droictz, en plusieurs et divers lieux, et si sont seigneurs spirituelz et temporelz de plusieurs terres, seigneuries et parroisses assizes ou diocèse de Chartres, mesmement des parroisses et églises parrochiales de Notre-Dame de Gardées et de Saint-Denis-d'Authou, ésquelles ilz sont seigneurs spirituelz et temporelz de tout temps et ancienneté, ésquelz lieux ilz ont toujours eu et ont, ensemble és dépendances d'iceulx et sur les demeurans ésdictes parroisses, tout droict de justice temporelle et spirituelle et, comme estant les vraiz et primitifs curez, leur appartiennent toutes et chacunes les dixmes et champarz des grains creuz et provenuz és terres scituées ésdictes parroisses, signaument és terres assizes en ladicte parroisse d'Authou, tenues de la terre et seigneurie de Nogent-le-Rotrou. Lesquelles dixmes et champarz ilz ont tousjours perceu ésdiz lieux, mesmement és terres anciennes et novalles appellées les bois d'Authou, lesquelles terres contiennent cinq cens quarante arpens ou environ tout en ung tenant en une pièce, le chemin tendant de Thiron à Champrond et à la Gastine (¹), traversant ladicte pièce par le bout d'en bas devers l'église dudict Authou. Desquelz droictz, possessions et saisines ayent tant lesdiz demandeurs, leurs prédécesseurs que fermiers et commis, jouy de tout temps et anciennement, pleinement et paisiblement, tellement qu'il n'est mémoire du contraire, auroient lesdiz deffendeurs ou autres à leur adveu prins et emporté ésdiz lieux, endroict et pièce, faict prendre, cueillir, lever et emporter grande quantité de gerbes de bled, avoine et aultres grains. Et oultre et bien que lesdiz demandeurs fussent dès le temps dessus désigné en bonne possession et saisine de prendre, par chacun an, avec lesdiz deffendeurs, chacun par moitié, les dixmes et champartz estans en et ou dedans de la juridicion et seigneurie du Bouchaige (²), scituée tant en la paroisse dudict lieu de Gardées que d'Authou, ce néantmoings lesdiz deffendeurs ou aultres, en leur nom

---

(¹) Comme nous l'avons déjà vu, il y a encore dans la commune actuelle de Thiron un moulin appelé moulin de la Gastine ; mais nous ne croyons pas qu'il soit ici question de ce moulin, il s'agit plutôt des bois de la Gastine qui ont valu à Champrond son surnom de Champrond-en-Gastine.

(²) Nulle part, dans le *Cartulaire*, la seigneurie du Bouchage n'est expressément désignée ; mais, dans l'Etat des revenus de l'abbaye de Tiron dressé vers 1250 (voir charte CCCLXXVII) nous rencontrons cette mention : *Habemus quamdam decimam sitam in parrochia d'Autou. Hoc confirmat Capitulum Carnotense*, qui s'applique, croyons-nous, à la seigneurie du Bouchage. — Le Bouchage, appelé aussi Langelière ou la Vioillerie, était un hameau de la paroisse de Saint-Denis-d'Authou.

et adveu, auroient prins, levé et emporté en la saison d'aoust 1549 toutes et chacunes les dixmes et champarz des bledz, avoynes et aultres fruitz creuz et recueilliz en une pièce de terre dépendant du lieu appellé l'Estre-Coué, deppendant des Gauleries (¹) ou la Tournarie, estant en ladicte terre et seigneurie du Bouchaige, sans en délaisser aucune portion auxdiz demandeurs, et leur auroient oultre faict plusieurs aultres troubles et nouvelletez indeues, à tort, sans cause. Pour avoir réparacion desquelz auroient lesdiz demandeurs formé complaincte par devant le bailly de Chartres à l'encontre desdiz deffendeurs, lesquelz se seroient à icelle opposez et icelle faict renvoyer devant vous . . . .

. . . .

Et par lesdiz deffendeurs au contraire estoit dict que, le 14ᵉ jour de février l'an 1113, les évesque, doyen, chanoines et Chapitre de Chartres feirent et octroyèrent à iceulx deffendeurs plusieurs dons, privillèges et concessions, et entre autres octroyèrent que lesdiz deffendeurs, leur monastère des Arssiz et toutes les abbayes, cellules monachalles, prieurez, maisons, administrations et aultres membres qui estoient lors et seroient cy-après deppendans de ladicte abbaye de Thiron, que les moynes desdiz lieux, les convers, donnez, oblatz, familliers et serviteurs tant en ladicte abbaye de Thiron que des membres en deppendans et qui en deppendroient puissent acquérir, tant conjoinctement que divisément, à quelque tiltre que ce fust, en toutes et chascunes les chastellenies, baronnies, les terres, seigneuries, fiefz et juridicions desdiz de Chappitre, telz héritaiges que bon leur sembleroit et retenir lesdictes acquisitions librement comme admorties, et sans estre subjectz à rachapt ou retrait aucun féodal, sans

---

(¹) Le hameau des Gauleries existe encore dans la commune de Saint-Denis-d'Authou: le nom de la Tournarie a complètement disparu.

payer aucuns lotz et ventes ne droictz seigneuriaulx, soit pour raison des acquisitions qu'ilz en feroient ou par faulte d'homme ou mutacion de seigneur. Tous lesquelz héritaiges que lesdiz deffendeurs avoient acquis auroient lesdiz évesque, doyen, chanoines et Chappitre deschargé dès à présent comme dès lors, et dès lors comme dès à présent, de toute juridicion, toutes corvées, tailles, procurations, servitudes et redevances qu'ilz y pourroient prétendre, sauf et excepté le chefcens, lequel néantmoins auroit esté par mesme moyen converty en simple rente, sans aucunes ventes, lotz, saisines et amendes. Auroit esté oultre dict que lesdiz deffendeurs se pourroient ensaisiner d'eulx-mêmes desdictes acquisitions qu'ilz feroient et qu'ilz ne payeroient aucunes dixmes ne subsides audict évesque ne audict Chappitre ne aux curez des fruictz de toutes et chacunes les terres, noues, prez et aultres possessions et aultres héritaiges qu'ilz acquerroient en tout le diocèse de Chartres, ne des bestes qu'ilz y nourriroient, ores que lesdiz héritaiges fussent tenuz ne labourez par fermiers, colons ou mettaiers : lesquelles dixmes auroient lesdiz évesque, doyen, chanoines et Chappitre donné en perpétuelle aulmosne pour la nourriture et substentacion desdiz deffendeurs. Lesquelles concessions auroit l'archevesque de Sens qui lors estoit confirmé et depuis auroient lesdiz demandeurs encore confirmé..... Concluans lesdiz deffendeurs affin que, par nous, nostre sentence et jugement, fussent lesdiz demandeurs déclairez non recevables en leur complaincte, et iceulx deffendeurs maintenus et gardez en possession et saisine de eulx dire seigneurs propriétaires et possesseurs des dixmes de tous les fruictz décimables venans et croissans sur les terres de Gardées et d'Authou. » . . . .
. . . .
. . . .

Nous avons abrégé, autant que nous l'avons pu, cet exposé des dires de chacune partie : comme on le voit, c'est toujours sur la fameuse charte du 14 février 1113, confirmée par l'archevêque de Sens, Daimbert, et par le Chapitre lui-même, que les religieux appuient toutes leurs prétentions. Voici maintenant la sentence rendue par les Requêtes du Palais ; elle donne gain de cause aux chanoines, mais elle ne parle pas du plus ou moins d'authenticité des pièces produites par les religieux.

« Savoir faisons que nous maintenons et gardons lesdiz demandeurs en possession et saisine de prendre et percevoir droict de champart des fruictz venans et croissans par chacun an en une pièce de terre contenant douze arpents et demy quartier ou environ, dépendant de la mestairie appellée la Coudellée (¹), paroisse de Gardées, à cause de l'acquisition par lesdiz deffendeurs faicte d'icelle pièce de Anthoine Flanure et Jehanne Doulcet, sa femme, le 3ᵉ jour de mars 1542. Et maintenons et gardons aussi iceulx demandeurs en possession et saisine de prendre et percevoir, par chacun an, avec lesdiz deffendeurs, et chacun par moitié, les dixmes et champartz de grains et aultres fruictz croissans par chacun an en et au dedans de la juridicion et seigneurie de Bouchaige, scituée tant en la paroisse dudict lieu de Gardées que d'Aulthou, mesmement en une pièce de terre appellée la Borde, deppendant du lieu appellé l'Aistre-Coué, estant en ladicte terre et seigneurie de Bouchaige..... Et condamnons iceulx deffendeurs és despens desdiz deux procès, dommages et intérestz procédans à cause de trouble, telz que de raison..... Donné à Paris, le 3ᵉ jour d'octobre l'an 1556. »

Les religieux de Tiron ne perdirent pas pourtant tout espoir : la fausseté de leurs titres n'avait pas été proclamée, ils crurent avoir encore quelque chance de gagner leur procès. Ils en appelèrent au Parlement :

_____
(¹) La ferme de Coudelée existe encore en la commune de Thiron.

ils se souvenaient de l'hésitation de la Cour et peut-être espéraient-ils une nouvelle transaction pareille à celle de 1542. Mais leur espérance fut trompée : le 22 mars 1558, le Parlement rendit un arrêt confirmatif de la sentence du 3 octobre 1556. Cette fois encore il ne fut pas parlé des chartes sur lesquelles s'étayait tout le système de défense des religieux. Il semble que ce fût à dessein que les magistrats évitaient de se prononcer sur l'authenticité ou la fausseté de ces documents : on sent qu'ils ne se croyaient pas assez sûrs de leurs connaissances en diplomatique pour trancher une aussi grave question.

Ce scrupule faisait la force des religieux : condamnés par la justice comme usurpateurs, mais non comme faussaires, ils se prétendaient victimes de l'influence de leurs adversaires. Pendant plus de deux siècles, ce fut de leur part une suite d'injustes tentatives pour se soustraire à la suzeraineté du Chapitre sur leurs terres de Gardais et d'Authou.

Il faut avouer d'ailleurs que l'abbaye avait plus besoin que jamais de se procurer des ressources extraordinaires. Les guerres de religion, qui désolèrent la France pendant presque toute la seconde moitié du XVIe siècle, ne furent guère moins désastreuses que les invasions anglaises pour les campagnes de la Beauce et du Perche.

Le 19 mars 1562, trois mille Reîtres, allant rejoindre le prince de Condé qui marchait alors contre le connétable de Montmorency, fondirent sur le monastère de Tiron. Après avoir massacré trois des religieux, ils pillèrent les vases sacrés, convertirent l'église en écurie, brisèrent le Crucifix, les statues de la sainte Trinité sur le maître-autel et de Notre-Dame-de-Pitié, dévastèrent totalement les autels de Saint-Martin et de Saint-Eloi, tirèrent plusieurs coups de feu sur les vitraux du chœur qu'ils firent voler en éclats, puis abattirent près du Chapitre un mur où les religieux avaient renfermé ce qu'ils possédaient de plus précieux (¹), entre autres leurs calices d'or et d'argent, encensoirs, burettes, chandeliers, ostensoirs, ciboires en argent massif, plusieurs ornements de grande valeur et leurs pierres précieuses, les reliques de

---

(¹) Un inventaire, autrefois conservé dans les Archives de l'abbaye, et devenu depuis la propriété de M. Lecomte, curé de Thiron, nous fait connaître l'état du Trésor de l'abbaye de Tiron en 1562 :

« Tous les objets précieux pour le culte, ainsi que ceux servant aux usages particuliers des religieux de l'abbaye de Tiron, sont renfermés dans la chambre du Trésor, proche le chapitre. Tous ces objets sont renfermés dans un coffre en bois de chêne, qui est lui-même renfermé dans un autre coffre en bois de chêne protégé par de fortes ferrures. Celui intérieurement est recouvert d'une peau de truie avec filigranes d'or formant arabesques. Ce coffre renferme les objets ci-après :

» 1º La chasuble de notre bienheureux Bernard, fondateur de cette abbaye, que Béatrix, mère de Rotrou, comte du Perche, lui avait donnée en l'année 1115, brodée des mains de Julienne, sa fille, épouse de Gilbert de Laigle. Cette chasuble est en soie violette, brodée en fils d'or près du collet formant enroulement, et bordée de galons également de drap d'or formant par devant un dessin symétrique.

« 2º La mitre également de l'abbé Bernard, en soie blanche, le fond orné de fils d'argent en zigzags. Les bandes du milieu et du bas sont en étoffe pareille; elles sont bordées de cordons d'or brodés saillans : celle du milieu a en outre de chaque côté un autre cordon d'argent de même relief, formant enroulement dans toute sa hauteur. Deux figures ornent la face principale; elles sont brodées en fils d'argent sur de la toile et appliquées sur le fond; les chairs sont brodées en soie. Ces deux figures représentent, l'une la sainte Vierge, l'autre un abbé que l'on croit être saint Benoit. Sur les pendants se trouvent de gros enroulements en cordons d'or.

» 3º La crosse du même abbé, en bois de cèdre, recouverte de filets d'or et incrustée de pierreries et de cercles en pierres fines. Au centre de la volute, deux statuettes représentent le Couronnement de la sainte Vierge. La hauteur totale de la crosse, y compris le manche, est de 6 pieds 11 pouces (a).

» 4º Six chasubles appartenant à différents abbés, d'un très grand prix.
» 5º Six chappes en drap d'or et soie violette.
» 6º Quatre calices en or et trois en argent.
» 7º Quatre burettes en or et six paires en argent.

(a) Cette crosse n'était certainement pas celle du bienheureux Bernard. Le Couronnement de la Vierge qui décorait la volute dénote une œuvre du XIIIᵉ siècle, époque où cette représentation devint assez commune. On pourrait plutôt attribuer à l'époque de saint Bernard, bien qu'elle ne paraisse pas antérieure au milieu du XIIᵉ siècle, une crosse trouvée en 1817 derrière le sanctuaire de l'église de Thiron et qui est anjourd'hui conservée au Musée de la ville de Chartres (Voir au sujet de cette crosse un très savant article de M. le comte Auguste de Bastard, dans le 4ᵉ volume du *Bulletin du Comité de la langue, de l'histoire et des arts de la France*).

saint Agapet, de saint Vincent et plusieurs autres enchâssées, les unes en pur argent, les autres en vermeil, enfin une grande croix en vermeil massif, le tout estimé à plus de 3,000 livres tournois, sans compter plusieurs chasubles, tuniques, chapes en drap d'or, et une quantité de linge de la valeur de plus de 500 écus.

Tout le mobilier de la maison, meubles, provisions, blé, seigle, orge, avoine, vingt-cinq poinçons de vin, quarante poinçons de cidre devinrent la proie des brigands. Les bestiaux qui étaient dans les bois échappèrent à ces ravages : mais les autres animaux qui se trouvaient dans les étables ou écuries, bœufs, vaches, veaux, chevaux et poulains, tout fut tué ou emmené. Huit lits garnis, une immense quantité de linge, la vaisselle d'étain furent également enlevés. Le pillage dura trois jours entiers, et ce que les Reîtres ne purent emporter fut gaspillé.

L'abbé d'alors, Hippolyte d'Est, cardinal de Ferrare, essaya par de sages ordonnances d'apporter un remède aux désordres que les dissensions intestines de la France et les ravages des partisans avaient introduits au sein même de l'abbaye. Mais, dès l'année 1563, il se démit du gouvernement du monastère en faveur de Charles de Ronsard, doyen de l'église du Mans. Cet abbé (1563-1575) et René de Laubier, son successeur (1575-1578) donnèrent leurs soins à l'administration de l'abbaye ; mais après eux, les abbés commendataires qui leur furent sub-

» 8° Trois encensoirs d'or, un en argent massif.
» 9° Deux chandeliers en vermeil, ornés de pierres précieuses, six autres paires argentées.
» 10° Quatre ciboires en argent massif.
» 11° Un reliquaire en argent renfermant les reliques de saint Agapet.
» 12° Un reliquaire en vermeil renfermant les reliques de saint Vincent.
» 13° Quatre autres reliquaires en argent, enrichis de pierreries.
» 14° Une grande croix en vermeil, donnée par le cardinal de Ferrare, Hippolyte d'Est, abbé commendataire.
» 15° Plusieurs autres vases en or et en argent d'un grand prix.
» 16° Plusieurs ornements en velours de différentes couleurs. »

stitués, le cardinal de Birague, Philippe Desportes, se désintéressèrent absolument des affaires du monastère et prirent fort peu de souci de maintenir dans l'abbaye la discipline qui se relâchait de plus en plus.

Les moines avaient complètement oublié les antiques traditions des premiers religieux de Tiron : ils n'avaient même plus, nous en avons la persuasion, la conscience des faux que leurs prédécesseurs avaient commis. Ce fut presque de bonne foi qu'ils reprirent leurs prétentions contre le Chapitre de Chartres.

Seize ans à peine après l'arrêt du Parlement, en 1574, nous trouvons mentionnée une procédure faite à la requête du Chapitre, « demandeur en complainte contre les religieux de Tiron, au sujet du droit de champart sur quatre arpents de terre en une pièce appelée le Champ de la Fontaine en la paroisse d'Authou, que lesdits religieux prétendoient avoir droit de percevoir. »

En 1599, le Chapitre aliéna, au profit de Jacques de Courcillon, seigneur de Dangeau, les douze arpents et demi-quartier de terre dépendant de la métairie des Coudelées, sur lesquels le Parlement avait reconnu nommément le droit de champart des chanoines. Aussitôt, les religieux, pensant avoir meilleur marché du seigneur de Dangeau que des chanoines, renouvelèrent leurs anciennes prétentions et se mirent en possession des gerbes de champart. Jacques de Courcillon eut recours à ses vendeurs et ceux-ci citèrent les religieux devant les Requêtes du Palais. Le 7 août 1604, intervint une sentence, confirmée par un arrêt du Parlement en date du 18 mars 1605, par laquelle le droit de champart fut de nouveau déclaré appartenir au Chapitre et celui-ci fut maintenu et gardé en possession de ce droit, et les religieux condamnés aux dépens.

En 1629, une révolution considérable s'opéra dans le monastère de Tiron. Le déréglement y était devenu intolérable comme dans presque toutes les abbayes du royaume. Devant la licence qui avait remplacé l'ancienne sévérité monastique, le Clergé de France, lors des États-Généraux de 1614, avait émis le vœu de voir partout introduite la réforme naissante de l'abbaye de Saint-Vanne en Lorraine. Mais l'exécution de ce vœu rencontra de nombreuses difficultés : la plupart des monastères de France refusaient d'accepter cette réforme, sous le prétexte qu'elle venait d'un pays étranger. En 1618, l'abbé de Saint-Vanne lui-même, voyant l'impossibilité de faire adopter la règle suivie dans son abbaye, sollicita du roi Louis XIII l'érection d'une autre congrégation organisée à l'instar de la sienne, mais placée hors de sa dépendance. Le roi accéda à cette demande et donna, au mois d'août 1618, des lettres patentes qui constituaient la nouvelle congrégation sous le nom de Congrégation de Saint-Maur. Le prieur de l'abbaye de Cluni fut le principal instigateur de cette réorganisation, qui fut reconnue et confirmée en cour de Rome le 17 mai 1621.

L'abbé de Tiron était alors Henri de Bourbon, duc de Verneuil, qui adopta avec enthousiasme la réforme de 1621. Il était en même temps abbé de Saint-Germain-des-Prés à Paris : ce fut sous son administration que ce puissant monastère passa en 1631 entre les mains des Bénédictins de Saint-Maur, qui y établirent le siège principal de leur congrégation. Mais avant même de faire adopter la réforme dans son abbaye de Paris, Henri de Bourbon l'avait introduite à Tiron. Ce fut en 1629 que les religieux de Saint-Maur remplacèrent à Tiron les disciples de saint Bernard. Dès lors une ère nouvelle s'ouvrit pour l'abbaye.

Le Chapitre de Chartres, heureux de voir la science et la piété renaître dans le monastère qu'il avait si puissamment contribué à fonder, commença par accorder divers privilèges aux nouveaux religieux. C'est ainsi qu'en 1648 il donna le droit aux moines de Tiron de confesser et de catéchiser les habitants des paroisses de Gardais et d'Authou. Mais la bonne harmonie ne tarda pas à être troublée. Les religieux de Saint-Maur, qui sans doute ne connaissaient pas d'une manière certaine les faux commis par leurs prédécesseurs, soumirent leurs chartes à l'examen des Bénédictins de Saint-Germain-des-Prés, maîtres réputés alors experts en paléographie, devant les jugements desquels chacun s'inclinait sans appel. Abusés peut-être par l'esprit de corps, ceux-ci déclarèrent parfaitement authentiques les pièces accusées de fausseté : ils allèrent plus loin, ils les citèrent comme modèles et firent reproduire en fac-simile une de celles qui présentait les caractères les plus évidents de supercherie.

Forts d'un pareil appui, les moines de Tiron revinrent à la charge. Le Chapitre usa de patience : les religieux soutenaient les prétentions de leur fermier qui se disait exempt de toute redevance envers les chanoines : pendant vingt-neuf ans, les chanoines attendirent, mais enfin, en 1679, ils voulurent mettre un terme à cette usurpation ; ils intentèrent un nouveau procès à l'abbaye. Voici la notice que nous trouvons à ce sujet dans l'Inventaire du Chapitre : « Procédures pour le Chapitre, poursuite et diligence de maître Nicolas Quedarne, chanoine prestrier de la prébende de Charonville, contre les religieux de Tiron, prenant le fait et cause de leur fermier de l'Estre-Coué, refusant de payer vingt-neuf années de cens, dont moitié appartient audit sieur prestrier et l'autre moitié auxdits religieux, à cause de leur seigneurie du Bouchaige indivise. »

Enfin, le 14 juillet 1688, intervint cette transaction dont nous avons déjà parlé, par laquelle le Chapitre semble reconnaître jusqu'à un certain point les droits prétendus par ses persévérants adversaires. En voici le résumé tel qu'il est inscrit dans l'Inventaire :

« Transaction portant échange entre le Chapitre, d'une part, et les prieur, religieux et couvent de Thiron, d'autre, par laquelle, pour terminer tous différends entre les parties sur des prétentions respectives, ledit Chapitre cède et transporte auxdits religieux tous et tels droits de cens et rente seigneuriale, de directe et de seigneurie, champart et autres droits, sur une mine de terre ou environ, assise en la paroisse de Gardais, appartenant à Renaud Graffart, et sur une autre mine de terre en herbage, assise proche le lieu de la Petite-Vallée (¹), et dépendante du domaine de l'abbaye de Thiron ; et en contre échange lesdits prieur et religieux cèdent et transportent audit Chapitre tous et tels droits de dixme qu'ils avoient à prendre sur deux arpents de terre dépendant de la mairie de Gardais, prise en une plus grande pièce de terre et faisant partie de la prise du Grand-Moulin, avec tous droits de seigneurie directe. Plus cèdent pareillement au Chapitre pareil droit qui leur compétoit sur un clos de terre contenant trois boisseaux, assis à Gardais, dépendant de la cure dudit lieu. »

Nous nous sommes longuement appesanti sur cet interminable procès entre l'abbaye de Tiron et le Chapitre de Chartres, car c'est là, pensons-nous, une des pages les plus intéressantes de l'histoire de la paléographie. Les seigneurs, lésés, comme le Chapitre, par les prétendus amortissements que les moines avaient fabriqués à leur profit, ne semblent pas avoir mis la même ardeur à défendre leurs droits : ils se sentaient moins forts, et le dommage pour eux était d'ailleurs beaucoup moins considérable. Cependant il en était un, le comte du Perche, qui avait de vastes domaines et entre autres des bois fort étendus autour de l'abbaye de Tiron. Au même temps où les religieux cherchaient à s'emparer des droits d'usage dans les bois du Chapitre, ils ne manquèrent pas de soulever les mêmes prétentions dans les

---

(¹) La ferme de la Vallée existe encore dans la commune de Thiron.

forêts du comte du Perche. Marie de Luxembourg, alors dame de Nogent-le-Rotrou, protesta contre cette usurpation, et comme elle avait de nombreux sergents à son service, elle repoussa par la force les tentatives des moines de Tiron. Ceux-ci l'attaquèrent devant les Requêtes du Palais à Paris. Marie de Luxembourg se souciait peu du plus ou moins d'authenticité des chartes fournies par les religieux : ce qu'elle maintenait, c'est que jamais l'abbaye n'avait joui de ces droits que les moines venaient tout-à-coup de s'arroger. Les religieux jugèrent plus prudent de transiger avec leur puissante voisine; ils consentirent à renoncer à leurs prétentions sur le bois d'Authou, mais en revanche ils obtinrent de la dame de Nogent quelques arpents de bois joignant leurs propres domaines, et surtout ils réussirent sans peine à faire insérer dans la transaction que l'abandon consenti par eux ne préjudiciait en rien à la valeur des titres qu'ils produisaient.

Au reste, voici, d'après l'original conservé dans les Archives du Chapitre de Chartres, le texte même de l'acte passé entre l'abbaye et Marie de Luxembourg :

« Le 3ᵉ jour de juillet 1534, comme procès, question ou débats soient meuz ou espérez à mouvoir, tant par-devant messieurs les gens tenans les Requestes du Pallais à Paris en la court de Parlement que ailleurs, entre vénérables relligieulx abbé et couvent de la Sainte-Trinité de Tiron, tant en demandant en matière de complaincte, saisine et nouvelleté, qu'en deffendant en matière d'excès, port d'armes et voye de faict, d'une part, et très haulte et puissante princesse Madame Marie de Luxembourg, duchesse douayrière de Vendômois et dame de Nogent-le-Rotrou ou Perche, deffenderesse ou cas de complaincte, demanderesse et requérant oudict cas d'excès, port d'armes et voyes de faict, d'aultre part, sur ce que lesdictz abbé et couvent disoient et proposoient qu'ilz ont esté fondez en la pluspart par le conte Rotrou, lors conte du Perche, et aultres ses successeurs et seigneurs de ladicte terre et baronnye de Nogent-le-Rotrou, qui leur auroient donné plusieurs beaulx droitz et libertez, rentes et revenuz, et entre aultres dons leur auroit esté donné, tant pour le chef de leurdicte abbaye que les membres deppendans d'icelle, hommes et subjectz d'icelle, usaige ès boys et forestz estans en ladicte terre et seigneurie de Nogent-le-Rotrou et chastellenies qui en deppendent, et mesme ès bois d'Authou et boys le Conte et aultres, que ladicte dame néantmoins faict coupper, et à raison desquelz lesdictz relligieulx abbé et couvent de Thiron voullant empescher la couppe d'iceulx avoient mis ladicte dame en procès, et tendoient à fin iceulx relligieulx qu'il fust deffendu à ladicte dame non vendre iceulx boys, affin que lesdictz relligieulx et couvent peussent franchement joyr de leur usaige juxte le privillège dudict Rotrou et aultres privillèges des contes du Grant-Perche et les aultres successeurs dudict Rotrou en la baronnie de Nogent-le-Rotrou et ses chastellenies. Vouloient aussi mouvoir procès contre madicte dame pour certaines rentes d'argent, grains et sel, qui se montoient en argent quarante-neuf livres tournois, froment troys muys, saigle cinq muys, avoyne ung muy et sel ung muy, que lesdictz relligieulx abbé et couvent avoient de coustume prendre et parcepvoir par chacun an sur ladicte baronnie et ses appartenances, ainsy que appert par plusieurs previllèges desdictz contes et seigneurs. A quoy estoit réplicqué par ladicte dame, quant aux usaiges lesdictz relligieulx abbé et couvent n'en avoient jamais joy et mesme du boys d'Authou ny aultres boys ny forestz deppendans de ladicte seigneurie de Nogent et chastellenies qui en deppendent, ny semblablement des rentes par eulx prétendues, et de leur joyssance n'eussent rien sceu prouver, lesdictz relligieulx disans au contraire. Finablement, pour éviter tous procez pour

raison de ce que dict est, nourrir paix et amour, et aussi affin que
madicte dame et ses successeurs soient et demeurent à tousjours mès
particippans és bienfaictz, prières, suffraiges et oraisons qui se font
et se feront doresnavant en ladicte église de Thiron, et que lesdictz
relligieulx soient de plus en plus enclins à continuer le divin service
pour lesdictz contes et madicte dame, sont les parties venuz en accord, transaction et appoinctement telz que s'ensuyvent. Ledict sieur
abbé, tant pour luy que pour sondict couvent, soy désiste desdictz
procès meuz ou espérez à mouvoir tant desdictz usaiges que desdictes
rentes et aultres : aussi a renoncé et renonce, tant pour luy que pour
ses successeurs et membres deppendans de ladicte abbaye, leurs
hommes et subjectz, à tous et chacuns les usaiges des boys et forestz
mentionnez és privillèges desdictz contes du Perche, sis et scituez
en ladicte terre, seigneurie et baronnie de Nogent-le-Rotrou et chastellenies de Riveré, Montlandon, la Ferrière, Nonvillier et Montigny,
deppendant de ladicte baronnie de Nogent, et ainsy que tient madicte
dame ladicte baronnie de présent. Et aussi a renoncé et renonce,
quicté et quicte, au prorfict de madicte dame et de ses successeurs
seigneurs de ladicte baronnie, toutes et chacunes les rentes de deniers,
grains, sel et aultres rentes deues auxdicts demandeurs en et sur
ladicte terre et seigneurie et baronnie de Nogent, ses appartenances
et deppendances, sans ce que, pour ores et l'advenir, lesditz abbé et
couvent et ses successeurs y puissent aulcune chose quereller ne demander. Et moyennant ce et en récompense desditz usages et rentes,
madicte dame, dès le jour d'huy et pour tousjours mès, a baillé,
quicté, ceddé, transporté et délaissé à iceulx abbé et couvent, leurs
successeurs et ayans cause une pièce de boys nommée le boys au
Conte, appartenant à madicte dame, scituée près la forest desditz
relligieulx abbé et couvent de Thiron et joignant de troys pars à leurs

boys, forest et terres, et d'aultre part aux bruyères et terres de Sainct-Gilles (¹), ainsi qu'elle se poursuit et comporte. Aussi baille auxdictz abbé et couvent trente-sept solz six deniers, tant cens que rente, en argent, et ung chappon, le tout deu à madicte dame par chacun an sur le lieu de la Gauchetière (²), sis en la paroisse de Breneles ou la Gaudaine. Et néantmoins demeurent lesdictz previllèges prétenduz par iceulx abbé et couvent en leur force et vertu, tant aux franchises et libertez déclairez en iceulx, aultres que lesditz usaiges et rentes, auxquelles lesditz demandeurs abbé et couvent ont par ces présentes renoncé et renoncent. »

Nous avons voulu compendieusement présenter toutes les pièces relatives à cette question de paléographie, grosse surtout à l'époque où elle fut soulevée, non pas seulement au point de vue technique, mais aussi à cause des graves intérêts qui étaient en jeu. Aujourd'hui elle est pour nous avant tout un objet de curiosité; mais pourtant nous pensons devoir encore nous arrêter quelques temps à l'examen et à la discussion des chartes incriminées : elles ont trouvé, même de nos jours, d'ardents défenseurs; nous croyons donc qu'il ne sera pas inopportun de bien définir les caractères qui démontrent leur fausseté d'une manière irréfutable.

Ces caractères, nous les tirerons à la fois de l'écriture matérielle d'abord, puis du texte ou du style, comme disaient les moines, se raillant si agréablement dans leur Mémoire du style d'*Yvo* et de *Daimbertus*, enfin des signatures et des sceaux.

(¹) La maladrerie de Saint-Gilles de la Ferrière subsista jusqu'en 1696, année où ses revenus furent réunis à ceux de l'hospice de Nogent-le-Rotrou. La ferme de Saint-Gilles existe encore sur la commune de Brunelles.

(²) Nous pensons qu'il est ici question des Gauchetières, aujourd'hui ferme de la commune de Nogent-le-Rotrou.

INTRODUCTION.

L'écriture est généralement assez bien imitée : cependant presque tous les titres, pour peu qu'ils aient une certaine longueur, témoignent dans leurs dernières lignes d'une sorte de lassitude de la part du faussaire, dont l'attention se fatigue et qui dans ses caractères du XIIe siècle laisse introduire l'écriture lâche du XVIe. Mais ce n'est pas là, nous le répétons, le côté le plus défectueux des chartes fausses : dans plusieurs même, l'écriture du temps où le titre est censé avoir été composé est si fidèlement reproduite qu'il est impossible de ne pas être trompé au premier coup-d'œil. Deux faits pourtant éveillent l'attention : l'encre n'est plus la même qu'au XIIe siècle; elle est singulièrement pâle. Au lieu de cette belle teinte noire ressortant sur le jaune du parchemin, et qui, dans les pièces anciennes, n'a pas changé depuis plus de sept siècles, on se trouve en présence de chartes d'un aspect désagréable, dont l'encre a cette teinte jaunie que prennent de nos jours tant d'écrits faits avec une matière défectueuse. Peut-être au moment où ils furent rédigés, les titres du XVIe siècle n'avaient-ils pas cette fâcheuse apparence; peut-être est-ce le temps qui la leur a imprimée : ce qui est certain c'est que l'encre employée par les faussaires était loin d'avoir la pureté de celle du XIIe siècle.

Un second fait assez singulier et qui dénote chez les religieux une grande inexpérience paléographique est l'abus fait par eux des *e* cédillés. Jusque vers le milieu du XIIe siècle, les *ae* des époques précédentes furent remplacés, on le sait, par des *e* cédillés, en attendant qu'on employât l'*e* simple et tout récemment l'*æ* : les moines avaient bien remarqué ces *e* cédillés, mais ils n'en avaient pas compris l'usage. Ils crurent que c'était la forme générale de tous les *e*, et ils cédillèrent sans vergogne toutes ces voyelles.

Ce fait seul est terriblement significatif et nous dispenserait d'aller plus loin dans notre démonstration; mais nous voulons continuer notre examen, d'autant que, comme les faussaires n'avaient plus rencontré d'*e* cédillés dans les pièces postérieures à 1160, ils ont jugé que dès lors l'*e* avait changé de forme et ne se sont plus donné la peine de le cédiller à partir de cette époque. Il nous faut donc d'autres preuves pour affirmer la fausseté des titres du XIIIe siècle et même de la fin du XIIe.

Nous ne parlerons pas du parchemin lui-même, qui souvent cependant choque l'œil habitué aux belles chartes originales. Il semble que la matière première fût déjà devenue plus rare au XIIe siècle, car les moines emploient comme des lambeaux de parchemin, taillés de travers ou incomplets en quelque partie. Et plus la charte est censée ancienne, plus ils paraissent avoir affecté de se servir de parchemin défectueux. Nous citerons entre autres la prétendue charte de fondation, qui est écrite sur une peau épaisse et rognée dans un des coins.

Mais passons, et arrivons aux caractères de fausseté tirés du texte même des documents. Ils sont plus nombreux encore, et, pour ne pas nous égarer, nous les discuterons en suivant la division que comportent les chartes du Moyen-Age.

Et d'abord la suscription. L'invocation, le préambule atteignent chez le faussaire une longueur inusitée : le plus souvent c'est le récit d'un miracle, inventé, comme la charte elle-même, par le rédacteur du XVIe siècle. Nous citerons comme exemples l'acte de fondation de l'abbaye (voir t. I, p. 3), la fondation de l'abbaye du Joug-Dieu (voir ch. XVI), la donation du droit d'usage dans les bois de Vernon (voir t. I, p. 211, note 1).

Pour donner plus de solennité aux titres qu'ils se forgent, les moines joignent avec complaisance au nom de chacun de leurs donateurs l'énumération de toutes ses qualités, l'énonciation de tous les fiefs que ses descendants ajoutèrent successivement au fief principal, Ainsi, lorsqu'il est question d'un seigneur du Perche-Gouet, non contents de rappeler le nom des cinq baronnies du Perche-Gouet qui n'existaient pas alors, ils y joignent encore la seigneurie du Saulce, qui ne fut unie aux cinq baronnies qu'à la fin du XIV⁰ siècle (Renaud, seigneur d'Alluyes, Montmirail, Brou, la Bazoche, Authon et le Saulce, en 1203, *Raginaldus, Alodie, Montis-Mirabilis, Braioti, Basochie, Augustuni et Salicis dominus*) (1). Cette erreur grossière se reproduit sans cesse. Outre ce fait incontestable que jamais, au XII⁰ siècle, on ne trouve une semblable énumération de seigneuries diverses, il y a dans la forme de ces suscriptions une ignorance notoire de l'histoire locale : les faussaires rassemblent des fiefs qui n'ont été réunis que deux ou trois siècles plus tard. En voici plusieurs exemples : en 1128, Guillaume est qualifié seigneur de Feuillet, Manou, la Ferrière, les Gués et Gémages, *Willelmus, de Folieto, Menone, Ferraria, Vuadis et Gimagiis dominus;* la même année, Nivelon est seigneur de Meslay, Courville, la Gastine et les Yys, *Nivelo, de Mellayo, Curvavilla, Wastina et Ysiciis dominus;* Guillaume est intitulé seigneur d'Illiers, Bois-Ruffin, Courtalain, Bruyère, Aunay et Langey, *Willelmus, de Illeto, de Bosco-Rufini, de Curia-Alani, de Brueria, de Alnayo et de Langego dominus;* en 1130, nous trouvons une charte de Wimon, seigneur de Bullou, Marchéville, l'Aune et Rabestan, *Wimon, de Buloto, Marchesvilla in Pertico, Alna et Rabestan dominus;* en 1159, c'est Sulpice, seigneur d'Amboise, Montrichard et Chaumont-sur-Loire, *Sulpicius, de Ambasia, Monte-Richardi et Calidomonte-super-Ligerim dominus;* Richard de Vernon est désigné en 1182 comme seigneur de Vernon, Tourny et le Goulet, *Ricardus, de Vernonico, Turneyo et Gousletis dominus*, etc., etc.

---

(1) Déjà, dans une prétendue charte de 1136, Rotrou III, comte du Perche, avait amorti tout ce que les religieux de Tiron pourraient acquérir « en ses terres, fiefs et » domaines de Bellême, Mortagne, Nogent, la Perrière, le Theil, Préaux, Mauves, Ré-» malard, Argenvilliers, Montigny, la Ferrière, Nonvilliers, Riveray, Champrond, Ceton » et tous autres de son comté du Perche, et en ceux de Montmirail, Authon, le Saulce, » le Bazoche, Brou, Alluyes et tous autres de son comté de Gouet. »

Là encore il n'est pas besoin, croyons-nous, d'insister davantage : pour qui a tant soit peu l'habitude des chartes du XII⁰ siècle, cette pompeuse suscription, destinée précisément à forcer la conviction, pèche par trop de couleur locale et met aussitôt en garde contre le document où elle se rencontre.

La suite n'est pas faite pour rassurer : si l'on continue la lecture, le corps même de l'acte offre bien d'autres anomalies. Le Parlement apparaît tout constitué en 1120 (lettres de committimus de Louis le Gros, ch. XXX, *coram magnis presidentialibus nostris, Parisiis vel alib iubi nostra precellens et suprema regis Curia residebit, teneantur respondere*). Ailleurs, c'est une énumération d'impôts telle que la féodalité dans tout le cours et dans toute l'étendue de son existence sut à peine tous les créer, *a pedagiis, traversibus, barragiis, rotagiis, portuagiis, transitibus, chantelagiis, corveiis, talliis, pontinagiis, corvagiis, fetagiis, biannis, foagiis, tabernagiis, mensuragiis, ponderibus et ponderagiis, foragiis, vinivenditionibus, stalagiis, tondeiis, plateagiis, havagiis, tolturis, bladeagiis, pavagiis, boisselagiis, molturis, corrodiis, corratagiis, vendagiis, pastis procurationibusque, quadrigagiis, salagiis, furnorum, molendinorum, tabernarum, torcularium bannis, vicorum, pontium, itinerum, villarum et castrorum repparacionibus et eorum custodiis, vigiliis et gueto*. En voyant pareille accumulation de charges auxquelles le pauvre vilain devait être impitoyablement soumis, on comprend toute l'indignation qu'a dû soulever le Moyen-Age. Il est vrai que ces charges n'existaient guère que dans l'imagination dévoyée du faussaire du XVI⁰ siècle.

C'est lui encore qui, avec sa fécondité habituelle, énumère ainsi les droits de l'abbé de Tiron sur les monastères qui lui étaient soumis : *ad solum abbatem Tironensem spectare omnes punicionem, correctionem, visitacionem, reformacionem, jurisdictionem, cohercionem, dispositionem, statutorum editionem et superioritatem mediatas* (lettres de protection de l'archevêque de Tours, en 1206. T. I, p. 253, note 2). Comme dans toutes ces longueurs, dans ces répétitions inutiles, on retrouve bien le style lâche et diffus, le pathos et l'enflure du XVIᵉ siècle ! En veut-on d'autres exemples : *tam absoluta quam ordinaria auctoritatibus et potestatibus ordinantes et largientes quod quibusvis forisfacto, ressorto, appellatione, defectu justicie, realitate, personalitate et quacumque civilitate et jurisdictione temporali ac quibuscumque aliis superioritatibus coram Tyronensi monasterio capite suo immediate respondeant* (lettres de committimus de Louis le Gros, ch. XXX). Que l'on voie encore la prétendue bulle du pape Alexandre III en 1179 (ch. CCCXXVIII), et qu'on la compare avec les bulles du même pape ou avec celles d'Eugène III que nous avons publiées.

Nous nous hâtons, car le dégoût saisit vraiment en présence de tant d'audace servie par si peu d'habileté, et nous avons encore à parler de la souscription et de la date.

De la souscription, nous ne dirons pas grand'chose : le faussaire prend sans discernement ses témoins partout où il en trouve, sans s'inquiéter s'ils vivent dans les temps ou dans les lieux où le titre est censé avoir été rédigé. Si encore il inscrivait des noms inconnus ou imaginaires ! mais non, il a une telle confiance dans l'ignorance générale qu'il ne se donne pas la peine de changer les noms : il fait intervenir à Lyon les seigneurs de la Beauce, fort étonnés certainement d'un si long voyage ; il ressuscite dans ses chartes du XIIIᵉ siècle des témoins morts un siècle auparavant.

Et pour les dates, il ne fait pas de plus grands frais d'imagination. Il est toujours long et verbeux ; il accumule les calendes, les nones et les ides, l'indiction et l'épacte, les années du règne et du pontificat ; mais tout cela au hasard, de sorte que toutes ces prétendues concordances qui devraient s'étayer et se corroborer, se détruisent l'une l'autre et causeraient de terribles perplexités si l'on n'était depuis longtemps édifié sur la valeur du document qu'elles sont destinées à éclairer. Le XII⁰ siècle, sobre dans la date comme dans le texte même des actes, se contentait généralement d'indiquer l'année, tout au plus le mois où la pièce avait été donnée : cela ne pouvait satisfaire nos moines du XVI⁰ siècle; ils ne sont pas hommes à omettre le moindre détail. Chacun de leurs titres est bien daté du jour précis qui lui appartient; mais, chose singulière, c'est toujours ou presque toujours le 3 des nones ou le 3 des calendes ou le 3 des ides, nous ne sortons pas du chiffre 3 : il est vrai que la charte de fondation était datée du 3 des nones de février, et notre faussaire ne tenait pas à se fatiguer pour rien l'imagination.

La main chez lui était plus adroite que l'esprit : c'est ainsi que l'imitation matérielle de l'écriture est ce qu'il y a de mieux réussi; c'est ainsi que les sceaux ont été si habilement copiés que là encore l'hésitation est un instant permise.

Il ne reste plus qu'un très petit nombre de sceaux : la plupart ont été détruits par le temps, ou plutôt par ce déplorable abus, qu'on a signalé dans maints départements, de retrancher tout ce qui pouvait nuire à la symétrie des liasses. Mais en examinant les quelques sceaux qui existent encore, un observateur un peu exercé ne peut s'empêcher de déclarer que la gravure est bien certainement originale et appartient réellement au XII⁰ siècle. C'est là une grave objection contre la fausseté prétendue des pièces produites par les religieux de Tiron : on ne sait tout d'abord comment expliquer la présence de ces sceaux du XII⁰ siècle pendants à des chartes du XVI⁰. Et pourtant l'on sent qu'on est en face d'une supercherie : d'ailleurs les moines se sont encore trop hâtés. Ils se sont fiés absolument à leurs empreintes du XII⁰ siècle, et ils ont négligé de soigner les détails. Ainsi

cire n'est en rien semblable à celle dont usaient les seigneurs et les ecclésiastiques de ces temps reculés : le grain est épais, la couleur est fausse, la matière est terreuse. Les religieux répondent, il est vrai, dans leur Mémoire, qu'on était obligé d'employer la cire telle qu'on la trouvait aux lieux où se passaient les donations; mais toutes leurs chartes sont données à-peu-près dans les mêmes lieux, et il n'y a pas au reste d'exemple que jamais au XIIe siècle on se soit en aucun endroit servi de cire aussi défectueuse.

Mais il y a mieux. Quand ils ont à sceller une charte du roi de France, ils ont remarqué que les sceaux royaux étaient pendants sur des lacs de soie, et ils prennent une large bande d'étoffe de soie brochée du XVIe siècle, sur laquelle ils appliquent le sceau de Louis le Gros. Les sceaux seigneuriaux sont pendants sur queue de parchemin, et ils ne manquent pas de se servir d'une bande de parchemin; mais ils n'y regardent pas de très près, et ils ne s'aperçoivent pas que leur parchemin porte tracés des caractères du XVIe siècle.

En vérité, c'est à ne pas croire à tant d'incurie si l'on n'en avait la preuve entre les mains. Reste pourtant à expliquer ce fait que les empreintes semblent bien appartenir au XIIe siècle. Il est évident pour nous que les moines firent faire des matrices nouvelles sur les sceaux originaux et qu'ils se servirent de celles-ci pour authentiquer les actes qu'ils fabriquaient. Il y a certainement là une habileté de main que nous nous sommes déjà plu à reconnaître, mais en même temps quel sans-façon pour tout ce qui touche à la paléographie ! Comme ces religieux, par leur mépris pour toutes les règles les plus élémentaires de cette science, nous montrent bien en quelle profonde ignorance on était alors de tout ce qui concernait l'étude des chartes anciennes !

Il a été aussi question dans le Mémoire que nous avons publié de ces petits sacs en cuir dans lesquels les sceaux étaient renfermés. En effet, à quelques chartes sont encore appendus des sortes de sacs en peau blanche, de la forme et de la grandeur des sceaux qu'ils étaient censés devoir protéger. Ces sacs étaient cousus de tous côtés : lorsqu'on les ouvre on voit qu'ils sont garnis de filasse, mais on ne trouve à l'intérieur que quelques fragments de cire informes, sur lesquels il est impossible de distinguer aucune empreinte. Sur la peau est écrit en caractères imitant ceux du XIIe siècle le nom du personnage auquel le sceau devait appartenir : *Sigillum Yvonis episcopi. Sigillum domini Willelmi, etc*. Nous ne serions pas très éloigné de partager l'opinion des chanoines de Chartres et de croire que ces sacs n'ont jamais contenu de sceaux. Quand les moines n'avaient pu se procurer de scel original pour fabriquer la matrice dont ils avaient besoin, ils remplaçaient le sceau par ce sachet de peau, dans lequel ils déposaient des fragments de cire, mettant sur le compte des années la fracture de ce sceau qui n'avait jamais existé.

On nous trouvera peut-être bien sévère pour les religieux de Tiron. Loin de nous cependant la pensée d'être hostile à ces puissantes congrégations, auxquelles, quoi qu'on en dise, la France dut, pendant plusieurs siècles, sa gloire et sa prospérité. Mais il y a loin des compagnons de saint Bernard de Ponthieu aux moines du XVIe siècle. Nous avons expliqué comment la licence s'était peu à peu glissée dans l'abbaye : elle ne fit que s'accroître avec les guerres de religion, et le Clergé lui-même, lors des Etats-généraux de 1614, comprit la nécessité d'une réforme des ordres monastiques. Autant nous admirons ces hommes austères qui se retiraient dans le silence du cloître pour travailler et prier, autant nous réprouvons ces faux religieux qui, sous le masque de la piété, n'entraient dans les monastères que pour y chercher leur bien-être et leurs commodités.

III.

Nous avons dit au chapitre précédent que la réforme de Saint-Maur avait été introduite, en 1629, dans le monastère de Tiron. Les nouveaux religieux prirent à cœur de rendre à l'abbaye ses anciennes mœurs et son ancienne prospérité. Comme nous l'avons vu, les revenus avaient sensiblement diminué, et les libéralités des princes et des particuliers semblaient être taries : il fallait trouver un moyen de réparer les ruines et chercher dans le travail et dans l'industrie les ressources que ne fournissait plus la piété des fidèles. Les religieux conçurent la pensée de créer un collège que leurs vastes bâtiments leur permettaient d'établir à peu de frais.

L'année même de leur entrée à Tiron, ils mirent leur dessein à exécution. Dès les premières années de la fondation du collège, les élèves y affluèrent, non-seulement du Perche et de la Beauce, mais de Paris et des provinces voisines. Jusqu'à la Révolution, sa renommée alla croissant : dans les dernières années du XVIIIe siècle il comptait plus de cent cinquante élèves pensionnaires. Ce qui fit sa prospérité, ce fut d'abord la science et le zèle de ses professeurs, mais ce fut aussi la protection spéciale qu'il reçut du roi de France. Louis XIV permit aux religieux de Saint-Maur de donner à leur établissement le titre d'*école royale militaire*. Le collège de Tiron devint ainsi une véritable école de cadets. Les officiers de l'armée tenaient à honneur d'y envoyer leurs fils, pour lesquels beaucoup d'entre eux obtenaient des bourses de la munificence royale.

En retour de cette protection, le roi s'était réservé le droit d'envoyer à Tiron un certain nombre de soldats invalides. Ce droit au reste n'était pas nouveau. Charlemagne avait imposé aux monastères de fondation royale l'obligation de recevoir des soldats mutilés, lesquels, sous les noms d'oblats ou frères-lais, remplissaient dans les couvents les plus humbles fonctions. Nous avons publié (ch. CCCCXVIII) une lettre de François Ier pour la réception d'un vieux soldat comme frère-lai dans l'abbaye de Tiron. Ce n'était pas un fait isolé ; un grand nombre d'officiers et de soldats infirmes se trouvaient ainsi dans les divers monastères du royaume, et, en 1575, Henri III les avait organisés en une sorte d'ordre de chevalerie qu'on appela l'ordre de la Charité chrétienne.

Henri IV et Louis XIII, jaloux d'assurer à leurs anciens serviteurs une retraite plus digne que la cuisine ou les étables d'un couvent, avaient, il est vrai, affecté des maisons spéciales à Paris pour recueillir leurs vieux soldats ; mais cette mesure était insuffisante. En 1670, Louis XIV fit bâtir l'hôtel des Invalides, qu'on inaugura en 1674 : l'hôtel fut bientôt trop étroit. Pour beaucoup de soldats on dut remplacer l'assistance en nature par l'assistance en argent ; mais celle-ci, quelque minime qu'elle fût, obérait le Trésor, et souvent les malheureux invalides, trouvant leur pension trop modique, étaient les premiers à solliciter leur admission dans quelque maison voisine de leur demeure. Aussi, jusqu'à la Révolution, le roi continua à envoyer un certain nombre d'anciens soldats dans les monastères et autres établissements considérés comme de fondation royale.

Il n'existe plus qu'un registre des décès de l'abbaye de Tiron, et il n'embrasse que la très courte période de 1778 à 1790 ; mais on y trouve la mention de plusieurs invalides morts à l'abbaye.

« Nicolas Pinson, né à Saint-Vénerand de Laval, décédé invalide au collège, le 27 mars 1781, âgé de 56 ans.

INTRODUCTION. LXXVII

« Jacques Désert, né à Marolles, ancien sergent du régiment d'Agénois, pensionnaire du roi, invalide dans l'école de Tiron depuis plusieurs années, décédé le 10 mai 1785, âgé de 85 ans.

« Louis-Barthélemy Chauveau, né à Brou, ancien grenadier de France, invalide de l'école militaire de Tiron depuis plusieurs années, décédé le 9 octobre 1788, âgé de 59 ans. »

Pour en revenir plus spécialement à notre collège, nous avons entre les mains un exemplaire du prospectus qui était adressé aux parents. Ce prospectus a été imprimé à Chartres, en 1740, chez Jacques Roux, et ce document, sinon unique, du moins bien rare aujourd'hui, nous a paru assez curieux pour que nous jugions utile de le reproduire intégralement [1]. Il fera connaître, mieux que toute dissertation, l'organisation du collège et le règlement des études.

Mémoire instructif pour Messieurs les parents qui veulent envoyer leurs enfans au collège de Tiron.

» Tiron est situé dans le Perche, proche Nogent-le-Rotrou. Les religieux Bénédictins de la congrégation de Saint-Maur y enseignent les humanitez et n'épargnent aucun soin pour former dans la piété et les sciences les jeunes gens qui leur sont confiez.

JOURS DE CLASSE.

« On éveille les pensionnaires à cinq heures et demie en été, et un quart avant six heures en hiver. Un quart-d'heure après, on fait la

---

[1] La Société archéologique de l'Orléanais a publié un prospectus du collège de Pontlevoi, au XVIIe siècle, et ce prospectus est conçu presque dans les mêmes termes que celui de Tiron.

prière, qui est toujours précédée d'une lecture de l'Imitation de Jésus-Christ; la prière finie, on fait une autre lecture sur la Civilité ou autre livre instructif, jusqu'à ce que le quart-d'heure soit rempli, et tous se trouvent à l'étude commune, à laquelle, comme à tous les autres exercices, il y a toujours un religieux qui préside. Cette étude finit à sept heures, et les pensionnaires vont à l'église de l'abbaye pour entendre la messe. Le Père Directeur y assiste avec eux pour les contenir dans le respect et la modestie convenable.

» Après la messe, on leur distribue à chacun un petit pain et un coup à boire pour le déjeuner, pendant lequel ils peuvent se récréer honnêtement dans les cours, ou se chauffer en hiver, jusqu'au coup de la classe, qui sonne à huit heures pour tous, exceptez les rhétoriciens qui n'entrent qu'un quart-d'heure après.

» Tous les écoliers sortent ensemble de la classe à dix heures et un quart, et vont se chauffer en hiver et se promener en été jusqu'à la demie qu'ils rentrent à la seconde étude.

» A onze heures et demie, en tout temps, on sonne le dîner, où le Père Directeur préside toujours, ainsi qu'à tous les autres repas qui se font en commun. La lecture se fait tous les jours et en tout temps pendant le repas : on la commence par un chapitre du Nouveau-Testament; ensuite on lit quelque livre également instructif et intéressant, comme l'Histoire de France et autres semblables. On y garde un profond silence, et le Père Directeur veille à ce qu'ils mangent proprement, qu'ils soient dans une posture convenable, et gardent les règles de la civilité.

» Après le dîner, les pensionnaires vont se chauffer en hiver, ou se récréer en été, pendant l'espace d'une heure, et, pendant ce tems, comme pendant tous les autres tems de récréation, il y a toujours quelque religieux qui veille à tout ce qui se passe.

» Après la récréation, ils se rendent au lieu de l'étude, où ils étudient pendant une heure.

» La classe d'après dîner commence en tout tems à deux heures, excepté pour les rhétoriciens qui n'entrent qu'au quart, et finit pour tous à quatre heures et un quart. Alors on distribue la collation, et à la demie tous se rendent à l'étude jusqu'à cinq heures et demie qu'on sonne le souper, et la lecture s'y fait, et le silence s'y observe exactement comme au dîner.

» Au sortir de table on va se chauffer en hiver, et se récréer en été, jusqu'à sept heures que commence la dernière étude, qui dure une heure.

» A l'avant-quart pour huit heures, chacun à son jour fait la lecture, et celui qui préside fait faire quelques réflexions sur cette lecture, en faisant répéter à quelqu'un ce qu'on a lu. Celui qui a fait la lecture fait aussi la prière, après laquelle chacun se retire sans bruit et en silence, et doit être couché à huit heures et demie. Les samedis et veilles des fêtes, on commence la lecture dès les trois quarts pour huit heures, afin qu'ils aient plus de temps pour préparer leur linge et tout ce qu'il leur faut pour le lendemain. Les Pères Directeur, Sous-Directeur et Préfet visitent toutes les chambres pour voir s'ils sont tous couchez, si les chandelles sont éteintes et si tout est tranquille et dans l'ordre. Dans les belles soirées de l'été, on leur permet quelquefois de se promener pendant une demi-heure après la prière, et la visite pour tous ne se fait qu'à neuf heures.

» Outre les belles-lettres qui sont la principale occupation des pensionnaires de Tiron, il y a encore d'autres exercices, auxquels on les applique suivant la volonté de Messieurs les parens, comme à l'écriture, à l'arithmétique, à la géographie et à la danse, sans qu'on exige rien que pour le maître d'écriture, d'arithmétique et de danse.

JOURS DE CONGÉ.

» Les jours de congé étant pour les écoliers des jours de douceur et de relâche, les pensionnaires de Tiron se lèvent ce jour-là à sept heures lorsqu'il y a congé toute la journée. Un quart-d'heure après qu'on les a éveillés, on fait la lecture et la prière ; ensuite ils assistent à la messe, après laquelle on distribue le déjeuner comme aux jours de classe. A dix heures on sonne l'étude, qui dure jusqu'à onze, et à onze heures et demie on va dîner.

» A la fin de ce repas, on distribue la collation, que chacun emporte à la promenade dans la campagne. Chaque régent y conduit ses écoliers et prend garde que rien ne se passe qui ne soit dans l'ordre.

» A cinq heures et demie ou environ, on les ramène au collège pour souper. L'étude, la prière et le coucher, comme aux jours de classe : cependant on retranche quelquefois cette étude du soir les jours de congé dans les grands froids, ou pour d'autres raisons semblables.

» Lorsque la saison ne permet pas de sortir dehors les jours de congé, les pensionnaires se divertissent dans le collège à des jeux honnêtes, comme aux dames, aux échecs, à la longue paume, au billard, à la boule, aux quilles et autres. Les jeux de cartes et de dez sont absolument interdits.

JOURS DE FÊTES ET DIMANCHES.

» Il y a dans le collège une congrégation du Saint-Enfant-Jésus composée des écoliers les plus sages et les plus vertueux. Ils ont leur office, leur chant, leurs cérémonies particulières, leurs ornemens et une chapelle destinée au culte de cet adorable Enfant. On ne reçoit aucun congréganiste que du consentement de Messieurs leurs parens.

Chacun de ceux qui sont reçus dans cette congrégation paie, pour contribuer à l'entretenir, quatre livres le jour de sa réception et trente sols chaque année pendant qu'il est au collège. On a soin d'établir pour la direction de cette congrégation un religieux sage et prudent, qui fait à ses congréganistes des exhortations publiques et particulières ; ce que chaque régent fait aussi tous les samedis et veilles des grandes fêtes pour ceux qui ne sont pas de ladite congrégation.

» Les jours de fêtes et dimanches, les pensionnaires ne se lèvent qu'à six heures et demie ; on leur donne une demi-heure ces jours-là pour mieux s'accommoder. A sept heures, ils vont à la prière et à la messe basse, après laquelle ils déjeunent, se chauffent ensuite, ou se promènent dans les cours. On leur défend dans ce tems, jusqu'à la grande messe, de se divertir à des jeux dissipans et où ils pourroient s'échauffer, et on les porte à s'occuper un moment en leur particulier à quelque bonne lecture, ce qui n'empêche pas qu'une demi-heure avant que de les conduire à la grande messe, ils ne s'assemblent tous dans un lieu, où le Père Directeur leur fait une instruction familière sur l'Evangile, à laquelle instruction se rendent aussi les écoliers qui sont externes. Après quoi, au son de la cloche, ils vont à l'église et y entrent deux à deux et prennent les places dans le chœur, qui leur sont désignées suivant leur rang de classe. Ils dînent ces jours-là comme autres jours, à onze heures et demie. Après dîner, ils vont se récréer jusqu'à une heure, auquel tems ils commencent une étude qui dure jusqu'à deux. Quand il y a sermon, ils s'y rendent au son de la cloche et dans les bancs qui leur sont destinés. Après vêpres, on distribue à chacun sa collation. En Carême, à quatre heures et demie les mardis, et les vendredis à midi et demi, on fait une instruction en forme de catéchisme à tous ceux qui n'ont pas fait leur première communion, pour les y disposer, et on marque à la fin ceux qu'on en juge

k

capables. A cinq heures et demie, on fait le souper, qui est suivi d'une heure de récréation; après laquelle ils se rendent une seconde fois à l'étude, et finissent la journée comme à l'ordinaire.

» On oblige les écoliers de se confesser une fois par mois, et de faire connaître par un billet signé de leur main qu'ils se sont acquittés de ce devoir.

NOURRITURE DES PENSIONNAIRES.

» Tous les jours ordinaires, au déjeûner, on donne aux pensionnaires un petit pain à chacun, et un coup ou deux à boire.

» Les jours de fêtes et dimanches, on y ajoute un peu de beurre, et les grandes fêtes une petite tranche de jambon ou de langue fumée.

» Au dîner, on leur sert la soupe et le bouilli, qui consiste en bœuf et mouton ou veau, suivant la saison.

» Le soir, le rôti de veau ou de mouton, suivant les saisons, ou quelque ragoût, et une ou deux fois la semaine, dans les tems commodes, de la volaille.

» On leur donne aussi un dessert de fruits ou de fromage dans les saisons, et plus ou moins, suivant que l'année est abondante, sans cependant qu'on s'oblige d'en donner tous les jours régulièrement. A la collation, on donne un morceau de pain tendre.

» On donne aux pensionnaires pour boisson un tiers de vin ou environ, mêlé avec deux tiers d'eau : quelquefois, les grandes fêtes, on leur donne le soir du vin pur au dessert.

» Les jours maigres, tant le matin que le soir, toujours deux plats, outre la soupe au dîner, de légumes et d'œufs. On ne fait jamais jeûner les pensionnaires, même en Carême en général, hormis le mercredi des Cendres et le Vendredi-Saint. Le Père Directeur règle en particulier avec les plus forts ce qu'ils peuvent faire, pour satisfaire là-dessus aux préceptes de l'Église. Dans ce tems, on leur sert tous les jours au dîner un plat de poisson pour second mets.

PRIX DES PENSIONS.

» Il y a trois sortes de pensions, dans lesquelles la nourriture est égale sans la moindre distinction, et toute la différence qui s'y trouve consiste dans les autres choses qu'on leur fournit suivant la commodité de Messieurs leurs parens.

» La première pension, dans les années communes, est de 250 livres. Selon cette pension, outre la nourriture, le blanchissage et le chauffage, on fournit de plus les pensionnaires de chandelles, de plumes, d'encre, de papier (non d'écritoire ni de canif) et de tout ce qui est nécessaire pour leurs études, comme les livres et les auteurs des plus nouvelles éditions, sans cependant que les écoliers puissent les emporter en sortant du Collège ni même en disposer. Outre cela, on se charge de leur faire apprendre quelques mois de danse par an, et de leur fournir tout ce qui est nécessaire pour l'entretien de leurs cheveux ou perruques, et de leur faire nettoyer et cirer leurs souliers.

» La seconde est de 350 livres, moyennant quoi, outre ce qu'on fournit dans la première pension, on se charge encore de l'entretien de pied en cap, comme de souliers, de bas, de chapeaux, d'habits complets, et de tout le linge dont ils ont besoin.

» La troisième pension est de 400 livres, tant en ce que l'on fournit dans la première et seconde, hormis pour frais extraordinaires qui se font pour les pensionnaires quand ils sont malades, boissons ou autres nourritures nécessaires, pour frais d'apothicaire, chirurgien et du médecin, pour frais de ports de lettres et paquets généralement. On se charge aussi pour les tragédies, l'écriture et l'arithmétique, en sorte que, la pension payée, on n'exige quoi que ce soit des parens.

» On n'exerce point aux tragédies ceux des deux premières pensions, à moins que les parens ne le demandent par écrit et à leurs frais.

» Comme il est difficile que, sur un grand nombre de pensionnaires, il ne s'en trouve pas qui tombent malades, ce qui oblige à des dépenses extraordinaires pour bois, gages et nourriture de domestiques destinés pour en avoir soin dans un bâtiment particulier et meublé à cet effet, on avertit Messieurs les parens que, pour ces sortes de dépenses, chaque pensionnaire de la première et de la seconde pension payera, outre la pension ordinaire, cinq sols par jour autant de tems qu'il sera à l'infirmerie, non compris les remèdes et visites du médecin qu'on mettra sur les parties, aussi bien que les ports de lettres qu'on reçoit, soit qu'elles soient adressées aux pensionnaires, soit à d'autres à son occasion.

» On fournira à ceux qui sont à la première sorte de pension tout ce que Messieurs leurs parens demanderont expressément qu'on leur fournisse, soit en habits, soit en linge, etc.; de quoi on fera un mémoire, qu'ils acquitteront outre la pension de 250 livres.

» Les jeunes gens qui viendront pour être entretenus à la seconde ou troisième pension doivent être habillés tout de neuf de pied en cap, tant en habits qu'en linge, et s'ils ne l'étoient pas, on conviendra d'un dédommagement raisonnable pour cela. Ils doivent apporter avec eux, outre leur habillement, au moins six chemises, six mouchoirs, six coëffes de bonnet, six paires de chaussons et six cols ou rabats, s'ils sont tonsurés, le tout neuf et propre. Il faut aussi qu'ils apportent un second habit, pour conserver le neuf et se tenir plus propres.

» Pendant tout le tems que les pensionnaires qui sont entretenus demeurent dans le collége, on les habille tous les ans de neuf, et quand ils sortent pour ne plus revenir, on les habille tout de neuf de pied en cap, d'un bon drap, sans toutefois qu'on se charge d'y mettre aucune garniture d'or et d'argent, si ce n'est à la demande et aux frais de Messieurs les parens, et de plus on donne quatre chemises, quatre mouchoirs, quatre coëffes de bonnet, quatre cravates ou rabats à ceux de la seconde pension et de tout à ceux de la troisième.

» Tous les pensionnaires, entretenus ou non, en entrant, doivent apporter une timballe, une cuillère et une fourchette d'argent ou d'étain, armoriées ou marquées : s'ils n'en apportent pas, on leur en fournira de la qualité que Messieurs les parens en demanderont, et à leurs frais.

» On les prie que le linge soit marqué à deux lettres.

» Comme le collège se trouve obligé à des dépenses considérables pour l'entretien des meubles, du mobilier et d'un nombre de domestiques, ce qui coûte aussi bien les vacances que pendant toute l'année, on avertit Messieurs les parens que lorsqu'ils souhaiteront que leurs enfans passent chez eux quelque tems de vacances, on ne peut faire aucune diminution sur la pension, à moins que le tems qu'ils les retiendroient n'excédât deux mois, auquel cas on ne fera déduction que du tems qui excèdera lesdits deux mois.

» La pension se paye d'avance au collège, ou par quartiers, ou par demi-année, ou même par année tout entière, selon que Messieurs les parens des pensionnaires sont plus ou moins éloignés; et on reçoit les payemens indifféremment, soit en argent comptant, soit en lettre de change sur Paris, Rouen, Chartres ou Nogent-le-Rotrou.

» On n'épargne aucun soin pour tenir les pensionnaires toujours propres dans tout ce qui les concerne, soit dans leurs souliers qu'on fait exactement nettoyer et cirer, soit dans leurs bas, habits et chapeaux qu'on a soin de faire ajuster et de serrer en un lieu destiné, les plus propres pour les fêtes et dimanches, soit dans leur linge, dont on leur fait changer régulièrement deux fois par semaine, soit dans leurs cheveux qu'on entretient avec grand soin et qu'on fait peigner tous les jours par des femmes qui se rendent pour cela au collège à des heures marquées; outre cela, trois ou quatre fois l'année, on fait venir exprès un perruquier pour faire faire les cheveux. On prie Messieurs les parens de ceux qui ne sont point entretenus d'accommoder leurs enfans proprement, tant en habits qu'en linge dont ils aient au moins une demie douzaine de tout, deux habits, deux chapeaux, deux ou trois paires de bas, deux paires de souliers et le reste tout double, simple mais honnête pour les jours ouvriers, et un peu plus propre pour les fêtes et dimanches.

» Si parmi les pensionnaires il s'en trouve quelques-uns qui, nonobstant la vigilance de ceux qui sont occupez à leur instruction, se dérangent dans leurs mœurs, on supplie Messieurs les parens de ne pas trouver mauvais qu'on les leur renvoye, surtout quand, après avoir été souvent avertis et châtiez, ils sont remarquez incorrigibles. Le bon ordre demande qu'on ôte toute occasion de dérangement dans le collège; mais pour prévenir ces inconvéniens, on les prévient qu'on ne recevra dans le collége de Tiron aucun pensionnaire au-dessus de quinze ans, et qui ait étudié dans un autre collège, hors de la vue de leurs parens, sans une attestation de vie et de mœurs.

» On enseigne toutes les classes depuis la Septième et Huitième même jusqu'à la Rhétorique inclusivement. L'ouverture des classes se fait pour tous le 1ᵉʳ d'octobre, quelque jour de la semaine qu'il se trouve, et elles finissent pour les rhétoriciens le 10 août et pour les autres le 20 du même mois. On avertit Messieurs les parens qui jugeront à propos de faire venir leurs enfans chez eux pour y passer les vacances de ne les point faire venir avant ce jour marqué et de les renvoyer le dernier de septembre ; car c'est du commencement et de la fin de l'année d'où dépend la plus grande partie du progrès qu'un enfant acquiert dans les Etudes, et on sçait par expérience que les enfans qui s'appuyent sur l'indulgence de leurs parens ne font plus rien dans les trois ou quatre derniers mois, parce qu'ils ne craignent point l'examen qu'on fait, les derniers jours, de leur capacité, pour juger s'ils sont en état de monter dans une classe supérieure, où, ne venant point dès le premier jour, un régent est obligé de répéter en faveur de ceux qui ont tardé à venir, ce qui retarde aussi l'avancement des autres. Si Messieurs les parens ne veulent pas se rendre à ces raisons, selon lesquelles ils peuvent reconnoître que ce n'est que leur intérêt et celui des enfans que l'on cherche, on les supplie de ne pas se plaindre si leurs enfans, après plusieurs années ainsi tronquées, n'ont pas avancé autant qu'ils en auroient pu attendre, malgré tout le dérangement et le retardement qu'ils ont eu pendant ce tems. On les prie, après les avoir avertis, de les mettre ailleurs.

» Tant qu'à Messieurs les parens qui souhaiteront envoyer quelque chose à leurs enfans par semaine, par mois, pour leurs menus plaisirs, on les prie de le payer en argent par avance, comme la pension, et ils prendront soin de marquer leur intention là-dessus au Père Directeur, qui ne manquera pas de s'y conformer. On les prie seulement de ne donner que peu d'argent à leurs enfans, et par le canal du Père Directeur, sans quoi il ne peut répondre de leur éducation.

» *L'adresse pour Tiron est au R. P. Directeur du collège de Tiron-au-Perche, par Nogent-le-Rotrou.* »

Voici quel était, au moment de la Révolution, le personnel des professeurs :

Dom Guillaume-Alexandre Huet, né à Paris le 16 septembre 1736, prieur, supérieur de l'école royale et militaire de Tiron.

Mort dans l'enclos de l'abbaye le 26 septembre 1809.

Dom Dominique Mullet, né en 1737, sous-prieur et professeur.

Dom Louis-Judes Déramme, né en 1742, sous-directeur de l'école.

Dom Pierre Poulain, né à Brou en 1747, préfet de l'école.

Dom Pierre-Jacques Leguay, né le 8 novembre 1750 à Beaumont-en-Auge, célerier, procureur et censier de l'abbaye.

Il resta à Thiron après la fermeture de l'abbaye, fut nommé adjoint au maire le 20 novembre 1815 et conserva ces fonctions jusqu'à sa mort (7 octobre 1821).

Dom Jean Gressier, né le 12 octobre 1759, professeur de langue anglaise.

Dom Joseph Ulrich, né à Veyersheim, professeur de langue allemande de 1775 à 1790.

Dom Charles-Joseph Hatelle, né le 22 août 1758, professeur.

Dom Jacques-François-Honoré Dauphin, né le 29 septembre 1750, professeur.

Dom Louis-Joseph Lemoine, né en 1750, professeur.

Dom François Bertel, professeur de mathématiques de 1775 à 1790.

Dom Antoine-Louis Dauvers, né en 1736, oculiste-chirurgien-apothicaire.

Mort à Thiron, dans les dépendances de l'abbaye, le 25 messidor 1793.

Indépendamment des religieux, il y avait des professeurs laïques attachés à l'établissement. Voici les noms de ceux qui y étaient employés en 1790.

N. Palatre, maître d'escrime depuis 1774.

Louis et Étienne Taulé, professeurs de musique.

Claude-François Delorme, professeur de français depuis 1775.

A la fermeture du collège, n'ayant aucunes ressources pour vivre, il allait instruire les enfants dans les fermes voisines, et le soir il rempaillait des chaises. Il est mort à Thiron, dans le local appelé *la Rhétorique*, le 4 février 1827. — Delorme composa plusieurs tragédies religieuses, qu'il faisait représenter par les élèves du collège. Deux au moins de ces tragédies, à notre connaissance, ont eu les honneurs de l'impression.

Pierre-Jean Bordeau, professeur depuis 1774.

Mort au collège le 22 juin 1791.

Antoine-Joseph-François Vivier, professeur depuis 1788.

Mort à Thiron le 7 janvier 1832.

N. le Gros, professeur de dessin depuis 1770.

Nous ne savons ce que devint Legros après la fermeture du collège; mais, comme nous le dirons dans la suite, nous avons retrouvé, dans le bourg de Thiron, plusieurs de ses œuvres, et nul doute qu'il n'en existe un plus grand nombre.

Pour compléter l'histoire du collège de Tiron, en montrant quelles étaient ses dépendances et en indiquant ce qu'elles sont devenues, nous avons cru utile de joindre à cette notice deux plans de l'abbaye de Tiron. L'un est la reproduction de celui que les Bénédictins publièrent dans leur *Monasticon Gallicanum;* nous l'avons placé en tête de ce volume : l'autre a été dressé en 1780 par Dom Guillaume-Alexandre Huet, prieur de l'abbaye et directeur du collège. Dom Huet avait joint à son dessin, peu artistique d'ailleurs, une légende très-précieuse, que nous n'avions garde de négliger : nous y avons ajouté des notes [1], recueillies pour la majeure partie par A. Vincent, un de nos

---

[1] Ces notes nous ont été communiquées par un autre de nos confrères, M. l'abbé Haye, curé de Saint-Avit-les-Guépières, à qui nous sommes heureux de témoigner ici toute notre reconnaissance.

anciens confrères, habitant de Thiron, qui vécut dans les ruines de l'abbaye et qui rassembla avec passion tout ce qui avait trait à l'histoire de l'ancien monastère.

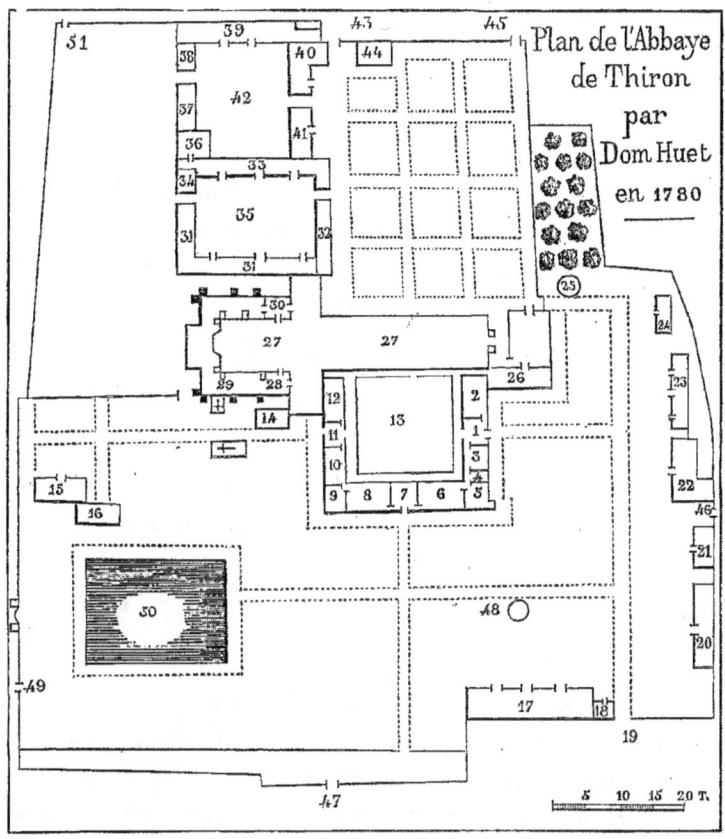

1. Vestibule et passage pour entrer dans le cloître. Au premier est le cabinet des chartes et titres.

Ce vestibule, terminé en clocheton, fut détruit par l'incendie de 1785.

2. Cellier au rez-de-chaussée : infirmerie au premier.

   Détruit également en 1785.

3. Salle à manger des hôtes ; au-dessus est leur chambre à coucher, et à côté de cette chambre, est l'infirmerie des hôtes.

   La toiture seulement fut endommagée.

4. Salle à manger des domestiques laïques.

   Détruite par l'incendie.

5. Cuisine au rez-de-chaussée.

   Dans cette cuisine, il y avait une fontaine, dont l'eau était conduite de la fontaine de Saint-Bernard, située à un kilomètre à l'ouest du bourg. En 1831, les ouvriers qui arrachaient les fondations de la cuisine trouvèrent les tuyaux en terre cuite qui amenaient l'eau.

   Au-dessus est le magasin à charbon.

   C'est dans ce magasin que l'incendie prit naissance dans la nuit du 22 au 23 novembre 1785.

6. Réfectoire au rez-de-chaussée. Les cellules pour les religieux occupent le premier depuis la cuisine jusqu'au chapitre.

   Détruit en 1802.

7. Chauffoir commun.

   Détruit en 1801.

8. Lieu de travail pour la menuiserie et la sculpture.

   Cet atelier renfermait de très bons ouvriers. Un peu avant la fermeture du couvent d'Arcisses, on admirait les boiseries, les stalles, et surtout le parquet du chœur de l'église où officiaient les dames. On peut encore voir dans l'église de Thiron les stalles et d'autres sculptures faites par les anciens religieux.

9. Atelier de travail pour la peinture et la ciselure.

   Dans cet atelier, il y avait, un peu avant la fermeture de l'abbaye, une très belle collection de tableaux représentant les abbés de Tiron ainsi que les abbesses d'Arcisses. Il y avait aussi un musée de statuettes. Les deux statues en bois représentant saint Benoît et sainte Scolastique qui existent aujourd'hui dans l'église de Margon, où elles ont été apportées en 1801 de l'abbaye d'Arcisses, sont aussi un travail dû au ciseau des moines de Tiron.

10. Atelier pour l'écriture et la reliure.

Détruit en 1803.

11. Vestibule ou Passage des cloîtres à l'église et au chapitre.

Détruit en 1805.

12. Chapitre où l'abbé tient ses séances.

Détruit en 1810.

13. Cloître et cimetière.

14. Chapelle où a dû être inhumé saint Bernard.

Les quatre murailles de cette chapelle étaient encore debout en 1844, mais la toiture n'existait plus. A cette époque, on découvrit, derrière cette chapelle, la pierre tombale qui est dans la muraille de l'église, proche les fonds baptismaux.

15. Volière.

Ce bâtiment fut abattu en 1841. Au milieu, il y avait un gros charme pour percher les oiseaux. Ce charme ne fut détruit qu'en 1846.

16. Demeure de l'oiseleur.

Détruite vers 1815.

17. Remises et greniers à blé.

Ce corps de bâtiment existe encore et porte le nom d'*abbaye*. Le logis au levant a été ajouté en 1831.

18. Guérite du portier.

Ce bâtiment servit de porcherie et de poulailler jusqu'en 1858, où on le démolit pour construire le mur qui longe le chemin de l'église au cimetière.

19. Entrée pour les charrois et approvisionnements.
>Supprimée en 1837.

20. Laboratoire et demeure du médecin laïque.
>Ce bâtiment existe encore; il a été relevé d'un étage en 1844.

21. Moulin.
>Ce moulin est encore debout; le mécanisme en a été changé en 1855. Une voûte existe sous terre depuis le moulin jusqu'au vivier de l'abbaye.

22. Boulangerie et greniers à farine.
>Ce corps de bâtiment existe encore. La boulangerie est voûtée en pierres et soutenue par un gros pilier carré; les croisées sont demi-circulaires et munies de fortes barres de fer.

23. Pressoir banal;
>Le bâtiment existe encore, mais le pressoir qui était suivant l'ancien système fut supprimé en 1827. La meule de pierre qui écrasait les pommes avait été laissée dans le jardin du laboratoire; en 1860, elle fut brisée en morceaux.

Vacheries;
>Existent encore et servent aux mêmes usages.

Ecuries;
>Détruites en 1872; les pierres ont été transportées à la Motte pour faire une bergerie.

Porcheries.
>Existent encore; la demeure du porcher fut supprimée en 1865, et les pierres servirent à faire une grange à la ferme de la Bouchassetière, commune d'Argenvilliers.

24. Demeure du garde en chef des propriétés du couvent.
>En 1864, les murailles ont été exhaussées, et la toiture refaite dans le style des constructions du collège.

25. Colombier.
>Existe encore, mais a subi quelques modifications.

26. Demeure de l'abbé.

    Aujourd'hui le presbytère.

27. Église.

    De l'église il ne reste plus que la nef, longue de 63 mètres, large de 11 et éclairée par dix-huit fenêtres.

28. Chapelles rayonnant autour du sanctuaire.

    Ces chapelles furent détruites lors de l'écroulement du chœur le 10 février 1817.

29. Sacristie.

    Détruite par l'écroulement. La sacristie actuelle a été construite en 1819.

30. Clocher.

    Existe encore.

31. Logement des professeurs du collège.

    Ce bâtiment existe encore. Sur les murs des chambres supérieures on lit gravés les noms de plusieurs élèves du collège de Tiron : Louis Filastre, 1749 ; — Michel Filastre de la Renaudière, 1760 ; — Julien-Pierre Robert, 1777 ; — Rodolphe Picard, 1778 ; — François Chéron, 1778 ; — René Frénel ; 1778 ; — Charles Richer, 1779 ; — Jean Beaudoux, 1779 ; — P. A. Picot de Pécadeuc, 1781 ; — Philippe-A. Dheillimer, 1781 ; — Louis-P. de Clinchamps, 1782 ; — Léon-P. Dacheu, 1782 ; — Jean-B. Viénot de Vaublanc, 1782 ; — Jean-M. Cousin de Longchamps, 1782 ; — Charles Paulmier, 1784 ; — Michel-F. Gaillard, 1785 ; — Jean-Louis Taulé, 1785 ; — Georges Juteau, 1785 ; — Jacques Tremblin, 1785 ; — Jean-B. Mouchard, 1788 ; — Alexandre-Joseph de Prat [1], 1788 ; — Jean-Charles de Touzalin, 1790 ; — Jean-Joseph-Maurice Caffode de la Ferrière, 1790 ; — André de Cosne, 1791.

---

[1] Au nom de cet élève se rattache une intéressante légende. Au mois de février 1789, son père, Jean-François-de-Régis-Alexis de Prat, chevalier de Saint-Louis, premier capitaine au régiment de Beauce, le ramenait au collège. Le père et le fils furent surpris par la nuit au milieu d'un bois qui avoisinait l'abbaye. Nul moyen de retrouver leur chemin, et ils croyaient entendre autour d'eux de sinistres rôdeurs. Le père in-

32. Dortoirs des élèves.

> Détruits en 1801.

33. Petites classes au rez-de-chaussée, et grandes classes au premier.

> Ce corps de bâtiment existe encore.

34. Infirmerie.

> Détruite en 1839.

35. Cour du collège.

36. Salle de danse au rez-de-chaussée, et salle d'armes au premier.

> Ce bâtiment existe encore et est désigné aujourd'hui sous le nom de *Rhétorique*.

37. Logement des tailleurs.

> Existant.

38. Logement des domestiques qui ont le soin de la basse-cour.

> Existe encore.

39. Remises et greniers pour l'approvisionnement du collège.

> Ce bâtiment donne sur la route d'Illiers : il existe encore, avec quelques modifications.

voque sainte Geneviève, la patronne de Paris, et aussitôt il aperçoit dans le lointain les lumières de l'abbaye. En reconnaissance, il fit faire un tableau le représentant dans sa détresse, et il donna ce tableau comme ex-voto à l'église de Sainte-Geneviève de Paris. En 1867, lors des réparations de l'église de Saint-Etienne-du-Mont, on décrocha le tableau, et on allait sans doute le vendre à quelque brocanteur, lorsque le hasard amena dans l'église M. Cam. Silvy, le célèbre photographe, qui demeurait au château de Gaillard, en la commune de la Croix-du-Perche. Il signala ce tableau à M. le curé et à M. le maire de Thiron, qui n'eurent pas de peine à l'obtenir de la générosité de M. le curé de Saint-Etienne-du-Mont. Il décore aujourd'hui les murailles de la nef de l'église de Thiron. Voici le texte de l'inscription qui se lit sur le tableau :

Ad majorem Dei gloriam.

Fiduciæ scilicet et gratiamini monumentum erga sanctam Genovefam Prefecti cujusdam militum, qui, in periculosa sylva devius ab itinere, cum ad Tironis militarem domum, die 2 februarii 1789, se reciperet, nocte superveniente et densa circumfusus caligine, vivido luminis radio fuit illustratus, inclytam invocando Parisiorum patronam ut a præsenti in qua versabatur angustia sese expediret.

40. Demeure du portier et cordonnier.
>Existe.

41. Demeure du R. P. prieur et du receveur.
>Existe encore.

42. Basse-cour du collège et de l'abbaye.

43. Entrée principale.
>Ce portail fut détruit en 1802. Au-dessus d'un guichet, on lisait en grosses lettres : *Droit d'écuelles*, c'est-à-dire que tout passant pouvait frapper, et on lui donnait l'hospitalité.

44. Guérite du portier de nuit.
>Ce bâtiment fut détruit en 1839. A cette époque, il était désigné sous le nom de *la Cahute*, et faisait la demeure du dernier perruquier du collège, Jeannot Guicheux, dit la Minute.

45. Sortie du bourg.
>Cette porte se trouve au milieu du bourg, dans une propriété particulière.

46. Sortie du moulin.
>Cette sortie existe encore, au haut des marches de l'escalier du moulin.

47. Sortie du parc.
>Cette porte, aujourd'hui bouchée, se voit au milieu du mur du cimetière

48. Puits.

49. Sortie pour aller à la fontaine du P. célerier.
>Ce portail, qui existait encore en 1820, fut vendu à cette époque. On en a fait des portes de grange à la ferme de Gaufeillu.

50. Vivier.

51. Sortie de Gardais.
>Cette porte existe encore sur la route, proche le champ des Mûrs.

INTRODUCTION. CXVII

Dans ce chapitre consacré à l'histoire de l'abbaye depuis la prise de possession des religieux de Saint-Maur, nous nous sommes d'abord occupé du collège, parce que c'est cet établissement qui résume surtout la vie active du monastère depuis 1629. Comme nous l'avons vu, tous ou presque tous les religieux étaient en même temps professeurs ; le prieur était lui-même directeur du collège, et, dans les dernières années qui précédèrent la Révolution, le collège absorbait tellement l'abbaye qu'en 1782 on supprima même le titre d'abbé, et la manse abbatiale de Tiron fut réunie à la cure de Saint-Louis de Versailles [1]. Cependant nous croyons qu'il ne sera pas sans intérêt de faire connaître, pour le régime intérieur des religieux, une notice qui a été rédigée vers 1780 par Claude-François Delorme, professeur au collège. Nous y avons joint quelques notes pour la compléter.

« Le monastère de Tiron, étant clos de hautes murailles, on ne peut y entrer que par deux portes : la principale est du côté du village de Tiron, au sud. C'est là qu'ayant frappé le marteau de la porte, le portier qui a sa demeure à droite vient ouvrir. Après avoir traversé devant la porte de la basse-cour du collège, où sont les remises et greniers pour le service du collège, le logement des tailleurs, cordonniers et de celui qui a le service de la basse-cour, à main droite, on trouve la demeure du Père Directeur qui vous fait introduire, avec le portier qui vous conduit, dans la cour du collège. Là, vous entrez dans le vestibule où vous attendez la personne à qui vous désirez parler, car on ne peut de soi-même s'introduire dans aucuns des appartemens du monastère.

[1] L'Inventaire du Chapitre de Chartres mentionne, à la date du 6 septembre 1783, un décret de l'official de Chartres, qui, « en vertu du brevet du Roi, consent à la réunion » des biens du revenu de la manse abbatiale de Thiron à la cure de Saint-Louis de » Versailles et à l'extinction du titre de l'abbaye. »

» Si ensuite vous voulez visiter l'abbaye, le même portier vous fait passer le long de l'église. A main droite, touchant l'église, il y a la demeure de l'abbé. Puis vous passez sous un portail dont le haut se termine en clocheton et sert de colombier ; à main gauche il y a un autre grand colombier.

» Après avoir tourné au bout de la demeure de l'abbé, on trouve la porte du couvent, où un religieux de la maison fait l'office de portier. Lorsqu'il a ouvert, on entre dans le vestibule qui a 32 pieds de long et 26 de large. Le premier portier qui vous a conduit jusqu'ici se retire. Ce vestibule est garni de vingt stalles très ouvragées ([1]).

» Pendant que le religieux qui a ouvert va donner avis au Père Prieur de ceux qui sont entrés, on demeure dans le vestibule, où l'on peut s'instruire de quelle manière il se faut comporter en ce lieu, car il y a de petits tableaux attachés contre la muraille où il est écrit :

« *On gardera dans le cloître un perpétuel silence. Lorsque l'on parle dans les lieux destinés pour cela, ou même dans les jardins, on le fait d'un ton de voix le moins élevé que l'on peut.*

» *On évitera la rencontre des religieux, autant qu'il est possible, en tout temps et en tous lieux.*

» *On s'adressera au portier si l'on a besoin de quelque chose dans le monastère, parce que les religieux, qui sont étroitement obligés au silence, ne donneront nulle réponse à ceux qui les interpelleront.*

» *Pendant les repas, nulle personne n'agitera des questions qui puissent donner lieu à des contestations.*

» *Sitôt le repas fini, chacun se retirera dans la chambre qu'on lui a destinée.*

» Lorsque le Père Prieur ou quelque autre religieux est venu recevoir les nouveaux hôtes, après les avoir salués avec beaucoup d'humi-

---

([1]) Ces stalles furent brûlées dans l'incendie de 1785.

lité, il les fait passer du vestibule sous la galerie du cloître et les conduit à l'église pour y faire leurs prières. Au retour, ils entrent dans la chambre des hôtes en attendant le repas.

» On sert à la table des hôtes les mêmes mets que ceux qui sont servis à la table des religieux, c'est-à-dire qu'on n'y mange que des mêmes légumes et du même pain, et on y boit du cidre comme au réfectoire : seulement, en cas extraordinaire, on donne aux hôtes malades du vin et de la viande. Les mets ordinaires des religieux sont un potage, deux ou trois plats de légumes, un plat d'œuf ou de poisson. Pendant une partie du repas, on lit un chapitre de l'Imitation, et quand la lecture est finie, c'est alors qu'on a la liberté de parler de diverses choses.

» Les étrangers ont un réfectoire et un dortoir particuliers, entre le vestibule et la cuisine. L'entrée des cloîtres leur est interdite, et, pour se rendre à l'église à l'heure des offices, ils passent sous la galerie qu'on leur a indiquée à leur arrivée dans le monastère.

» Les religieux, en été, se couchent à huit heures et demie, et en hiver, à sept. Ils se lèvent la nuit à deux heures pour aller à matines, qui durent jusqu'à quatre heures et demie, parce que, outre le grand office, ils commencent toujours par celui de la Vierge, et entre les deux ils font une méditation de demi-heure. Les jours où l'Église ne solennise la fête d'aucuns saints, ils récitent l'office des Morts à l'intention des bienfaiteurs du monastère. Au sortir de matines, si c'est en été, ils peuvent aller se reposer dans leurs cellules jusqu'à prime; mais à l'hiver, ils vont au chauffoir commun, et chacun peut lire en particulier. Les prêtres prennent toujours ce temps-là pour dire la messe.

» Le Père Prieur, qui remplit les fonctions d'abbé, confesse les religieux pendant la messe.

» A cinq heures et demie, on dit prime, qui dure demi-heure, où le Père Prieur leur fait des prédications.

» A sept heures, on va au travail, où chacun, quittant sa coule ou habit de dessus, se rend à ses travaux dans des ateliers particuliers. Les uns s'occupent à écrire des livres d'églises, d'autres font les exemples d'écriture pour les élèves du collège, les autres relient, quelques-uns font des ouvrages de sculpture, de menuiserie, d'autres s'occupent de peinture (¹), enfin d'autres tournent ou se livrent à différents travaux utiles, etc.

» A huit heures et demie, ils vont à l'office, qui commence par tierce, ensuite la messe et sexte.

» Lorsque les religieux ont dit sexte, ils se retirent dans leurs cellules jusqu'à dix heures et demie, où ils font quelques lectures. Au quart moins de onze heures, ils vont à l'église chanter none, si ce n'est aux jours de jeûne de l'Église que l'office est retardé, et qu'on ne dit none qu'un peu avant midi, et ensuite on va au réfectoire.

» Le réfectoire qui est à côté de la cuisine est fort grand : il y a un long rang de tables de chaque côté. Celle du Père Prieur (ancienne place de l'abbé) est en face, au milieu des autres et contient la place

---

(¹) Il y avait, au collège de Tiron, un peu avant sa fermeture, une très belle galerie de portraits de moines et de professeurs. Les derniers maîtres de dessin au collège furent Silvestre Chénais de 1765 à 1770, et Legros, de 1770 à 1791. On conserve encore à Thiron quatre tableaux de cette époque. L'un représente Legros enseignant la peinture à M¹¹ᵉ *** ; il est signé Le Gros. Ce tableau est à l'huile ; les autres sont des pastels. L'un est l'image de la Vierge immaculée et a pour légende : Dédié et présenté a D. Huet (Guillaume-Alexandre Huet, prieur de Tiron de 1780 à 1792) par son obligé serviteur Piégard, le 3 octobre 1792. Un autre a pour légende : Prix du dessin dessiné par M. Touzalin (Jean-Charles de Touzalin, entré au collège de Tiron en 1790), élève de M. Le Gros, professeur à Tiron, le 13 d'août 1792. Enfin un autre pastel signé Le Gros représente un moine mort. — Parmi les œuvres sorties des ateliers de Tiron, on peut encore citer le tableau qui décore aujourd'hui le maître-autel de l'église paroissiale. Ce tableau qui représente l'Adoration des Mages, ornait autrefois la chapelle d'Arcisses : il fut rapporté à Thiron et restauré en 1818.

de dix personnes. Il se met à un bout, ayant à sa gauche le Père Directeur et à sa droite les étrangers qui sont admis au réfectoire ; ce ce qui arrive rarement. Les tables sont nues et sans nappes, mais cependant fort propres. Chaque religieux a sa serviette, son couvert, sa timbale et sa cuiller d'étain ([1]), son couteau et une fourchette et deux pots d'étain contenant chopine de Paris, l'un plein de cidre et l'autre plein d'eau. Le pain est fort bis, quoique beaucoup moins que dans beaucoup de monastères. Leurs potages sont, les jours de jeûne de l'Eglise, sans beurre et sans huile, mais les jours de fête on y ajoute ou du beurre ou de l'huile. Au dessert, on leur donne deux pommes ou deux poires crues ou cuites. Lorsqu'ils ont fini leur repas et rendu grâce à Dieu, ils vont à l'église achever leurs prières. Au sortir de l'église, ils se retirent dans leurs cellules, où ils font quelque lecture.

» A une heure, on sonne pour aller au travail, où chacun reçoit sa tâche, sans choix et avec résignation.

» A trois heures, on sonne la retraite, et chacun quitte ses sabots ou galoches, remet ses outils en place, reprend sa coule et se retire dans sa chambre jusqu'à vêpres.

» A cinq heures, on va au réfectoire, où chaque religieux trouve pour sa collation un morceau de pain de quatre onces, un pot de cidre avec deux pommes ou deux poires, ou des noix aux jeûnes de la règle; mais aux jeûnes de l'Eglise ils n'ont que deux onces de pain et une fois à boire. Les jours qu'ils ne jeûnent pas, on leur donne du pain et du cidre comme à dîner, avec une portion de racine, une poire ou une pomme pour dessert.

([1]) Avant 1785, les hôtes de haute lignée étaient servis en vaisselle d'argent, dont le couvent était bien garni, mais elle fut détruite dans l'incendie de 1785. Le couvent s'en procura d'autre, mais elle ne fut servie qu'aux hôtes du collège ou à des élèves suivant le désir de leurs parens.

» Après, ils se rendent au chapitre où l'on fait la lecture de quelque livre de piété jusqu'à six heures qu'on va dire complies, et ensuite on fait une méditation de demi-heure.

» Au sortir de l'église, on entre au dortoir, et à sept heures on sonne la retraite afin que chacun se mette au lit. Ils se couchent tout vêtus sur des lits qui sont composés d'une paillasse, d'un oreiller rempli de paille et d'une couverture. Quoique malades, ils ne se déshabillent pas. Ils changent de linge régulièrement une fois par mois, si ce n'est dans les maladies extraordinaires. Lorsqu'ils entrent à l'infirmerie, ils sont soigneusement gouvernés et mangent des œufs et de la viande. »

Enfin, nous ne croyons pas devoir terminer cette histoire relativement moderne de l'abbaye de Tiron, sans donner une description complète de l'église, telle qu'elle existait avant la chute du chœur qui eut lieu le 10 février 1817, et sans dire ce qui reste encore aujourd'hui de l'antique sanctuaire des moines devenu l'église paroissiale de Thiron. Nous nous servirons pour cette description, en les complétant, des notes laissées par A. Vincent, dont nous avons déjà eu l'occasion de parler, et qui, né et mort dans l'enceinte de l'ancienne abbaye et ne l'ayant jamais quittée, est le guide le plus sûr pour tout ce qui touche aux annales de Thiron depuis le commencement de ce siècle.

L'église de Thiron fut en partie construite aux frais de Béatrix, comtesse du Perche, mère de Rotrou le Grand, et de Julienne du Perche, sa fille, épouse de Gilbert de Laigle : elle fut commencée vers l'année 1115.

Cette église avait la forme d'une croix, dont les branches ou transepts (¹) s'étendaient du nord au midi et dont la tête était figurée par le chœur orienté vers l'est.

La porte principale tournée à l'ouest tient du style roman et de l'ogive primitive. Elle se compose de deux archivoltes reposant sur deux pilastres sans moulures : la première archivolte est en plein-cintre, la seconde en ogive. De chaque côté de la porte, il y a une arcature en plein-cintre garnie de boudins, se terminant en bas par des têtes d'hommes couronnées. Le bas des pilastres qui soutiennent les archivoltes est orné de deux statuettes assises tenant un livre sur leurs genoux ; entre les deux pilastres est une petite colonne dont le fût est sculpté de feuilles de lierre. Au-dessus de la porte, il y avait primitivement une corniche ; mais, comme elle était en pierre tendre, le temps l'a détruite. Le tympan de la porte était peint ; il représentait la Vierge entourée d'anges. Les piliers contre-forts de chaque côté de la porte sont sculptés d'entrelacs et de feuilles d'acanthe.

Le pignon triangulaire est percé de deux fenêtres cintrées, garnies de trois archivoltes portées sur des colonnes, dont les chapiteaux sont garnis de feuilles et de petites statuettes.

La nef n'a pas moins de 64 mètres de long sur 12 de large. Elle est éclairée de chaque côté par neuf croisées cintrées : celles-ci étaient autrefois garnies de verres de couleur ; aujourd'hui, elles sont bouchées à moitié et il n'y a plus que du verre blanc. Les murailles de la nef ont 11 m. 25 de hauteur et 1 m. 50 d'épaisseur par la base.

Le chœur, qui s'est écroulé le 10 février 1847, avait 25 mètres depuis le transept (où est actuellement le maître-autel) jusqu'à la chapelle du milieu. Il avait été construit par Lionel Grimault, abbé de 1454 à 1498. Quatre croisées ogivales à meneaux et garnies de verrières

---

(¹) Les transepts furent supprimés en 1629 ; à la place de celui du midi, on érigea un corps de bâtiment pour faire les dortoirs des élèves du collège.

éclairaient le sanctuaire. Les piliers étaient formés de demi-colonnes réunies en faisceaux, qui s'élançaient d'un seul jet depuis le pavé jusqu'aux combles, pour aller recevoir les arceaux croisés diagonalement de la voûte. Au point d'intersection des deux arceaux du milieu du chœur, la clef de voûte se dessinait en un pendentif d'un travail admirable.

Le maître-autel, dédié à la sainte Trinité, formait une chapelle du style gothique, surmontée de clochetons et éclairée d'une rosace demi-circulaire qui occupait une partie du chevet du chœur. Cet autel était de bois et de marbre de plusieurs couleurs (1); un rétable en bois ornait le devant (2). Les contre-marches des gradins étaient sculptées. Au milieu de l'autel se trouvait un groupe de la Sainte-Trinité, sous lequel se voyait le tabernacle en bois, d'un travail admirable. Au fronton, étaient sculptées et peintes les armoiries de saint Ives, évêque de Chartres, qui portait *une mitre et une croix grecque pattée d'or, en champ d'argent,* et dans la bordure YVONUS CARNUTENSIS, 1109. Un peu plus bas étaient les armoiries de la famille Rotrou : *trois chevrons brisés d'or, en champ d'argent,* et dans la bordure la légende : ROTROCUS COMES PERTICENSIS, 1109. A la même hauteur, à gauche, se voyaient les armoiries de Bernard, premier abbé : *un alpha d'or et une croix d'argent pattée, en champ d'azur,* avec cette légende dans la bordure : BERNARDUS, 1109.

A chaque extrémité des transepts, il y avait un autel éclairé par une rosace circulaire en verres de couleurs.

Deux autres autels étaient placés dans la nef, à l'endroit où est actuellement le lutrin. Ils étaient en face le sanctuaire, de manière que

---

(1) Les colonnes de marbre qui sont aujourd'hui aux fonts baptismaux et à l'autel de Notre-Dame-de-Pitié proviennent de l'ancien maître-autel.

(2) Une partie de ce rétable est au maître-autel de l'église de Combres : il y fut porté après l'écroulement du chœur.

l'on pût tourner à l'entour : celui de droite était dédié à saint Pierre, celui de gauche à saint Paul. Ce sont les deux autels qui sont actuellement en entrant dans le chœur ; on n'a fait que les ranger le long de la muraille.

Les bas-côtés du chœur tournaient autour du sanctuaire ; ils étaient garnis de sept chapelles qui communiquaient avec le sanctuaire par deux portes cintrées. L'une passait à droite sous le clocher, et l'on trouvait immédiatement la chapelle de Saint-Benoît, puis venaient la chapelle de Saint-Vincent et celle de Saint-Eloi. Au milieu, une autre chapelle avançait de trois mètres en saillie sur les bas-côtés; elle était dédiée à Notre-Dame-de-Piété. Continuant à marcher du midi au nord, on rencontrait la chapelle de Saint-Agapet, celle de Saint-Martin et enfin celle du Crucifix. Puis on traversait la sacristie qui faisait parallèle avec le clocher et on rentrait dans le sanctuaire par une porte à gauche semblable à celle de droite (¹). Chacune de ces chapelles était garnie d'une croisée ogivale, décorée d'une verrière représentant le saint auquel la chapelle était dédiée.

Lorsque les transepts existaient encore, les processions, partant du chœur, passaient du transept du midi sous le clocher, traversaient le clocher et les chapelles, de là entraient dans le transept du nord, puis, entre l'église et le chapitre, tournaient sous les arcatures du cloître, et enfin, par une porte pratiquée dans le pignon de la maison de l'abbé (²), arrivaient à ciel ouvert et rentraient par la grande porte de l'église.

A l'intérieur du chœur, dans tout le pourtour, régnaient une suite d'arcatures formant galerie (³); on y montait soit par l'escalier du clo-

---

(¹) Ces deux portes existent encore de chaque côté du maître-autel.

(²) C'est aujourd'hui le presbytère ; on y voit cette porte dans le pignon.

(³) On voit encore, après le clocher, une de ces arcatures trilobées, où le couloir de la galerie existe dans la largeur du clocher.

cher, soit par un autre escalier ménagé dans l'épaisseur du mur du sanctuaire et des chapelles au sud-est ([1]). Une autre galerie existait également à l'extérieur, le long de l'entablement du toît du chœur ; elle était garnie d'une balustrade en pierres formant une arcature trilobée.

Huit arcs-boutants ou contre-forts soutenaient la voûte du chœur en dehors et se terminaient en clochetons. Le long des murs extérieurs de la nef, sous les corniches, étaient placés des corbeaux ou modillons représentant des têtes d'hommes grotesques et grimaçantes ; autour du chœur, c'étaient des têtes de monstres.

Le sanctuaire était autrefois garni des stalles qui sont actuellement le long de la nef ; elles sont du XIVe siècle. Chaque stalle a son bas-relief différent de ceux qui ornent les autres ; des figures bizarres et fantastiques décorent les accotoirs ou miséricordes.

Les stalles qui sont actuellement dans le chœur furent faites et posées à la place qu'elles occupent en 1740 ; elles sont garnies de leurs dossiers à colonnes. Les boiseries du chœur sont de la même époque. Derrière un des panneaux de ces boiseries, on a trouvé, en 1820, écrit, avec de la pierre noire, le renseignement suivant : « *Ce chœur d'église a été fait par moi, Baptiste Mauté, menuisier des bâtimens du roi, et a été posé par Thomas Damont de Paris, François-André Pradriel de Paris et Dufresne d'Argentan en Normandie. Priez Dieu pour eux, parce que c'est un présent fait à l'église de l'abbaye. Ce 24 août 1740.* »

» Le lutrin des religieux était en fer et ployant ; il fut détruit par la chûte de la voûte. Celui qui existe aujourd'hui est celui de l'église de Gardais ([2]) ; il fut apporté en 1801.

([1]) On remarque encore quelques marches de cet escalier, après le clocher, du côté du sud-est.

([2]) On lit dans les registres de la paroisse de Gardais, à l'année 1771 : « Le 4 dé-
» cembre 1771, il a été placé et donné par M. Janvier, curé du lieu, un aigle et son

La voûte ou lambris de la nef est en bois : elle se compose de sablières placées sur le sens de l'épaisseur des murs et maintenues par des tirants. La poutre faîtière est portée de distance en distance par des poinçons, s'élevant verticalement des tirants jusqu'au sommet de la voûte, qui n'a pas moins de 10 mètres de hauteur. Les planches qui couvrent les chevrons et qui forment le contour apparent de la voûte, étaient couvertes de peintures dont on distingue encore quelques traces. Ces peintures avaient été faites à l'aide d'un emporte-pièces et représentaient des carrés rouges et des trèfles noirs sur fond jaune ocre.

Dans toute la longueur du lambris, sous la poutre faîtière, à l'intérieur, existait une rangée de pendentifs de bois et d'écussons aux armoiries des bienfaiteurs de l'abbaye. Voici la description de ces armoiries, d'après un manuscrit de 1601 ([1]) :

« 1° Au-dessus de la porte d'entrée : Province du Perche : *D'argent à trois besants d'or, au chef chargé de trois fleurs de lis d'or*. 1109.

» 2° Famille Rotrou : *D'argent à trois chevrons brisés d'or*. ROTROCUS, COMES PERTICENSIS. 1109.

» 3° Yves, évêque de Chartres : *D'argent à une mître et une croix grecque pattée d'or*. YVONUS CARNOTENSIS. 1113.

» 4° Louis le Gros, roi de France : *D'azur à trois fleurs de lis d'or*. LUDOVICUS, REX FRANCORUM. 1114.

» 5° Thibaut, comte de Blois et de Chartres : *D'azur à trois fleurs de lis d'or et trois besants de même*. SERVANTI CIVEM QUERNA CORONA DATUR. 1114.

» estrade, fait par Louis Travers, menuisier-sculpteur à Bonneval, pour le prix de 250 » livres. »

([1]) Il va sans dire que nous nous gardons bien de garantir l'authenticité de ces armoiries et des dates et légendes qui les accompagnent. Nous reproduisons le manuscrit de 1601.

» 6° Payen de Berlay : *D'argent à deux fleurs de lis d'or et P. B. de sable.* 1114.

» 7° Henri I*er*, roi d'Angleterre et duc de Normandie : *D'argent au cavalier d'azur.* 1115.

» 8° Béatrix, mère de Rotrou II : *D'argent à trois chevrons brisés d'or.* BEATRIX, MATER ROTROCI, COMITIS DE PERTICO. 1113.

» 9° Péan de Toul : *D'argent au trèfle à trois branches de sable.* 1209.

» 10° Bernard, premier abbé et fondateur de l'abbaye de Tiron : *D'azur à un alpha d'or et une croix pattée d'argent.* BERNARDI, PRIMI ABB. MONAST. SANCT. TRINIT. DE TIRONIO. 1109.

» 11° Guillaume, duc d'Aquitaine : *D'or à quatre chevrons de sable de gauche à droite.* 1116.

» 12° Guillaume de Nevers : *D'azur à un lion et une fleur de lis d'or.* 1116.

» 13° Foulques, comte d'Anjou : *D'argent à quatre chevrons de sable.* 1116.

» 14° Robert de Glocester : *D'argent à douze croix pattées de sable.* 1117.

» 15° Hilgot de Ferrières : *D'or à deux chevrons d'azur, au chef de gueules.* 1190.

» 16° Guillaume de Feuillet : *D'argent à une fleur de lis de sable.* 1128.

» 17° Guillaume d'Illiers : *De sinople à la hure de sanglier de gueules.* 1128.

» 18° Rotrou de Montfort : *D'argent à trois chevrons brisés d'or, une fleur de lis en pointe.* 1128.

» 19° Havise de Montfaucon : *D'or à douze croix pattées de sable.* 1123.

» 20° Gervais de Châteauneuf : *De gueules à six fleurs de lis d'or*. 1191.

» 21° Pierre de Fontenay, sire de la Reinière, gouverneur de la province du Perche : *D'azur à deux lions d'or passant de droite à gauche*. 1589.

» 22° Pierre de Longny : *D'or à trois chevrons brisés de sable*. 1202.

» 23° Geoffroy II, évêque de Chartres : *Une mître, une crosse et une croix d'or en sautoir*. 1204.

» 24° Guillaume Goët, beau-frère de Rotrou II : *Mi-parti au 1er d'argent à deux chevrons de sable ; au 2e trois chevrons brisés d'or*. 1139.

» 25° David, roi d'Ecosse : *Mi-parti au 1er d'argent et de gueules ; au 2e d'or à deux lions d'azur*. 1116.

» 26° Thomas, comte du Perche : *D'argent au cœur d'or chargé d'une croix de sable et à deux besants d'or, et sur le tout d'argent à trois chevrons brisés d'or*. SECRETUM MEUM MIHI. S. THOM., COM. DE PERTICO. 1215.

» 27° Geoffroy le Gros, abbé de Tiron : *D'argent à la crosse d'or*. GOFFRIDUS GROSSUS, ABB. MONAST. DE TIRONIO. 1120.

» 28° Robert de France, comte du Perche, pendant la minorité de Rotrou II : *D'argent à trois hermines de sable*. 1144. »

La chaire à prêcher des religieux qui exista jusqu'en 1856 était des plus simples : elle se composait d'un escalier en bois avec main courante à panneaux ; la tribune était soutenue par une colonne en bois, reposant sur une pierre blanche qui servait de socle ; du centre de cette colonne partaient huit consoles allant supporter les angles et les côtés de la tribune, dont les panneaux étaient garnis d'une simple moulure. Le dossier formait un panneau pareil à ceux des boiseries du chœur. Le dessus était un baldaquin carré, surmonté d'un petit panneau, sur lequel était sculptée l'Annonciation de la sainte Vierge. Ce panneau est actuellement le tabernacle de la sacristie.

Le clocher est du XIII° siècle, de style roman. De sa base à la boule, il a 130 pieds de hauteur. La base, qui est quadrangulaire, était autrefois percée d'une ouverture à plein-cintre dans chaque flanc de muraille, pour le passage des processions, du chœur dans les chapelles, et des bas-côtés dans les chapelles.

Dans chaque pan de muraille, un peu au-dessous du toît, étaient deux ouvertures à plein-cintre, avec colonnettes et boudins, pareils à celles du pignon de l'église au-dessus de la grande porte. Le toît octogone formant deux dômes était autrefois en bois ; il fut recouvert en ardoises, au XVI° siècle.

L'escalier par lequel on monte aux étages supérieurs est en pierres et construit de manière à arriver jusqu'à la toiture, sans endommager les voûtes ou planchers. Il a été construit à part, quoique compris dans le carré de la tour. Il servait aussi pour monter dans les galeries du chœur.

Les deux planchers supérieurs sont couverts de plomb et supportés par d'énormes poutres en fer.

IV.

Nous avons tenté de retracer les faits les plus intéressants de l'histoire de l'abbaye de Tiron depuis sa fondation en 1114 jusqu'au jour où elle cessa d'exister en 1792. Nous avons poussé plus loin notre étude, et en disant ce qui reste aujourd'hui de son ancienne église abbatiale, en tâchant de signaler, partout où nous en connaissions, les reliques des travaux des religieux ou les débris de ce qui leur avait appartenu, nous avons voulu rassembler, autant

INTRODUCTION.

qu'il était en nous, tous les souvenirs de cet important monastère. Il est encore cependant un monument dont nous n'avons pas parlé jusqu'ici, et qui n'est certes pas le moins important, c'est le Cartulaire même qui a servi à faire le livre que publie aujourd'hui la Société archéologique d'Eure-et-Loir. Nous pensons qu'il ne sera pas sans intérêt de le décrire avec tout le détail qu'il mérite, d'autant que cette description nous fournira l'occasion d'expliquer comment en général se formaient toutes les collections de chartes connues sous le nom de Cartulaires.

Le cartulaire de Tiron est un volume in-4°, en parchemin, comprenant dans son état actuel 98 feuillets. Les trois premiers feuillets sont remplis par des tables de matières, contemporaines du reste du cartulaire. Le quatrième feuillet devait être blanc dans le principe ; il a été couvert postérieurement par la copie d'un acte faux que nous avons publié (ch. CCLXX). Les quatre-vingt-dix feuillets suivants sont consacrés à la reproduction des pièces. Enfin les quatre derniers feuillets ont été ajoutés au XVIe siècle et contiennent les chartes relatives au prieuré de Bacqueville.

Le volume se composait primitivement de 96 feuillets : les quatre derniers feuillets n'existaient pas, mais en revanche deux autres feuillets ont disparu. Les cahiers se composent invariablement de 4 feuilles (8 feuillets) : or le neuvième cahier ne contient que 3 feuilles (6 feuillets), et en effet le feuillet 65 commence par une charte incomplète, et dans la numération dont nous parlerons tout à l'heure nous voyons que les chartes 224, 225, 226 font défaut, ainsi que le commencement de la charte 227 publiée par nous sous le n° CXCII.

Continuons à examiner l'état matériel de notre manuscrit. Il a été écrit par deux mains différentes, mais de la même époque, de 1160 à 1165 assurément, c'est-à-dire au moment où l'écriture atteignait sa plus grande perfection, où l'encre avait cet éclat et cette durée que peuvent à peine lui assurer tous les progrès de la science moderne. Les lettres initiales de chaque titre ont été, après coup, mais à la même époque, peintes au cinabre, avec des ornements qui en font des modèles de grâce. Les rubriques, toujours très brèves, sont également en cinabre, mais ne se trouvent pas en tête de toutes les chartes : chaque fois que nous en avons rencontré, nous les avons reproduites dans notre publication. Les 31 premiers feuillets ont été réglés à la pointe avant l'écriture. Les copistes ont imité les monogrammes des papes et des rois de France, ainsi que les croix placées comme seings au bas des chartes originales.

Entrons maintenant dans les détails de la composition. Toutes les abbayes, tous les établissements religieux, plus tard la plupart des établissements civils, pour obvier à la perte possible de leurs privilèges ou de leurs titres de propriété, songèrent à en former des recueils spéciaux, connus aujourd'hui sous le nom de Cartulaires. Ces recueils, au moins dans les temps les plus anciens, aux XII° et XIII° siècles, furent composés d'une manière uniforme. L'ordre méthodique n'existait pas alors dans les chartriers : il est probable que les documents étaient entassés pêle-mêle. Les cartulaires, imaginés pour la conservation des titres, eurent aussi pour but d'établir une sorte de classification ; mais cette classification, on ne la fit pas à l'avance. On voulait distribuer les chartes suivant l'ordre topographique : on créa dans le volume qu'on allait composer des divisions formées de plus ou moins de feuillets et destinées à recevoir la copie des pièces se rapportant aux mêmes localités. Une fois ces divisions arrêtées, on prenait les chartes au fur et à mesure qu'elles se présentaient, et on les inscrivait à la suite les unes des autres, sans s'inquiéter de l'ordre chronologique, en ne tenant compte que de la topographie.

Ce classement était certainement logique, mais il offrait de grands inconvénients. Sans parler des anachronismes flagrants qui s'y rencontraient, les chartes de confirmation étant souvent placées avant les donations elles-mêmes, il arrivait fréquemment que l'étendue de chaque division avait été mal calculée. On trouvait sur une même localité plus de titres qu'on ne l'avait supposé, et l'on était contraint de les transcrire partout ailleurs où il y avait un espace suffisant : l'ordre qu'on avait projeté était ainsi forcément renversé. Quand il y avait deux expéditions d'une même pièce, ce qui survenait quelquefois, on ne se souvenait plus qu'on avait déjà transcrit la charte, et on la reproduisait de nouveau. Nous avons indiqué dans notre publication plusieurs exemples de ces chartes doubles : les copistes s'étaient parfois eux-mêmes aperçus de leur erreur. En deux endroits du Cartulaire de Tiron, la copie a été effacée complètement au moyen de la pierre-ponce qui a laissé une trace à peine visible ; mais la numération des pièces faites par les copistes au moment même de la transcription sert à prouver la lacune : ainsi après la charte 8 est un espace vide, et le numéro 9 manque effectivement ; la charte cotée 24 a également été effacée.

Ce mode de composition de tous les Cartulaires en général ainsi expliqué, voyons-en l'application au Cartulaire de Tiron en particulier. Les copistes, comme nous le montrerons plus amplement ci-après, semblent n'avoir pris d'abord, pour composer leur volume, que 72 feuillets de parchemin. Ils commencèrent par les diviser en deux parties à peu près égales : la première partie destinée à recevoir tous les titres se rapportant aux biens de l'abbaye de Tiron en France ; la seconde devant comprendre les chartes relatives aux possessions anglaises et normandes. Voici l'ordre très rationnel adopté par eux dans chacune de ces grandes divisions :

INTRODUCTION.

I. Privilèges des papes; — Thiron, Saint-Lubin-des-Cinq-Fonts, Marolles, Arcisses, Argenvilliers, Beaumont; — Chartres, Oisème; — Villandon; — Ablis, Courville; — Châteaudun, Péronville; — Les Fouteaux; — Néron; — Le Loir; — Monrion.

II. Privilèges des rois d'Angleterre et des ducs de Normandie; — Crasville, Clères, Heudreville, la Tréhoudière; — Le Gué-de-l'Aunay; — Croixval, Granri, Saint-Michel-du-Tertre.

Ici s'arrêtent les 72 feuillets; puis dans les 24 feuillets suivants, on trouve, un peu pêle-mêle, les documents se rapportant à :

Cintry; — Jardy, le Raincy, Notre-Dame d'Arable; — Le Bréau, Saint-Ouen de Tournan; — Asnières-Bellay, Ferrières, le Teil-aux-Moines, Reuzé, Septfaux, Bois-Aubry.

Nous avons dit que les religieux n'avaient d'abord pensé à prendre que 72 feuillets, les croyant suffisants pour la copie de tous leurs titres : nous en avons pour preuve, d'abord le manque d'ordre que l'on remarque dans les 24 derniers feuillets, puis un fait bien plus significatif. Ils avaient numéroté les chartes dont ils faisaient la transcription, et ils ont continué ce numérotage jusqu'au chiffre 232 correspondant à la dernière charte de Saint-Michel-du-Tertre : à partir de cette pièce, comme l'ordre n'existait plus, ils ont renoncé au numérotage des pièces.

Nous avions songé un instant, pour notre publication, au lieu d'adopter l'ordre chronologique, à garder la méthode suivie par les rédacteurs du XIIe siècle. Il est vrai que nous avons ajouté aux pièces copiées dans le Cartulaire original, quelques chartes rencontrées par nous dans le chartrier de Tiron conservé aux archives d'Eure-et-Loir, ou dans des dépôts privés; mais il aurait été facile de les publier en appendice après celles du Cartulaire. Ce qui nous a fait renoncer à ce système, c'est que nous aurions été amené à une véritable confusion. Indépendamment en effet des pièces copiées dans les 24 derniers feuillets, où, parmi les titres se rapportant aux prieurés que nous avons énumérés, se trouvent des bulles d'Eugène III et d'Alexandre III, des documents sur Chartres, les Fouteaux, Ablis, etc., il arrive fréquemment que, même dans les deux premières divisions, se rencontrent des titres qui n'ont aucun rapport avec les localités qui précèdent. Lorsque les copistes se virent à court d'espace, partout où un blanc existait, ils le remplirent au hasard avec les pièces qui leur tombaient sous la main; et ainsi l'ordre topographique aurait sans cesse été altéré.

Les tables rédigées par nous et publiées à la fin de notre second volume suffiront amplement, pensons-nous, pour guider les travailleurs dans les recherches qu'ils voudront faire sur telle ou telle localité. Pour rendre encore ces recherches plus faciles, nous allons dresser dès maintenant la liste des abbayes et prieurés dépendant de l'abbaye de Tiron. Comme nous l'avons dit, le Cartulaire fut écrit vers 1160 : à part les quelques pièces ajoutées postérieurement, il ne renferme donc que les titres tout-à-fait primordiaux de l'abbaye; aussi y rencontre-t-on très peu de ces chartes de donations, quelquefois assez insignifiantes, qui généralement abondent dans les Cartulaires : ici presque tous les titres sont des actes de fondation d'abbayes ou de prieurés, dont les dotations furent considérablement augmentées pendant la fin du XIIe et toute la durée du XIIIe siècle. En publiant la liste des établissements dépendant de Tiron, nous renverrons aux diverses pièces qui les concernent, et l'on pourra ainsi facilement reconstituer leur propriétés.

Nous commencerons par les abbayes, en les classant par diocèses.

DIOCÈSE DE CHARTRES.

1. *Arcisses (Notre-Dame d')*, c^{ne} de Brunelles, c^{on} et arr^t de Nogent-le-Rotrou (Eure-et-Loir). Bulle d'Eugène III de 1147; bulle d'Alexandre III de 1176; confirmation de Guillaume, évêque de Châlons et comte du Perche, en 1225 (ch. CCCLVIII); liste d'appel de 1516.

Voir ch. XXXIII, CCCCVII.

DIOCÈSE DU MANS.

2. *Gué-de-L'Aunay (Saint-Laurent du)*, appelée aussi *Saint-Laurent-sur-Braye*, c^{ne} et c^{on} de Vibraye, arr^t de Saint-Calais (Sarthe). D'abord prieuré : fondation par Guillaume de Souday, v. 1132 (ch. CXCIV); bulle d'Innocent II de 1133; bulle d'Eugène III de 1147. Erigé en abbaye vers 1150 : bulle d'Alexandre III de 1165-1173 (ch. CCCXX); bulle du même de 1176; procès-verbal de visite en 1485; liste d'appel de 1516.

Voir ch. CCVII, CCXXX, CCXCIX, CCCVI, CCCXXVI, CCCLXVI.

3. *Pelice (Notre-Dame de la)*, c^{ne} de Cherreau, c^{on} de la Ferté-Bernard, arr^t de Mamers (Sarthe). Fondée v. 1185; donnée à l'abbaye de Tiron en 1205 par Hamelin, évêque du Mans. Procès-verbal de visite en 1485; liste d'appel de 1516.

Voir ch. CCCXLV, CCCLXI.

DIOCÈSE DE POITIERS.

4. *Ferrières (Saint-Léonard de)*, c^{ne} et c^{on} de Thouars, arr^t de Bressuire (Deux-Sèvres). D'abord prieuré : fondation par Geoffroy de Doué (ch. CXLVI); bulle d'Innocent II de 1133; bulle d'Eugène III de

1147; bulle d'Alexandre III de 1176. Erigé en abbaye v. 1184 : liste d'appel de 1516; procès-verbal de visite en 1517.

Voir ch. CXLVII, CXLVIII, CCL, CCLXXXIV.

DIOCÈSE D'ANGERS.

5. *Asnières* (*Notre-Dame d'*), c^{ne} de Cizay, c^{on} de Montreuil-Bellay, arr^t de Saumur (Maine-et-Loire). D'abord prieuré : fondation par Girard Bellay de Montreuil, v. 1118 (ch. XIX). Erigé en abbaye en 1129, sous le nom de *Clairefontaine* (ch. C et CXII) : bulle d'Innocent II de 1133; bulle d'Eugène III de 1147; bulle d'Alexandre III, 1165-1173 (ch. CCCXX); bulle du même de 1176; liste d'appel de 1516.

Voir ch. CXIII, CXIV.

DIOCÈSE DE TOURS.

6. *Bois-Aubry* (*Saint-Michel de*), nommée d'abord *Saint-Michel de Luzé*, c^{ne} de Luzé, c^{on} de Richelieu, arr^t de Chinon (Indre-et-Loire). D'abord prieuré : fondation par Brice de Chillon, v. 1135 (ch. CCXIII). Erigé en abbaye en 1138 (ch. CCXXI) : bulle d'Eugène III de 1147; bulle d'Alexandre III, 1165-1173 (ch. CCXX); bulle du même de 1176; liste d'appel de 1516.

Voir ch. CCXXV.

DIOCÈSE DE SAINT-MALO.

7. *Saint-Méen*, c^{ne} de Bourseul, c^{on} de Plancoët, arr^t de Dinan (Côtes-du-Nord). Cette abbaye avait été fondée dès 550 : nous ne savons ni quand ni par qui elle fut donnée à Tiron. La seule mention que nous en trouvions est dans la liste d'appel de 1516.

DIOCÈSE DE DOL.

8. *Tronchet (Notre-Dame du)*, c^ne de Plerguer, c^on de Châteauneuf-en-Bretagne, arr^t de Saint-Malo (Ille-et-Vilaine). D'abord prieuré fondé v. 1150 : confirmation par Alain, sénéchal de Rennes, 1164-1172 (ch. CCCXVII); bulle d'Alexandre III, 1165-1173 (ch. CCCXX); bulle du même de 1176. Erigé en abbaye à la fin du XIIe siècle : liste d'appel de 1516.

Voir ch. CCCXIV, CCCCX.

DIOCÈSE DE LYON.

9. *Joug-Dieu (Notre-Dame du)*, c^ne, c^on et arr^t de Villefranche-sur-Saône (Rhône). Prieuré dès 1116. Erigé en abbaye par Pierre Ier, archevêque de Lyon, en 1137 : bulle d'Eugène III de 1147; bulle d'Alexandre III, 1165-1173 (ch. CCCXX); bulle du même de 1176; procès-verbal de visite en 1510; liste d'appel de 1516. Unie au Chapitre de Villefranche en 1688.

DIOCÈSE DE WINCHESTER.

10. *Sainte-Croix-en-l'Ile*. Nous n'avons rencontré aucune charte spéciale relative à cette abbaye, mais elle est mentionnée : bulle d'Eugène III de 1147; bulle d'Alexandre III de 1176; liste d'appel de 1516.

DIOCÈSE DE SAINT-DAVIDS.

11. *Cathmeis (Sancta-Maria de)*, dans le comté de Pembrock. D'abord prieuré sous le nom de *prieuré de Galles*. Erigé en abbaye en 1118 :

don de Robert, fils de Martin, confirmé par Henri Ier, roi d'Angleterre, v. 1119 (ch. XXV); bulle d'Innocent II de 1133; bulle d'Eugène III de 1147; bulle d'Alexandre III, 1165-1173 (ch. CCCXX); bulle du même de 1176; liste d'appel de 1516.

Voir ch. XXVII, XXXI.

12. *Saint-Dogmael*, dans le comté de Pembrock. Mentionnée dans la charte XXXI et dans la liste d'appel de 1516.

DIOCÈSE DE SAINT-ANDREW.

13. *Kelso (Notre-Dame de)*. Cette abbaye fut d'abord fondée à Selkirk, ville du comté de Roxburgh, sous le nom de *Notre-Dame de Roxburgh*. Elle fut transférée à Kelso en 1128, et fut détruite v. 1559. Bulle d'Innocent II de 1133; bulle d'Eugène III de 1147; bulle d'Alexandre III, 1165-1173 (ch. CCCXX); bulle du même de 1176; liste d'appel de 1516.

14. *Sélecherehe*. Nous n'avons aucun renseignement sur cette abbaye, située dans le comté de Cumberland en Ecosse. Nous ne l'avons trouvée mentionnée que dans la liste d'appel de 1516.

Nous connaissons 86 prieurés de l'abbaye de Tiron : mais un grand nombre d'entre eux disparurent successivement; il n'y en avait plus que 10 en 1720, 49 en 1516. Pour dresser la liste de ces établissements si nombreux, nous les avons divisés en six classes, suivant les documents authentiques que nous avions entre les mains. Nous publierons d'abord les noms de ceux qui se trouvent mentionnés dans un *Etat des prieurés et de leur revenu* en 1720 (ch. CCCCXXVI); puis ceux qui figurent dans la *Liste d'appel des abbés et prieurs dépendants de l'abbaye de Tiron et tenus d'assister aux chapitres généraux*, liste dressée en 1516 (ch. CCCCXIX). En troisième lieu, nous indiquerons ceux qui ne sont pas nommés dans la liste de 1516, et qui sont rappelés dans une *bulle d'Alexandre III*, confirmative de tous les biens de l'abbaye, 1175-1176 (ch. CCCXXVI); puis d'autres cités seulement dans une *bulle d'Eugène III* du 30 mai 1147 (ch. CCXCI et CCXCII); d'autres qui n'apparaissent que dans une *bulle d'Innocent II* du 16 mars 1133 (ch. CLXXXII); enfin ceux qui ne sont mentionnés dans aucun des documents précédents, mais que nous avons rencontrés dans les chartes publiées par nous.

I.

DIOCÈSE DE CHARTRES.

1. *Bouche-d'Aigre* (Saint-Jean et Saint-Paul de), c^{ne} de Romilly-sur-Aigre, c^{on} de Cloyes, arr^t de Châteaudun (Eure-et Loir). Le prieur de Bouche-d'Aigre était le doyen des prieurs dépendants de l'abbaye de Tiron. Nous voyons en effet (ch. III et IV) que ce prieuré fut fondé dès le temps de saint Bernard, v. 1114. Bulle d'Innocent II de 1133; bulle d'Eugène III de 1147; bulle d'Alexandre III de 1176; liste d'appel de 1516; état des prieurés de 1720.

Voir ch. CLXXXI, CCCXXIX, CCCXXX, CCCXXXIV, CCCLVI, CCCCV.

D'après les baux, nous savons que le prieur de Bouche-d'Aigre possédait les métairies de Niverville, paroisse d'Ozoir-le-Breuil; de Villemafré, paroisse de Membrolles; de Chanteloup, paroisse de Saint-Jean-

Froidmentel, et les moulins d'Avau et de Menuet, paroisse de la Ferté-Villeneuil, et de la Fosse, paroisse de Romilly-sur Aigre.

2. *Châtaigniers* (*Saint-Gilles des*), c^ne de Soizé, c^on d'Authon, arr^t de Nogent-le-Rotrou (Eure-et-Loir). Fondation par Guillaume Goët, v. 1117 (ch. XII); bulle d'Innocent II de 1133; bulle d'Eugène III de 1147; bulle d'Alexandre III de 1176; procès-verbal de visite en 1485; liste d'appel de 1516; état des prieurés de 1720.

Voir ch. LVII, LXXIX, XCVI, CXXXVI, CL, CLXIII, CLXIV, CLXXV, CCLV, CCLXXX, CCCXVI.

Le prieuré des Châtaigniers possédait les métairies des Bausonnières, de la Lauderie, de la Borde-Planchette, des Goderrières ou Laillet, de la Massonnière, de Beaubisson, de la Borde-Chasles, de la Troignetière, et le moulin de Saint-Jean, paroisse de Soizé; les métairies de la Rolandière, du Goulet, paroisse de Saint-Lubin-des-Cinq-Fonts; des Faries, du Pré-Fourmy, de la Chienne, du Bois-Allain, paroisse de Coudray-au-Perche; de la Gigoulière, paroise de Béthonvilliers; des Terres-Douces, paroisse de Saint-Bomert; de Chenilly, de Chêne-Courcol, du Chêne-Guillou, paroisse d'Unverre.

3. *Fouteaux* (*Saint-Nicolas des*), c^ne de Bouffry, c^on de Droué, arr^t de Vendôme (Loir-et-Cher). Fondation par Guérin Sans-Barbe, v. 1125 (ch. XXIX); bulle d'Eugène III de 1147; bulle d'Alexandre III de 1176; liste d'appel de 1516; état des prieurés de 1720.

Voir ch. CLVII, CLXXXV, CLXXXVI, CLXXXIX, CCCXII, CCCXXIV.

En 1511, un bail fait par Jean de Rocachier, prieur des Fouteaux, nous fait connaître exactement les possessions du prieuré : « Loca et meditarias de Lalier Magni et Parvi, cum masuris vulgariter nuncupatis la Mare-Ferrée et la Gastine, ac etiam loca de Larcif et la Roullière; item unum pratum situm supra vetus stagnum dictorum Fagorum; item unum modium terre situm inter terras de la Sinelière et noas dicti loci de Lalier, cum duabus terre peciis et una pecia prati nuncupata Noa-aux-Florins. »

4. *Oisème* (*La Madeleine d'*), c^ne de Gasville, c^on et arr^t de Chartres (Eure-et-Loir). Fondation par Ansold, fils de Godescal de Champhol, v. 1130 (ch. CXXVII); bulle d'Eugène III de 1147; bulle d'Alexandre III de 1176; liste d'appel de 1516; état des prieurés de 1720.

Voir ch. CLXVIII, CCCXCIII.

5. *Saint-Barthélemy du Vieux-Charencey*, c^ne de Saint-Maurice-les-Charencey, c^on de Tourouvre, arr^t de Mortagne (Orne). Fondation par Girard, fils de Fulbert, v. 1130 (ch. CXXIII); bulle d'Eugène III de 1147; bulle d'Alexandre III de 1176; liste d'appel de 1516; état des prieurés de 1720.

Voir ch. CCXII, CCXCV, CCCXLIII.

DIOCÈSE DU MANS.

6. *Cohardon* (*Notre-Dame de*), c^ne de Fyé, c^on de Saint-Paterne, arr^t de Mamers (Sarthe). Fondation par Guillaume de Champfleur, v. 1115 (ch. IX); bulle d'Eugène III de 1147; bulle d'Alexandre III de 1176; procès-verbal de visite en 1485; liste d'appel de 1516; état des prieurés de 1720.

7. *Saint-Michel-du-Tertre*, c^ne de Bourg-le-Roi, c^on de Saint-Paterne, arr^t de Mamers (Sarthe). Fondation par Gervais du Verzet, en 1128 (ch. LXXXIX); bulle d'Eugène III de 1147; bulle d'Alexandre III de 1176; procès-verbal de visite en 1485; liste d'appel de 1516; état des prieurés de 1720.

DIOCÈSE DE SÉES.

8. *Madeleine-de-Réno* (*La*), c^ne et c^on de Sées, arr^t d'Alençon (Orne).

Bulle d'Eugène III de 1147; bulle d'Alexandre III de 1176; liste d'appel de 1516; état des prieurés de 1720.

Voir ch. CCCCXIV.

9. *Roussière (Saint-Léonard de la)*, c^{ne} de Godisson, c^{on} de Courtomer, arr^t d'Alençon (Orne). Bulle d'Eugène III de 1147; bulle d'Alexandre III de 1176; procès-verbal de visite en 1485; liste d'appel de 1516; état des prieurés de 1720.

DIOCÈSE DE ROUEN.

10. *Clères (Saint-Silvestre de)*, arr^t de Rouen (Seine-Inférieure). Bulle d'Eugène III de 1147; bulle d'Alexandre III de 1176; liste d'appel de 1516; procès-verbal de visite en 1528; état des prieurés de 1720.

Voir ch. CCXLV, CCCIV.

Dans l'état des prieurés de l'abbaye de Tiron en 1720, figurent deux autres maisons, celles de Saint-Pierre de Ceton et de Saint-Pierre de Pont-Neuf, qui, d'après les titres que nous avons entre les mains, relevaient du prieuré de Saint-Denis de Nogent-le-Rotrou. Nous ne savons en vertu de quelle donation on les a classées dans cet état comme appartenant à l'abbaye de Tiron, qui du reste en percevait certainement les revenus en 1720.

II.

DIOCÈSE DE CHARTRES.

11. *Chapelle-Vicomtesse (Saint-Michel de la)*, autrefois appelé *Notre-Dame-des-Plains*, c^{on} de Droué, arr^t de Vendôme (Loir-et-Cher). Bulle d'Eugène III, de 1147. Le nom de La Chapelle-Vicomtesse apparaît pour la première fois en 1204 (ch. CCCXLIV). Liste d'appel de 1516.

12. *Ecoman (Saint-André d')*, appelé dans le principe *Saint-André de la Forêt-Longue*, c^{on} d'Ouzouer-le-Marché, arr^t de Blois (Loir-et-Cher). Fondation par Adèle, comtesse de Blois, 1117-1119 (ch. XIV); bulle d'Eugène III de 1147; bulle d'Alexandre III de 1176; liste d'appel de 1516.

Voir ch. XLIX, CCCXLI.

13. *Madeleine près Bréval (La)*, dit aussi *le Petit-Tiron*, c^{ne} de Bréval, c^{on} de Bonnières, arr^t de Mantes (Seine-et-Oise). Fondation par Guillaume de Saint-Cheron, v. 1130 (ch. CXLV); bulle d'Eugène III de 1147; bulle d'Alexandre III de 1176; liste d'appel de 1516.

Voir ch. CCXXIV.

14. *Montrion (Saint-Eutrope de)*, c^{ne} de Cellettes, c^{on} et arr^t de Blois (Loir-et-Cher). Fondation par Adèle, comtesse de Blois, v. 1119 (ch. XXIV); bulle d'Eugène III de 1147; bulle d'Alexandre III de 1176; liste d'appel de 1516.

Voir ch. CCIII, CCC.

DIOCÈSE DU MANS.

15. *Beaulieu (Notre-Dame de)*, c^{ne} d'Auvers-sous-Montfaucon, c^{on} de Loué, arr^t du Mans (Sarthe). Bulle d'Eugène III de 1147; bulle d'Alexandre III de 1176; liste d'appel de 1516.

Voir ch. XC.

16. *Croixval* (*La Madeleine de*), c^{ne} de Ternay, c^{on} de Montoire, arr^t de Vendôme (Loir-et-Cher). Confirmation de sa fondation par Payen Hélinand, v. 1125 (ch. LXXIV); bulle d'Eugène III de 1147; bulle d'Alexandre III de 1176; liste d'appel de 1516; prise de possession en 1566 (ch. CCCCXX).

Voir ch. CXLI, CCIX.

17. *Loudon* (*Saint-Michel de*), c^{ne} de Parigné-l'Evêque, c^{on} et arr^t du Mans (Sarthe). Bulle d'Alexandre III de 1176; liste d'appel de 1516.

18. *Louïe* (*Saint-Pierre de*), c^{ne} et c^{on} de la Fresnaye-sur-Chedouet, arr^t de Mamers (Sarthe). Bulle d'Innocent II de 1133; bulle d'Eugène III de 1147; bulle d'Alexandre III de 1176; procès-verbal de visite en 1485; liste d'appel de 1516.

19. *Montaillé* (*La Madeleine de*), c^{ne} de la Milesse, c^{on} et arr^t du Mans (Sarthe). Fondation par Aubry de la Milesse, en 1121 (ch. XLVI); bulle d'Eugène III de 1147; bulle d'Alexandre III de 1176; liste d'appel de 1516.

Voir ch. CXLVIII, CCCV, CCCLXIX, CCCXCIX.

20. *René* (*Saint-Maurice de*), appelé d'abord simplement *Saint-Maurice* ou *Saint-Maurice de Couptrain*, c^{ne} de Lignières-la-Doucelle, c^{on} de Couptrain, arr^t de Mayenne (Mayenne). Bulle d'Eugène III de 1147; bulle d'Alexandre III de 1176; liste d'appel de 1516.

21. *Saint-Sulpice-en-Pail*, dit aussi *Saint-Sulpice-des-Chèvres*, c^{ne} de Gesvres, c^{on} de Villaines-la-Juhel, arr^t de Mayenne (Mayenne). Fondation par Hugues de Saint-Aubin, v. 1140 (ch. CCLIV); bulle d'Eugène III de 1147; bulle d'Alexandre III de 1176; liste d'appel de 1516.

DIOCÈSE DE ROUEN.

22. *Bacqueville (Notre-Dame de)*, arr^t de Dieppe (Seine-Inférieure). Fondation par Guillaume Martel (ch. CXC); confirmation par Hugues III d'Amiens, archevêque de Rouen, en 1133 (ch. CLXXXIII); bulle d'Eugène III de 1147; bulle d'Alexandre III de 1176; liste d'appel de 1516; procès-verbal de visite en 1528. Uni au collège des Jésuites de Rouen, en 1607 (ch. CCCCXXIII).

Voir ch. CXC, CCCXXV, CCCXXXII, CCCXXXVIII, CCCLIV, CCCLXXV, CCCCXII.

23. *Crasville-la-Rocquefort (Saint-Martin de)*, c^{on} de Fontaine-le-Dun, arr^t d'Yvetot (Seine-Inférieure). Fondation par Robert de Crasville, v. 1126 (ch. LXXXIII); confirmation par Hugues III d'Amiens, archevêque de Rouen, v. 1132 (ch. CLXXII); bulle d'Eugène III de 1147; bulle d'Alexandre III de 1176; liste d'appel de 1516; procès-verbal de visite en 1528.

24. *Madeleine-sur-Seine (La)*, c^{ne} et c^{on} de Vernon, arr^t d'Evreux (Eure), fondé par saint Adjuteur, seigneur de Vernon, mort en 1131, en reconnaissance de sa délivrance miraculeuse de la captivité des Sarrasins, due à l'intercession de sainte Marie-Madeleine et de saint Bernard de Tiron. Bulle d'Eugène III de 1147; bulle d'Alexandre III de 1176; liste d'appel de 1516.

25. *Orsemont (Saint-Jean d')*. Bulle d'Eugène III de 1147; bulle d'Alexandre III de 1176; liste d'appel de 1516.

26. *Ribœuf-sur-Mer (Saint-Laurent de)*, appelé d'abord *Saint-Laurent-de-la-Chaussée*, c^{ne} d'Ambrumesnil, c^{on} d'Offranville, arr^t de Dieppe (Seine-Inférieure). Bulle d'Eugène III de 1147; bulle d'Alexandre III de 1176; liste d'appel de 1516; procès-verbal de visite en 1528.

27. *Saint-Blaise-de-Luy*, appelé d'abord *Grémonville*, cṇ de Grémonville, cḫ d'Yerville, arrᵗ d'Yvetot (Seine-Inférieure). Confirmation par Henri Iᵉʳ, roi d'Angleterre, v. 1117 (ch. XIII); bulle d'Eugène III de 1147; bulle d'Alexandre III de 1176; liste d'appel de 1516; procès-verbal de visite en 1528.

28. *Tréhoudière (Notre-Dame de la)*, appelé d'abord *le Tronchet*, puis *Notre-Dame de Tourny*, cṇ de Tourny, cḫ d'Ecos, arrᵗ des Andelys (Eure). Confirmation par Mathieu de Vernon, 1133-1145 (ch. CLXXXVII); bulle d'Eugène III de 1147; bulle d'Alexandre III de 1176; liste d'appel de 1516; procès-verbal de visite en 1559.

Voir ch. CLXXXVIII, CCXIV.

DIOCÈSE D'EVREUX.

29. *Heudreville-sur-Eure (Saint-Martin d')*, cḫ de Gaillon, arrᵗ de Louviers (Eure). Bulle d'Innocent II de 1133; bulle d'Eugène III de 1147; bulle d'Alexandre III de 1176; liste d'appel de 1516.

Voir ch. CCLXXXI.

30. *Huest (Sainte-Cécile de)*, cḫ et arrᵗ d'Evreux (Eure). Bulle d'Eugène III de 1147; bulle d'Alexandre III de 1176; liste d'appel de 1516.

DIOCÈSE DE POITIERS.

31. *Mougon*, cṇ d'Iteuil, cḫ de Vivonne, arrᵗ de Poitiers (Vienne). Bulle d'Eugène III de 1147; bulle d'Alexandre III de 1176; liste d'appel de 1516.

32. *Reuzé (La Madeleine de)*, cṇ d'Orches, cḫ de Lencloître, arrᵗ de Châtellerault (Vienne). Fondation par Foulques V, comte d'Anjou;

confirmation par Geoffroy Plantagenet, comte d'Anjou, v. 1132 (ch. CLXV); bulle d'Eugène III de 1147 ; bulle d'Alexandre III de 1176 ; liste d'appel de 1516, où il est faussement attribué au diocèse de Tours.

Voir ch. CCLIII, CCLXIV, CCLXV, CCLXXXV.

33. *Teil-aux-Moines (Notre-Dame du)*, dit aussi *le Grand-Teil*, c^{ne} de la Chapelle-Viviers, c^{on} de Chauvigny, arr^t de Montmorillon (Vienne). Fondation par Renaud de la Forêt, v. 1120 (ch. XL); bulle d'Innocent II de 1133 ; bulle d'Eugène III de 1147 ; bulle d'Alexandre III de 1176 ; liste d'appel de 1516.

Voir ch. XLII, XLIII, CII, CIII, CIV, CV.

34. *Trappe (La)*, dit aussi *la Moinerie*, c^{ne} de Millac, c^{on} de l'Isle-Jourdain, arr^t de Montmorillon (Vienne). Bulle d'Eugène III de 1147 ; bulle d'Alexandre III de 1176; liste d'appel de 1516, où il est faussement attribué au diocèse de Maillezais.

35. *Troussaie (Sainte-Radegonde de la)*, c^{ne} de Céaux, c^{on} de Couhé, arr^t de Civray (Vienne). Bulle d'Eugène III de 1147 ; bulle d'Alexandre III de 1176 ; liste d'appel de 1516.

Diocèse de Maillezais.

36. *Tironneau*. Liste d'appel de 1516.
Voir ch. CCXLIX, CCLI, CCLII.

Diocèse de Nantes.

37. *Septfaux*, c^{ne} de Vue, c^{on} du Pellerin, arr^t de Paimbœuf (Loire-Inférieure). Fondation par Conan III, duc de Bretagne, en 1132 (ch.

INTRODUCTION.

CLXI); bulle d'Eugène III de 1147; bulle d'Alexandre III de 1176; liste d'appel de 1516.

Voir ch. CCLXXXVI.

Diocèse d'Angers.

38. *Saulaye* (*La*), c^ne de la Cornuaille, c^on du Louroux-Béconnais, arr^t d'Angers (Maine-et-Loire). Bulle d'Eugène III de 1147; bulle d'Alexandre III de 1176; liste d'appel de 1516.

Diocèse de Paris.

39. *Jardy* (*La Madeleine de*), appelé quelquefois, par erreur, *les Jardins*, c^ue de Marnes-la-Coquette, c^on de Sèvres, arr^t de Versailles (Seine-et Oise). Don par Girbert, évêque de Paris, en 1120 (ch. XXXII); bulle d'Innocent II de 1133; bulle d'Eugène III de 1147; bulle d'Alexandre III de 1176; liste d'appel de 1516.

Voir Ch. CCCLXXX.

40. *Raincy* (*Notre-Dame du*), c^ne de Livry, c^on de Gonesse, arr^t de Pontoise (Seine-et-Oise). Fondation par Baudouin de Villeflix, v. 1130 (ch. CXLIV); bulle d'Eugène III de 1147; bulle d'Alexandre III de 1176; liste d'appel de 1516.

Voir ch. CCCLXXX.

41. *Saint-Ouen de Tournan*, c^ne de Favières, c^on de Tournan, arr^t de Melun (Seine-et-Marne). Fondation par Manassès de Tournan, v. 1128 (ch. CXIX); bulle d'Eugène III de 1147; bulle d'Alexandre III de 1176; liste d'appel de 1516.

Voir ch. CXLII, CLXXVII, CLXXVIII, CLXXIX, CCXI, CCCLXXX.

42. *Sainte-Radegonde près Corbeil*, dit aussi *Tigery*, c^{ne} de Tigery, c^{on} et arr^t de Corbeil (Seine-et-Oise). Fondation par Payen Biseuil, 1124-1142 (ch. LVIII); bulle d'Eugène III de 1147; bulle d'Alexandre III de 1176; liste d'appel de 1516.

Voir ch. LIX.

DIOCÈSE DE SOISSONS.

43. *Arable (Notre-Dame d')*, c^{ne} et c^{on} de Dormans, arr^t d'Epernay (Marne). Fondation par André de Baudement, v. 1125 (ch. LXXIII); confirmation par Gosselin de Vierzi, évêque de Soissons, en 1129 (ch. CX); bulle d'Eugène III de 1147; bulle d'Alexandre III de 1176; liste d'appel de 1516.

Voir ch. CCXLVIII, CCCX.

DIOCÈSE DE MEAUX.

44. *Saint-Sépulcre d'Allemagne (Le)*, appelé d'abord *le Saint-Sépulcre de Montgé* ([1]), c^{ne} de Montgé, c^{on} de Dammartin, arr^t de Meaux (Seine-et-Marne). Fondation par Raoul de Forfry, v. 1145 (ch. CCLXXXVII); bulle d'Eugène III de 1147; bulle d'Alexandre III de 1176; liste d'appel de 1516.

DIOCÈSE D'ORLÉANS.

45. *Cintry (Saint-Georges de)*, c^{ne} d'Epieds, c^{on} de Meung-sur-Loire, arr^t d'Orléans (Loiret). Donation de Louis VI, en 1115 (ch. VII); bulle

---

([1]) Ce prieuré est quelquefois aussi désigné sous le nom de *Saint-Thibaut*, en mémoire de saint Thibaut, de Provins, que Thibaut IV, comte de Chartres, donna pour patron à la chapelle prieurale.

d'Eugène III de 1147; bulle d'Alexandre III de 1176; liste d'appel de 1516.

Voir ch. XLI, LXXX, CCV.

46. *Couture (Saint-Laurent des)*, c^{ne} de Mareau-aux-Bois, c^{on} et arr^{t} de Pithiviers (Loiret). Fondation par Adam, neveu de Dreux Brochart de la Varenne, 1131-1145 (ch. CLX); bulle d'Eugène III de 1147; bulle d'Alexandre III de 1176; liste d'appel de 1516.

Voir ch. CCX, CCXVIII, CCXXII, CCLIX, CCLX.

DIOCÈSE DE TOURS.

47. *Jarrie (Saint-Jean-Baptiste de la)*, c^{ne} de Chédigny, c^{on} et arr^{t} de Loches (Indre-et-Loire). Bulle d'Eugène III de 1147; bulle d'Alexandre III de 1176; liste d'appel de 1516.

DIOCÈSE DE BAYEUX.

48. *Montargis (Saint-Antonin de)*, c^{ne} et c^{on} de Cambremer, arr^{t} de Pont-l'Evêque (Calvados). Confirmation par Hugues de Crèvecœur (ch. CCXCVII), et par Philippe, évêque de Bayeux, en 1149 (ch. CCCII); bulle d'Eugène III de 1147; bulle d'Alexandre III de 1176; liste d'appel de 1516.

Voir ch. CCCLXV, CCCLXXI, CCCLXXII, CCCLXXIII, CCCLXXVI, CCCLXXIX, CCCCII.

49. *Rutum*. Nous n'avons aucun renseignement sur ce prieuré, que nous n'avons trouvé mentionné que dans la liste d'appel de 1516.

III.

DIOCÈSE DE CHARTRES.

50. *Ablis (Saint-Epaigne d')*, c^{on} de Dourdan, arr^t de Rambouillet (Seine-et-Oise). Fondation par Geoffroy de Presles, v. 1115 (ch. VIII); bulle d'Eugène III de 1147; bulle d'Alexandre III de 1176.

Voir ch. XXXVI, CCXXXVII, CCCLXXXI.

51. *Clémas (Saint-Michel de)*, c^{ne} du Favril, c^{on} de Courville, arr^t de Chartres (Eure-et-Loir). Bulle d'Eugène III de 1147; bulle d'Alexandre III de 1176.

52. *Loir (Notre-Dame du)*, c^{ne} du Thieulin, c^{on} de la Loupe, arr^t de Nogent-le-Rotrou (Eure-et-Loir). Fondation par Eudes de l'Orme, v. 1120 (ch. XXXVII); bulle d'Eugène III de 1147; bulle d'Alexandre III de 1176.

Voir ch. XXXVIII, L, CCCXLVIII, CCCLIII, CCCLXXXIV.

53. *Méleray (Le)*, c^{ne} de Margon, c^{on} et arr^t de Nogent-le-Rotrou (Eure-et-Loir). Accord avec Nicolas de la Bruyère, v. 1125 (ch. LXXVII); bulle d'Eugène III de 1147; bulle d'Alexandre III de 1176.

54. *Molineuf (Saint-Pierre de)*, c^{ne} de Saint-Secondin, c^{on} d'Herbault, arr^t de Blois (Loir-et-Cher) (¹). Bulle d'Eugène III de 1147; bulle d'Alexandre III de 1176.

Voir ch. XLVIII, XLIX, CCCC.

(¹) Dans le mur de la chapelle de la Vierge, en l'église de Saint-Secondin, est une inscription tumulaire en l'honneur de « Pierre Mestees, procureur de R. P. en Dieu M. l'abbé de la Sainte-Trinité de Thiron en la terre et seigneurie de Molineuf et garde de la forest de Bloys, qui trespassa le xxxe jour de juillet mil V^c XXXVIII. »

INTRODUCTION.

55. *Monte-Luiserni* (*Sanctus-Silvester de*), près Bouffry, c^{on} de Droué, arr^t de Vendôme (Loir-et-Cher). Fondation par Hugues de Poncé, 1125-1131 (ch. LXXVII); bulle d'Eugène III de 1147; bulle d'Alexandre III de 1176.

Voir ch. LXXXIV, CCXXVII.

56. *Péronville*, c^{on} d'Orgères, arr^t de Châteaudun (Eure-et-Loir). Fondation par Pierre de Péronville, en 1130 (ch. CXXI); bulle d'Eugène III de 1147; bulle d'Alexandre III de 1176.

Voir ch. CLV, CLVI, CLXII, CXCIII, CCII, CCVIII.

57. *Ribœuf* (*Notre-Dame de*), c^{ne} de Romilly-sur-Aigre, c^{on} de Cloyes, arr^t de Châteaudun (Eure-et-Loir). Fondation par Renaud d'Epieds, v. 1128 (ch. XCVIII); bulle d'Alexandre III de 1176.

Voir ch. CXXXIV.

58. *Saint-Georges-de-Blémard*, dit aussi *Saint-Georges-de-Péglait*, c^{ne} de Saint-Etienne-des-Guérets, c^{on} d'Herbault, arr^t de Blois (Loir-et-Cher). Bulle d'Eugène III de 1147; bulle d'Alexandre III de 1176.

Voir ch. CCCXV.

59. *Saint-Jean-des-Murgers*, c^{ne} de Meaucé, c^{on} de la Loupe, arr^t de Nogent-le-Rotrou (Eure-et-Loir). Fondation par Guillaume de Vaupillon, av. 1133 (ch. CXCV); bulle d'Innocent II de 1133; bulle d'Eugène III de 1147; bulle d'Alexandre III de 1176.

60. *Saint-Rémy de Néron*, c^{ne} de Néron, c^{on} de Nogent-le-Roi, arr^t de Dreux (Eure-et-Loir). Fondation par André Cholet et Morhier de Nogent, v. 1125 (ch. LXXI); bulle d'Eugène III de 1147; bulle d'Alexandre III de 1176.

Voir ch. LXXXII, CXXXV, CCXL, CCCI.

61. *Villandon*, c^{ne} de Montainville, c^{on} de Voves, arr^t de Chartres

(Eure-et-Loir). Fondation par Guillaume de Queux, v. 1128 (ch. XCVII); bulle d'Eugène III de 1147; bulle d'Alexandre III de 1176.

Voir ch. CXV, CXXVIII, CXXVIII bis, CLXIX, CLXX, CLXXI, CXCVII, CXCVIII, CC, CCXXIII, CCXXXVI, CCLXXV, CCLXXVI.

62. *Yron* (*Notre-Dame d'*), c^{ne} et c^{on} de Cloyes, arr^t de Châteaudun (Eure-et-Loir). Fondation par Agnès de Montigny, v. 1115 (ch. X); confirmation par Thibaut IV, comte de Blois, en 1165 (ch. CCCXIX); bulle d'Eugène III de 1147; bulle d'Alexandre III de 1176.

Voir ch. CCCC.

Le prieuré d'Yron possédait les métairies du Jueil, de la Piotière, de la Chatonnerie, de la Grimaudière, paroisse de Cloyes; du Crot, de la Verrière, de la Vifuerie, de Bellande, de la Massonnière, paroisse de Villeboust; de Choudry et de Chardonnelles, paroisse de Pré-Nouvelon; de la Mercerie, paroisse de la Chapelle-du-Noyer; de la Feularde et de Thironneau, paroisse de Péronville.

DIOCÈSE DU MANS.

63. *Grandry* (*Saint-Jean de*), c^{ue} de Fontaine-en-Beauce, c^{on} de Savigny-sur-Braye, arr^t de Vendôme (Loir-et-Cher). Fondation par Eremburge d'Aunay, v. 1127 (ch. CLXXVI); bulle d'Eugène III de 1147; bulle d'Alexandre III de 1176.

Voir ch. XCII.

Ce prieuré passa dès le XIIIe siècle sous la dépendance immédiate de l'abbaye du Gué-de-l'Aunay.

DIOCÈSE DE POITIERS.

64. *Laugerie*, c^{ne} de la Pluye, c^{on} de Pleumartin, arr^t de Châtellerault (Vienne). Bulle d'Eugène III de 1147; bulle d'Alexandre III de 1176.

DIOCÈSE DE SAINTES.

65. *Breuil (Le)*, c^ne de Fléac, c^on de Pons, arr^t de Saintes (Charente-Inférieure). Bulle d'Eugène III de 1147; bulle d'Alexandre III de 1176.

66. *Drairie (La)*, c^ne d'Azay-sur-Thouet, c^on de Secondigny, arr^t de Parthenay (Deux-Sèvres). Bulle d'Eugène III de 1147; bulle d'Alexandre III de 1176.

DIOCÈSE DE PARIS.

67. *Bouligneau*, c^ne de Saint-Fargeau, c^on et arr^t de Melun (Seine-et-Marne). Bulle d'Eugène III de 1147; bulle d'Alexandre III de 1176.
Voir ch. CCCLXXX.

68. *Ormoy*, c^on et arr^t de Corbeil (Seine-et-Oise). Bulle d'Eugène III de 1147; bulle d'Alexandre III de 1176.

DIOCÈSE DE BOURGES.

69. *Lorelium*. Bulle d'Eugène III de 1147; bulle d'Alexandre III de 1176.

DIOCÈSE DE CLERMONT EN AUVERGNE.

70. *Rotundum-Donum*. Bulle d'Eugène III de 1147; bulle d'Alexandre III de 1176.

DIOCÈSE DE WINCHESTER.

71. *Mapedroella*. Bulle d'Eugène III de 1147; bulle d'Alexandre III de 1176.

72. *Sanctus-Andreas-de-Hamla.* Bulle d'Innocent II de 1133; bulle d'Eugène III de 1147; bulle d'Alexandre III de 1176.

Voir ch. CCIV, CCLXII.

DIOCÈSE DE HEREFORD.

73. *Titileia (Sancta-Maria de).* Confirmation (1117-1126) par Henri Ier, roi d'Angleterre, du don fait par Adam du Port (ch. XV); bulle d'Eugène III de 1147; bulle d'Alexandre III de 1176.

IV.

DIOCÈSE DE CHARTRES.

74. *Saint-Mesme*, c^{ne} de Trizay-lés-Bonneval, c^{on} de Bonneval, arr^t de Châteaudun (Eure-et-Loir). Cession par l'abbaye de Bonneval, v. 1140 (ch. CCXLIII); bulle d'Eugène III de 1147.

Voir ch. CCXCVIII.

DIOCÈSE DE BAYEUX.

75. *Notre-Dame-d'Estrées*, c^{on} de Cambremer, arr^t de Pont-l'Évêque (Calvados). Bulle d'Eugène III de 1147.

V.

DIOCÈSE DU MANS.

76. *Notre-Dame-de-l'Eguillé*, c^{ne} de Pruillé-l'Eguillé, c^{on} du Grand-Lucé, arr^t de Saint-Calais (Sarthe). Bulle d'Innocent II de 1133.

VI.

DIOCÈSE DE CHARTRES.

77. *Chartres* (Eure-et-Loir). Don de Dodes de la Croix, v. 1130 (ch. CXXVI).

Voir ch. XXVIII, XXIX, LII, LIII, CI, CLIX, CLXVII, CLXXIV, CCXXII, CCXXXII, CCXXXIII, CCLVIII, CCLXXIV.

78. *Membrolles*, c^{on} d'Ozouer-le-Marché, arr^t de Blois (Loir-et-Cher). Don de Girard le Diable, v. 1127 (ch. LXXXIX).

Voir ch. CIX, CXVII, CCXXXVIII, CCXLIX.

79. *Pépinière* (*La*), c^{ne} de la Bazoche-Gouet, c^{on} d'Authon, arr^t de Nogent-le-Rotrou (Eure-et-Loir), n'est mentionné qu'une fois en 1267 (ch. CCCXCI).

DIOCÈSE DE POITIERS.

80. *Moussay*, c^{ne} et c^{on} de Vouneuil-sur-Vienne, arr^t de Châtellerault (Vienne), mentionné dans la charte CLXXX.

DIOCÈSE DE NANTES.

81. *Corsept* (*Saint-Nicolas de*), c^{on} et arr^t de Paimbœuf (Loire-Inférieure). Fondation par Conan III, duc de Bretagne, v. 1137 (ch. CCXVI).

Voir ch. CCLXVI.

DIOCÈSE DE PARIS.

82. *Bréau* (*Notre-Dame de*), c^{on} de Mormant, arr^t de Melun (Seine-et-Marne). Fondation par Dodouin de Bombon, v. 1140 (ch. CCLXXXIII).

Voir ch. CCLXIII.

83. *Meudon*, c^on de Sèvres, arr^t de Versailles (Seine-et-Oise), mentionné dans une charte de Louis VI, v. 1125 (ch. LXXVI).

84. *Paris* (Seine). Don par Anthelme de Groslay, confirmé par Louis VII, en 1136 (ch. CCXIX).

Voir ch. CCCLV, CCCLXVII, CCCLXIX, CCCLXXXIII, CCCLXXXV.

DIOCÈSE D'ORLÉANS.

85. *Augerville-la-Rivière*, c^on de Puiseaux, arr^t de Pithiviers (Loiret). Don d'Ives de Courville, v. 1118 (ch. XVIII).

Voir ch. CXXXII.

COMTÉ DE CORNOUAILLE.

86. *Henedevelle*, mentionné dans la charte XXXIX.

CARTULAIRE

DE

L'ABBAYE DE TIRON

CHARTES ET DOCUMENTS.

CHARTULARIUM

ABBATIÆ

SANCTÆ-TRINITATIS DE TIRONE

EX AUTOGRAPHIS

ET ALIIS INSTRUMENTIS NOVISSIME COLLECTUM.

I.

Charte de fondation de l'Abbaye de Tiron.

« De una carruca terre que dicitur terra Sancte-Marie, que est super rivulum qui dicitur Tiro. »

(1114, *n. s.*, 3 février.)

« In nomine sancte et individue Trinitatis, ego Ivo, Carnotensis ecclesie humilis minister, et Arnaudus, decanus, necnon commune Capitulum Beate-Marie, notum volumus fieri omnibus tam futuris quam presentibus quod domnus Bernardus, venerabilis abbas, cum grege sibi commisso, parvitatem nostram humiliter adierunt, petentes ut eis concederemus carrucatam unam terre de terra Beate-Marie que est super rivulum qui dicitur Tiro, infra Gardiensem parrochiam, ad edificandum monasterium et claustrum et cetera usui fratrum necessaria. Quorum petitio quia digna impetratione et multis profutura et nostre honestati et eorum utilitati convenire visa est, dono eis predictam terram quietam et immunem a synodo et circada; ab omni etiam consuetudine, ab omni exactione perpetualiter habendam concessimus, salva obedientia que episcopo et capitulo debetur. Ut autem per succedentia tempora firmum et stabile hoc donum maneat, presenti scripto mandavimus et signis manibus nostris factis roboravimus. † Signum Ivonis, Carnotensis episcopi. † Signum Arnaudi (¹), decani. † Signum Georgii, cantoris. † Signum Hugonis, subdecani. † Signum Garini, subcentoris. † Signum Insgerii, archidiaconi. † Signum Galterii, archidiaconi. † Signum Goslini, archidiaconi. † Signum Raimbaudi, archidiaconi. † Signum Landrici, archidiaconi. † Signum Odonis, archidiaconi. † Signum Gaufridi, prepositi (²). † Signum Haimerici, prepositi. † Signum Seranni, prepositi. † Signum Hugonis, prepositi. † Signum Ebraldi, capicerii. † Signum Radulfi, camerarii. † Signum Stephani, abbatis Sancti-Johannis. † Signum presbiterorum Haimonis, Hugonis, Ricardi, Galterii, Garini, Rainaudi. † Signum Hugonis de Sancto-Andrea. Data Carnoti per manum Vulgrini, cancellarii (³), tercio nonas februarii, anno ab incarnatione Domini millesimo centesimo tercio decimo, regnante Ludovico Philippi. »

(*Cart. de Tiron*, f° 2 v°. — *Gallia Christiana*, T. VIII, Instr., p. 313. — *Cart. de N.-D. de Chartres*, T. I, p. 118.)

(¹) On voit Arnaud figurer comme doyen de l'église de Chartres dès l'année 1092. Il se démit du décanat pour entrer comme moine à l'abbaye de la Trinité de Vendôme; mais il ne put y rester et revint à Chartres où il fut rétabli dans sa dignité de doyen. C'est ce que témoigne le passage suivant d'une lettre de Geoffroy, abbé de Vendôme : « Domnus Ernaldus, quem decanum vestrum dicitis, si sibi secundum justitiam pla-
» cuisset, potius in nostra quam in vestra sorte manere debuisset. » Arnaud était encore doyen en 1120.

(²) Ce Geoffroy, prévôt, nous paraît être le même que Geoffroy de Lèves, qui succéda à saint Ives dans l'évêché de Chartres. C'était dans sa prévôté qu'était située la prêtrière de Gardais, où se trouvait le terrain donné par le Chapitre de Chartres à saint Bernard : aussi Geoffroy fut-il chargé par le Chapitre d'aller délimiter la portion de terre cédée aux nouveaux moines.

(³) Vulgrin fut élu archevêque de Dol en 1107 (Voir, au sujet de son élection, *Epist. Yvonis*, nᵒˢ 200 et 262). Il se démit avant d'avoir été confirmé par le Pape et reprit les fonctions de chancelier en l'église de Chartres, comme il se voit par cette pièce.

A la suite de cette charte originale de la fondation de l'abbaye de Tiron, nous croyons devoir reproduire, à titre de curiosité, la charte fausse que firent fabriquer les religieux au XVe siècle, pour établir la fondation de leur monastère.

« In nomine sanctę et individuę Trinitatis, amęn, ecclesia Carnotensis cunctis Christi fidelibus presęntibus et postęris, salutem et pacęm : Salvatoris nostri Jesu Christi ęjusque gęnitricis Marię pię matris nostrę admiranda prodigia et preconia nostris temporibus accidęncia, cum silere fas non sit, in lucis noticiam ęducerę volęntes, omni postęritati notificamus quod cum tribus continuis diebus nostrum pluribus visiones, ut nunc perpendimus, apparuissent, quibusdam agmęn apum dulcissimum nostras adięns sedęs, aliis vir monachili rędimitus habitu, miro vallatus candore, ipsos a sompno excitans, visionęs autęm ipsas mirificus et suavissimus sęquębatur omnium aromatum odor ; quos flagitatim duobus perpęntantes diębus, ad extremum quęnam hęę visionęs ęssęnt cujusque rei graciam concęrnęrent, singulis quibusque nostrum per dięs, per momęnta, per horas solertęr discucięntibus, missa Sancti-Spiritus cęlębrata et ęjusdęm gracia postulata, paulo post nunciatum fuit adęssę dompnum Bęrnardum, ręveręndum Tironęnsium monachorum patręm, nostro cętui loqui deprecantęm. Qui intromisso in nostro capitulo, nobis in ęo congręgatis, proponęnsque se cum sua congręgationę mallę in Bęatę-Marię territorio quam principis terreni degere, carrucatam terrę ad częnobium suę ędificandum congręgationi dęposcens, a nobis libęntęr admissus est. Cognoscęntes ęnim ab nudius tertius habitas visionęs, libęntęr ęisdęm ęorumque successoribus dictam carrucatam concęssimus, cum omni jurisdictione sivę districtu et alia quavis libertatę spirituali et temporali, et ita liberę et quietę tęnęndam ab ipsis, sicuti ipsam prius tęnębamus. Lętabundi autęm dę ęorum advęntu, ęos, si in carrucata tęrrę quam ęis in territorio nostro dę Garzęis concessimus monastęrium sibi ędificęnt, libertatibus sęquęntibus immunimus : volęntęs siquidęm ipsos in pacę et tranquillitatę foveri, nę mundi crescęntę malicia super optata per nos pacę turbęntur, volumus et in perpetuum ipsi monastęrio largimur quod ipsum monastęrium ęt ęjus cęllę, domus et administrationęs, presentęs et futurę, et habitantęs in ęis, presentes et postęri, soli subsint ępiscopo Carnotensi ; itaque nec nobis dęcano et capitulo, nec quibusvis nostris archidiaconis, dignitatibus, officiis vel prebęndis subęrunt, nec coram ęis in aliquo ręspondęant, nec per alium quam per Carnotęnsem ępiscopum jurisdiccio spiritualis, sivę in civili sivę in criminali, in ęos ęxerceatur. Sic tamen et sub hac conditionę premissa a capitulo, archidiaconis, dignitatibus, officiis et prebęndis rejicimus et tollimus et episcopo tribuimus quod abbatem Tironensęm ad suam synodum ępiscopus vęnirę vęl intęręssę non compęllet, nisi ab eo super aliquibus tocius diocęsęos ęcclesiasticum statum concęrnęntibus noviter ordinandis, consilium et consęnsum suum exquiręntibus, litteratorię sibi insinuatis et expręssatis, vocatus et vocandus ęxtiterit, licęntius ęnim ipsum abbatem sollicitudini et curę sibi commisse vacarę vellęmus. Insuper volęntęs ęos honoribus plus ceterís attolli quia in territorio nostro dęgęrę premaluęrunt, volumus et largimur quod Tironęnsis abba primo quovis honorę primus post ępiscopum ęminęat. Ut autęm ęo magis bonis temporalibus accręscant quo spęramus et optamus ęos in domo Domini fructus ubęręs allaturos, volumus et ęis in perpetuum concędimus et largimur quod in quibuscumque dominiis et tęrritoriis nostris et sub nobis existentibus ipsi liberę acquiręrę possint et acquisitum in manu nostra liberę in perpetuum tęnęant et possidęant nullaque calumpnia per nos vęl nostrum aliquęm supęr hoc ęis infęrri possit. Ab omni autęm consuetudinę et exactionę sęculari ipsi et ęorum hominęs in quibuscumque dominiis et districtibus nostris liberi sint et immunęs. Ut autęm per succędentia tempora heę nostrę largitionęs firmę ęis et validę permanęant, volumus et largimur nullum temporis lapsum, nullum in contrarium usum, vęl possessionęm quin hiis libertatibus et largitionibus in perpetuum inviolabiliter gaudęant et uti possint in futurum, hiis obesse posse; quin ymo hos ipsos actus, usus et possessiones vel quasi ac prescriptiones quascumque sequutas exnunc irritamus et anullamus ac irritas et nullas irritosque et nullos dęcrevimus. Volęntęs hęc dęcręto domini legati et quorumcumque superiorum nostrorum in perpetuum firmari, et omnęs usus, actus, possessionęs vel quasi et prescriptionęs sęqutas quascumque premissis per nos largitis contrarias per ęum et ęos irritari et anullari in perpetuum ac irrita ęa omnia per quę contravenirętur et nulla dęcerni. Undę hęc sub nostrorum ecclesiam Carnotensem faciencium nominibus, subscriptionibus et signis manibus nostris factis ipsis religiosis sub sigillorum nostrorum karacteribus unanimi omni voluntate et assęnsu duximus concędenda perpetuam firmitatem allatura.

Ego Yvo, Carnotensis episcopus, subscripsi.
Ego Arnaudus, decanus Carnotensis, subscripsi.
Ego Gerogius, cantor Carnotensis, subscripsi.
Ego Hugo, subdecanus Carnotensis, subscripsi.
Ego Warinus, succentor Carnotensis, subscripsi.

Ego Ansgerus, archidiaconus Carnotensis, subscripsi.
Ego Walterus, archidiaconus in Duno, subscripsi.
Ego Goslenus, archidiaconus in Pissiaco, subscripsi.
Ego Raimbaudus, archidiaconus in Droco, subscripsi.
Ego Odo, archidiaconus in Bleso, subscripsi.
Ego Landricus, archidiaconus in Vindocino, subscripsi.
Ego Goffredus, prepositus in Normannia, subscripsi.
Ego Herveus, prepositus in Mazengeio, subscripsi.
Ego Ferandus, prepositus in Envercio, subscripsi.
Ego Hugo, prepositus in Ingreio, subscripsi.
Ego Radulphus, camerarius Carnotensis, subscripsi.
Ego Stephanus, abba Sancti-Johannis, subscripsi.
Ego Haimon, canonicus presbiter, subscripsi.
Ego Hugo, canonicus presbiter, subscripsi.
Ego Ricardus, canonicus presbiter, subscripsi.
Ego Gauterius, canonicus presbiter, subscripsi.
Ego Warinus, canonicus presbiter, subscripsi.
Ego Rainaudus, canonicus presbiter, subscripsi.
Ego Dulcinus, canonicus presbiter, subscripsi.
Ego Rotrocus, canonicus presbiter, subscripsi.
Ego Ysembardus, canonicus presbiter, subscripsi.
Ego Johannes, canonicus presbiter, subscripsi.
Ego Sędusinus, canonicus presbiter, subscripsi.
Ego Leobinus, canonicus presbiter, subscripsi.
Ego Petrus, canonicus presbiter, subscripsi.
Ego Ancelmus, canonicus presbiter, subscripsi.
Ego Fulco, canonicus presbiter, subscripsi.
Ego Rodericus, canonicus presbiter, subscripsi.

« Acta Carnoti, per manum Wulgrini cancellarii, tercio nonas februarii, anno ab incarnato Verbo M° centesimo decimo, regnante in Francia Hludovico Philippi. »

(Orig. en parch.)

A cette charte est attachée la suivante, reliée par un lacs de soie brochée, auquel était appendu un sceau ovale aujourd'hui disparu, mais dont il reste le sachet en peau, doublé de soie rouge, sur lequel on lit ces mots de la même écriture que la pièce elle-même : C. Richardi legati apostolici, de confirmatione.

« Condescendentes devotis sanctam ecclesiam divini cultus augtum et precipuum beatam religionem concernentibus postulantium votis, Nos Richardus, Albanensis ecclesie qualiscumque minister, apostolice sedis licet indignus servus et legatus, largitiones per ecclesiam Carnotensem monachis Tironensibus et eorum monasterio et membris in litteris per has transfixis contentas, sancte sedis apostolice auctoritate laudamus, confirmamus et approbamus ac perpetuas vires obtinere volumus, decernentes, prout ipsa pia mater largitrix ecclesia voluit et requisivit, omnes possessiones vel quasi actus et usus quosvis in contrarium largitorum in futurum habitos vel habendos, quibuscumque prescriptione vel temporis lapsu firmati sint vel fuerint, exnunc pro in futurum irritos et nullos esse, et exnunc pro in futurum im perpetuum ipsius ecclesie requisitione eos irritamus et anullamus ac nulla et irrita esse exnunc pro tunc decernimus. Acta sunt hec in palatio episcopali Carnotensi et data scriptaque manu Wlgrini ipsius ecclesie cancellarii sub karacteris nostri munimine, septimo kalendas aprilias, anno ab incarnato Verbo millesimo centesimo decimo. »

(Orig. en parch.)

Cette charte n'était pas assez explicite; les religieux du XVe siècle la complétèrent par une autre beaucoup plus détaillée, à laquelle ils donnèrent la date précise de la charte originale de fondation, le 3 des nones de février 1113 ([1]). *Cette pièce, composée avec un art véritable, renferme l'énonciation de tous les prétendus droits que s'arrogeait l'abbaye de Tiron. Elle est donc très curieuse à ce point de vue, et sa publication nous évitera la peine de reproduire les autres chartes fausses, rédigées toutes sur le même modèle.*

« In nomine sancte et individue Trinitatis, Patris et Filii et Spiritus Sancti, amen. Quoniam ad omnem christicolam pertinet, ad honorem Dei et Ecclesie provectum, religionis ordinem exaltare et honorare et Deo militantium quieti et profectui solerter in omnibus providere, ideo nos Ecclesia Carnotensis monachos Tironenses, monastici ordinis strenuos sectatores et quantum ad humanum spectat examen tam factis quam vita pollentes, in nostram parochiam advenientes, avide suscepimus, et locum in quo Deo militarent, cum magis in gloriose Virginis territorio elegerint militare, eisdem conces-

[1] Cette date est bonne à remarquer : quand il n'y avait pas utilité, le faussaire du XVe siècle ne se mettait pas en grands frais d'imagination. Son premier modèle était daté du 3 des nones, presque tous ses actes faux sont datés du 3 des nones ou des ides.

simus, carrucatam videlicet unam terre in parochia nostra de Garzeis, cum omni juridictione, jure, dominio, superioritate, districtu et alia quavis libertate spirituali et temporali, ita libere et quiete in perpetuum tenendam ab ipsis, sicuti eam tenebamus et possidebamus, nichil penitus nisi quod Carnotensi episcopo suberunt nobis retento. Quin imo volentes et cupientes eos in pacis tranquillo foveri, volumus et eis in perpetuum largimur quod ipsum monasterium Tironense et ejus monasterium de Arsiciis alieque quas in futurum habebunt abbacie ac celle, prioratus, domus, administrationes ceteraque eorum membra, presentia et futura, monachi quoque et eorum conversi, donati ceterique familiares et servitores, tam in dicto monasterio Tironensi quam ejus membris prefatis manentes et in posterum mansuri, in quavis parte dispersionis episcopatus et dioceseos Carnotensis, soli subsint episcopo Carnotensi, ita quod nec decano nec capitulo nec quibusvis archidiaconis vel aliis dignitatibus, officiariis seu prebendariis vel aliis nostris prepositis subsint, nec coram eis sive ex officiis sive ad partis instantiam in aliquo respondeant, nec per alium quam per Carnotensem episcopum visitentur, personaliter presentem, vel jurisdicio in eos vel loca ipsa sive in civili sive in criminali exerceatur: quin imo, exnunc pro in futurum in perpetuum, ipsos monasterium Tironense, abbacias, prioratus, cellas, domos, administrationes ceteraque eorum membra et habitantes in eis, presentes et posteros, ab ipsis decano, capitulo, archidiaconis, dignitatibus, prebendariis ceterisque officiariis et suppositis nostris liberamus et minuimus. Sic autem super locis premissis et in eis habitantibus, religiosis et conversis, episcopus Carnotensis cognoscet quod eorum prima punicio, correctio, refformacio, ordinacio et alia quevis cognicio tam in civili quam in criminali, tam ex officio quam ad partis instanciam, ad abbatem Tironensem spectabunt, sed in ejus deffectum, ipso tamen in ipsis emergentibus casibus prius specifice premonito et requisito, ad episcopum Carnotensem pertinebunt. Abbas autem Tironensis ampliori prerogativa volumus insigniri, sicuti non coram nostris suppositis premissis, sic nec coram officialibus episcopalibus volumus in aliquo premissorum invitum respondere compelli, nec eis in aliquo subesse, sed tantum coram personali presentia episcopi Carnotensis, nisi ex sui ab episcopatu absentia emergentem casum alicui specifice episcopus duxerit committendum. Sic vero eos et loca eorum premissa visitabit epicopus, quod solum ipse et personaliter et non per alium eos et loca ipsa visitare poterit. In monasterio autem Tironensi personaliter, ut premittitur, visitans, procurationem unius diei habebit. Cum vero monasterium ipsum vel ejus loca predicta per se, ut predicitur, visitabit, si, deductis manutencionibus, reparacionibus, et aliis oneribus, monasterium vel locus ipse centum libras valeat, ad vitam ministrorum, procurationem estimationis viginti solidorum episcopus habebit; quod si ducentas valeat, procurationem estimationis quadraginta solidorum habebit; si autem trecentas valeat, procurationem estimationis sexaginta solidorum habebit; quod si quadringentas valeat, procurationem estimationis octoginta solidorum habebit; quod si quingentas valeat, procurationem estimationis centum solidorum habebit; ultra autem centum solidorum estimationis procurationem, etiam si plus monasterium vel locus quovismodo valeat, nullatenus habere vel exigere poterit. Super valoribus autem antepremissis volumus et ordinamus in perpetuum, absque aliqua contradictione vel refragatione, stari assertioni jurate administratoris et unius alterius per ipsum presentati. A locis autem, deductis premissis, minus centum valentibus libris, nichil penitus exigere nec percipere poterit. Libras autem et solidos premissos Parisiacos intelligi volumus (¹). Insuper volentes eos et monasterium ipsum Tironense plus ceteris attolli,

(¹) *Les moines se créèrent un titre à peu près identique pour les procurations dues à l'évêque du Mans; mais cette fois ils ne se donnèrent pas la peine de singer l'écriture du XIII° siècle : ils se contentèrent de leur écriture véritable (commencement du XV° siècle), en ayant soin d'inscrire en tête de la pièce* Copia, *et de la faire suivre sur la même feuille d'un acte parfaitement authentique :*

Universis presentes litteras inspecturis, J. decanus et capitulum Cenomannense, salutem in Domino: Noverit universitas vestra quod cum inter reverendum patrem Mauricium episcopum nostrum ex una parte et venerabilem abbatem de Thironio ex altera, coram judicibus a domino papa delegatis, contencio vertebatur super quibusdam procurationibus quas dictus episcopus exigebat in quibusdam prioratibus ad abbatiam de Thironio pertinentibus, in Cenommanensi diocesi constitutis, in quibus ipse vel antecessores sui Cenommanenses episcopi nunquam procurationem usque ad hec tempora habuerant, tandem super hiis compositum est in hunc modum quod quando Cenomannensis episcopus domum aliquam visitabit ad dictam abbatiam pertinentem, in qua usque ad tempus ejus non consuevit Cenomannensis episcopus procurationem habere, cujus proventus, non deductis expensis, valent per annum viginti libras turonenses, recipiet tantum idem episcopus viginti solidos turonenses, ita quod secundum numerum librarum augmentabitur tantummodo numerus solidorum persolvendus eidem. Quantumcumque tamen ultra quinquaginta libras unius predictarum domorum redditus habundaverint, nichil recipiet ultra quinquaginta solidos turonenses in eadem. Domus autem cujus proventus ad viginti libras turonenses non pervenerit, a predicto honere in perpetuum sit immunis, licet eciam contingat proventus ejusdem futuris temporibus amplius augmentari. Hoc eciam est adjunctum quod dictos denarios nec idem episcopus nec successores ejus exigere valeant nisi locum personaliter visitantes. Nos autem hujusmodi compositionem ratam habentes prefato abbati presentes litteras contulimus sigilli nostri munimine roboratas in hujus rei testimonium et munimen. Actum anno gratiæ MCC vicesimo sexto.

quia in territorio nostro degere permaluerunt, volumus, concedimus et largimur in perpetuum quod in consiliis, congregationibus ecclesiarum, divinorum celebrationibus et aliis locis, pre ceteris quibuscumque abbatibus, prelatis ac dignitatibus nostris et tocius episcopatus Carnotensis, Tironensis abbas, tam sedili quam alio quovis honore, primus post episcopum emineat et fulciatur. Ut autem licencius et continuacius abbas Tironensis cum suis cenobitis contemplacioni vacet eisque fecundius intendat quo minor ei per orbem discursus erit, ad sinodum episcopalem Carnotensem Tironensis abbas venire non compellatur, nisi ab episcopo super aliquibus totum dioceseos ecclesiasticum statum concernentibus noviter ordinandis, consilium et consensum suum exquirentibus, litteratorie sibi insinuatis et expressatis, ea prebiturus vocatus et vocandus extiterit. Preterea, ut eo magis bonis temporalibus accrescant, quo speramus et optamus eos in domo Domini fructus uberes allaturos, ac ne per quamdam, nunc male crescentem in mundo noviter, insolentiam, qua viri ecclesiastici eis collata vel per eos acquisita extra suam manum ponere compelluntur, super ipsis collatis vel acquisitis in dominiis nostris in futurum turbentur, volumus et eis in perpetuum concedimus et largimur ut in quibuscumque territoriis et dominiis nostris et sub nobis existentibus, ipsi libere acquirere possint, et acquisitum sive dono, sive emptione, sive alias, in manu mortua libere teneant et possideant. A rachato quocumque, vendicionibus, jure dominii, retencionibus, retractationibus, fide, homagio, laudinis, relevamentis et quibuscumque juribus feodalibus et non feodalibus, excessu, decessu, defectu domini vel hominis, seu nova domini mutacione, nobis ex vel super acquisito debitis, omnique justicia, dominio et superioritate tam castalanicis, baronicalibus quam aliis quibusvis quam super ipso acquisito prius habebamus, et omni corveia, banno, tallia, procuratione et consimilibus servitutibus et juribus que acquisitum ipsum prius nobis debet, omnino liberum et quietum : que omnia, exnunc pro in perpetuum, pro die et tempore quo acquirent, eis quitamus et in ipsis transferimus, solo censu vel redditu, censu tamen in ipso redditu converso, retentis. Acquisitum ipsum, nobis non vocatis, per se ipsos capere et se exinde saisire poterunt. Rursus, cum secundum divinam legem levite sibi invicem decimas solvere non tenebantur, per quod et alias, secundum Jeronimum aliosque sacros doctores, inconveniens valde esset quod possessio unius ecclesie alteri ad decimationem teneretur, ideo ut de collectis in terris, vineis, pratis, virgultis et aliis possessionibus et hereditatibus in quavis parte dispersionis tocius episcopatus Carnotensis quovismodo ad eos adventis, et de nutrimentis animalium in ipsis habitis, etiam si per colonos firmarios vel alios ipsa etiam in sui utilitatem leventur dum tamen ab ipsis monachis Tironensibus teneantur, decime nec nobis nec aliis quibusvis ecclesiis sive parrochialibus sive aliis episcopatus nostri predicti ullatenus exsolvantur, ipsos in perpetuum liberamus et munimus, decimas ipsas ipsis religiosis ad eorum provisionem et sustentationem in perpetuum largientes. Sacramenta autem matrimonii, baptismi, penitentie, eucharistie, extreme-unctionis, sepultura et alia suis donatis, familiaribus, servitoribus et aliis in eorum obsequio manentibus, in quacumque, ut predictum est, parte dispersionis episcopatus Carnotensis, ipsi religiosi, non obstante quacumque rectorum parrochialium vel aliorum virorum ecclesiasticorum, ad quos alias hec spectarent, condicione, libere conferre, et apud eos sepulturam eligentes libere sepelire, ac oblaciones et alia a Christi fidelibus in ipsorum monasterii, prioratuum, cellarum, domorum, administracionum et aliorum membrorum ecclesiis, basilicis, oratoriis et capellis allata, recipere et sibi libere et omnino appropriare ut valeant et omnimodo in perpetuum possint concedimus et largimur. Dedimus insuper eis pasturam, glandium pessonem ac pasnagium pro suis et suorum membrorum porcis, vaccis et aliis animalibus quibuscumque, et pro ipsis et suis membris nemus vivum et mortuum, ac pro suis hominibus mortuum, ad edificare, ardere et omne aliud absque aliqua redibitione vel requisitione, liberos et quietos usus in nemoribus nostris de Garzeis, Augusto et aliis quibuscumque. Ulterius largimur eis in perpetuum quod ipsi et sui conversi, donati, servitores et ceteri homines sub ipso monasterio et ejus membris manentes, presentes et posteri, a pedagiis, traversibus, barragiis, chantellagiis, talliis, corveiis, bannis, tabernagiis, mensuragiis, stallagiis, tondeiis, havagiis, tolteris, platerigiis, deablagiis, boisselagiis, molturis, corratagiis, venetagiis, transitibus, pannagiis, quadrigagiis, procurationibus furnorum, molendinorum, tabernarum, torcularium et aliis quibuscumque bannis, vicorum, itinerum, pontium, villarum et castrorum reparacionibus et eorum custodiis et vigiliis et aliis quibuscumque nominibus vocentur consuetudinibus, serviciis, honoribus, oneribus, subvencionibus et exacionibus secularibus, que etiam prius solvebantur vel exhibebantur, et horum omnium deprisibus viarum, sive equis, jumentis, bobus, asinis, quadrigiis, vehitis et aliis quibuscumque bonis animalibus et ducticiis quibusvis, sub sui solum, si inde requirentur, simplicis juramenti assertione quod tales, ut premittitur, existunt, in quibuscumque locis et dominiis nostris et eorum districtibus, in perpetuum liberi sint et immunes, ipsosque exnunc in perpetuum a supradictis liberamus et immunimus. Confirmamus etiam eis annuale modium avene, in festo sancti Johannis Evangeliste, eis per majorem de Garzeis super viaria et territorio nostris de Wastina, dictis de Boscario, ex parte Augusti, annuatim exsolvendum; necnon medietatem, participationem sive communitatem decimarum, censuum, campiparcium, avenagiorum, vendicionum ac etiam omnis districtus, dominii, justicie, jurisdictionis aliorumque quorumcumque jurium que in ipsis territoriis ex hominibus habemus. Item confirmamus eis escoblagium et quadrigagia que ultra nos super ipsas terras habent, eis annuatim suis terminis per ipsarum terrarum homines exsolvenda; que omnia inclitus Rotrocus, Perticensis comes, ipsis religiosis largitus est et dedit. Ut autem, per succedentia tempora, hee nostre largitiones firme eis et valide permaneant, necnon et alie concessiones et jura premissa, volumus, ordinamus et decernimus, nullo unquam jure vel exceptione nulla, consuetudine vel indulto, nulla possessione, saisina, actu vel usu quibuscumque prescriptione vel temporis lapsu firmatis, ullatenus contra premissa vel aliquod ex eis in futurum in perpetuum veniri vel iri posse; quin imo ipsa omnia per que aliquatenus in futurum contraveniretur exnunc irritamus et annullamus, ac irrita exnunc et nulla decernimus. Sed et ea omnia que premissa sunt et quodlibet ex eis sub omni fide, stabilimento et bonorum nostrorum obligatione eis in perpetuum nostris sumptibus et expensis tueri, defendere et garentizare contra omnes promittimus. Qui autem, postquam largitiones ipse sibi innotuerint, contra ipsas vel ipsarum aliquam attemptaverit, vel consilium seu auxilium contravenienti dederit, Deo et Sanctis ejus anathema in perpetuum sit, pestemque in corpore et bonis in hoc seculo sentiens, maledictionem Dei tociusque milicie celestis incurrat, infeliciter vivat, misera morte decedat, et cum nequissimo Juda perpetuis gehennalibus flammis torreatur. Qui autem eis applauserit in hoc et futuro seculo perpetua gloria et felicitate letetur, eo prestante qui regnat in celo. Volumus autem et consentimus quod, in perpetuam firmitatem, summus pontifex vel ejus legatus vel dominus metropolitanus suum decretum hiis apponat. Unde hec, cum magnis tractatibus et deliberationibus, nuper et hodie, in nostro generali capitulo per nos acta, subscriptionibus nostrum Ecclesiam Carnotensem facientium, et signis nostrum manibus factis, ac sigillorum Yvonis episcopi et Kapituli caracteribus, unanimi omnium voluntate et consensu, ipsis religiosis duximus concedenda, in perpetuum robur et attestationem premissorum.

Ego Yvo, Carnotensis episcopus.
Ego Arnaudus, decanus Carnotensis.
Ego Gerogius, cantor Carnotensis.
Ego Hugo, subdecanus Carnotensis.

Ego Warinus, succentor Carnotensis.
Ego Ansgerius, archidiaconus Carnotensis.
Ego Walterus, archidiaconus in Duno.
Ego Goslenus, archidiaconus in Pinsiaco.
Ego Raimbaudus, archidiaconus in Droco.
Ego Odo, archidiaconus in Bleso.
Ego Landricus, archidiaconus in Vindocino.
Ego Goffredus, prepositus in Normannia.
Ego Henricus, prepositus in Masengeio.
Ego Alanus, prepositus in Auversio.
Ego Hugo, prepositus in Ingreio.
Ego Radulphus, camerarius Carnotensis.
Ego Stephanus, abbas Sancti-Johannis.
Ego Haimon, canonicus presbiter.
Ego Hugo, canonicus presbiter.
Ego Ricardus, canonicus presbiter.
Ego Gauterius, canonicus presbiter.
Ego Warinus, canonicus presbiter.
Ego Dulcinus, canonicus presbiter.
Ego Rotrocus, canonicus presbiter.
Ego Ysembardus, canonicus presbiter.
Ego Johannes, canonicus presbiter.
Ego Seducinus, canonicus presbiter.
Ego Leobinus, canonicus presbiter.
Ego Petrus, canonicus presbiter.
Ego Anselmus, canonicus presbiter.
Ego Fulco, canonicus presbiter.
Ego Rodericus, canonicus presbiter.
Ego Sillarius, canonicus presbiter.
Ego Fulcrannus, canonicus presbiter.
Ego Johannes, canonicus presbiter.
Ego Desiderius, canonicus presbiter.
Ego Gonsaldus, canonicus presbiter.
Ego Gatho, canonicus presbiter.
Ego Emanus, canonicus presbiter.
Ego Supplicius, canonicus presbiter.
Ego Agapitus, canonicus presbiter.
Ego Pascalis, canonicus presbiter.

Acta et data Carnoti scriptaque manu Wlgrini cancellarii, tercio nonas februarii, anno ab incarnato Verbo millesimo centesimo decimo tercio, regnante in Francia Hludovico Philippi.

A cette pièce est jointe une charte de confirmation de Conon, cardinal évêque de Préneste, légat du Saint-Siège, conçue exactement dans les mêmes termes et datée du 3 février 1114.

II.

Consécration du Cimetière de l'Abbaye de Tiron.

« De concessionibus Ivonis episcopi et de libertate hujus loci. »

(1114 circa.)

« Dum ea que religiosis locis devotio fidelium, pro redemptione animarum suarum, dare consuevit ad sustentationem eorum qui ibi commorantur non jam in humanis rebus computanda sint quia Dei sunt, oportet rectores ecclesiarum ut ea tanquam divina patrimonia in defensionem ecclesie suscipiant et exerto gladio pervasores eorum et distractores, tanquam Dei contemptores, canonica severitate ferire non differant. Quod ego Ivo, Carnotensis ecclesie humilis minister, pio affectu considerans, scripture monimento notum facio omnibus ortodoxis ecclesie filiis tam presentibus quam futuris quod Rotrocus, nobilis et strenuus Mauritanie comes, humilitatis nostre presentiam adierit, postulans ut consecraremus cujusdam cenobii cimiterium quod situm est super rivum qui *Tyron* vocatur, ad usum quorumdam religiosorum monachorum, qui in eodem loco heremiticam vitam ducere elegerant et monasterium ibi pro loci et temporis oportunitate construxerant. Nos itaque tanti viri pie petitioni assensum prebentes, pretaxatum locum in usum cimiterii, ea dumtaxat conditione consecravimus ut nulla ibi de cetero secularis potestas aliquas seculares consuetudines accipiat, nullas exactiones extorqueat. Cui conditioni pretaxatus comes benigne assentiens, rem cumulatius quam peteretur exibuit, predicte libertati addens ut quicquid de feuodo ejus eidem loco concederetur eadem immunitate potiretur. Nos igitur ad conservandam tranquillitatem servorum Dei, prefatum locum cum appenditiis ejus, ad peticionem predicti comitis, in tuitionem sancte Carnotensis ecclesie et nostram paterne suscepimus, et pervasores eorum atque destructores ante tribunal eterni judicis terribiliter condempnandos esse denuntiamus, et in hac temporali ecclesia sine cujus communione ad illam ęternam perveniri non potest, eos a corpore et sanguine Christi et ejusdem ecclesie communione sequestramus, donec resipuerint et Christi patrimonium reformare humili satisfactione studuerint. Conservantibus autem et idem Christi patrimonium amplificantibus benedictio et pax a domino Jesu Christo, qui cum esset dives pro nobis pauper factus est ut nos sua paupertate ditaret et sua infirmitate sanaret. »

(*Cart. de Tiron*, f° 3 v°. — *Epistolæ Yvonis*, lettre CCLXXXII. — *Cart. de l'Hôtel-Dieu de Châteaudun*, A. 8, n° 238.)

III.

Don de la terre de Romainville et de la Forêt.

« De Oggria. »
(1114 circa.)

« Quoniam humanarum rerum oblivione interveniente et morte quę via est universę carnis sua . . . . suum per universum orbem terrarum exercente, quę fiunt sine litterarum apicibus, custodiri diu nequeunt . . . . libet scripto annotari quod ego Reginaldus Perceae dono Deo et donno Bernardo abbati at . . . . gentibus me ipsum conjugemque meam, et omnem terram meam de Romainvilla et de Foresta et de Castro . . . . , . . . cumque possideo de feodo Agnetis de Montiniaco. Hoc concessit predicta Agnes de Montiniaco . . . . suorum remedio, quę nec maritum nec filium nec filiam tunc habebat. Testibus istis : Reginaldo . . . . Philippo, Gibaudo, Fulcaudo forestario, cum duobus fratribus suis *Bigotti* et Willelmo, multisque . . . . dono Deo et predicto abbati terram meam de Cantalupo, quam teneo de *Adam* Brunello, de feodo G . . . . dentibus ipso *Adam* cum uxore sua *Helvis*, et Goffredo cum uxore sua *Helvis* filiisque . . . . Robertus, Radulfus, Ivo, Gervasius, Godescalcus. Testes hujus rei sunt : Reginaldus *Espier* . . . . Albertus Infans, Goffredus de Pataico, Gradulfus Cauda-Hirundinis et multi alii. H . . . . niaco et terram de *Autoil* et de *Jupeel* concedimus ego et monachi Gibaudo ad censum duorum . . . . tibus : Paschali papa, Ivone Carnotensium episcopo, Lodovico rege Francorum, Ada Blesensium . . . . Stephano, Willelmo. »

(*Orig. en parch.*)

IV.

Don de l'Église de Saint-Georges de Cloyes.

« De Oggria. »
(1114 circa.)

« Notum sit tam presentibus quam futuris fidelibus quod ego . . . . cens me et parentes meos ęcclesiam Sancti-Georgii multo tempore injuste tenuisse, reddo eam liberam domino ven . . . . concedat eam in perpetuum habendam domno Bernardo abbati et fratribus sub ejus regimine degentibus. Quod ita . . . . fratres, cupiditatis causa, ęcclesiam suscepisse, nichil enim in ea quesituri sunt seu in offerenda seu in sepultura . . . . tantum decimam rerum suarum habebunt. Quod si quis abbas domno Bernardo abbati succedens de rebus ęcclesie . . . . eo tempore fuerit abbati illi ęcclesiam auferat sibique retineat ; ita sane ne unquam aliis monachis eam habere conced. . . . . est prefati fratres habere voluerunt ne ab aliis monachis in eam quoquomodo ingredientibus ipsi vel eorum successores scandalum. . . . . oni remote vite idoneis in prefate ecclesie parrochia, pro anime mee parentumque meorum remedio, de terra mea quę . . .

. . . . de Ponte-Cloes, sicuti ducit via ipsa ad Vallem-Fereis, et sicuti vallis ipsa super *Hirum* extenditur usque . . . .
. . . . .et in alio loco dedi eis terram ad quandam carrucam, et in loco qui dicitur Predem dimidium pratorum meorum . . . .
. . . . salute animarum suarum concesserunt mater mea Regina et fratres mei Garinus, Garatinus, cum uxore mea . . . .
. . . . Testes : Reginaldus *Espier,* Paganus Elinandus, de cujus terra habent etiam supradicti monachi quam . . . .
. . . . . .feodo, Reginaldus Perceae, Gauterius nutricius, Gabaudus, Philippus, Agnes de Montiniaco, ... utriusque sexus. . . . . . Ivone predicto Carnotensium episcopo, Lodovico rege Francorum, Adela Blesensium comitissa, ... Stephano, Willelmo. »

(Orig. en parch.)

V.

Don de terres et de prés à Melleray et à Arrou.

(1114 circa.)

« Notum sit omnibus quod ego Jeremias dono Deo et donno Bernardo, abbati Tyronensi, et monachis Deo ibi servientibus sex carrucatas terre apud *Melereis* et omnia prata que inter sex carrucatas illius terre poterunt edificari, et insuper omnia mea propria prata de *Arrou,* et unam aream ad molendinum faciendum, et aquam ad piscandum. Dono insuper predictis monachis omnia nemora mea, mortuum ad ardendum et vivum ad edificandum et suis hominibus, et pasturam animalium suorum et pecorum, et pasnagium porcorum suorum et hominum suorum sine additamento aliorum, Arvis uxore mea cognomine Sacracerra concedente, et filiis meis concedentibus Raginaudo, Philippo, Bartholomeo, Hugone, Hamelino, Fulcherio. Hujus rei sunt testes duo canonici regulares Sancti-Georgii-de-Nemore, scilicet Lanbertus et Goffredus, et tres clerici Insule Benedictus, Robertus, Maugerius, et quidam miles Trubaudus nomine, Hugo Medius, clericus, Bocardus *Fomet,* Reginaudus *Muteos,* Ricardus *Sarree,* Mainardus Tapetii. »

(Cart. de Tiron, f° 85 r°.)

VI.

Don d'une meule à Rochefort.

« De mola Rocheforti. »

(1114 circa.)

« In nomine Domini, ego Guido, comes Rocheforti (¹), cum vellem ire Jerosolimis, commendans me ipsum orationibus piissimi patris Bernardi, scilicet abbatis Tyronii, et ejus conventus, dedi illis in capitulo Tyronii unam molam viginti solidorum per singulos annos, quicquid magis vellent vel nummos vel molam, de redditibus Rocheforti. Hujus rei sunt testes : Rotrocus, comes Perticensis, et Beatrix comitissa, mater ejusdem, Simon *de Gaseram* (²), Guido *de Bolum*, Gauterius Sine-Napis (³) et Robertus frater ejus, et *Hemon* prepositus, et Robertus de Moteia. »

(*Cart. de Tiron*, f° 20 v°.)

(¹) Gui de Rochefort, fils du puissant Gui le Rouge, ancien sénéchal de France, qui un instant avait contrebalancé la fortune du roi de France. Il succéda à son père vers 1108 : on date ordinairement sa mort de l'année 1112 ; nous voyons par cette charte qu'on doit plutôt la reporter vers l'année 1115.

(²) La famille de Gazeran fut l'une des plus considérables de l'ancien comté de Montfort. Elle s'allia à toutes les grandes familles des environs, celles de Maintenon, d'Ouarville, de Guyencourt, de Machery, etc. Elle possédait la grande châtellenie de Gazeran et d'Ouarville, qu'une de ses héritières, vers la fin du XIVᵉ siècle, porta dans la maison de Prunelé, originaire de la Porte, près Étampes. C'est ainsi que les Prunelé possédèrent Gazeran jusqu'en 1706 et Ouarville presque jusqu'à nos jours.

(³) La famille Sans-Nappes avait de nombreuses possessions dans le doyenné de Rochefort : un village, le Bréau-Sans-Nappes, a encore conservé son nom. Vers 1140, Amaury Sans-Nappes, fils de Guérin, fit un accord avec les moines de Bretheucourt pour un moulin sis audit lieu. Dans une charte postérieure, il abandonne aux mêmes religieux quatre muids de blé sur leur grange de Bretheucourt : ce dernier acte est confirmé par les frères d'Amaury, Gilles, Robert et Renaud, par sa sœur Ledgarde, par Robert, fils de Gilles, et par Gautier Troisnel, neveu d'Amaury.

VII.

Don de quatre charruées de terre à Cintray.

« Carta Cintriaci. »

(1115.)

« In nomine sanctę et individuę Trinitatis, in nomine Christi, ego Lucdovicus, Dei dispensante misericordia, in regem Francorum sublimatus, notum fieri volo omnibus sanctę Dei ęcclesię curam gerentibus quatinus, pro animarum patris mei et matris mee predecessorumque nostrorum remedio, terram quantam convenit III carrucis, fratribus in ęcclesia de *Tiron* Deo militantibus, apud villam nostram quę Cintriacus vocatur, donavi eamque eis possidendam in perpetuum concessi. Verum ut hoc ratum et firmum permaneat in sempiternum, presentem cartam nostri auctoritate sigilli firmatam et roboratam fieri disposui, quę et istud caritativum patenter exponat et in munimentum stabilitatis perpetuo existat. Preterea silvam de Meleriaco solummodo ad hospitandum et ardendum eisdem monachis concedimus. Facta est autem anno ab incarnatione Domini M°C°XV°, regni nostri VII°, Adelaidis regine primo, astantibus in palacio quorum nomina subtitulata sunt et signa. Signum Anselli dapiferi. Signum Hugonis constabularii. Signum Gilleberti buticularii. Signum Guidonis camerarii. Testes autem fuerunt Rotholdus comes, Guillelmus de Garlanda ([1]), Hugo, Herveus. Data per manum cancellarii Stephani. »

(Cart. de Tiron, f° 61 r°.)

([1]) Guillaume était le troisième des quatre frères de la famille de Garlande, qui furent tous successivement sénéchaux de France. Payen, l'aîné, avait succédé à Gui de Rochefort le Rouge, en 1096, lorsque celui-ci était parti pour la Terre-Sainte et avait conservé cette dignité jusqu'en 1101. Anseau, le second, remplaça Hugues de Crépy en 1107. Enfin, Étienne, le quatrième, d'abord doyen de l'église de Saint-Aignan d'Orléans, puis évêque élu mais non consacré de Beauvais, enfin archidiacre de Paris, était chancelier de France depuis 1106.

VIII.

Don de l'église de Saint-Epagne et de diverses terres à Ablis.

« De Abloiis. »

(1115 circa.)

« Ego Gaufridus *de Praele* dono Deo et monachis Tyronis ecclesiam Sancti-Ispani, cum III campis qui sunt citra aquam et nemus, ad omnia que sibi erunt necessaria.

» Iterum noverint omnes quod Girardus Ensachelana dedit monachis Tyronis terram duorum boum ad Murgersbetum, et inde habuit ipse quinquaginta solidos de caritate, uxore sua Amelina et filiis suis et filiabus suis concedentibus. Hoc iterum concesserunt Guido de Rochaforti, et Ugo *de Jemilie* et filius ejus Thomas nomine, de quorum feodo erat, et omnes isti concesserunt justiciam illius terre monachis. Hujus rei sunt testes : Gauterius Jaretarius, et Simon *Broteiol*, et Haabertus et filii ejus.

» Guido, comes de Rochaforti, dedit monachis Tyronis x solidos carnotensium de paagio Abluarum, annuatim, ad lumen ecclesie, v solidos ad Quadragesimam, alios v ad festum sancti Remigii, et nemus Sancti-Benedicti mortuum et vivum ad illa que sibi erunt necessaria; et hoc iterum dedit eis quod omnes servientes illorum, quicumque messem illorum collegerint, sine paagio, quocumque libuerit de curia illorum deferent annonam suam. Hujus rei sunt testes : *Armenat*, Simon Andreę et Baudoinus clericus.

» Girardus Ensaielana vendidit monachis Tyronis unum quarterium terre quę est circa ecclesiam, Amelina uxore sua et filiis et filiabus suis concedentibus; et Arveus *de Galardum*, de cujus feodo erat, hoc concessit, necnon consuetudines illius terre illis dedit. Hujus rei sunt testes : Aabertus et Simon *Britoiol* et Gauterius auriga. Iterum ipse Girardus Ensaielana vendidit monachis Tyronis unum arpentum terre pro quinquaginta solidis, Haauberto domino suo concedente.

» Aaletdis dedit monachis Tyronis unum arpentum terre, IIII filiabus suis et Thoma nepote suo concedentibus. Hujus rei sunt testes : Valinus, Audeerus et Girardus de Furno.

» Hugo miles dedit monachis Tyronis, in conspectu episcopi Carnoti, unum arpentum terre versus Perratum, Raimbaudo fratre suo concedente. Hujus rei sunt testes : Simon et Durandus.

» Harveus *de Galardum* et Odo Herlandus concesserunt monachis Tyronis decimam trium arpentorum terre que est justa suam ecclesiam, et decimam arpenti Vallini, episcopo Carnoti concedente. Hujus rei sunt testes : Gauterius filius Auberti, et Gauterius Sine-Nappis, et Bouardus.

» Bouardus de Bertocurto dedit monachis Tyronis quamdam terram ubi possit seminari dimidius modius annone ad *Provellu*.

» Gauterius Sine-Nappis et Flandina mater ejus dederunt monachis Tyronis medietatem decime terre de Maenvilla. »

(*Cart. de Tiron*, f° 20 r°.)

IX.

Don de terres et de bois aux Cohardons.

« De Cohardum. »

(1115 circa.)

« Notum sit omnibus quod Guillelmus de Campo-Floris, pro remedio anime sue parentumque suorum, dedit Bernardo, venerabili abbati Tyronensis ecclesie, magne sanctitatis viro, quandam masuram terre sue proprie juxta Cohardum et boscum in quo constructa est ecclesia Beate-Marie-Magdalene, sicut ipsum boscum dividunt curve sepium et feodum de Gesnis. Hoc autem jamdicto abbati et monachis qui ibidem habitarent ita libere et quiete donavit cum omnibus consuetudinibus quas ibi habebat, sicut ipse antea possederat et tunc temporis possidebat. Medietarios quoque suos vel homines alios, si in terra sua monachi habuerint, liberos esse concessit a corveia, carreio, bienno, toltura, talliata, ab expeditione et ab omni seculari consuetudine. Preterea dedit eis decimam molendini sui, decimam panis domus sue, decimam vinee sue, decimam denariorum pasnagii sui, partem suam decime de Mauritonio, boscum quoque de Clareio, sicut ipsum haie dividunt, et in foresta sua pasnagium porcorum suorum et pasturam ubique, ipsam quoque forestam ad propria edificia monachorum facienda et restauranda, prata etiam sicut mete ibi posite ipsa dividunt, redditum etiam quem Paganus sibi reddebat singulis annis, Guillelmo scilicet tria sextaria avene et tres arietes, partem quoque dimidiam decime medietarie sue de Porta.

» Preterea Gauterius de Roseio dedit se abbati Bernardo, et terram suam de Fonte-Garnerii, et pratum, et decimam suam de feodo Godefredi, libere et quiete, sicut ipse et antecessores ejus libere et quiete possederant.

» Guillelmus similiter Anglicus eidem abbati dedit in elemosinam decimam suam de toto feodo de *Nesement*, et Gauterius filius Gauterii de Sancto-Georgio decimam de Moireta; Richardus vero *Chaudel* et Stephanus Bella-Facie medietatem decime de toto feodo de *Chaudel*. Omnes iste decime donate fuerunt cum decimarum ipsarum tractu monachis, laudante et concedente Guillelmo de Campo-Floris de cujus feodo erant.

» Nec pretereundum Girardum *Revel* memoratis monachis dedisse decimam panis domus sue et heredum suorum in perpetuum habendam. Horum omnium testes existunt : Lovellus, Herbertus de Jupillis, Guillelmus *Columbel*, Johannes de Montiniaco ([1]), Fulcoius filius Droconis, Herbertus de Montiniaco, Guillelmus frater ejus, Haimericus ipsorum nepos. Hec omnia concesserunt fratres Guillelmi, Herbertus, qui post ipsum heres futurus erat([2]), et Goherius. Cujus rei testes sunt : Herbertus de Jupillis, Gaufredus de Ossesso, Gaufridus Cornutus, Paganus *del Chaennes*, Hudolus, Robertus sacerdos Charisiaci. »

(*Cart. de Tiron*, f° 92 r°.)

([1]) Il existait un grand nombre de fiefs du nom de Montigny : celui dont Jean et Herbert avaient tiré leur surnom était situé dans le département actuel de la Sarthe, non loin de Champfleur.

([2]) Herbert succéda en effet dans le fief de Champfleur à son frère Guillaume, qui mourut sans enfant.

X.

Don de terres et de bois à Montigny-le-Gannelon.

« De dono Agnetis de Montinne; item Odonis mariti sui. »

(1115 circa.)

« Ego Agnes de Montigneio(¹), antequam Odoni nuberem, monachis Tyronis, super fluvium Yronem(²) dictum, habitacionem sufficientem domibus, viridariis, ortis, et terram ad cultum unius carruce caritative donavi. Aliquanto vero tempore post, Odo factus maritus meus quicquid terre nemorisve a valle Cordelle usque ad monachorum predictam habitacionem possidebamus, me volente et omnibus filiis et filiabus nostris huic rei assensum prebentibus, non sine spe divine recompensationis, cum decima predicte terre eisdem monachis caritative concessit. Preterea sepefatus Odo totum nemus illud quod ad honorem Montiniaci pertinebat ad edificandas eorum proprias domos et ad pastionem suorum propriorum porcorum (³), me volente et annuente,

---

(¹) Agnès de Montigny, fille de Gannelon II, seigneur de Montigny, hérita de la seigneurie de Montigny après la mort de sa mère Comtesse, vers 1099. Elle épousa en premières noces Hugues, vidame de Chartres, fils de Guerric et d'Hélisende. Hugues étant mort en 1107, Agnès se remaria à Eudes de Vallières, à qui elle transmit la seigneurie de Montigny. On voit par cette charte que ce second mariage qu'on date généralement de 1110, ne peut être antérieur à 1114. — Eudes de Montigny mourut vers 1140. Il avait eu d'Agnès trois fils : Rahier, Hugues et Eudes, et quatre filles: Eustachie, Jacqueline, Hildéarde et Galienne. — Rahier II figure comme seigneur de Montigny dès 1140. En cette année, il fit une donation à l'abbaye de la Trinité de Vendôme, du consentement de sa femme Hodierne et de ses fils Eudes et Hugues. Il fut, sinon le fondateur, du moins un des principaux bienfaiteurs du prieuré de Saint-Gilles de Montigny-le-Gannelon, dépendant de l'abbaye de Marmoutier. Il vivait encore en 1184, année où, du consentement de ses fils Eudes, Hugues et Rahier, il confirme les dons faits à ce prieuré par son père Eudes et sa mère Agnès.

(²) Dans le vidimus de 1640, on lit *Cronensem*; dans le *Cartulaire du Dunois*, on a mis *Thironem*. C'est bien *Yronem* qu'il faut lire : la rivière d'Yron prend sa source sous la Fontenelle (Loir-et-Cher), et se jette dans le Loir, près de Cloyes.

(³) Un grand nombre de chartes de notre *Cartulaire* sont relatives au droit de nourrir des porcs accordé à l'abbaye de Tiron. C'est qu'en effet les vastes forêts dont le Perche

eisdem monachis concesssit. Videntibus et audientibus istis legitimis testibus qui subscribuntur : testes Agnetis: Giraudus sacerdos, Guarinus Sine-Barba (¹), Hugo *de la Bouèche, Graul* filius *Francens*, Fulcoius *de Monlemin*, Bernardus Assaciatus, Fulcaudus *Seare*, Phylippus de Montigniaco, Harnulfus, Raherius filius Arnulfi *Veier*, Hugo filius Gauterii nutritoris, Gofredus *de Vinnoles;* testes Odonis : Jeremias de Bosco-Guarnerii, Hugo de Galanno (²), Gauterius *Robert* de Toceio, Adam filius Gauterii nutritoris, Guarinus *Fenestreir*, Garmundus de Sancto-Florentino, Naenus de Catonvilla, Auvranus pedicarius. »

(*Cart. de Tiron*, f° 33 v°. — *Cart. des Fouteaux*, f° 6 v°. — Vidimus en papier de 1640. — *Cart. de Marmoutier pour le Dunois*, p. XLI.)

XI.

Don de la terre de Malaise.

« Terra de Maleseiis. »

(1116 (1117 *n. s.*), 18 févr.)

« Notum sit omnibus tam modernis quam futuris quod Robertus de Belleinvilla dedit monachis *de Tyron* omnem terram suam de Maleseiis, si sine herede conjugis moreretur. Terram etiam quam dedit Paganus filius Richerii, quam habebat ad Meleseias, concessit. Hujus rei testes sunt : Vitalis et Girardus, capellani domine Juliane; Willel-

était alors couvert offraient d'inépuisables ressources pour la nourriture de ces animaux, et la consommation subit alors nécessairement l'influence de la production. Le porc salé, qui aujourd'hui joue un rôle si important dans la nourriture des paysans, était au Moyen-Age la base de l'approvisionnement des châteaux et des communautés religieuses.

(¹) La famille Sans-Barbe fut puissante dans le Dunois aux XI° et XII° siècles. Vers 1050, Nivelon, fils d'un autre Guérin Sans-Barbe et d'Hersende, avait fondé le prieuré de Villeberfol qu'il avait donné à l'abbaye de Marmoutier.

(²) Hugo de Galanno est le même que Hugues de Jallans, qui figure plusieurs fois comme témoin dans les pièces de notre Cartulaire.

mus *Hanetum;* Helinandus; Radulfus, armiger donne Juliane. Hoc autem factum est coram ipsa Juliana, XII kalendas martii, anno ab incarnatione Domini M°C°XVI.

» Post aliquantos autem annos, predictus Robertus concessit monachis suam partem illius masure terre quam dederat Paganus, filius Richerii (¹). »

(*Cart. de Tiron*, f° 7 v°.)

XII.

Fondation et dotation du prieuré de Saint-Gilles des Châteigniers.

« De Castenariis et apendiciis ejus. »

(1117 circa.)

« Notum sit presentibus atque futuris quod Guillelmus *Goet* (²) et uxor ejus Eustachia filiique eorum Guillelmus, Robertus et Matheus, pro peccatorum suorum remissione, locum istum qui dicitur Castaneorum, a vertice montis ubi est grosum nemus usque ad aquam que Suete dicitur, sicut divisiones comportant, sancte memorie venerabili Bernardo abbati monachisque Sancti-Salvatoris *de Tiron*, sicut ipsi possederant, omnino liberum concesserunt : in quo etiam loco in honore Dei omnipotentis sancteque Dei genitricis Marie sanctique Egidii abbatis, pro sua suorumque parentum defunctorum et omnium fidelium salute,

(¹) La seconde partie de cette charte est en effet bien postérieure à la première. Comme nous le verrons par la suite, c'est seulement en 1130 que Robert de Blainville donna à l'abbaye de Tiron cette seconde portion de la terre de Malaise.

(²) Guillaume Goët, fils d'un autre Guillaume Goët et de Mathilde, fille de Gautier d'Alluyes, était un des plus puissants seigneurs du Perche et a laissé son nom au territoire qu'on a appelé *le Perche-Gouet* pour le distinguer du Grand-Perche. Le Perche-Gouet se composait de ce qu'on nommait *les Cinq-Baronnies*, c'est-à-dire des seigneuries de Montmirail, Authon, la Bazoche-Gouet, Brou et Alluyes. Guillaume Goët possédait-il en réalité tous ces riches domaines? nous en doutons fort, bien que le fait soit accepté sans conteste par tous les historiens. Il est vrai que le titre sur lequel ils se fondent est une charte fausse de notre abbaye, où Guillaume est intitulé seigneur de Montmirail, Authon, le Saulce, la Bazoche, Brou et Alluyes.

proprio censu suisque expensis ęcclesiam in qua plurimi fratres regulariter Deo deservirent honorifice fabricaverunt. Preterea nemus ad edificia sua et ad calefaciendum et ad pastionem porcorum et ad ceteras necessitates eorum similiter concesserunt. Hujus autem donationis testes extiterunt : Herveus sacerdos(¹), Goffredus filius *Girum*, Hamelinus *de Cornille*, Gauterius *Chasnel* (²), Hugo *Desreez* filiusque ejus Hugo Guignalena, Gaufridus de Sancto-Bomaro filiusque ejus Guillelmus, Girbertus *de Jamages*, Odo Poterius, Rotrocus filius Goffredi, Paganus Pulcher frater, Odo *de Scharset*, Drogo *Espichels*, Hugo de Barra et Picardus frater ejus, Bodardus atque filius ejus Hugo, Theobaldus forestarius, Matheus de Quercu-Ederosa.

» Sciendum vero est quod decimam illius terre quam dedit jamdictus Guillelmus *Goet*, necnum et duas partes decime totius terre *de Corfucram* condonavit huic loco Morinus de Claro-Fonte, Ernulfo sacerdote et Haudrico filiis ejus concedentibus. Hoc donum totius prefate decime concessit Girardus, qui alio nomine publice vocabatur Paganus Barzillarum, cum uxore sua et fratre suo Hugone de quorum feodo movet : isdem autem Girardus tunc temporis nullum filium aut filiam habebat.

» Donum quoque ęcclesię Sancti-Thome *de Soise* concessit huic loco(³) idem Girardus Barzillarum et uxor ejus atque Hugo frater ejus, annuente Herveo sacerdote, qui eandem ecclesiam fundamento construxerat. Causa siquidem atque conditione tali concessa fuit hec ęcclesia Sancti-Thome, ne congregationis alterius monachi sive canonici vel quilibet alii alterius eam acquirere vel habere possent, per quod fortassis aliquam calumpniam vel contrarietatem quoquomodo huic loco commoverent. Et ut hoc firmius permaneret, predicti possessores ęcclesię

(¹) Ce prêtre Hervé fut, comme nous le verrons dans la suite de cette charte, le fondateur de l'église de Saint-Thomas de Soizé.

(²) Gautier Chesnel fonda le prieuré de Ceton, qu'il plaça sous l'invocation de saint Pierre. Son frère, Ives Chesnel, reçut en présent des moines de Saint-Denis de Nogent-le-Rotrou, à qui Gautier donna le prieuré, un magnifique cheval qu'il monta pour suivre Rotrou III à la croisade.

(³) Le souvenir de cette donation de l'église de Soizé au prieuré des Châtaigniers est encore vivant à Soizé, où la dévotion à saint Gilles attire chaque année d'innombrables pèlerins.

Sancti-Thomę et tocius prefate decime et ecclesiam et decimam in manu Gaufridi, venerabilis episcopi Carnotensis, dimiserunt; episcopus vero et ęcclesiam et decimam prefatis monachis dedit atque concessit. Hujus rei sunt testes : Theobaudus *de Danjol*(¹), Eustachia uxor Guillelmi *Goet*, Goffredus Infernus, Paganus *de la Bouèche* (²), Adam *Brunel*, Radulfus frater Hervei sacerdotis.

» Terram de Manfesia Girardus Barzillarum atque Hugo frater ejus et Rainardus vicarius huic loco dederunt, eorumdem Girardi et Rainaldi uxoribus concedentibus. Teste : Herveo sacerdote, Eustachia, Engebaudo de Monte-Rahart, Guillelmo *Trunnel*, Ansodo Roberti filio de Inverria, Haudrico de Claro-Fonte, Gauterio *de Foreste*.

» Aliquanto vero tempore post, quando Gaufridus, venerabilis episcopus Carnotensis, cimiterium Castaneorum benedixit, Guillelmus *Goiet* et Eustachia conjux ejus monachis *de Tiron* in prefato loco Deo famulantibus duas meteerias in valle Unverrie, sicut ea die possidebant, filiis eorundem concedentibus, Guillelmo videlicet *Goiet* juniore, Roberto, Matheo, sicut eas tenuerant Rainaudus de Thirinniaco et Raginaudus Caprarius, in presencia episcopi ejusdem Carnotensis, libere et quiete et absque omni consuetudine, dederunt et concesserunt. Testes hujus rei : Herveus sacerdos, Hugo Desredatus, Guillelmus Muschetus, Odo Potarius, Hugo de Brueria, Paganus de Boochia, Hugo de Barra, Pachardus frater ejus et alii plures.

Cum autem ad diem obitus sui predictus Guillelmus *Goiet* pervenisset, prefatos monachos Tironenses apud Deum habere desiderans intercessores, eisdem monachis decimam paagii de Monte-Mirabili, Eustachia conjuge sua et filiis suis concedentibus, Guillelmo videlicet *Goiet*, Roberto, Matheo, pro remedio animę suę, dedit atque concessit. Testes

---

(¹) Le premier seigneur de Dangeau que nous connaissions est Herlebaud qui, en 1064, blessé à mort, vint prendre à Marmoutier l'habit monacal et donna à l'abbaye la moitié de l'église de Dangeau, avec les reliques et les livres liturgiques. Eudes, frère d'Herlebaud, fut chargé d'investir l'abbaye, et il le fit au moyen de la corde de la cloche, *per cordam signi*. Le moine qui recevait l'investiture prit la corde de la cloche et la sonna, *suscipiens cordam, traxit et signum insonuit; quod parechia omnis audivit et vidit.*

(²) Payen de la Bouèche est témoin, en 1116, d'un accord passé entre Gaston de Brou et les moines de Marmoutier pour les dimes des vignes de Nottonville.

hujus rei : Nivelo de Fractavalle, Urso filius ejus, Tebaldus de Dongolio, Hugo de Brueria, Paganus de Boochia.

» Non post multum vero temporis, mortuo Guillelmo *Goiet*, filius ejus Guillelmus junior (¹), pro salute animę suę, et patris sui suorumque predecessorum, quamdam metheriam quę erat juxta alias duas quas pater suus dederat in valle Inverre sepedictis monachis, ita libere et quiete et absque omni consuetudine, sicut ea die possidebat et sicut eam Grimaldus de Mortua-Muliere tenuerat, dedit atque concessit. Homines etiam qui predictam meteream obtinerent eisdem monachis ita liberos et quietos dedit atque concessit ut per totam terram suam nullam redderent consuetudinem. Hoc donum Eustachia mater ejus et fratres sui Robertus, Matheus concesserunt. Testes hujus rei : Herveus sacerdos, Hugo de Brueria, Paganus de Boochia, Gaufridus de Exartis, Garsadonius *de Torihel*, Robertus de Unverra. »

(*Cart. de Tiron*, f° 41 r°.)

XIII.

Confirmation de l'église de Germonville, de bois et terres au même lieu.

(1117 circa.)

Henricus, Dei gratia, rex Anglorum et dux Normannorum, G[aufrido], archiepiscopo Rotomagensi, et Henrico comiti de Auco (²) et Ade de Germundi-Villa et omnibus fidelibus suis Normannię, salutem. Sciatis me concessisse monachis de Tirono donationem, scilicet silvam et ecclesiam et terram et decimas quas eis dedit predictus Adam, et in pace et honore et quiete teneant. Testibus : Roberto episcopo Lincolie,

(¹) Guillaume Goët le jeune, surnommé Meschin, épousa Elisabeth, fille du comte de Chartres, Thibaut IV, veuve de Roger, roi de Sicile. Il passa en Terre-Sainte vers 1169 et y mourut. Son successeur fut Hervé de Gien, qui avait épousé sa fille aînée, Elisabeth.

(²) Henri, comte d'Eu, était fils de Guillaume, comte d'Eu, et d'Hélissende d'Avranches : sa femme, Marguerite de Sully, était petite-nièce de Henri Iᵉʳ. Le comte d'Eu s'allia, en 1118, aux partisans de Guillaume Cliton : revenu au parti du roi d'Angleterre, il fut un des principaux acteurs du combat de Brémule (20 août 1119).

et Roberto comite *de Mellent* (¹), et Willelmo de Warenna comite (²), et Willelmo de Tancardivilla (³) camerario, et Stephano de Albermarla (⁴). Apud Rotomagum, in die qua barones Normannię effecti homines filii regis.

(*Cart. de Tiron*, f° 48 r°.)

XIV.

Don de terres et de bois à Silvenon et à Ruissi.

« De Silvenone. »

(1117-1119.)

« Notum sit omnibus quoniam ego Adela, Blesensis comitissa(⁵), ea que dedi Hugoni, domno abbati Tyronensi, et monachis suis, pro pec-

(¹) Robert possédait le titre de comte de Meulan depuis la mort de sa mère Adeline en 1081. Il succéda à son père, Roger de Beaumont, en 1094, dans les seigneuries de Beaumont, Pont-Audemer, Brionne, etc.; il avait d'ailleurs reçu de Guillaume le Conquérant le comté de Leicester à la suite de la victoire d'Hastings à laquelle il avait pris une large part. Il joua un rôle considérable à la cour d'Angleterre pendant le règne de Henri Iᵉʳ. Ce fut l'un des plus puissants personnages et peut-être le politique le plus accompli de son siècle. Il avait épousé Godechilde de Toëni, qu'il répudia après quelques années de mariage : il se maria en secondes noces avec Elisabeth, fille de Hugues, comte de Vermandois, et frère de Philippe Iᵉʳ, roi de France, qui lui donna neuf enfants.

(²) Guillaume de Varenne, comte de Surrey, enleva Elisabeth de Vermandois, femme de Robert de Meulan, et se maria avec elle. Le chagrin que cette trahison causa à Robert altéra sa raison : il se retira à l'abbaye de Préaux où il prit l'habit monastique et où il mourut le 6 juin 1118.

(³) Guillaume de Tancarville, grand-sénéchal de Normandie, était un des principaux conseillers du roi Henri Iᵉʳ. Pendant les guerres de Henri contre les seigneurs de l'Aigle et de Breteuil, ce fut Guillaume de Tancarville qui fut chargé de l'administration de la Normandie.

(⁴) Etienne d'Aumale était fils d'Eudes, comte de Champagne, et d'Adèle, sœur germaine de Guillaume le Conquérant. On sait qu'en 1095 une vaste conspiration s'était organisée pour le placer sur le trône d'Angleterre.

(⁵) Adèle, quatrième fille de Guillaume le Conquérant, roi d'Angleterre, se maria avec Henri-Etienne, comte de Chartres et de Blois. A la mort de son mari, en 1102, elle gouverna le comté de Chartres pendant la minorité de ses enfants. A leur majorité, elle leur abandonna le bien de leur père et se retira, vers 1122, à Marcigny, couvent de femmes de l'ordre de Cluny, dans le diocèse d'Autun.

catorum meorum remissione, et in Silvenonensi nemore et apud Ruissi, et que datura sum, et ea que homines mei de feodo meo eis dederunt vel dabunt im perpetuum tenendum esse concedo. Hoc autem donum laudavi, presente Goffredo, Carnotensi episcopo, et Petro, priore Sancti-Launomari, et Johanne de Alta-Brueria, et Andrea de Baldimento, et Hunfrido capellano meo, in Pruvinensi camera mea ([1]). »

(*Cart. de Tiron*, f° 30 r°.)

XV.

Confirmation d'une terre à Chinton.

« De loco Adam de Portu. »

(1117-1126.)

« Henricus, rex Anglie, Ricardo, Herefordensi episcopo, et vicariis et omnibus baronibus et fidelibus suis de Herefortscira, salutem : Sciatis me concessisse monachis *de Tiron* donum terre quod Adam de Portu ([2]) eis dedit et concessit, scilicet Chintonam et Bevertonam. Testibus : G[aufrido], Rotomagensi archiepiscopo ([3]), et Rogerio, episcopo Sarisberiensi ([4]), et Ricardo, episcopo Herefordensi, et Rannulfo, canonico, et Raginaldo, filio Johannis. Apud *Herefort*. »

(*Cart. de Tiron*, f° 48 r°.)

([1]) A la suite de cette charte se trouve, dans le *Cartulaire*, un titre exactement semblable émanant de Thibaut IV, comte de Chartres.

([2]) En 1198, nous trouvons dans les rôles du Grand-Echiquier de Normandie un autre Adam du Port, descendant de celui-ci, qui est cité comme devant 36 livres pour la tangue qu'il récolte sur les côtes de la Manche.

([3]) Geoffroy, archevêque de Rouen, de 1111 à décembre 1128.

([4]) Roger, évêque de Salisbury en 1102, fut, avec Robert de Meulan, le favori et le conseiller le plus intime du roi Henri Ier. Il dut sa fortune à un singulier hasard. Il était curé de Saint-Michel de Caen, au faubourg de Vaucelles : Henri Ier, s'étant arrêté à Caen un dimanche, vint à l'église de Saint-Michel pour entendre la messe. Roger expédia la messe avec tant de célérité que le prince, enchanté de sa promptitude, l'emmena en qualité d'aumônier. Dès son avènement au trône, Henri Ier le créa grand-justicier du royaume. Chaque fois que le roi quittait l'Angleterre pour ses expéditions en France, l'évêque de Salisbury était chargé de la régence. Il mourut le 4 décembre 1139.

XVI.

Fondation de l'Abbaye du Joug-Dieu.

(1118, 28 juin.)

« Mirabilia testimonia tua, Domine, in id nos provehunt ut qui terrenis maliciis occupati tibi odibiles efficimur signis et prodigiis tuis dum ea corde capimus ad celestia subveamur : In nomine igitur domini mei Jesu Christi, ego Guischardus, Beljoacensis dominus, cunctis patefacio visionem alto plenam prodigio que nuper michi accidit. Cum enim in camera mea *de Thamaiz* noctis insisterem secreto, subsequens apparuit michi visio. Videbam enim sex venerandos viros habitu huic mondano valde dissimili redimitos, sed maximo relucentes splendore, jugis in colla ligatis, circum dictum locum meum *de Thamaiz* terras triturare, sanctumque virum Bernardum, Tironensium monachorum abbatem, carruce manubrium tenentem, eos ut recto triturarent rigulo stimulo stimulare, atque exhinc uberrimos fructus pullulare vidi. Qua diu et perspicaciter excogitata visione, prenoscens ex hiis quid in futurum hec significarent sanctum adii virum Bernardum predictum, cui suoque monasterio locum ipsum *de Thamaiz* cum ejus appendiciis universis donans, sex ab ipso deposci viros religiosos in ipso loco sub Domini jugo, pro mea antecessorumque et successorum meorum cunctorumque fidelium vivorum et defunctorum salute omnipotenti Deo deprecaturos. Qui hoc sub subsequentibus conditionibus et largitionibus libenti animo michi concessit, volens ut propter visionem predictam de sex religiosis jugo trahentibus locus ipse de cetero Jugum-Dei vocitetur. Largitiones autem sunt hee : locum enim ipsum inpost de Jugo-Dei appellandum cum suis appendiciis ita liberum et immunem ut tenebam, nichil in eo penitus justicie vel alterius cujusvis superioritatis michi vel meis successoribus retinens sibi suoque monasterio Tironensi im perpetuum donavi et dono, utque in eo magnus excrescat religiosorum numerus atque laudabilius et magnificencius Deo deserviatur eidem suoque Tironensi monasterio im perpetuum concessi et concedo. Quod si quid ipse suique successores pro suo Tironensi monasterio vel predicta de Jugo-Dei cella, largitione fidelium, emptu vel alio quovis titulo acquisierint, illud eis exnunc pro in futurum amortizo etiam si feudale existat. Devotione autem quam ad ipsum czenobium habeo, ipsis me successoresque meos dominos Beljoacenses tribuo et dono, imperpetuum monasterii et ipsius religiosorum promptos et humiles defensores. Quod si quis successorum meorum requisitus in defensione defecerit penam quingentarum librarum in auro cocto ipsis religiosis exsolvendarum Tyronensibus ipso facto incurrat. Testes inde sunt : Rondanus *de Alarʒe,* Gotroynus *de Alarʒe,* Petrus de Villafranca, Wido de Courtrambleyo, Gerardo de Pratellis, Yvo de Curvavilla, Gaufridus de Bellovidere, Anselmus de Alassilia, Hymbertus de Malaspina, Goffredus de Veteri-Vico, Willermus de Cantamerula, Paganus de Alastiaco, Sulpicius de Varennis, Stephanus *de Alarthan,* Durandus de Stoldis, Berardus *de Poyle,* Hugo *de Cheneve,* Amblardus de Belloregardo, Hymbertus de Valleguitonis et plures alii. Acta et firmata sunt hec in Tironensi cenobio per traditionem presencium et mee bipenne super magnum altare, consencientibus filiis meis Hymberto, Guiscardo et Gontroyno, et filiabus meis Aalide et Maria, quarto kalendas julias, anno gracie millesimo centesimo decimo octavo, regnante Francorum excellentissimo rege Hludovico. Christianorum nomen et gloriam Christus Dei filius . . . . et dilatet per infinita secula seculorum, amen (¹). »

(Orig. en parchem.)

XVII.

Donation par Rotrou, comte du Perche, de la dîme de tous ses biens et revenus.

(1118, 26 sept.)

« Rotrocus, comes Perticensis (²), omnibus ministris meis in comitatu

---

(¹) Nous publions cette charte, quoiqu'elle soit évidemment fausse, parce que c'est la seule que nous possédions sur le monastère du Joug-Dieu. Ce couvent fut érigé en abbaye en 1138, à la prière de Pierre Ier, archevêque de Lyon, et d'Imbert de Beaujeu, fils de Guichard. Au mois de mars 1688, des lettres-patentes unirent l'abbaye du Joug-Dieu au Chapitre de Villefranche ; cependant des abbés y restèrent jusqu'en 1737, époque où la manse abbatiale fut définitivement réunie au Chapitre.

(²) Le comté du Perche resta uni à la vicomté de Châteaudun jusqu'au milieu du XIe siècle. Le premier comte particulier du Perche fut Rotrou Ier, fils aîné de Geoffroi III, vicomte de Châteaudun. Rotrou Ier eut pour fils Geoffroy IV, auquel succéda vers 1100 Rotrou II, celui qui donna la charte qui nous occupe en ce moment. Ce seigneur avait épousé Mathilde, fille naturelle de Henri Ier, roi d'Angleterre, laquelle périt dans le naufrage de *la Blanche-Nef*, le 25 novembre 1120.

meo Perticensi, salutem : Noveritis me, intuitu pietatis, dedisse monachis Tironensibus dilectissimis meis decimam piscationum omnium stannorum meorum, et decimam etiam utilitatis et obventionum omnium molendinorum meorum, decimam etiam omnium reddituum meorum, ratione totius mei comitatus, tam in granis quam in peccuniis venientium et quarumcumque aliarum obventionum. Quare vobis mando quod ipsas decimas de omnibus, ut premissum est, eis absque quacumque retentione de cetero persolvatis; eas enim per me et successores im perpetuum eis volo solvi; unde has litteras karactere meo communitas eis duxi concedendas. Datum Tironii, sexto kalendas octobris, anno gratie M° C° decimo octavo. »

(*Vidimus orig. en parch.* de Geoffroy V, comte du Perche, de juillet 1200.)

XVIII.

Donations faites par Ives de Courville à l'Abbaye de Tiron.

« De Ivone Curveville. »

(1118 circa.)

« In nomine Patris et Filii et Spiritus-Sancti, ego Ivo de Curvavilla, sciens et mecum revolvens quia qui, in presenti, terrena pro Christo largitur, ei in futuro gloria celestis, qua nichil felicius, reconpensabitur, monachis Tyronensibus quedam beneficia contuli, que quidem presenti cartula denotari volui et futurorum memorie reservari. Quoniam igitur apud *Tyron* locum eorum noviter advenerant et ibi pauperrime sed secundum Deum degentes, totam terram meam quam apud Ogerii-Villam in Blesia habebam eis donavi, excepto quod terram unius carruce monachis de Chonia longe ante jam dederam(¹), et infirmis de Bello-Loco similiter aliam; et quoniam eadem terra de feodo domini

(¹) Nous n'avons pu retrouver la charte de donation faite par Ives de Courville au prieuré de Chuisnes; mais les chartes nous apprennent qu'il eut toujours une dévotion particulière pour ce monastère, dont son grand-père, Ives Ier, avait été l'un des fondateurs vers 1050.

Puteolensis erat(¹), Hugo, filius Ebrardi, tunc heres(²), pro Deo et meo rogatu, donum quod feceram ipse concessit et suo loco firmavit(³). Apud Curvamvillam castrum meum eis quoddam molendinum quod dicitur de Porta qua itur ad Choniam tribui, et furnum quem in eodem castro

(¹) Les sires de Courville se montrèrent toujours les fidèles vassaux des seigneurs du Puiset. On peut lire dans les *Lettres de saint Ives* le récit des tribulations qu'Ives II eut à souffrir de la part de Rotrou, comte du Perche, pour avoir pris la défense de Hugues II du Puiset, lorsque celui-ci partit pour la Terre-Sainte.

(²) Ives de Courville n'avait pas d'enfants; son suzerain, le seigneur du Puiset, se trouvait donc son héritier naturel, si le sire de Courville ne disposait autrement de ses domaines. Ives II paraît du reste avoir souvent varié dans ses dispositions testamentaires. Ici il reconnaît Hugues du Puiset pour son héritier; plus tard, il appelle Foulques du Chêne à lui succéder; plus tard encore il choisit Robert de Vieuxpont pour posséder après lui la seigneurie de Courville.

(³) La filiation des vicomtes de Chartres, seigneurs du Puiset, qui ont joué un si grand rôle aux XIᵉ et XIIᵉ siècles, n'a jamais été établie d'une manière satisfaisante : nous sommes heureux de pouvoir la donner avec certitude.

En 1073, Evrard, vicomte de Chartres, abandonna à ses frères la vicomté de Chartres, *honorem suum*, et tous ses domaines, et distribua aux pauvres tout ce qu'il possédait en or et en argent, puis partit en pèlerinage. A son retour, il se présenta à l'abbaye de Marmoutier pour y prendre l'habit monastique, mais sa femme Humberge s'y opposa. L'abbé Barthélemy se rendit en personne au Puiset, avec plusieurs de ses frères et de ses serviteurs, pour vaincre cette opposition et finit par obtenir le consentement de Humberge.

Hugues, frère d'Evrard, lui succéda dans la vicomté de Chartres et la seigneurie du Puiset. Evrard, son autre frère, eut la seigneurie de Breteuil. Hugues, qu'on a surnommé *le Vieux*, épousa Alix, fille de Guy de Montlhéry et d'Hodierne de Gometz, et mourut vers 1096. Il eut trois fils : Evrard, Hugues et Gui.

Evrard succéda à son père dans la vicomté de Chartres; il épousa Alix de Corbeil, fille de Bouchard et d'Alix de Crécy, et mourut au siège d'Antioche en 1097. Il eut pour fils Hugues *le Jeune*, dont nous reparlerons tout à l'heure.

Hugues, d'abord seigneur du Puiset, hérita de la vicomté de Chartres à la mort de son frère Evrard. Il eut de longs démêlés avec l'évêque Ives de Chartres. Il partit pour la Terre-Sainte en 1107. Il était marié à Manilie, fille d'Ebles II, comte de Roucy; il s'arrêta dans la Pouille avec sa femme, à la cour de Boémond; là, Manilie eut un fils qu'elle laissa en Italie et elle continua avec son mari sa route pour la Palestine. Hugues devint comte de Jaffa, dans la Terre-Sainte.

Au départ de Hugues, la vicomté de Chartres et la seigneurie du Puiset revinrent à Hugues *le Jeüne*, fils d'Evrard. C'est ce seigneur qui lutta pendant si longtemps contre le comte de Chartres et le roi de France. Il épousa Agnès et mourut en 1141, laissant cinq fils : Evrard qui lui succéda et mourut en 1189, Galeran, Gilduin, Raoul et Bouchard.

habebam, cum xii solidis census ad eumdem furnum pertinentibus. Concessi etiam eis stagnum meum et clusam *de Charruel*, ad piscandum semel in anno ad festum sancti Michaelis. Apud Forestam villam meam iterum eis viii solidos census donavi, nemus totum ad hospitandum et ad pastum porcorum suorum, et ejusdem nemoris saltum (¹) ad fenum faciendum; quibusdam vero fratribus eorum apud *Climart* commorantibus totam terram sicut rivus et fossata eam dividunt usque ad forestam. Ad hoc donum adfuerunt : Guillelmus de Valle-Pilon, Garinus de Friesia, Hugo filius Haimerici, Raherius *de Leisart*, Harduinus *Brunet*, Paganus de Frunceito (²), Garinus filius Mainerii, Robertus Ganaschia (³), Gauterius magister, Paganus de Aqua, Ivo filius Herberti, Stephanus *de Corseisailt*, Rainaldus filius Guillelmi, Gaufridus de Locellis (⁴), Carrellus frater ejus, Mascelinus prepositus, Serlo de Foro, Robertus *de Serne*, Gauterius filius Teobaldi, Garinus *de Croet*.

» Eodem die, videntibus istis, Hugo, filius Haimerici, pratum suum *de Treincheisac* et warennam nobis donavit.

» Preter hec supradicta dedit nobis idem Ivo omnes redditus quos habebat in foro de Curvavilla ex minutis rebus, scilicet de pane, de sale, de opere fictili, de alliis (⁵) et de omnibus herbis que in hortis plantantur, et hoc in presentia Goffredi Carnotensis episcopi, conce-

---

(¹) Nous croyons qu'il faut entendre ici par *nemoris saltus* les bandes qui existaient à l'intérieur de la forêt plutôt que la lisière du bois et les fossés qui l'entouraient. Dans beaucoup de forêts, il existait ainsi de vastes landes où l'on récoltait une grande quantité de foin.

(²) Payen de Fruncé assiste comme témoin à une charte donnée vers 1115, par laquelle Ives de Courville confirme plusieurs coutumes à l'abbaye de Saint-Père. Il était fils d'Ives de Fruncé qu'on rencontre dans plusieurs chartes de la même abbaye.

(³) Nous n'avons rencontré qu'un membre de cette famille, *Herbertus de Guanaschia*, témoin, en 1068, d'un accord passé entre Robert de Marray et les moines de Marmoutier pour la terre de Fourvant (*de Fonte-Ventali*), dépendant du prieuré de Chauvigny en Vendômois.

(⁴) Geoffroy de Loucelles céda, vers 1128, aux religieux de Saint-Jean-en-Vallée une maison située à Courville. Dans une donation faite à la même époque par Foulques du Chesne, seigneur de Courville, nous trouvons mentionné Herbert de Loucelles.

(⁵) L'ail était cultivé en grand au Moyen-Age. On rencontre plusieurs donations de la dîme des aulx faites à divers abbayes. Souvent on commençait à planter de l'ail dans les terrains nouvellement défrichés.

dente Fulcone de Quercu, qui Ivoni successit in hereditate Curveville, testibus istis : Garinus de Friesia, Ivo filius Herberti, Hugo filius Aimerici, Guido de Fontibus, Mascelinus *de Reconviller*, Herbertus *de Rovei*, Frodo filius Benedicti, Brito filius Salomonis, Aimericus *Chanart*, Herbertus filius Odonis, Guillelmus frater ejus, Hubertus nepos Gesmeri, Paganus de Chonia. »

(*Cart. de Tiron*, f° 21 v°.)

XIX.

Don de terres et de bois à Asnières.

« De Asneriis. »

(1118 circa.)

« Ego Giraudus *Berlai* de Monasteriolo ([1]) dono et concedo monachis *de Tiron* in elemosina quatuor masuras terre apud Asnerias, et cotidie de luco onus asini ad opus monachorum ([2]), solutas et quietas ab omni consuetudine in perpetuum, pro anima mea et pro animabus patris et matris meę et antecessorum meorum et omnium fidelium, ad servitium Dei faciendum ibidem. Hoc autem donum factum est hiis testibus : Guidone Laurenti filio, Raginaudo de Monforte, apud Monasteriolum, Aimerico Toarcii preposito, et Aimerico Johannis. Scriptor hujus charte fuit Lambertus ([3]), abbas Sancti-Nicholai Andegavensis, qui, dimissa

---

([1]) Giraud était le fils de Berlai III, qui a laissé son nom à la commune de Montreuil-Bellay. Berla III, fils de Giraud et d'Orgueilleuse, prit part aux guerres entre le roi d'Angleterre et le comte d'Anjou, et fut fait prisonnier à Ballon en 1098 par le comte Foulques.

([2]) On consommait au Moyen-Age une énorme quantité de combustible. Nous voyons ici que chaque jour les moines de Tiron pouvaient prendre de bois, la charge d'un âne, dans la forêt de Girard de Montreuil. Pour lessiver leur linge, les religieux de Saint-Taurin dépensaient annuellement de bois vingt-six charretées à deux chevaux. Pour chauffer leurs hôtes, les moines de Montebourg pouvaient, chaque semaine, enlever un arbre dans la forêt de Brix.

([3]) Jean succéda, en 1118, à Lambert dans l'abbaye de Saint-Nicolas d'Angers. Nous voyons par cette charte que celui-ci était de la famille de Montreuil-Bellay.

abbatia, apud G[iraudum], filium suum, Monasteriolo confugerat et
sub ejus patrocinio illic degere decreverat. »

(*Cart. de Tiron*, f° 78 r°.)

XX.

Confirmation des biens de l'Abbaye.

(1119, 1ᵉʳ nov.)

« Calixtus episcopus, servus servorum Dei, dilectissimo filio Guillermo, abbati monasterii Sancti-Salvatoris de Tyronio, ejusque successoribus regulariter substituendis, im perpetuum : Religiosis desideriis dignum est facilem prebere consensum ut fidelis devotio celerem sortiatur effectum. Proinde nos, dilecte in Christo fili, Guillerme abbas, tam tuis quam venerabilis fratris nostri Gaufridi, Carnotensis episcopi, petitionibus annuentes, Sancti-Salvatoris monasterium cui, Deo auctore, presides in apostolice sedis tutelam excipimus et contra pravorum hominum nequitiam auctoritatis ejus privilegio communimus. Statuinus enim ut quecumque bona, quascumque possessiones idem cenobium presenti legitime possidet, sive in futurum, largiente Deo, juste atque canonice poterit adipisci, firma tibi tuisque successoribus et illibata permaneant. Nulli ergo omnino hominum liceat predictum monasterium temere perturbare, aut ejus possessiones auferre vel ablatas retinere, minuere vel temerariis vexationibus fatigare; sed omnia integra conserventur eorum pro quorum sustentatione et gubernatione concessa sunt usibus omnimodis profutura, salva nimirum Carnotensis episcopi canonica reverentia. Idem enim locus in Carnotensi parrochia, in ipsius videlicet ecclesie matricis alodio constitutus agnoscitur, et nos illum in ejus obedientia et subjectione permanere censemus, ita tamen ut nullius exactionibus pregravetur. Si qua igitur in futurum ecclesiastica secularisve persona hanc nostre constitutionis paginam sciens, contra eam temere venire temptaverit, secundo terciove commonita, si non satisfactione congrua emendaverit, potestatis honorisque sui dignitate careat reamque se divino judicio existere de perpetrata iniquitate cognoscat et a sacratissimo corpore ac sanguine Dei et domini redemptoris nostri Jesu-Christi aliena fiat atque in extremo examine districte ultioni subjaceat; cunctis autem eidem loco justa servantibus sit pax domini nostri Jesu-Christi, quatinus et hic bone fructum actionis percipiant et apud districtum judicem premia ęternæ pacis inveniant. Amen.

» Ego Calixtus, chatolice ecclesie episcopus (*monogr.*).

» Data Remis, per manum Grisogoni, sancte Romane ecclesie diaconi cardinalis ac bibliothecarii, kalendas novembris, indictione XIII^a, incarnationis dominice anno millesimo centesimo XIX, pontificatus autem domni Calixti Secundi pape anno primo. »

(*Cart. de Tiron*, f° 1 r°.)

XXI.

Don par Geoffroy de Châteaudun des dîmes qu'il possédait audit lieu.

« De decimis Castriduni. »

(1119.)

« Libet scripto adnotari quod ego Gaufridus de Castroduno[1], pro animę meę, patris matrisque, uxoris atque filiorum meorum salute, necnon omnium parentum meorum remedio, dono Deo et monachis Tyronii decimam majorum teloneorum[2] meorum, et decimam paagii quod se tenet cum majore teloneo, et decimam foragii et decimam

---

[1] Geoffroy IV, fils de Hugues II, vicomte de Châteaudun, avait succédé à son père vers 1110. L'*Art de vérifier les dates* l'a confondu avec Rotrou Ier, comte du Perche, à qui il attribue les enfants de Geoffroy IV : Hugues III, vicomte de Châteaudun, Rotrou, seigneur de Montfort-le-Rotrou, Fulcois, Payen, Agnès et Helvise.

[2] Le tonlieu était un droit de douane et d'entrée qui frappait les denrées, transportées par terre ou par eau, à leur arrivée en ville. Le grand tonlieu se percevait sur le vin, le blé, la viande, etc. Le petit tonlieu frappait les poissons d'eau douce, les aulx et les fruits de toutes sortes.

meę monete proprię, et decimam salis, concedentibus uxore mea, Hugone filio meo et duabus filiabus meis Aupazia et Helvissa, atque nepote meo Gofredo, filio comitis Vindocinensis (¹). Hujus rei sunt testes : Johannes de Secoreio, Rainbertus de Monte-Dubello, Galerannus Sextarius, Stephanus *de Novi* et Odo nepos ejus, Hugo villicus, Godescalcus filius Goffredi legisdocti, Gofredus de Montiniaco, Matheus Rufus, Robertus de Memberolis, Aubertus monacus, Engelardus de Blandevilla, Guillelmus de Porcheria, Juduinus *Desreeth*, Rainaudus *de Spiers*, Paganus *de Plaiseit*, Petrus *Forre*, Odo Pauper, Teobaudus filius *Forre*, Arnulfus de Arena, Ascelinus Cauda-Aarum (²), Robertus venator comitis de Pertico (³), Gervasius de Monte-Berele. Hanc elemosinam posuimus ego et Havis uxor mea super altare Sancti-Salvatoris Tyronensis monasterii, presentibus : Gaufrido Carnotensi episcopo, et Wuillelmo abbate predicti monasterii, et Bernardo capicerio et multis aliis. Hoc donum concessit Teobaudus comes, testibus istis : Andrea dapifero de Baldimento, et Hugone de Castello-Teoderici (⁴), et Odone de Montiniaco, et Rainaldo *de Spiers*, et Hugone Juvene, et aliis multis. Hoc autem factum est, Calixto papa vivente atque Lodovico Francorum rege imperante, incarnationis dominice anno MCXVIIII. »

(*Cart. de Tiron*, f° 23 r°. — *Cart. de Marmoutier pour le Dunois*, p. XLI.)

(¹) Geoffroy, fils de Geoffroy Grisegonelle, comte de Vendôme, mourut avant son père, vers 1130, sans avoir été marié. Geoffroy Grisegonelle avait épousé Mahaut, fille de Hugues II, vicomte de Châteaudun, père de notre vicomte Geoffroy IV.

(²) Il faut lire *Ascelinus Cauda-Arundinis*, Ascelin Queue-d'Hirondelle : nous retrouvons ailleurs ce témoin désigné sous son véritable nom.

(³) Hugues, grand-maître de la vènerie de Rotrou, comte du Perche, avait l'intendance de ses maisons de chasse, qui étaient établies au milieu des forêts de Perchet, du Theil, de Montigny, de Bellême et de Champrond. C'est dans ces maisons qu'on dressait les chiens et les oiseaux de chasse et qu'on veillait particulièrement à la conservation du gibier.

(⁴) Hugues de Château-Thierry, fidèle du comte Thibaut, assiste, avec Hugues, vicomte du Puiset, Gui de Rochefort, Amaury de Maintenon et autres chevaliers, à une donation faite vers 1130 à l'abbaye de Saint-Jean-en-Vallée par les neveux d'Aimery Chenard.

XXII.

Don par Rotrou, comte du Perche, d'une somme de sel à Mortagne et de l'usage dans ses bois.

« De sale. »

(1119 circa.)

« Quoniam humanarum rerum oblivione interveniente et morte que via est universe carnis sua jura vindicante atque dominium suum per universum orbem terrarum exercente, que fiunt sine litterarum apicibus custodiri diu nequeunt, ad posterorum memoriam libet scripto adnotari quod ego Rotrocus, comes Perticensium, dono Deo et monachis Tyronis, pro anima mea et animabus parentum meorum, unam magnam somam salis apud Mauritaniam, in unaquaque ebdomada perpetuo habendam, et decimam annone omnium horreorum meorum. Dono etiam monachis supradictis omnia nemora mea ad domos suas faciendas et ad suum ardere, et cursum porcorum suorum, et pasturam peccorum suorum, et mediteriam *de Arsis,* cum stagno et molendino, et vallem que est justa *Luxvillat* citra aquam, et capellam cum viridario. Signum Rotroci †. Signum Juliane †. Signum Richerii †. Hoc donum factum fuit in plenario capitulo, Goffredo episcopo Carnotensium presente. Cujus rei testis est ipse. Hujus rei sunt testes : Juliana, soror mea (¹), et Richerius, filius ejus ; Gauterius, archidiaconus; Gervasius Capreolus; Robertus Mandeguerra; Robertus *de Cortollein;* Gauterius

---

(¹) Julienne, fille de Geoffroy IV, comte du Perche, et de Béatrix de Roucy, et sœur du comte Rotrou II, épousa Gilbert, baron de Laigle, fils de Richer et de Judith d'Avranches. Elle avait toute la confiance de son frère qui la chargea du gouvernement de son comté pendant une de ses expéditions en Espagne : *Juliana, quæ tunc temporis terram de Pertico in manu tenebat, comite in Hispania morante* (1100). Gilbert mourut vers 1118, laissant six fils : Richer, qui lui succéda ; Engenulfe et Geoffroy, qui périrent dans le naufrage de *la Blanche-Nef;* Gilbert, seigneur du Lac, près Cheronvilliers ; Roger, abbé de Saint-Ouen de Rouen, et Guérin qui se fit aussi religieux. Julienne vivait encore en 1132. Lors de la bénédiction de l'abbaye de la Chaise-Dieu, elle fit don d'une bibliothèque à l'usage des frères ermites du lieu.

Tieir; Paganus *de Mesnil*; Hugo de Noiomio; Enjorricus, filius Hamelini; Arbertus, filius Odonis camerarii; Ranulfus, sacerdos Sancti-Johannis; Ascelinus, clericus. »

(*Cart. de Tiron*, f° 4 r°.)

XXIII

Don par Thibaut, comte de Blois, de 5 sous de rente sur le port de Blois.

« De redditu Blesis. »

(1119 circa.)

« Notum sit omnibus hominibus tam futuris quam presentibus quod ego Teobaldus, Blesensis comes, pro remedio anime meę meorumque antecessorum, dedi Tyronensibus monachis et im perpetuum libere concessi v solidos, singulis annis, de redditu mei portus Blesis, ita ut eos deinceps, libere et quiete, me vivente omnibusque meis successoribus, absque omni contradictione possideant, et quicumque eis inde calumpniam fecerit divine maledictioni et ecclesiastice excommunicationi subjaceat. Ut vero donum hoc firmum et inconvulsum permaneret, mei impressione sigilli confirmari precepi et volui. »

(*Cart. de Tiron*, f° 30 r°.)

XXIV.

Don par la comtesse Adèle du domaine de Monrion.

« De Monte-Rionis. »

(1119 circa.)

« Notum sit omnibus hominibus quod comitissa Ala, mater comitis Thebaudi, dedit monachis Sancti-Salvatoris *de Tiron* locum qui vulgo Mons-Rion appellatur, totum videlicet dominium quod ibi habebat. Et ne parum videretur quod tanti generis pulchritudo tribuebat, quesivit ipsa generosissima comitissa apud Odonem cognomine Malam-Muscam et sororem ejus Reginam illud tantillum terre quod ibi habebant, et tali deliberatione totum nobis dedit. Et ne aliquorum impugnationibus hujus largitionis assertio quassaretur, hoc concesserunt et testificantur : Atho *Borrel* illius dominus, et Guibertus et Anfredus capellani, Petrus *de Rollerz* ([1]), Raimundus de Vienna ([2]), *Graol* prefectus et frater ejus Garinus, Geldoinus *de Meun*, Vitalis forestarius, Benedictus *Bersequalt*, Orgerus *de Ornay*.

» Rainaudus *Borgoil* et filius ejus Odo Mala-Musca, de cognomine patris ([3]), illud tantillum terre quod pater donavit, cum venit ad terram, inquietavit, sed, penitencia ductus, postea concessit, teste prefato Azone, capite domino, et Henrico de Vienna, et Herchenbaudo *Gopil*, Herchenbaudo *de Braceous* filio Iscelini, et Odone de Plano-Villario. »

(*Cart. de Tiron*, fº 46 vº.)

XXV.

Confirmation à l'Abbaye de Cathmeis des dons faits par Robert, fils de Martin.

(1119 circa.)

« Henricus, rex Anglie, abbati et toti conventui Tironensi, salutem. Concedo Deo et sancte Marie et abbatie de Cameis terras et omnes res

---

([1]) En 1105, la comtesse Adèle, entre autres privilèges qu'elle accorda à l'abbaye de Saint-Lomer de Blois, confirma l'abandon d'une terre au bourg de Saint-Nicolas de Blois fait à ladite abbaye par Praxède et son fils Azzon Borrel. Parmi les témoins de cette charte figure *Petrus de Rollere*. — *Hugo de Roulleis* est nommé parmi les témoins d'une charte de Thibaut V en faveur de la même abbaye (1196).

([2]) *Raimundus Vigenna* fut témoin, en 1104, du don fait par la comtesse Adèle, d'une partie de la Forêt-Longue, à l'abbaye de Marmoutier. Vers 1120, *Salomon de Vienna*, du consentement de sa femme Brunehaut et de son fils Breton, donna à l'abbaye de Josaphat une terre à Saint-Arnoult-des-Bois.

([3]) Conme nous le voyons, le nom patronymique des Malemouche était *Borgoil*. Ce dernier nom disparut tout-à-fait, et les descendants d'Eudes ne sont connus que sous leur surnom. On les rencontre fréquemment dans les chartes du XIIe siècle. Dès 1080, on voit *Odo Mala-Musca* figurer comme témoin de la confirmation de l'église de Nottonville faite à l'abbaye de Marmoutier par le comte Thibaut III.

T. I.

quas Robertus, filius Martini, predictę abbatie dedit vel daturus est. Et ipsa abbatia ita libera sit et quieta, sicut concesseram illam fuisse liberam et quietam dum cella fuit. Teste Willelmo de Albineio Britone, apud Sanctam-Walburgam. Et sciatis quod hoc etiam concedit Willelmus filius meus (¹). Teste Otuero filio comitis. »

(*Cart. de Tiron*, f° 48 r°.)

XXVI.

Confirmation des dons faits par Robert, fils de Martin, dans le pays de Galles.

« Concessio regis Anglici de Galis. »

(1119 circa.)

« Henricus, rex Anglię, archiepiscopis et episcopis et omnibus baronibus et fidelibus suis totius Anglie, et nominatim illis qui in Vallis conversantur, salutem. Concedo Deo et monachis *de Tiron*, pro anima mea et uxoris meę ac prolis, necnum et patris et matris mee et antecessorum meorum, donationem et elemosinam illam perpetuo possidendam, quam Robertus, filius Martini, pro salute animę sue, in Vallis eisdem monachis de jure suo largitus est. Testibus : Rannulfo cancellario, et Goiffredo filio Pagani, et Willelmo Peurello-Cloure, et Hugone de Monte-Forti (²), et Guillelmo *de Rollos* (³). Apud Moritonium. »

(*Cart. de Tiron*, f° 48 r°.)

(¹) Guillaume, fils du roi Henri Ier, mourut dans le naufrage de la Blanche-Nef, le 25 novembre 1120.

(²) Hugues de Montfort n'appartenait pas à la famille de Montfort-l'Amaury, mais à celle de Montfort-sur-Risle. Il avait épousé une fille de Robert de Meulan, et il eut un fils nommé comme lui Hugues de Montfort, qui eut de longs démêlés avec son oncle Galeran de Meulan.

(³) Guillaume de Roullours est le père de Richard de Roullours, célèbre par ses travaux d'agriculture. Richard avait épousé la fille de Hugues d'Envermeu, seigneur de Bourn et de Deeping. Il s'appliqua au dessèchement de vastes marais à Deeping, dans le comté de Lincoln, et réussit si bien dans son entreprise qu'à l'endroit où il n'y avait autrefois que d'affreux marécages, *profundi lacus et paludes immeabiles*, il se forma une riche paroisse.

XXVII.

*Don par Henri, roi d'Angleterre, de 15 marcs d'argent
à Winchester.*

(1119-1126.)

« H[enricus], Dei gratia, rex Anglorum et dux Normannorum, archiepiscopis, episcopis et omnibus baronibus et fidelibus suis tocius Anglie et Normannie, salutem. Sciatis me dedisse Deo et monachis *de Tyron*, pro salute anime mee et uxoris et prolis, necnon patris et matris mee antecessorumque et successorum meorum, xv marcas argenti ad calciamenta corum, de thesauro meo, in festo sancti Michaelis, Wintonie accipiendas, singulis annis in perpetuum. Testibus : Rannulfo cancellario, et G[aufrido] Rothomagensi archiepiscopo, J[ohanne] Luxoviensi episcopo, Roberto de Haia (¹), Nigello de Albigniaco (²). Apud Cadomum. »

(*Cart. de Tiron*, f° 50 r°.)

(¹) Robert de la Haye assista comme témoin à plusieurs chartes de Henri Ier, roi d'Angleterre. Nous pouvons citer entre autres une charte de 1130 par laquelle Henri Ier confirme la fondation du prieuré de Notre-Dame du Désert faite par Robert II, comte de Leicester.

(²) Noël d'Aubigny devint comte de Northumberland vers 1096, à la mort de Robert de Montbray, dont il épousa la veuve, Mathilde, fille de Richer de l'Aigle et de Judith d'Avranches. Il la répudia peu après pour épouser en 1118 Gundrède, fille de Girard de Gournai et d'Edith, sœur de Guillaume de Varenne, comte de Surray. Noël était fils de Roger d'Aubigny et avait pour frère Guillaume d'Aubigny, qui reçut de Guillaume le Conquérant la baronnie de Bokenham et la charge de grand-bouteiller du royaume, qui y resta attachée.

XXVIII.

*Don d'une maison rue aux Fèvres (auj. rue de la Clouterie),
à Chartres.*

« De domo Evardi fabri, Carnoti. »

(1119-1136, 24 juin.)

« Notum sit omnibus fidelibus tam presentibus quam futuris quod Guillelmus, abbas Tyronensis, et totus conventus ejusdem cenobii concesserunt in capitulo Evardo fabro et uxori ejus Legardi domos quas habebant in foro Carnotensi liberas et solutas, sicut ipsi possidebant, im perpetuum, ad dandum et ad vendendum, sine omni calumpnia, cuicumque voluerint. Et ipse Evardus et uxor ejus Legardis eodem modo in eodem capitulo concesserunt Guillelmo abbati et fratribus Tyronensibus domum suam cum omnibus appendiciis, sicut possidebant, liberam atque solutam, im perpetuum, ad dandum et vendendum, cuicumque voluerint, sine omni calumpnia. Est autem hec domus in vico Fabrorum. Hoc etiam concesserunt ipsi monachi ut Evardus, quamdiu viveret, fabricam ferrariam que in eadem domo erat possideret. Factum est autem istud in capitulo Tyronensi coram abbate Guillelmo et fratribus ejusdem cenobii; assistentibus etiam de secularibus : Eustachio clerico; Gumberto coco; Huberto Asinario; Odone; Lamberto nepote Legardis. Data Tyroni, octavo kalendas julii, per manum Rainaldi monachi, regnante Ludovico Philipi. Insuper abbas et fratres concesserunt eidem Evardo fabro et uxori ejus Legardi, quamdiu vixerint, duos modios frumenti et duos vini, et quicumque eorum supervixerit unum modium frumenti et alterum vini. »

(*Cart. de Tiron*, f° 12 r°.)

XXIX.

Vente par l'abbaye de Tiron d'un demi-arpent de vigne à Saint-Martin-au-Val.

« De vinea Carnoti. »

(1119-1141.)

« Sciant tam presentes quam futuri quod domnus abbas W[illelmus] universusque conventus Tyronensis vendiderunt Hugoni, filio Geberge, dimidium arpentum vineę (1), quod est apud Sanctum-Martinum-de-Vale, quod illis Hubertus et Radulfus, filii Salomonis, monachi illorum, reliquerant. Idem autem Hugo annualiter illis de censu tres solidos et tres denarios reddit, et monachi eam illis, si aliqua calumpnia exorta fuerit, testificabuntur. Littere autem iste apud *Tyron* scripte sunt. »

(*Cart. de Tiron*, f° 14 v°.)

(1) Il y aurait toute une étude à faire sur la culture de la vigne au pays chartrain à travers les différents siècles. Elle était certainement beaucoup plus florissante au XIIe siècle que de nos jours : le vin ne devait pas être meilleur, mais on n'était pas gâté comme aujourd'hui par les communications avec le Midi. Un poète du XIIIe siècle, Jean le Marchand, auteur du poème des *Miracles de la Vierge*, raconte qu'un troubadour, sans doute un peu esprit fort, laissa son compagnon accomplir seul le pèlerinage de la Vierge et s'en fut rendre visite aux taverniers de la ville :

> Car la parole et le renom
> Des bons vins avoit entendu
> Qui à Chartres èrent vendu
> Clers, seins, nès et délicieux.

Les grands personnages qui venaient à Chartres n'avaient garde de dédaigner les cadeaux de vin du cru que les échevins s'empressaient de leur offrir. Au XVIIe siècle encore, l'historien Souchet déclare que « la Beauce fournit grands clos de vignes donnant de très bons vins ».

XXX.

Sauvegarde du roi Louis le Gros.

(1120, 12 avril.)

« In nomine sancte et individue Trinitatis, Patris et Filii et Spiritus-Sancti, amen. Cum regalis preeminentie semper sit ecclesias precipuumque relligiosa loca a noxiis preservare ac libertatibus et privilegiis dotare quibus mundanos fluctus evittent, eapropter et hiis motus, ego Hludovicus, Dei dono, rex Francorum humilis, affectione pervalida quam ad mihi devotissimos monachos Tyronenses habeo per me noviter fundatos, ipsis semper volens donis multiplicibus accrescere ut eo magis preces effundant Altissimo pro nostris peccaminibus redimendis, quo munificentiis regiis preservati quietam magis et tranquillam ducent vitam, in aliquantam etiam vicissitudinem sanitatis illius perincurabilis infirmitatis precibus venerabilis et Deo devotissimi viri Bernardi, ipsorum monachorum Tyronensium patris, recuperate, illorum quieti et tranquillitati nunc et per in futurum solerter intendens, ne, per curiarum vagitus saliendo, adminus obsequiis sequestrentur, in perpetuum valitura et donatura regali munificentia, tam nostra absoluta quam ordinaria auctoritate et potestate, eis et eorum monasterio in perpetuum concedimus et largimur quod ipsum monasterium Tyronense super administrationes et membra sua et sibi subjecta, presentia et futura, in omni regni nostri solo existentia, sicuti spirituale caput est, ita omni temporali emineat et fulciatur ditione, dominio et superioritate, volentes et in perpetuum premissis, tam absoluta quam ordinaria auctoritatibus et potestatibus, ordinantes et largientes quod quibusvis forisfacto, ressorto, appellatione, defectu justicie, realitate, personalitate et quacumque civilitate et jurisdictione temporali ac quibuscumque aliis superioritatibus, membra et administrationes ipse ac earum et eorum ministri et religiosi, necnon membrorum ipsorum et administrationum ipsarum familiares, subditi et homines quicumque, presentes et posteri, coram ipso Tyronensi monasterio capite suo, tanquam immediato superiore, omissis quibuscumque mediis immediate respondeant, caputque ipsum monasterium Tyronense ac ejus abbas, conventus et ceteri ministri, relligiosi, necnon eorum familiares, subditi et homines quicumque, presentes et futuri, quibusvis forisfacto, ressorto, appellatione, deffectu justicie, realitate, personalitate et quacumque civilitate et jurisdictione temporali ac quibuscumque aliis dominiis et superioritatibus, post ipsius monasterii Tyronensis Curiam, coram magnis presidentialibus nostris, Parisiis vel alibi ubi nostra precellens et suprema regalis regalis Curia residebit, immediate et solummodo habeant et teneantur respondere, nec agere, respondere vel se deffendere super quibusvis forisfacto, ressorto, appellatione, defectu justicie, realitate, personalitate et quacumque civilitate seu quibuscumque aliis, per aliquos justiciarios sive regios sive alios coram se tanquam superioribus, sed nec per alium modum nec alibi quam ubi premissum est, ipsi abbas, conventus, monasterium, ministri, relligiosi, familiares, subditi et homines premissi, presentes et posteri, compellentur inviti, nec aliquid jurisdictionis, dominii vel superioritatis super ipsos monasterium, abbatem, ministros, religiosos, subditos et homines premissos et eorum bona, sive ex officio, sive ad partis instantiam, occasione alicujus premissorum vel alias, ab ipsis justiciariis sive regiis sive aliis intentetur, ne super eos in aliquo cognoscere habeant vel videre. Ipsos enim in speciali nostra gardia et tuitione alias et nunc suscepimus et adhuc suscipimus per presentes, ut omnes eis vim inferentes vel inferre volentes, forisfacientes et sua detinentes, occupantes, retinentes et denegantes, suosque debitores, et alios quos in judicium evocare voluerint in omni regni nostri dispertione constitutos, coram ipsis presidentialibus vel aliis, si maluerint, justiciariis regiis tam in reali quam in personali, et sive in criminali sive in civili, ipsi abbas, conventus, monasterium, ministri et religiosi premissi evocare et trahere possint, ac quod, per nostre predicte salvagardie significationem et notificationem, deffensionem et inhibitionem ex parte nostra, ipsis vim inferentibus vel inferre volentibus seu comminantibus, et aliis suis malefactoribus legitimum assecuramentum dandum et dare faciendum et compellendum, per corporum suorum, si expedire viderint, arrestationem, captionem et incarcerationem et alias, violentos ipsos forisfactores, molestatores et malefactores a violentiis ipsis, malefactis et molestiis propellere et de illatis satisfacere sua detinentes, occupantes, retinentes et denegantes, ad ea restituenda et reddenda et debitores ad sua debita eis solvenda, per suorum bonorum arrestationem, captionem, venditionem et explectationem, compellere ipsi presidentiales et alii justiciarii, clientes et servientes regii refragantes, coram ipsis presidentialibus vel aliis justiciariis regiis, prout religiosi ipsi maluerint, evocando auctoritate regia, absque aliis nostris vel successorum nostrorum Francorum regum vel quorumvis justiciariorum seu officiorum regiorum scriptis vel mandatis, exnunc in posterum in perpetuum omnino possint et valeant, hac nostra, sicut premissum est, tam absoluta quam ordinaria auctoritatibus et potestatibus et regali munificentia in perpetuum valitura, eis concedimus et largimur. Te quoque, sancte vir et venerabilis, Bernarde, tuosque successores abbates Tyronenses de domo, familia et consultu regiis in perpetuum esse volumus, et eorum qui de domo, familia seu consultu regiis sunt libertatibus, prerogativis, privilegiis et immunitatibus gaudere in perpetuum largimur, constituimus ac etiam ordinamus, intuitu siquidem dulcissimi filii nostri in ipso Tyronensi cenobio per nos Deo oblati, et dignissimos, de quo letabundi exultamus, Redemptori nostro refferenti fructus; consideratione etiam precum devotarum et orationum que pro vivis et defunctis Francorum regibus quotidie singulisque horis Altissimo in ipso monasterio porriguntur, necnon multimodorum beneficiorum et obsequiorum que ab ipso sancto abbate et suis religiosis habuisse nos cognoscimus. Quibus ex causis, ipsum monasterium de bonis a Deo nobis collatis fundavimus et dotavimus : honorem et tranquillitatem ipsius monasterii et ipsorum religiosorum presentium et futurorum pre ceteris quibuscumque desiderabiliter affectantes, eas et alias multifarias largitiones, libertates et prerogativas eisdem et suis suppositis concessimus et largiti sumus, vos successores nostros Francorum reges et vestras gentes ipsas firmas tenere et ab aliis teneri, per viscera misericordie Jesu-Christi et per eam quam optatis Paradisi gloriam, obnixius deprecantes. Has autem nostrarum regiarum largitionum editiones nemo infringere audeat in futurum; qui autem secus egerit, indignationem et forisfactum regie celsitudinis se noverit incurrisse. Unde in supradictorum omnium robur et testimonium, presentes sigilli regii auctoritate et nominis nostri karactere communiendas duximus. Acta sunt hec in predicto monasterio Tyronensi, secundo idus aprilias (¹), anno gratie millesimo centesimo vicesimo, astantibus nobiscum in ipso monasterio quorum nomina subtitulata sunt et signa. Signum Anselli dapiferi †. Signum Hugonis constabularii †. Signum Gilberti buticularii †. Signum Widonis camerarii †. Data per manus Stephani (*monogr.*) cancellarii (²).

(*Orig. en parch. — Vidimus sur pap.* de 1633.)

(¹) La date même de cette charte offre une difficulté. La fête de Pâques était le 18 avril en l'année 1120, le 10 avril en l'année 1121. Le 2 des ides d'avril correspond au 12 avril : on ne peut donc reporter à l'année 1121 cette charte datée du 12 avril 1120; et cependant le 12 avril 1120 (*anc. st.*) devrait en réalité appartenir à l'année 1121.

(²) Nous n'avons pas besoin de dire que cette pièce est fausse. Nous n'aurions jamais songé à publier un tel pathos si nous n'avions été curieux de montrer quelles étaient les connaissances paléographiques aux XVI° et XVII° siècles. Malgré l'insistance du Chapitre de Chartres, ce titre fut déclaré parfaitement authentique par le Parlement de Paris au

XXXI.

Confirmation de la fondation de l'Abbaye de Cathmeis.

« De Cathmeis. »

(1120.)

« Quoniam cuncta quę fiunt temporaliter, humanę mortalitatis necessitate cogente, quam cito oblivioni traduntur, placuit nobis notificari presentibus atque futuris quod monasterium de Galis, in episcopatu Sancti-David, in partibus de Cameis, prope antiquam cellam Sancti-Dogmaeli, non longe ab alveo Thevi fluminis, in honore Dei genitricis Marię fundatum quondam, cella extitit monachorum Sancti-Salvatoris *de Tyron*, plurimis ibidem fratribus sub priore degentibus; sed quia Robertus, Martini filius, qui tunc temporis sub Henrico, optimo rege Anglorum, terrę illius dominium tenebat, propter honorem et exaltationem sanctę ecclesię, in supradicti loci prioratu abbatem constitui a domno abbate Willelmo et omni conventu Tyronensi poposcit, Deo providente, concessum est. Ipse autem rex et filius ejus Willelmus atque jamdictus Robertus eandem abbatiam Sanctę-Marię de Cameis ita liberam omnibus temporibus concesserunt ut nichil in ea posset constitui ab aliqua potestate seculari, scilicet nec ab ipso rege vel ejus principibus nec ab ejus vel eorum successoribus. Concessit etiam ipse rex et Willelmus filius ejus et supradictus Robertus et abba tunc primum in supradicto loco de Galis electus et ejus monachi ut omnis electio futura abbatum ejusdem loci de Cameis et omnium locorum eidem loco subjectorum, si forte et ipsi abbatias instituerint, in providentia et potestate domni abbatis Tyronensis atque omnis conventus sit

---

XVIᵉ siècle, et jusqu'à la Révolution il servit de base aux prétentions non-seulement de l'abbaye, mais de tous les prieurés qui lui étaient soumis. — Au point de vue historique, c'est là seulement que l'on trouve le récit de cette maladie incurable dont Louis le Gros fut guéri par les prières du bienheureux Bernard ; là seulement qu'on rencontre la mention de ce fils consacré à Dieu par le roi dans l'abbaye de Tiron : deux faits adoptés sans contrôle par tous ceux qui se sont occupés de l'histoire de notre abbaye.

jure perpetuo, testantibus Willelmo de Albigneio et Othoeno comitis filio, apud Sanctam-Walburgam. Si vero quicunque abba sepedicti loci Sanctę-Marię de Cameis vel aliorum locorum eidem subjectorum, aliter quam oportet, indecenter et seculariter, quod absit, se suosque rexerit vel etiam a nostrę humilitatis habitu et a nostris aliis religiosis institutionibus recesserit, virga et imperio pastoralis regiminis ęcclesię Tyronensis est removendus atque alter qui dignus sit constituendus. Cavendum est autem, in quolibet modo ex quacunque parte, aliqui vel in petendo honoris ambitione vel in concedendo avaricie cupiditate cecati, crimen symoniacę heresis incurrant; quod quicunque fecerit, ut justum est, a Christo anathema sit. Hoc vero provisum est prope vinculum caritatis et unitatem fraternitatis, quę nec spacio locorum nec intervallo temporum sejungi debent, quod quando unusquisque ex abbatibus supradictę ęcclesię Beatę-Mariae de Cameis a domno abbate et omni conventu Tyronensi expetitus et electus fuerit (¹), tunc matri ęcclesię Dei Salvatoris *de Tyron* in presentia abbatis qui tunc preerit et omnis conventus Tyronensis eidem ęcclesię Tyronensi et rectoribus ejus obedientiam et debitam subjectionem ipse tunc noviter electus abba et ejus monachi qui tunc presentes aderunt coram Deo promittant. Quando autem domnus abbas Tyronensis ad sepedictum locum Sanctę-Mariae de Cameis vel ad quemlibet locorum ei subjectorum advenerit, ut decet, honorifice recipiatur, et ipse abbas ejus loci propriam sedem suę digni-

---

(¹) Nous trouvons dans le *Cartulaire*, f° 11 v°, sous le nom de Jean II de Chartres, qui fut abbé de Tiron, de 1277 à 1297, la formule adoptée pour la nomination des abbés dépendant du monastère : « *Frater Johannes, divina permissione, abbas humilis Tyronii, totusque ejusdem loci conventus, dilectis sibi in Christo filiis priori et conventui (talis) monasterii, salutem et sinceram in Domino caritatem. Cum nobis resignationem (vel decessum) fratris (talis), quondam abbatis vestri monasterii, per vestras patentes litteras nunciantes, a nobis exinde cum supplicatione petieritis vobis diem certum prefigi in quo sit vestro viduato monasterio de pastore in nostro Tyronensi monasterio, prout moris est, providendum, nos petitioni vestre benigniter annuentes, vobis diem (talem) duximus assignadum, qua die apud Tyronum, in capitulo et hora capituli, per procuratores sollempnes et certos ac sufficienter instructos, qui a vobis habeant mandatum et posse, cum videlicet petendi et recipiendi, loco vestri et vestro nomine, quem in nostro Tyronensi monasterio, ut moris est, duxerimus eligendum, compareatis. Intimamus vobis nichilominus quod, sive ad dictam diem miseritis, sive non, nos ad electionem abbatis monasterii (talis) procedemus, prout de jure et approbata consuetudine fuerit procedendum.* »

tatis ei preparet, in choro scilicet, in capitulo et refectorio, et ubique ei paterna reverentia exhibeatur, sicut dicit Apostolus : « Cui honorem honorem, » itemque idem : « Honore invicem prevenientes. » Omnis vero substantia corporalis nostrorum ita communis sit ut si forte in aliquo nostro monasterio temporalium rerum eguerint, ex aliis eis subveniatur. Et spiritualium beneficiorum tam pro vivis quam pro defunctis tanta sit unanimitas ut ex utraque parte sic pro aliis quam pro suis propriis fratribus ferveat karitas ut nulla penitus sit diversitas. Statutum autem et definitum est a domno abbate Willelmo et omni congregatione Tyronensi ut abbates ecclesię Tyronensi subjecti qui in transmarinis partibus sunt et erunt, semper in tercio anno, stabilitate et confirmatione nostrę religionis et gratia visitandi fratres, in sollennitate sanctę Pentecostes apud Tyronense cenobium congregentur. Et si aliquis ex fratribus inobediens quicumque ex istis partibus recesserit, nequaquam parti alteri sine litteris commendaticiis conjungendus erit. Hoc autem notum sit sanctę ecclesię filiis quod Tyronensis ecclesia tale privilegium habet sanctę et apostolice Romanę ecclesię ut quicunque in aliqua re injuriam ei qualibetcunque causa voluerit inferre, ab ipso papa pastore et rectore totius sanctę christianitatis, qui specialiter in sancta ecclesia ligandi atque solvendi potestatem Apostolorum vice suscepit, excommunicatus sit; servantibus autem et idem Christi patrimonium amplificantibus benedictio et pax a domino Jesu Christo, qui cum dives esset pro nobis pauper factus est ut nos sua paupertate ditaret et sua infirmitate sanaret. Haec autem facta sunt anno ab incarnatione Domini millesimo centesimo vigesimo, regnante Ludovico Francorum rege et Henrico Angliam gubernante. »

(Orig. en parch.)

XXXII.

Don par l'Évêque de Paris de l'Église de Jardy.

(1120.)

« In nomine sanctę et individue Trinitatis, quoniam pastoralis est officii ad honorem Dei et ecclesię provectum religionis ordinem exaltare et honorare et Deo militancium quieti discretionis moderamine in omnibus providere, monachos *de Tiron*, monastici ordinis strenuos imitatores, et quantum ad humanum spectat examen tam fama quam vita pollentes, in nostram parrochiam vocavimus et locum in quo Deo militarent disponendo elegimus. Sciendum igitur est quod nemoris illius quod Jarzia vocatur medietas tam de nemore quam de terra campestri et omnibus aliis ad Parisiensem pertineat episcopum, altera vero medietas ad Hugonem de Calvo-Monte, regis scilicet constabularium(¹), quam idem Hugo de feudo abbatis Sancti-Germani-de-Pratis jure possidet hereditario. Communicato igitur domni abbatis et predicti Hugonis consilio, monachis *de Tiron* ecclesiam que in nemore est Jarzia, quasi locum a Deo eis paratum, perpetuo habendam libere et quiete possidendam concessimus, ea tamen ratione servata ut parrochianus de villa que Soregnis vocatur aut de alia villa que Cella(²) dicitur in cimiterio predictorum monachorum non sepeliatur nisi prius per abbatem recipiendi licencia habeatur. Determinatum est etiam quod si in loco illo villa forte efficiatur, media pars hospitum Soregnis parrochialiter sepeliatur, altera vero pars ad arbitrium episcopi tumulanda deferatur. Monachi vero de Jarzia tam servientes quam monachos suos in cimiterio suo, nullius super hoc requisita licentia, potestative sepeliant. Nullum vero aut hominem aut hospitem Sancti-Germani in suum recipiant famulatum. Ut autem firma et inconcussa maneat hujusmodi concessio, ego Girbertus, Dei misericordia, Parisiorum episcopus(³), assensu canonicorum nostrorum, et Hugo, abbas Sancti-Germani(⁴),

(¹) Hugues de Chaumont était fils de Sulpice, seigneur d'Amboise et de Chaumont-sur-Loir. Il perdit son père fort jeune, en 1095, et fut placé sous la tutelle de son oncle Lisoie de Bazouges. Il eut de longs démêlés avec Renault, seigneur de Château-Renault, dont il finit par être vainqueur. En 1129, il partit pour la Palestine avec le comte Foulques d'Anjou, laissant à son fils Sulpice les seigneuries d'Amboise et de Chaumont.

(²) La Celle, *Cella super Sequanam*, avait été donnée à l'abbaye de Saint-Germain-des-Prés par l'abbé Waldromerus, à la fin du VII⁰ siècle. Dans l'accord fait en 829 entre l'abbé Hilduin et les moines pour le partage des revenus, on voit que la Celle fut une des villes attribuées aux religieux.

(³) Girbert, évêque de Paris, de 1116 à 1123.

(⁴) Hugues, d'abord moine de Saint-Denis, devint abbé de Saint-Germain-des-Prés en 1116; il mourut le 24 mars 1146.

assensu monachorum suorum, et Hugo de Calvo-Monte, assensu uxoris suę Luce nomine, presentem cartam quasi hujus doni memoriale eternum fieri voluimus, et nominibus tam monachorum quam canonicorum et laicorum ex parte Hugonis insignitam sigillis nostris firmavimus. Actum publice Parisius anno ab incarnatione Domini M°C°XX, episcopatus nostri IIII, adstantibus in capitulo nostro : Bernero decano, Adam cantore, Durando presbitero, Teoderico presbitero, Landone presbitero, Stephano archidiacono, Denberto diacono, Rainaldo diacono, Henrico archidiacono et subdiacono, Hugone subdiacono, Guillelmo subdiacono, Petro acolito, Andrea acolito, Guillelmo acolito; et in capitulo Sancti-Germani : Roberto presbitero, Odone presbitero, Lisiardo presbitero, Rannulfo diacono, Stephano diacono, Paulino diacono, Lanfredo subdiacono, Ademaro subdiacono, Arnulfo, Andrea, Fulchero acolito, Simone acolito. »

(*Cart. de Tiron*, f° 62 r°.)

XXXIII.

Confirmation par Rotrou, comte du Perche, de tous les biens de l'abbaye d'Arcisses.

« De Arsitiis scedula. »

(1120 circa.)

« Quoniam quidem commodorum temporalium occupatior cura nos hactenus dominici illius precepti factores, in quo que possidemus pro pauperum necessitate vendere precipimus, reddidit quod deterius est pigriores amodo saltim alterius implendi desiderio ferventiores impigri reddamur avidiores, eternorum tabernaculorum effici si volumus habitatores, quo dicitur : « Facite vobis amicos de mammona iniquitatis, » et cetera. Hoc precipue aliisque preceptis quamplurimis tandem excitatus, ego, Perticensis comes, Rotrocus, quadam forte die, dum aput Nongentum, in aula plenaria, mea circonstante curia, resideem, omnia que antea monachis Tyronensibus apud Arsitias commanentibus, pro amore divino et pro salute anime mee meorumque antecessorum, donaveram, assensu generis mei Helie filieque mee Philippe ([1]), cum presentium baronum auctoritate totiusque presentis curie, concessi, corroboravi, confirmavi. Hec igitur ut omnium tenatius recondantur memoria, divisim per singula subscribantur capitula : capella videlicet de Arsitiis cum omnibus edificiis eidem capelle pertinentibus ; medietaria quoque mea propria sicut dividitur a terra Radulfi de Caritate ; terra etiam de Soillato sicut eam dividit vallis Soillati usque ad terram Blanchardi ; aqua etiam Dilugie a stagno Brenellie usque ad Auseam, ita libera et quieta ut nullus supradicte aque pisces prendere infra terminos audeat designatos ; aqua quoque Ausee a molendino de Crononio usque ad molendinum de Margonio ; decimaque furni Ferrerie ; pastura etiam boum in nemore meo quod Perticus dicitur et ad carrucas faciendas queque necessaria ([2]) ; mortua quoque ligna ejusdem nemoris ad calefaciendum et ad construendum quicquid vineis comprehenditur esse necessarium ([3]) ; in omnibus vero illis meis nemoribus pastura omnium bestiarum suarum mortuumque nemus ad calefaciendum et vivum ad quecumque sive ad edificia vel queque alia fuerit necessarium. Hujus rei testes sunt : Juliana, soror mea, et Garinus Capreolus ; Robertus Mandeguerra ; Guiardus de Monte-Dulcet ; Robertus Aculeo ; Radulfus de Caritate ; Paganus de Sancto-Quintino ; Radulfus *Bovet* ; Goffredus prior ; Fulcoius cellararius ; Adelelmus de Sancto-Cipriano, totaque presens curia. Hoc concessit gener meus Helias et filia mea Philippa, et quicquid amplius tunc vel deinceps eisdem monachis dare vellem.

» Post aliquantum temporis, ego, apud Arsitias quadam forte die veniens, insuper dedi eisdem monachis nemus quod Sela dicitur, sicut

---

([1]) Philippe était fille du premier mariage de Rotrou II, comte du Perche, avec Mathilde d'Angleterre. Elle fut mariée à Elie d'Anjou.

([2]) Dans beaucoup de forêts, les paysans avaient le droit de prendre le bois nécessaire à l'entretien de leurs charrues. Dans une charte de 1220, relative à la forêt de Roumare, on lit ce qui suit : *Omnes illi qui faciunt aratra et manent in terra consuetudinis habent boscum duabus vicibus in anno, ad faciendum aratra sua.*

([3]) On rencontre dans les chartes du XIIe siècle plusieurs mentions de concessions faites aux paysans du bois nécessaire pour la confection des échalas destinés à soutenir les vignes. En 1168, l'archevêque de Rouen concède aux moines de Mortemer, *in foresta nostra escharaz ad vineas predicte terre.*

illud metatus sum per fagos et quercus (¹). Deinde, ex parte molendini Ruitorie, dedi terram quemadmodum dividitur a terra hospitis et meditcariorum meorum usque ad ipsum molendinum. Dedi etiam eis ad vestituram, in redditibus prefecture Nongenti, centum solidos, quorum quinquaginta in Pentecostem et quinquaginta in Decollatione sancti Johannis reddunturʼ, et modium salis per annum. Dedi et decimam molendinorum meorum de Russellis, et novorum molendinorum qui sunt sub Nongento, et de Potereia, et de Levenvilla. »

(*Cart. de Tiron*, f° 4 r°.)

XXXIV.

Don par Hugues de Boigne d'un arpent de pré.

« De pratis Boine. »

(1120 circa.)

« Hugo *de Boigne* et Osanna uxor ejus et Odo filius eorum et Leiardis et Beatrix et Odelina et Hildeburgis et Odelina (²) filie eorum, sorores Odonis, dederunt monachis *de Tyron* in capitulo arpentum prati et quicquid amplius est inter *Praetel* et Prata-Comitis(³), et censum quatuor denariorum et oboli, et omnem calumpniam census, concedente Goffredo de Rivereio, avunculo Hugonis, videntibus et audientibus testibus istis : Roberto de Bellenvilla; Guillelmo Haneto; Radulfo

---

(¹) Les chênes et les hêtres étaient les arbres nobles par excellence, si je puis m'exprimer ainsi : généralement les seigneurs les réservaient pour leur usage particulier. Dans une charte postérieure, nous verrons Brice de Chillon donner au prieuré de Bois-Aubry tous les arbres de ses bois, à l'exception des chênes. Dans un aveu de l'abbé de Saint-Pierre-de-Dive, en 1424, on lit : « Tous les chesnes et les hestres
» qui sont és mectes de noz fieux et terres sur le héritaige de noz hommes et tenant
» de nous sont nostres et nous appartienent comme nostre propre domaine. »

(²) C'est par erreur que le copiste a répété deux fois le nom d'Odeline; c'est Héloïse qu'il faut lire la seconde fois : on le voit d'après les signatures et aussi d'après la charte cxviii où figurent les mêmes personnages.

(³) Le pré donné ici par Hugues de Boigne faisait assurément partie des Prés-Morin, que l'abbaye de Tiron possédait dans la paroisse de Condé.

de Monte-Fulcardi; Arnulfo piscatore; Garino, Galterio fratribus Garnerii de Arsiciis; Giraldo, filio Gosberti *de Chascent;* Roberto, filio Guinemari; Pagano Gangaloio; Riulfo; Vimelino; Herberto. † Signum Hugonis. † Signum Osanne, uxoris ejus. Signum Odonis, filii eorum. † Signum Legardis. † Signum Beatricis. Signum Odeline. † Signum Hildeburgis. Signum Helois (¹). »

(*Cart. de Tiron*, f° 8 v°.)

XXXV.

Don à l'abbaye de trois arpents de pré sur la rivière d'Huisne.

« De tribus arpentis prati. »

(1120 circa.)

« Notum sit omnibus quod Joslenus, filius Fulcherii, vendidit monachis *de Tyron* III^a arpenta prati super ripam Hyenne fluvii, juxta prata *de Conde,* IIII^{or} libris dunensis monete, concedentibus uxore sua Huelina, que habuit ex concessu XII denarios, et filio suo Josberto qui habuit III^{or} denarios, et filiabus, scilicet Richelde et Erenburge, que habuerunt singule, III^{or} denarios, et II^{bus} fratribus, scilicet Garino et Pagano, et concedente Hugone *de Boigne,* de cujus feodo erant prata, et habuit unum equum ut concederet, et censum eorumdem pratorum post obitum suum eisdem monachis concessit, scilicet VIII denarios, et Goffredo *de Boigne* (²) qui habuit V^{que} solidos. Testibus istis audientibus : Garino presbitero; Guillelmo Rufo; Roberto *Achatant;* Pagano corvesario; Ernulfo meteerio; Guillelmo *Herice;* Ernulfo filio Picardi. »

(*Cart. de Tiron*, f° 9 r°.)

(¹) Cette charte est de plusieurs années antérieure à 1130; nous voyons en effet dans la charte CXVIII que Hugues de Boigne était mort en 1130.

(²) Geoffroy de Boigne est sans doute le même que Geoffroy de Riveray, oncle de Hugues de Boigne, qui figure dans la charte précédente.

XXXVI.

Don de terres à Ablis.

(1120 circa.)

« In nomine sancte et individue Trinitatis, noverint omnes christiane religionis quod Girardus Ensaielana et Amelina uxor ejus dederunt se ecclesie Tyronis, quatinus, si vellent, monachi fierent, necnon partes suas ecclesie Tyronis concesserunt et quoddam arpentum terre quod erat circa ecclesiam Sancti-Ispani monachis Tyronis dederunt, et unam domum que erat supra arpentum. et habuerunt inde III libras et decem solidos de caritate, filiis eorum concedentibus : Carbonello et Auberto, Gauterio et Lijarde illorum filia. Hujus rei sunt testes : Odo, Haubertus, Gauterius Jaretarius et Garinus *Baialer*, Hoderius paagerius, Engobertus villicus, Frotmundus de Sancto-Ispano, Girardus cliens. Hoc donum concessit Harveus Galardonis [1] et mater ejus, de quorum feodo erat.

» Necnon idem Girardus supradictus dedit monachis Tyronis aliud arpentum terre quod erat justa supradictum arpentum, et habuit inde quinquaginta solidos et unum sextarium frumenti de caritate, uxore sua Amelina et filiis suis Carbonello, Hauberto, Gauterio, et Lijarde illorum filia concedentibus. Hujus rei sunt testes : Odo miles et Goffredus filius ejus, Hoderius paagerius, Gauterius Jaretarius, Simon *Broteiol*, Habertus, Garinus *Baialer*, Leodegarius de Boola, Gosbertus *Travers*, Girardus cliens. Hoc donum concessit Haubertus et uxor ejus Haalerdis, de quorum feodo erat, et inde habuerunt VII solidos de caritate. »

(*Cart. de Tiron*, f° 20 v°.)

[1] Hervé de Gallardon était fils d'Herbert de Gallardon ; nous le retrouvons souvent cité dans les chartes de l'abbaye de Saint-Père de 1115 à 1125. Le moine Paul se plaint que, confiant dans ses forces et méprisant la crainte de Dieu, il refuse de payer à l'abbaye de Saint-Père un sou de rente qu'il lui doit sur des terres à Gallardon ; il a de plus usurpé une bovée de terre près de son domicile. Hervé avait épousé Béatrix ; il en eut deux fils Hervé et Galeran et une fille Hildeburge, femme de Robert Goël, seigneur d'Ivry, morte en odeur de sainteté au monastère de Pontoise.

XXXVII.

Don de la terre du Loir.

« De terra Lede. »

(1120 circa.)

« Notum sit omnibus fidelibus quod Odo de Ulmo et Aldeburgis uxor ejus concesserunt monachis Tyronii terram Ledi que erat de feodo eorum, sicuti eam dividit vallis Ledi et via Carnotensis, concedentibus filiis, scilicet Geroio de Ulmo, Guillelmo, Roberto et filia eorum Agnete. Testes sunt : Hugo Guinnalena (¹), Odo Fragnellus, Hugo de Bello, Guillelmus *de Gorre*. »

(*Cart. de Tiron*, f° 39 r°.)

XXXVIII.

Cession par le prieuré de Saint-Denis de Nogent-le-Rotrou de tout ce qu'il possédait au Loir.

« De puteo Lede. »

(1120 circa.)

« In nomine Domini, notum sit omnibus tam futuris quam presentibus quod monachi Beati-Petri Cluniacensis et Beati-Dionisii de No-

---

(¹) Hugues Guignalena était le fils de Hugues le Déshérité (*Hugo Desreatus*). Les membres de la famille *Desreatus* apparaissent constamment comme témoins ou comme donateurs, pendant les XII° et XIII° siècles, dans les chartes des abbayes du pays chartrain. Pour ne nous occuper que de ceux qui sont cités dans notre *Cartulaire*, nous rappellerons qu'en 1082, Eudes *Desreatus* fit un accord avec l'abbaye de Marmoutier pour le bois que ses hommes enlevaient dans la forêt de l'abbaye à Nottonville. En 1095, le même Eudes, du consentement de sa femme Agnès et de ses fils Hugues et Gilduin, fit une convention avec la même abbaye pour la construction en commun d'un moulin sur la Conie. Parmi les témoins de cette pièce, est Geoffroy, fils de Guillaume le Déshérité, sans doute le frère d'Eudes. En 1119, Eudes fait un nouvel accord pour le même moulin avec les moines de Marmoutier résidant à Nottonville. Il avait alors cinq fils : Hugues, Gilduin, Geoffroy, Eudes et Girard, qui confirment cet accord, et parmi les témoins figure Hugues d'Orléans (*de Aureliano*), fils de Geoffroy, fils de Guillaume.

giomo (¹) concesserunt monachis de Tirone quicquid terre habebant ultra Ledum usque ad viam Carnotensem calciatam, in illa parte scilicet ubi habent Tironenses habitationem suam, et stannum supra predictum fluvium, et molendinum stanni cum ortulo qui est inter aquam molendini et aquam de portis stanni. Et ita concesserunt supradicti monachi de Nogiomo quod ipsi facient suum stannum superius vel inferius sine prefati stanni detrimento. Et pro hac concessione quam monachi Cluniacenses fecerunt monachis Tironensibus concesserunt dominus Gaufridus, Carnotensis episcopus, et donnus Gollenus de Leugis, frater ejus, prefatis monachis Cluniacensibus in elemosinam quicquid habebant de suo feodo quem Paganus de Ulmo tenebat ab eo, et Hugo de Reverio a Pagano, quam concessionem etiam concessit uxor prefati Gosleni Luciana (²). Hujus autem concessionis, predictorum episcopi scilicet et Gosleni et suorum heredum, sunt testes : Goslenus de Merelvilla, Clarellus de Morvillari, Richardus de Chavennis, Guillelmus Burgundus, Garinus de Leugis, Gislebertus famulus, Yvo quoquus; monachi de Tirone : Isenbardus et Hubertus de Nogiomo, Guido *de Balaone* (³), monacus. Quando autem hoc cirographum factum fuit apud Nogiomum, fuit recitatum in capitulo monachorum et concessum a Bernardo secundo priore, et Gauterio qui cartam ditavit, et Guidone *Balaone*, et omnibus aliis monachis. Huic concessioni facte in capitulo interfuerunt monachi Tironis : Boso prior et Philippus et alii duo predicti Isembardus et Hubertus, Ledi prior ; et isti laici, ex utraque parte : Garnerius falconarius, Garnerius *Mansel*, Garinus Sapiens, Odo prepositus, Paganus Erardus, Gillebertus famulus, Willelmus Chainardus (⁴). »

(*Cart. de Tiron*, f° 39 v°. — *Cart. de Saint-Denis de Nogent*, f° 36 v°.)

(¹) Nous avons raconté dans l'*Introduction* toutes les difficultés que l'abbaye de Tiron eut à souffrir du prieuré de Saint-Denis de Nogent, dans les premières années de sa fondation.

(²) A la suite de Lucienne, le Cartulaire de Saint-Denis ajoute : « Et filii ejus Goslenus et Gauffredus, et filie Odelina et Luciana. »

(³) Le même personnage est ainsi désigné dans le Cartulaire de Saint-Denis : « Guido de Balaruc, monachus de Nogento. »

(⁴) Guillaume Chainard est nommé « Guillelmus, famulus, » dans le Cartulaire de Saint-Denis.

XXXIX.

Don d'un moulin au prieuré de Henedevelle.

(1120 circa.)

« Sciant clerici et laici tam Anglici quam Francigeni quod Rogerius *del Port*, pro salute sua et pro animabus patris et matris suę omniumque amicorum suorum, dedit monachis suis de Hœnedewella molendinum quod est ante portam eorum, cum terra eidem molendino pertinenti, ita libere sicut ipse tenuit in die qua ipse dedit eis. Testibus : Hugone *del Port* et Roberto, fratribus suis, et Odone de Argugiis et fratre suo Eudone, et Gaufrido Hloherengerio, et Walterio de Sancto-Maneveu, et Henrico capellano, et Richardo *de la Lande*, et aliis multis. Apud Strettuna factum fuit. Valete. »

(*Cart. de Tiron*, f° 50 v°.)

XL.

Don de terres à la Forêt et au Theil.

(1120 circa.)

« Notum sit omnibus quod Ama de Foresta dedit monachis *de Tiron* unam masuram terre, Tiracheriam videlicet et Boffereriam. Hoc concesserunt filii ejus, Raginaudus et Seibrandus. Testes sunt : Paganus Bos, Savarius dapifer, Girorius, Girardus *Jarrozel*, Johannes presbiter.

» Item Ama de Foresta dedit eisdem monachis quartarium terre de Fago-Beri quod *Saldebrel* habebat in vadimonium : illud quartarium terre redemit Oliverus de Partena monachis. Hoc concesserunt Raginaudus de Foresta, filius Ame, et Seibrandus frater ejus, audiente Savarico de Foresta, qui reddidit denarios vadimonii, et Girorio et Haimerico de Montineio et Raginaudo Bove.

» Iterum Ama dum infirmitate gravaretur qua mortua est, Raginaudus, filius ejus, dedit monachis *de Tiron* ventám panis mercati Foreste quod est in feria ii, concedente Seibrando fratre suo, et Meriana et Agnete sororibus eorum. Dedit etiam carrucatam vini per singulos annos in vendemiis, ammonitione Pagani, decani Toarcensis, die qua venit fundare ęcclesiam. Testes sunt : Raginaudus Rufus, capellanus Faie Basse, et Girorius, et Savarius dapifer Foreste.

» Deinde, post mortem matris suę, dedit Reginaudus de Foresta totam terram que est inter duas vias apud Tiletum; cujus terre medietatem dedit primum pro xx sextariis frumenti que mater ejus, dum viveret, Girardo Normanno debebat; aliam vero medietatem postea dedit pro cipho argenteo quem perdidit in via Sancti-Jacobi et pro duobus porcis quorum unum emit a Giraudo et alterum dono recepit. Hoc viderunt et audierunt : Mabilia uxor ejusdem Raginaudi, et Girorius, et Savarius dapifer, et Haimericus de Montiniaco, et Passilio pincerna. »

(*Cart. de Tiron*, f° 80 v°.)

XLI.

Don par Hugues de Chaources de la dime de Cintry.

(1120-1126.)

« Notum sit omnibus ad quoscumque harum noticia litterarum pervenerit quod Hugo de Caorchis ([1]), et *Richel* de Carenconvilla, cum duobus filiis suis Helduino et Almarico, et Roscha de Baugentiaco concesserunt monachis *de Tyron* decimas quas capiebant de tectis suis de Cintreio, horum testimonio, Hubaldi Rufi, Helie *Boel* et *Boel* de Castello, Guenii de Baugenceio et Rainardi *Farinart* et Petri Regis; quod Odo de Caorchis, in presentia Aurelianensis episcopi Johannis ([2]) et Radulfi de Baugentio et multorum, quia in predicti castelli turre factum fuit,

---

([1]) La famille de Chaources était établie en Touraine au XIIIe siècle. En 1220, Payen de Chaources est témoin d'une charte donnée par son parent et ami, Jean, seigneur d'Amboise. Au mois de mars 1242, Girard de Chaources confirme la vente du fief de Beluet, en la paroisse de Saint-Paterne, que sa femme Hodearde avait faite aux religieux de la Clarté-Dieu.

([2]) Jean II, évêque d'Orléans, de 1096 à 1135. En 1126, il confirma à l'abbaye de Tiron toutes les dîmes de Cintry que ce monastère possédait du don d'Hubald le Roux et de Hugues de Chaources, neveu dudit Hubald. Voir ch. LXXIX.

sua parte concessit quia de feodo suo erat, testimonio Herchenbaudi subdecani et Vulgrini archidiaconi et Symonis cancellarii, et postea negavit et inde monachos exercitavit. Idem vero post paulo, penitencia ductus, injuriam suam recognovit, et per se et per fratres suos Hugonem et Gaufridum melius confirmavit, his testibus : Stephano *Trumel*, et eodem predicto Simone cancellario, et Bucardo nepote archidiaconi, et Huberto archipresbitero, et Lancelino de Balgenceio, et Herchenbaldo Pejore-Lupo (¹), et Roberto Borgonio, et Garnerio *Bisol,* et Garnerio Graolio, et Petro de Suevrio, et Humbaldo Rufo. »

(*Cart. de Tiron*, f° 60 v°.)

XLII.

Abandon de la justice du Theil par Seibrand de la Forêt.

(1120-1128.)

« Quoniam mens humana labilis et caduca, fallax et transitoria, minime in suo proposito permanet stabilis aut firma, quod firmum vel stabile in futuro volumus esse memorię sequentium scriptorum auctoritate curamus reducere. Notum sit itaque tam futuris quam presentibus quod ego Seibrandus de Foresta monachis Tyronensibus sanguinem terrę eorum de Tillіolo qui mei juris erat liberum atque quietum, pro Dei amore et anime meę parentumque meorum salute, in perpetuum habere concessi, et Gauterio preposito meo concedere feci. Monachi autem pro hac concessione mihi quatuor sextaria avenę dederunt in caritate. Hoc autem concesserunt Guillelmus et Savaricus, nepotes mei. Hujus rei testes existunt : Savaricus *seneschal*, Theobaudus Alumpnus et Lambertus qui tunc temporis prior Tillioli (²) erat. »

(*Cart. de Tiron,* f° 57 v°.)

(¹) Le sous-doyen de l'église d'Orléans en 1096 s'appelait N. de Pisseleu (N. Pejor-Lupo). C'était assurément le même qu'Archambaud, sous-doyen, *Herchenbaldus Pejor-Lupo,* que nous voyons figurer dans cette charte.

(²) Le prieuré du Theil s'appelait aussi prieuré du Petit-Tiron. Il avait été fondé à la suite des donations de Payen du Theil, ce seigneur chez lequel saint Bernard avait reçu l'hospitalité.

XLIII.

Don de la pâture de la Sècheterie par Guillaume de Dillon.

(1120-1128.)

« Notum sit omnibus quod ego Guillelmus *de Dillon* pastum quem, singulis annis, in Assumptione beatę Virginis Marię, apud Sischateriam habebam, dono Deo et monachis Tyronensibus. Hoc autem concedit uxor mea et filius meus. Hujus rei sunt testes : Seibrandus de Foresta, *Leidez* presbiter Sancti-Marcelli, Theobaudus Alumpnus et Lambertus, Tillioli prior. Pro hoc etiam dono quinque solidos mihi in caritate dederunt monachi. »

(*Cart. de Tiron*, f° 57 v°.)

XLIV.

Sauvegarde par Foulques, comte d'Anjou.

(1120-1129.)

« Fulcho, comes Andegavorum ([1]), omnibus prepositis et famulis suis, salutem. Mando vobis et precipio ut monachos Tironensis ęcclesię solutos et quietos per terram meam sinatis ire, nec consuetudinem vel paagium de propriis rebus eorum queratis vel capiatis. Valete ([2]). »

(*Cart. de Tiron*, f° 51 r°.)

([1]) On sait qu'après la mort de sa femme Eremburge du Maine, Foulques V conçut l'ambition de devenir roi de Jérusalem et qu'il passa en Terre-Sainte dans l'année 1129, afin d'y épouser Mélissende, fille de Baudouin II, roi de Jérusalem. Foulques succéda en effet à Baudouin II le 14 septembre 1131.

([2]) A la suite de cette sauve-garde s'en trouve une exactement semblable de Geoffroy Plantagenet, comte d'Anjou, fils et successeur de Foulques V.

XLV.

Don par le comte Thibaut de douze hommes, à Chartres.

« Comitis Teobaudi, de xii hominibus Carnotensibus. »

(1121.)

« Notum sit omnibus fidelibus sancte ecclesie tam presentibus quam futuris quod ego Teobaudus, Blesensis comes, pro remedio anime meę antecessorumque meorum, dedi et in perpetuum concessi monachis *de Tyron,* in civitate Carnoti, vi servientes, scilicet Paganum fabrum, Stephanum cordarium, Guillelmum cellerarium, Radulfum pistorem, Ligerium clausarium, Petrum fullonem, et alios sex pistores (¹), scilicet Raginaudum Morellum, Herbertum Crassum, Rogerium, Anquitinum, Robertum *Burdam,* Roscelinum, generum Bodardi. Preter hoc autem dedi eisdem monachis aream molendini cum omnibus consuetudinibus suis et non tantummodo areę hujus consuetudines prefatis monachis dedi et concessi, sed de supradictis omnibus servientibus similiter, excepta pernoctatione supradictorum servientium. Quod si aliquis eorum clientum interierit, monachi Tyronenses comitem Teobaudum vel heredem ejus de serviente requirent, [et comes vel heres ejus servientem in loco defuncti ad libitum suum substituent. Si vero aliquis illorum servientium in supradicta pernoctatione quicquam forisfecerit, illud forisfactum usque ad presentiam comitis indiscussum permanebit] (²). Hujus rei testes fuerunt : Hugo de Castro-Teoderici ; Ansellus, nepos illius ; Meschinus, capellanus comitis ; Adelardus Rufus ; Stephanus Rogerii, prepositus ; Hato panetarius ; Hubertus Asinarius ; Gaufridus, Roberti Deserti filius ; Nivelo, Stephani filius ; Lambertus cellerarius.

(¹) Les boulangers formaient une corporation puissante à Chartres. Parmi les sept verrières du XIII⁰ siècle qui décorent l'abside de la cathédrale de Chartres, celle du milieu consacrée à la Glorification de la Vierge, et celle qui la suit et qui représente Moïse et Isaïe, ont été données par la corporation des boulangers.

(²) Ce qui se trouve entre crochets a été raturé dans le *Cartulaire.*

Data autem Carnoti anno ab incarnatione Domini millesimo centesimo vigesimo primo, Ludovico Filippi in Francia regnante.

» Anno vero ab incarnatione Domini M° C° XXX° VIII°, quod ante solo carte testimonio donaveram, sigilli mei auctoritate, ut hoc donum stabile et inconcussum im perpetuum permaneret, placuit corrobari. Inde equidem testes fuerunt : Radulphus, capellanus meus ([1]); Hubertus Rufus, tunc prepositus Carnoti ; Hugo filius Haimerici ; Mascelinus *de Reconviller;* Aalardus Rufus ; Robertus de Bello-Loco ; Gaufridus de Magno-Ponte ; Hato panetarius ; Petrus, filius Pagani fabri ; Ludovico Ludovici filio regnante in Francia ; Gaufrido, Carnoti episcopo ([2]). »

(*Orig. en parch.* — *Cart. de Tiron*, f° 12 r°. — *Vidimus en parch.* du 19 janv. 1370.)

XLVI.

Don de la terre de Montaillé et du fief de l'Aunay.

(1121.)

« Cum tocius mundi condicio moriatur et Ade vicio nemo tamen ex toto moritur cujus vita scriptis innititur, allocuntur posteros quos jam

---

[1] Raoul, archidiacre de Meaux, fut chancelier du comte Thibaut de 1132 à 1151 ; il ne prit jamais que le titre de chapelain. Sous ses ordres était un clerc nommé Guillaume. En 1148, Thibaut fit présent à Guillaume d'une maison située à Meaux, que celui-ci revendit, moyennant 10 livres, à Herbert, neveu du chapelain Raoul.

[2] Suivant deux chartes fausses, le 4 mai 1170, Thibaut V, comte de Blois, et le 4 juillet 1205, Louis, comte de Blois, de Chartres, de Châteaudun et de Clermont, consentent « quod sex servientes, sex pistores et alii quicumque homines monasterii Tironensis, monachorum et membrorum, panes, carnes, grana, vina, fructus, oleum, candelas et alios adipes ac alias res et denariatas in civitate, villis et quacumque parte comitatuum Carnotensis, Blesensis et Dunensis vendentes, a solutione denariorum, necnon et a banno, coactione seu servitute molendi in molendinis, coquendi in furnis, pressurandi in torcularibus Comitis et non vendendi vina tempore banni Comitis, liberi et immunes existunt, et molere in molendinis, coquere in furnis, pressurare in torcularibus ipsorum monasterii et monachorum Tironensium vel ubi ipsi monachi voluerint plane et libere possunt, nec ad civitatem, villas et castra Comitis vel ipsarum portas custodiendum, vel vigilias seu guettum in ipsis faciendum, nec ad justitiam Comitis associandum nullomodo compelli possunt. »

traxit Deus ad superos cum mentiri super quo scripserint vel auferri cernunt quod dederint. Noscat ergo cetus fidelium quorum donis et ore testium inolevit hoc edificium ne venturos fallat silencium, anno ab incarnatione Domini millesimo C° primo (¹), Lodovico Gallie et Henrico Anglie regibus, Willermo autem Tironis abbate, ne noticia lateat posterorum quod caritas operatur modernorum, cunctis fidelibus pateat quod ego Albericus, dominus Milicie, milles, amore passionis Jesu-Christi et intuitu pietatis, ac pro anime mee uxorisque mee Theophanie, antecessorum, successorum, parentumque meorum, eciam in receptione filii mei Alberti in congregatione monachorum predicti loci de Tironio, dono et concedo im perpetuum antedictis abbati et monachis, sine ulla retentione, sed sicut proprium meum possideo dominium, volo quod possident predicti monachi, videlicet totam terram de Monte-Allerii (²) et homines in eadem terra manentes; que terra ad manum inclite recordationis Lodovici regis ex forefactura Gilberti, domini dicti loci de Monte-Allerii, militis, devenit; quam terram predictus inclitus rex michi dedit in perpetuum. Dono insuper et concedo supradictis abbati et monachis feodum de Alneto prope Tuceyum (³), et homines ibidem manentes: ac eciam do et concedo sepedictis abbati et monachis sex sarcinas bladi quas mihi debent super Tuceyum predictum; et hec omnia ita quiete et solute quod nil tempore mihi retineo nec successoribus meis in perpetuum, super altare Sanctissime Trinitatis, per traditionem filii mei Alberti predicti, impono. Et mecum uxor mea predicta et alii filii mei Fulco et Hugo dederunt idem donum et concesserunt. Hujus rei testes: Robertus capellanus meus; Hugo de Cella, miles; Paganus *Jousselin*; Jacquelinus *de Montheon*; Gilduinus de Montibus; Fulbertus de Spinetis; Willermus de Sancto-Michaele, et alii quam plurimi. Quod·

(¹) Sic pro 1121.

(²) On trouve encore dans les environs de Saint-Calais les métairies du Grand et du Petit-Tiron, souvenir du prieuré que l'abbaye possédait à Montaillé.

(³) Tucé n'existe plus; c'était le chef-lieu d'un fief important, qui avait donné son nom à la famille de Tucé. Celle-ci posséda la baronnie de la Milesse jusqu'au XVIe siècle. Une clef de voûte de l'église de Saint-Gervais-de-Vic conserve encore sculptées les armes de la famille de Tucé: *de sable à trois jumelles d'argent*. — La rivière, dans le val de laquelle sont situés Montaillé et l'Aunay, s'appelle le Tusson: ne faut-il pas voir dans ce nom moderne une réminiscence de l'ancien *Tuceyum*?

ut ratum et stabile perseveret in posterum, presenti scripto sigilli mei robur apposui, cum tribus pillis barbe mee (¹). »

(*Cart. de Tiron*, f° 89 v°.)

XLVII.

Don par Geoffroy Bourreau d'une terre à Chouzy et d'un moulin nouvellement construit sur la Cisse.

« De Bure. »

(1121 circa.)

« Ad memoriam posterorum ne res facte, aliqua prolixitate temporis, oblivioni traderentur, placuit michi Gaufrido Burrello (²) scripture commendare qualiter, pro remedio anime meę, concedente Gaufrido meo filio, monachis Tironensis ęcclesię dedi totam illam terram quę est inter

---

(¹) Sans pouvoir l'affirmer d'une manière certaine, nous avons de fortes raisons de suspecter l'authenticité de cette charte, qui a été ajoutée dans le *Cartulaire* au XVIᵉ siècle.

(²) La famille Borrel ou Bourreau joua un très grand rôle dans le Dunois pendant tout le XIIIᵉ siècle. En 1101, Geoffroy Bourreau, fils d'Asthon, partit pour la Terre-Sainte à la suite du comte Henri-Etienne : il était accompagné de sa femme Corbe d'Amboise, veuve d'Acard de Saintes, qui lui fut enlevée par les Sarrasins. En 1111, s'étant emparé de biens appartenant à l'abbaye de Bonne-Nouvelle d'Orléans, il fut excommunié par l'évêque saint Ives. Nous le retrouvons encore en 1121, témoin, avec Asthon, son frère, d'une donation faite par l'abbaye de Saint-Calais aux religieux de Bourg-Moyen de Blois. — En 1132, Geoffroy Bourreau, fils de Geoffroy, avec Ursion de Fréteval, Simon de Beaugency et autres, tenait la campagne pour Sulpice de Chaumont, seigneur d'Amboise, contre Geoffroy Grisegonelle, comte de Vendôme. — En 1175, Eudes Bourreau, fils de Geoffroy, seigneur de Courtalain du chef de sa femme Berthe, donna au chapitre de Chartres douze charruées de terre dans la forêt du Gault-Saint-Etienne. — En 1185, Hugues Bourreau, aussi fils de Geoffroy, confirme, comme seigneur dominant, l'abandon fait par Ives de Courtalain au prieuré de Saint-Hilaire-sur-Yerre des dîmes de Saint-Pélerin. — En 1208, Eudes Bourreau, seigneur de Courtalain, fils d'Eudes, confirme un accord fait entre le prieuré de Saint-Hilaire-sur-Yerre et Berthe Bourreau, sa sœur, femme de Renaud d'Ouarville, pour le pressoir banal de Saint-Pélerin.

Sissam et forestam (¹), quam comes Stephanus meo patri Asthoni Burrello dedit, et unum molendinum qui Novus vocatur et medietatem piscaturę que in longitudine, quantum et terra prescripti doni, durat, et omnia prata a Rovercello insursum existencia, excepto uno dimidio arpenno, annuente comite Theobaldo, supradicti Stephani filio. Facta autem sunt hec puplice, tempore Lodovici regis Francorum, et Goffredi, Dei gratia, Carnotensis presulis. »

(*Cart. de Tiron*, f° 43 v°.)

XLVIII.

Échange avec les Chanoines de Saint-Calais, de la dîme de la terre donnée par Geoffroy Bourreau.

(1121 circa.)

« De Bure. »

« Notum sit omnibus fidelibus Gaufridum Burrellum totam terram quam habebat in proprio a comite Theobaudo inter Sissam et forestam monachis Tironensis ęcclesię dedisse, cujus terrę decimam canonici Sancti-Karilepphi (²) quiete possidebant; sed monachi utile sibi fore providentes si, remotis participibus, totam decimam illius terre ex integro sibi vindicare possent, interventu comitis Theobaudi, pecierunt et rogaverunt canonicos, quatinus in mutatione ab eis reciperent VII soli-

---

(¹) *Cissa* est la rivière de Cisse qui formait la séparation du Dunois et du Vendômois depuis Pontijou jusqu'à Conan et dont le cours se prolonge jusqu'à Vouvray. Quant à la forêt dont il est ici fait mention, il faut certainement entendre la grande forêt de Blois. L'emplacement du Moulin-Neuf qui existe encore près de Chouzy indique d'une manière certaine la situation de la terre donnée par Geoffroy Bourreau.

(²) Il n'est pas ici question de la puissante abbaye de Saint-Calais au Maine, mais bien du prieuré de Saint-Calais au château de Blois. Ce prieuré qui existait dès le IX° siècle fut enrichi au XII° siècle par les libéralités des comtes de Blois. Outre la chapelle principale qui était contiguë à la chambre à coucher du comte, les chanoines de Saint-Calais étaient chargés de la desserte d'une autre chapelle située dans une des tours du château, desserte pour laquelle ils recevaient annuellement deux bouteilles d'huile, trois livres de cire et quarante-cinq sous de monnaie blésoise.

dos census cum his que ad censum pertinent, quos monachi apud Curiacum supra Ligerim habebant ex beneficio Gradulfi de Mesio; decimam vero illam, quantum in dono donni Gaufridi continetur, supradictis monachis quiete in perpetuum concederent. Hoc itaque, ex utraque parte, in presentia supradicti comitis, sub condicione hac confirmatum est ut utrique mutacionem ab omnibus calumpniantibus adquietarent; quod si quilibet eorum illatam calumpniam absolvere non possit, statim quod suum fuerat quisque repeteret et prius possessa possideret. Hujus rei testes adfuerunt : Gaufridus Borrellus, Hugo Mansellus, Paulus miles ejus, Nevelo de Fractavalle, Raginaudus de Sazana, Hugo de Buriaco, Petrus de Robore-Ligato (¹), Garinus Diabolus, Garinus de Fisco (²), Guinebertus. »

(*Cart. de Tiron*, f° 43 v°.)

XLIX.

Echange entre le prieuré de Saint-Calais et celui de Saint-André-de-la-Forêt-Longue.

« De decime commutatione. »

(1121 circa.)

« Notum sit omnibus tam futuris quam presentibus quod Teobaudus, Blesensis comes, pro remedio anime sue et antecessorum suorum, instituit et concessit dare singulis annis [canonicis] Sancti-Karileffi,

---

(¹) *Petrus de Robore-Ligato* fut témoin du don fait en 1104 par la comtesse Adèle d'une partie de la Forêt-Longue à l'abbaye de Marmoutier.

(²) Un des faubourgs de Blois portait le nom de faubourg du Foix *(de Fisco)* : il appartenait presque entièrement à l'abbaye de Saint-Lomer, qui, en 1226, du consentement de Gautier, évêque de Chartres, et de Louis I, comte de Blois, affranchit les habitants du faubourg et de la banlieue du Foix de toute taille et redevance personnelle. Une des portes de Blois, depuis nommée *de Saint-Lubin*, portait le nom de *porte du Foix* : elle était située auprès des fossés du château, à la rencontre des rues actuelles de Saint-Lubin et des Trois-Marchands ; elle est aujourd'hui démolie. Enfin une des tours du château de Blois avait reçu le nom de *tour du Foix* ; c'est celle où Catherine de Médicis fit élever un observatoire.

unum modium melioris frumenti sui de terragio Marchesmii ad illam minam qua terragium suum ibi recipit, in commutationem decime sue quam habebant in terra monachorum Sancti-Andreę de Seveliona. Institutum est etiam a predicto comite ut ipsi monachi darent, singulis annis, eisdem canonicis unum modium avene in commutationem ejusdem decime, et ita haberent canonici duos modios annone pro sua decima, unum frumenti a comite et alterum avene a monachis. Hujus rei sunt testes : Andreas de Baudemento ([1]), Hugo de Castro-Theodorici ([2]), Erardus *de Villabon,* Raginaldus de Sezania ([3]), Gaufridus cantor, Garinus Diabolus, Guinebertus et Guibertus. »

(*Cart. de Tiron*, f° 30 v°.)

L.

Don des terres du prieuré du Loir.

« De puteo Lede. »

(1121 circa.)

« Quoniam humanarum rerum oblivione interveniente et morte quę via est universe carnis sua jura vindicante atque dominium suum per universum orbem terrarum exercente, quę fiunt sine litterarum apicibus custodiri diu nequeunt, ad posterorum memoriam libet scripto annotari quod ego Goffredus, Carnotensium episcopus, et Goslenus, frater

---

([1]) André de Baudement et Guérin le Diable furent témoins en 1121 d'une cession faite par l'abbaye de Saint-Calais à celle de Bourg-Moyen de Blois, du droit de dîme sur deux charruées de labour dans la Forêt-Longue (aujourd'hui forêt de Marchenoir), où le comte Thibaut construisait en ce moment l'abbaye de l'Aumône. Nous citons cet acte parce que nous ne doutons pas que cette cession ne fût faite par l'abbaye de Saint-Calais en considération du prieuré de Saint-Calais du Château de Blois, qui était dès lors réellement uni à l'abbaye de Bourg-Moyen, bien que l'acte officiel de réunion ne soit que de l'année 1150.

([2]) Hugues de Château-Thierry figure comme témoin, avec Hugues du Puiset, Gui de Méréville, Hervé de Gallardon et Amaury de Maintenon, dans une donation faite à l'abbaye de Saint-Jean-en-Vallée, vers 1135, par les neveux d'Amaury Chenard.

([3]) *Rainaldus de Sezana* est témoin d'une donation faite en 1122 par André, surnommé a Barbe, au prieuré de Villeberfol de la terre des Mousseaux (*de Murzellis*).

meus, donamus Deo et monachis Tyronis quatuor carrucatas terrę juxta aquam Ledi, sicuti nos terminavimus eas, presentibus domno Willelmo, Tyronensium monachorum abbate. Testibus: Isembardo camerario, Constantio, Zacharia Sanctę-Marię canonico (¹), Angoto canonico Sancti-Johannis-de-Valeia, Hugone Haimerici filio, Frudone Benedicti filio, Guarino *de Ceres*. Necnon damus illis monachis supradictis unum furnum in villa Leuvis ut illum omni tempore proprium habeant, nec in villa alius furnus fiat nec homines ville illius ad alium furnum eant. Insuper in molendino de Longo-Saltu unum modium annone illis annuatim damus.

» Insuper illis monachis supradictis dedit Hugo *de Rivere* (²) totam illam terram quę est inter viam Carnotensem et vallem Ledi. Istius vero terrę decimam atque quatuor carrucatarum de proprio labore supradictis monachis dederunt canonici Sancti-Nicholai de Curvavilla, Frudo *de Villers* scilicet et Rainoudus *Loche* omnesque alii. Testibus istis: Ivone de Curvavilla, Guarino Menerii filio, Harduino *Brunet*, Hugone Haimerici filio, Isembardo camerario, Constantio de Curvavilla.

» Odo de Ulmo (³) et Aldeburgis, uxor ejus, concesserunt monachis terram supradictam quę erat de feodo illorum, sicuti eam dividit vallis Ledi et via Carnotensis, concedentibus filiis suis Geroio de Ulmo, Guillelmo, Roberto et filia eorum Agnete. Hujus rei testes sunt: Hugo Guignalena, Odo *Fresnel*, Hugo de Bello, Willelmus *de Gorre* (⁴).

» Vicariam ejusdem terrę dedit Willelmus Aculeus, et hoc concesserunt *Hysabel* uxor ejus et Robertus et Manasses filii ejus. Herbertus, filius Eaduardi, concessit dimidiam partem ejusdem vicarie quoniam ipsius erat. Et hoc concesserunt Ascelina uxor ejus et Ivo frater ejus et

---

(¹) Zacharie est le même qui devint sous-doyen, puis doyen du chapitre de Chartres vers 1131.

(²) Geoffroy de Riveray, père de Hugues, avait été l'un des compagnons de Rotrou en Palestine et était revenu avec lui de Jérusalem vers la fin de l'année 1099.

(³) Vers 1095, Eudes de l'Orme consentit, avec ses frères Payen, Robert et Hubert et sa mère Agnès, à la donation faite par son père *Gerogius de Ulmo* au prieuré de Saint-Denis de Nogent de l'église de Saint-Aubin de Coudreceau.

(⁴) Nous avons déjà publié la charte originale contenant la donation d'Eudes de l'Orme (voir ch. XXXVII): elle est conçue exactement dans les mêmes termes que la notice.

Radulfus filius ejus. Hujus rei testes sunt : Guarnerius, Teobaudus et Gosbertus, villici ejusdem terrę, et Haimericus filius Roberti, Rainaudus nepos Huberti Asinarii, Gislebertus famulus Isembardi camerarii, Radulfus nepos predicti Isenbardi, Oelardus et Ivo famulus Tironensium monachorum.

» Baneriam predicte terrę dederunt monachis *de Tyron* viri et mulieres, quorum nomina subscripta sunt ([1]) : Symon *Bechet* et Ermelina uxor ejus ; — Gauterius *de Fries* et Garinus et Hugo fratres ejus ; — Frodo Benedicti filius, Hermengardis uxor ejus et Ivo, et Guiardus et Aubertus filii eorum ; — Gaufridus et Guasto et Guillelmus frater ejus ; — Ivo Herberti filius et Milesendis uxor ejus, et Ernaudus, et Gaufridus, et Johannes et Haois filii eorum ; — Stephanus *de Corsesaut*, Matildis uxor ejus, et Hubertus, Teudo, Matheus, filii ejus ; — Guerricus et Havis uxor ejus, et Aubertus, Symon, Guerricus, Teobaudus, Petrus filii ejus, Erenburgis, Richeldis, Odelina filię ejus ; — Hugo et Milesendis uxor ejus, et Odo Moreherius frater ejus ; — Hugo Panerius et Alburgis uxor ejus, et Hugo, Ivo, Frodo filii ejus, Ermengardis, Rocia, Gilia filię ejus. »

(*Orig. en parchem. — Cart. de Tiron*, f° 39 v°.)

LI.

Don par Robert de Courtalain de la dîme du moulin de Marolles.

« De decima molendini. »

(1122 circa.)

« Notum sit omnibus hominibus quod ego Robertus de Curtolino ([2]) dono Sancto-Salvatori et monachis Tyronis decimam molendini de Mai-

---

([1]) Avant l'énumération des donateurs, on lit, dans l'original comme dans le cartulaire : « *Et sicut videris lineas, ita scias ire singulas familias.* » Et en effet les membres d'une même famille sont entourés d'une ligne pour les séparer de la famille suivante ; nous avons remplacé les lignes par des points et virgules et par des traits.

([2]) Suivant les auteurs qui se sont occupés de l'Histoire du pays Chartrain, la seigneurie de Courtalain aurait appartenu à la famille d'Illiers jusqu'au milieu du XII° siècle,

roliis, et decimam omnium reddituum nemoris de Mairoliis, uxore mea Juliana concedente, filiis meis Drogone et Gaufrido concedentibus, et Haois uxore Drogonis concedente. Signum Roberti †. Signum Juliane †. Signum Drogonis †. Signum Haois †. Signum Gaufridi †. Hujus rei sunt testes : Goffridus de Curtiello ; Goffridus de Esperia ; Gauterius molendinarius ; Raginaudus *Loridum ;* Goffridus, filius Oggerii ; Hugo, sacerdos. »

(*Cart. de Tiron*, f° 8 r°.)

LII.

Vente d'une maison, à Chartres, par Helvise, femme de Glavin le boucher.

« De quadam domo Carnoti. »

(1122 circa.)

« Notum sit omnibus tam posteris quam presentibus quod ego Hilduis, uxor Glavini carnificis ([1]), vendidi unam domum monachis Tyronensibus, concedentibus duabus filiabus meis et pro concessu munus accipientibus, concedentibus etiam Odone earum avunculo, Aalardoque carnifice, sororio meo, cum filiis suis fidejubentibus, Garino Cardorgio Hermandoque carnifice, Gaufridoque Ivonis filio existente teste ex parte eorum, et Radulfo *Conduit*. Et ex parte monachorum fuit domnus Alcherius, filius Aalonis, testis et emptor, vidente Guillelmo famulo suo, presentibus : Radulfo pistore, Hubertoque Asinario, et Stephano

où elle passa aux Bourreau par le mariage de Berthe d'Illiers avec Geoffroy. Nous n'avons pu vérifier sur des titres originaux ce qu'il peut y avoir de vrai dans cette attribution de la seigneurie de Courtalain à la maison d'Illiers : nous croyons plutôt que Robert était le véritable propriétaire du domaine de Courtalain au commencement du XII° siècle, domaine qu'il joignit à la seigneurie de Marolles qui lui appartenait incontestablement.

([1]) La corporation des bouchers était très puissante à Chartres comme dans la plupart des villes du royaume. Les rues actuelles des Bouchers et de la Boucherie rappellent les lieux où étaient les étaux des bouchers et où se trouvaient leurs *massacres* (abattoirs).

cordario, fratribus monachorum et famulis, Gosberto serario et Teobaudo Torto, Dagobertoque Aculeario cum filiis suis. Datisque fidejussoribus, jussu Andree dapiferi de Baudemento, venerunt in curiam comitis, coram Stephano preposito famulisque aliis comitis, Stephano scilicet Rogerii filio, Teobaudoque Clarone ([1]).

(*Cart. de Tiron*, f° 14 r°.)

LIII.

Confirmation de la vente d'une maison à Chartres par Helvise, femme de Glavin le boucher.

« De furno Carnoti et de quadratura terre. »

(1122 circa.)

« Heldvis, uxor Glavini carnificis, vendidit unam domum decem libras et XII denarios monachis *de Tyron*, et due filie illius vendiderunt et concesserunt, et inde pignus acceperunt, et Odo avunculus concessit et adfirmavit tenere et defendere contra omnes homines, atque Aalardus carnifex, sororius uxoris Glavini carnificis, concessit et promisit, cum infantibus suis, atque Garinus carnifex fuit fidejussor tranquillitatis, et Hermandus similiter, et Gaufridus filius Ivonis ex parte eorum extitit testis, Radulfus *Conduit* ([2]) similiter; et ex parte monachorum fuit domnus Alcherius, filius Aalonis, testis et emptor, atque Guillelmus, famulus ejus; Hubertus Asinarius, monachorum frater et famulus, et donnus Radulfus pistor; Stephanus cordarius, frater eorum et famulus; Gosbertus serrarius; Teobaldus Tortus; Dagobertus Aculearius et filii ejus. Tandemque, datis fidejussoribus, jussu Andreę senescali *de*

([1]) Thibault Claron se retrouve comme témoin de la donation de l'église de Saint-Martin-au-Val faite en 1128 par le comte Thibaut à l'abbaye de Marmoutier.

([2]) Vers 1125, le couvent de Saint-Père de Chartres affranchit Raoul Conduit, qui était devenu l'homme de l'abbaye pour avoir épousé la fille de Hugues de Villeneuve, homme de Saint-Père : *Radulfum, cognomento* Conduit, *qui in familia hujus nostre ecclesie ea de causa venerat quia filiam Hugonis de Villa-Nova, hominis nostri, uxorem duxerat, cum uxore sua et omnibus liberis suis manumisimus.* »

Baldement (¹), venerunt in curiam comitis, ante Stephanum prepositum et ante famulos comitis, scilicet Stephanum, filium Rogerii, et Teobaldum Claronem. Hec domus sita est justa forum. »

(*Cart. de Tiron*, f° 12 v°.)

LIV.

Exemption du droit de tonlieu et de coutume dans les domaines du roi d'Angleterre.

« De theloneis regni Anglie. »

(1122 circa.)

« Henricus, rex Anglie, omnibus vicecomitibus et ministris totius Anglie et Normannie, salutem. Precipio quod omnes dominice res monachorum *de Tiron* quas homines eorum poterint affidare esse suas dominicas sint omnino quite ab omni theloneo et consuetudine per totam terram meam ; et prohibeo ne aliquis eos disturbet super forisfacturam meam. Testibus : Rogerio episcopo Salesberie, Walterio de Gloecestria (²). Apud Brantonam. »

(*Cart. de Tiron*, f° 48 r°.)

(¹) André de Baudement était seigneur de Braisne en Champagne ; il avait suivi à la cour de Chartres le comte Thibaut, dont il était grand-sénéchal. Il avait épousé Adélaïde, fille de Philippe, comte de Mantes, bâtard du roi Philippe Ier, et de Bertrade de Montfort. Lorsque Louis VI se fut emparé du Puiset en 1111 et qu'il eut déclaré la seigneurie réunie au domaine royal, le comte Thibaut, pour faire échec au nouveau seigneur, fit construire un château-fort à Allonnes. La Cour du Roi ordonna la démolition du château : Thibault s'y opposa prétendant que le roi avait autorisé la construction ; la Cour repoussa cette prétention, et Thibaut offrit de prouver la vérité de son assertion par un duel. André de Baudement fut choisi pour champion du comte, et Anseau de Garlande, sénéchal du roi, pour répondant de Louis VI.

(²) Après la mort de Gautier, Henri Ier donna le comté de Glocester à Robert de Caen, son fils naturel. Ce fut celui-ci qui fut chargé en 1126 de la garde de Robert, duc de Normandie, frère du roi. Lors de l'assemblée des grands tenanciers d'Angleterre (25 décembre 1126), où l'on régla l'ordre de la succession à la couronne après la mort de Henri Ier, la seconde place fut assignée à Etienne, comte de Boulogne, et à Robert, comte de Glocester.

LV.

Exemption du droit de tonlieu et de coutume dans les domaines du comte de Meulan.

(1122 circa.)

« G[alerannus], comes Mellenti (¹), omnibus prepositis et ministris suis de Ponte-Audomari (²), salutem: Volo et firmiter precipio quod totum dominium monachorum *de Tiron*, et in conregio, et in calciamentis et in aliis rebus quas homines ejus poterint affidare suas esse proprias

(¹) Galeran de Meulan, fils de Robert de Beaumont, dont nous avons déjà parlé note 1, p. 28, ne suivit pas l'exemple de son père et de son aïeul qui s'étaient montrés les fidèles conseillers de leurs suzerains les rois d'Angleterre. Sa vie ne fut guère qu'une suite de perfidies envers tous ceux auxquels il s'attacha successivement. En 1122, il leva l'étendard de la révolte contre Henri Ier, en faveur de Guillaume Cliton. Vaincu et fait prisonnier en 1124 par Eudes Borleng, gouverneur de Bernai, officier de Henri Ier, il vit ses domaines confisqués et ne recouvra la liberté que six ans après. En 1135, il se déclara pour Etienne de Blois et reçut en récompense le comté de Winchester; mais bientôt il embrassa ouvertement le parti du comte d'Anjou, qui lui donna le château de Montfort-sur-Risle. Cette donation était faite au détriment de Hugues de Montfort, neveu de Galeran. Hugues attira son oncle à une conférence à Bernai et le retint prisonnier, jusqu'à ce qu'il eût consenti à lui rendre le château de Montfort. En 1161, Galeran se brouilla avec Henri II qui lui enleva toutes ses places de Normandie et ne les lui rendit que l'année suivante. Enfin, dégoûté du monde, il prit l'habit monastique et mourut au mois d'avril 1166. Il avait épousé Agnès, fille d'Amaury III, seigneur de Montfort-l'Amaury, dont il eut six fils et trois filles.

(²) La seigneurie de Pont-Audemer était depuis longtemps dans les mains des ancêtres de Galeran. Le seigneur le plus anciennement connu de Pont-Audemer est Onfroi, fils de Touroude de Pont-Audemer, mari d'Auberée de la Haie. Il était cousin-germain de Richard II, duc de Normandie, par sa mère Duceline, sœur de Gonnor. Il mourut vers 1060, laissant trois fils, Robert, Roger et Guillaume. Le plus célèbre de ces seigneurs fut Roger qui quitta le surnom de Pont-Audemer pour prendre celui de Beaumont, ville dont il avait bâti le château et qui a conservé son nom (Beaumont-le-Roger, canton de Beaumont-sur-Risle, arrondissement de Bernai). Roger joua un rôle important à la cour des princes normands. Tandis que Guillaume le Bâtard partait pour faire la conquête de l'Angleterre, il resta en Normandie afin d'assister la princesse Mathilde dans l'administration du duché. Il avait épousé vers 1046 Adeline de Meulan, sœur du comte Hugues II, et celui-ci ayant pris l'habit monastique au Bec vers 1077, Roger hérita du comté de Meulan.

quietum sit de theloneo et de omni consuetudine, et super hoc nullus disturbet homines aut res eorum super forisfacturam meam. Teste Willelmo de Pinu(¹). »

(*Cart. de Tiron*, f° 49 r°.)

LVI.

Don de deux mille harengs à Pont-Audemer.

(1122 circa.)

« G[alerannus], comes Mellenti, omnibus prepositis et ministris suis de Ponte-Audomari, salutem. Sciatis me dedisse et concessisse abbati *de Tirum* duo miliaria de haringis, singulis annis, et precipio ut ad Pontem-Audomari eos liberetis. Testibus : Willelmo de Pinu, Roberto de Formevilla et Radulfo de Monte-Aupensi (²). »

(*Cart. de Tiron*, f° 49 v°.)

LVII.

Don de la terre de Coudray-au-Perche au prieuré des Chasteigniers.

« De Castenariis. »

(1124 circa.)

« Quoniam facta mortalium transeunt et ab eorum memoria citissime

---

(¹) La famille du Pin avait toujours été attachée à la fortune des comtes de Meulan. Le père de Guillaume, Gislebert du Pin, commandait les vassaux du vieux Roger de Beaumont en 1090, lorsque celui-ci vint faire le siège de Brionne, et il fut tué dans l'attaque du château. Milon du Pin, père de Gislebert, avait été chargé de l'éducation des fils de Robert de Meulan, Galeran de Meulan et Robert de Leicester.

(²) Ce personnage est le même que *Radulfus, Durandi filius*, que nous rencontrons partout comme l'homme de confiance à Pont-Audemer du comte Galeran, qui lui avait confié le commandement du château de Pont-Audemer. Raoul mourut religieux dans l'abbaye de Préaux.

dilabuntur, majorum nostrorum adinvenit prudentia ut que reminisci volumus litterarum memorie commendentur ne per oblivionem deleantur. Notum igitur esse volumus tam futuris quam presentibus quatinus Robertus, filius Hervei, terram suam de Coldreio, pro salute anime sue et parentum suorum, monachis Tyronensibus in loco Castaneorum Deo famulantibus, uxore sua Helisabet cujus dotalitium erat, et Agnete sorore sua et nepotibus suis Matheo, Hugone, Roberto concedentibus, dedit atque concessit. Testes hujus rei : Hugo Desredatus, Gilbertus de Gemmagiis (¹), Odo Potarius, Hugo de Barra, Pichardus frater ejus, Hubertus *Bisol*, Odo filius Fromundi et alii plures. (²).

» Prefata ergo terra jam a monachis possessa, et predicto Roberto mortuo, calumniatus est eam Hugo de Vovis. Unde convenerunt plures tam ex parte monachorum quam ex parte Hugonis, in curiam Guillelmi *Goiheth* (³) senioris, ibique tantum egerunt monachi erga Hugonem

---

(¹) Guillaume, seigneur de Gémages, petit-fils de Gilbert, se croisa en 1190 ; il fut l'un des bienfaiteurs du prieuré de Saint-Martin du Vieux-Bellême.

(²) La première partie de cette charte est reproduite dans le *Cartulaire*, f° 42 r°.

(³) Les exemples de jugements rendus dans les cours plénières des seigneurs sont assez fréquents : nous voulons en citer deux qui appartiennent également au Perche où était situé le prieuré de Saint-Gilles-des-Châtaigniers.

Hugues, vicomte de Châteaudun, s'était emparé d'une terre appartenant au prieuré de Saint-Hilaire-sur-Yerre, à Châtenay, de *Castinniaco*. Les moines le citèrent devant Adèle, comtesse de Chartres, dont le mari, Etienne, était alors à la Croisade, *comitissa Adela, uxor Stephani comitis, tunc in exercitu christianorum contra paganos, in Jerusalem eunte, demorantis*. La comtesse, dans une cour plénière tenue à Châteaudun, déclara qu'avant tout Hugues devait rendre la terre de Châtenay, *ante placitum debebat reddere quicquid ceperat, ideo quod non fecerat inde clamorem comitisse, in cujus custodia obedientia Sancti-Hylarii erat*. Le vicomte dut se soumettre et rendre d'abord la terre, puis la cause fut entendue.

Gaston de Brou, du consentement de ses enfants Eudes, Silvestre et Agathe, avait donné à l'abbaye de Marmoutier la dîme de toutes les vignes de Nottonville. Peu à peu les vignes furent défrichées et la terre mise en culture. Gaston prétendit que les moines n'avaient pas le droit de percevoir la dîme du blé récolté sur ces terres et les cita en jugement devant Guillaume Goët le Vieux, sa femme Eustachie et son fils Guillaume. Les moines comparurent au jour dit et déclarèrent que Gaston leur avait donné la dîme des terres, sans spécifier qu'elles étaient en vigne. Un jugement contradictoire fut rendu par Guillaume Goët, par lequel il fut décidé *unum e duobus Gasthoni licere, ut videlicet aut hoc contra unum de testibus monachorum se non fecisse bello defenderet, aut eorum probationem per juramentum testium susciperet*. Gaston s'arrêta au dernier parti, et,

quod dimisit calumpniam et concessit eamdem terram in elemosinam, pro sua atque suorum antecessorum salute, quiete et libere, exceptis duobus solidis quos reddent ei monachi de censu in Pentecostem. Hoc concessit uxor ejus Hildeburgis et filius ejus Galterius, et Helena filia ejus, que Falca cognominabatur. Hujus rei testes sunt : Guillelmus *Goiheth* senior et Eustachia uxor illius, et Guillelmus et Robertus filii ipsorum, Herbertus canonicus, Hugo de Brueria, Paganus de Bouochia et alii plures. Quia vero filii Hugonis presentes non aderant, perrexit ad eos monachus qui prior tunc erat Castaneorum nomine Johannes, quod et ipsi libentissime concesserunt. Unde testis est Drogo, frater Hugonis de Terineio, ejusdem monachi famulus. »

(*Cart. de Tiron*, f° 40 v°.)

LVIII.

Don des grosses et menues dîmes de Fontenay.

(1124-1142.)

« Notum sit omnibus fidelibus quod ego Paganus *Bisol* dono Deo Salvatori et monachis *de Tyron* quicquid habeo in ecclesia Fontiniaci, in magnis et in minutis decimis et in aliis beneficiis (¹), pro salute anime mee et antecessorum meorum, presente Guillelmo Tyronensi abbate et Philippo et Durando et Symone, ejus monachis. Hujus rei testes sunt :

---

sur la production de trois témoins fournis par les moines, il abandonna ses prétentions (1116).

A propos de ces duels judiciaires et des jugements de Dieu, nous devons faire observer qu'ils ne se faisaient pas indifféremment dans toutes les villes. Ainsi nous lisons dans une charte de l'abbaye de Marmoutier, de la fin du XI° siècle : *Villa-Nantulfi non solum ipsa ab omni prorsus exactione libera hucusque perseveravit, verum etiam in tantum hujusmodi privilegio omnes ceteras antecellit ut de proximis circumquaque villis ad judicium calidi ferri portandum et ad bellum campionum clipeo et baculo faciendum ex antiquitate semper illic accusatores et accusati conveniant.*

(¹) Suivant une note du XV° siècle jointe au *Cartulaire*, le don fait par Payen Biseuil servit à la fondation du prieuré de Sainte-Radegonde, près Corbeil.

Galdricus de Hulmeio qui ista concessit quia de ejus feodo erant, Guido, Aalardus de Fontiniaco, Guillelmus de Cauda, et famuli abbatis, Raginaldus et Girardus, et alii plures qui presentes aderant. »

(*Cart. de Tiron*, f° 63 r°.)

LIX.

Confirmation du don des grosses et menues dîmes de Fontenay.

« De Hulmeio. »

(1124-1142.)

« Ego Stephanus, Dei gratia, Parisiensis episcopus (¹), notum fieri volo universis sancte ecclesie filiis me dedisse Tyronensibus monachis, religiosis videlicet viris, quicquid Paganus *Bisol* in magnis et in minutis decimis et in aliis beneficiis habuerat in ecclesia Sancti-Remigii de Fontiniacho, antequam predictis monachis ea donaret, prece et peticione Galdrici de Hulmeio parrochiani nostri, qui donationem quam fecerat Paganus jam eis concesserat quia de ejus feodo erant que ibi habebat, et Symoni, monacho Tyronensi, ipse concessit. »

(*Cart. de Tiron*, f° 63 r°.)

LX.

Exemption de tout droit pour un navire de l'abbaye.

(1124-1145.)

« D[avid] (²), Dei gratia, rex Scotorum, episcopis, abbatibus et omnibus presentibus regni sui totius et portuum maris, salutem : Sciatis

(¹) Etienne de Senlis, évêque de Paris, de 1124 à 1142.

(²) David, roi d'Ecosse, était fils de Malcolm et de Marguerite. Il était beau-frère de Henri Ier, qui avait épousé sa sœur Mathilde. Il succéda sur le trône d'Ecosse à son frère Alexandre, le 24 avril 1124, et mourut le 24 mai 1153.

me dedisse et concessisse Deo et ecclesię Sanctę-Trinitatis de Tirone (¹), pro salute animę meę et antecessorum meorum, unam navem, singulis annis, quiętam de can, ubicumque venerit vel applicaverit in tota terra mea; et omnes homines ejusdem navis cum mercatis suis sint quieti de cano si voluerint piscari an non. Volo itaque et firmiter precipio quod predicta navis et homines qui in ea fuerint juste habeant meam firmam pacem vendendi et emendi et mercata sua faciendi ubicumque venerint vel applicaverint in tota terra mea, et hoc peticione Johannis Glasquensis episcopi. Testibus: eodem et Roberto de Sigillo, Randulfo *de Sules*, Elfwino filio Archillis, Roberto Burgunno (²), Roberto Avenellensi (³), Edwardo (⁴), Roberto *de Pert*, Dunecano comite (⁵), Rogerio nepote episcopi Sancti-Andreę (⁶). Apud *Cluni.* »

(*Cart. de Tiron*, fº 49 rº.)

(¹) Cette donation de David est faite en faveur de l'abbaye de Selkirk, qui avait été créée dès les premiers temps de la fondation de l'abbaye de Tiron (1113, suivant la tradition locale, 1114 au plus tôt). Voici une note que nous avons reçue à ce sujet de Selkirk : « The first abbot was Ralph, who returned to France in 1116, and became » abbot of Tiron after the death of saint Bernard. The second abbot was William, also » a Tironensian monk, who returned to become abbot of the parent monastery at » Ralph's death in 1118. Herbert, a native monk, was third abbot of Selkirk: during » his time the monastery was translated from Selkirk to Kelso about 1128. » La tradition anglaise est évidemment en défaut; jamais Raoul ne fut abbé de Tiron : le successeur de saint Bernard fut Hugues qui mourut en 1119. Ce fut à la mort de Hugues que Guillaume lui succéda.

(²) Robert le Bourguignon, seigneur de Sablé, troisième fils d'un autre Robert le Bourguignon, seigneur de Sablé, qui s'était croisé en 1096.

(³) Vers 1170, Richard Avenel donna aux chanoines de Blanchelande une vergée de terre à Saint-Jores-en-Bauptois, pour y établir une marnière.

(⁴) Edouard, fils de Siward, lequel était lui-même le second fils d'un autre Siward, comte de Northumberland et de Huntingdon, dont le fils aîné était Waltheof, le beau-père de David.

(⁵) Le comte Duncan descendait de Duncan, le fils illégitime de Malcolm, roi d'Ecosse, qui fut compétiteur au trône d'Ecosse et fut tué par Malpeil, comte de Mearns, vers 1096.

(⁶) Ce Roger, neveu de l'évêque de Saint-André, est le fils de Robert aux-Blanches-Mains, comte de Leicester, et de Péronnelle de Grandmesnil. Il succéda à son oncle dans l'évêché de Saint-André.

LXI.

Don de l'église de Marolles.

« Ecclesie de Mairoliis. »

(1125 circa.)

« Ego Gaufridus, Dei gratia, Carnotensis episcopus, omnibus tam futuris quam presentibus notum fieri volo quod, pro Dei amore, dono et concedo monachis Tyronensibus ecclesiam de Mairoliis cum decimis libere et quiete deinceps possidendam, retentis dumtaxat sinodo et circada annuatim solvendis. Ut autem hoc nostrum donum firmum et stabile maneat, presens scriptum inde fieri et sigilli nostri auctoritate precepimus roborari. Hujus rei testes sunt : Hugo de Villario et Hugo puer, filius ejus ; Hugo de Noceio ; Radulfus de Perreio ; Gauterius de Amilleio ; Aalez, uxor Hugonis de Villerio. »

(*Cart. de Tiron*, f° 3 v°.)

LXII.

Don par l'abbaye de Tiron à Robert de Beaumont de la terre concédée par Etienne Gigul.

« De Roberto Bellimontis. »

(1125 circa.)

« Notum sit omnibus fidelibus tam futuris quam presentibus quod venerabilis abbas Guillelmus fratresque Tyronensis ecclesie concesserunt Roberto de Bellomonte ([1]), in presentia nobilissimi Perticensis comitis,

([1]) Robert de Beaumont, sa femme Marguerite et sa fille Helvise sont témoins d'un accord passé entre Garnier de Frétigny et les moines de Saint-Denis de Nogent pour les dîmes de l'église de Frétigny.

Rotroci, apud Noiomium, terram quam eisdem monachis dederat Stephanus *Gigul*, quoadusque ipse Robertus viveret et quoadusque suam aliam terram possideret. Ipse vero Robertus, ne hoc oblivione deleretur, velut hujus pacti quodam memoriale, ex eadem terra reddit singulis annis eisdem monachis duo sextaria frumenti. Hujus rei testes sunt : Perticensis comes Rotrocus ; Guiardus de Monte-Dulcet ; Gauterius de Moteia ; Paganus, prepositus, et tota presens curia. »

(*Cart. de Tiron*, f° 5 v°.)

LXIII.

Don d'un muids de blé à Frétigny.

« De Roberto Bellimontis. »

(1125 circa.)

« In nomine Domini, notum sit omnibus quod ego Robertus de Bellomonte do et concedo Deo Salvatori et monachis *de Tyron* unum modium tritici ([1]) per singulos annos ad Fractigneio, in decima ejusdem ecclesio vel in cultura agri mee dominice terre in perpetuum possidendam, quem accipere debent in festum sancti Michaelis vel sancti Remigii. Hoc autem donum feci pro decima panis quam olim dederat pater meus Goffredus sue domus venerabili abbati Bernardo, me et fratribus meis concedentibus. Hujus rei testes sunt : Goffredus, presbiter *de Hargentviler* ([2]) ; Hugo, sacerdos de Bellomonte ; Willelmus *de Bu* ; Robertus *de Bu* ; Richerius de Platea ; Garinus *Nopin* ; Robertus *Perdriel* ; Reinerius Palmagis. »

(*Cart. de Tiron*, f° 7 r°.)

([1]) Cette redevance d'un muids de froment fut plus tard changée en une rente de 4 livres 12 sous tournois. Le 3 juillet 1383, Guillaume, vidame de Chartres, seigneur de Beaumont, donne à l'abbaye de Tiron un titre nouvel de ladite rente.

([2]) Cette charte est antérieure à celle de 1130 (n° CXVI) ; Geoffroy fut curé d'Argenvilliers avant Eudes qui est nommé dans la charte de 1130.

LXIV.

Don de trois arpents de pré au Pré-Morin.

« Tria arpenta prati. »

(1125 circa.)

« Notum sit omnibus quod ego Ærnaldus Malboverius (¹), volens esse monachus *de Tyron,* divisione facta cum uxore mea et filiis de pratis quę habebam in lineis Prati-Morini, suscepi ad meam partem III^a arpenna quę contuli monasterio de Tyronio perpetuo possidenda, et Willelmus, filius meus, postea monacus factus, dedit eidem monasterio pratum quod est inter Pratellum et laberiam Prati-Morini. Hoc concessit comes Rotrocus, de cujus feuodo erat, et mater ejus Beatrix, et uxor sua Matildis. »

(*Cart. de Tiron,* f° 9 r°.)

LXV.

Abandon de treize deniers et une obole de cens.

« De censu pratorum. »

(1125 circa.)

« Notum sit omnibus quod Gaufridus *de Boigne* dedit Deo Salvatori et monachis *de Tyron* tredecim denarios et unum obolum quos ei predicti monachi per annum reddere solebant de censu (²): dedit autem eos in elemosina, et accepit inde ab eis xv solidos. Legardis autem uxor ejus et Ernulfus filius ejus hoc concesserunt, et inde VII solidos habue-

---

(¹) Arnaud *Malbouvier* apparaît plus tard comme prieur de la celle de Péronville.

(²) Ce cens était assigné sur le Pré-Morin, comme on le voit par plusieurs chartes émanées de Hugues de Boigne, neveu de Geoffroy. Celui-ci apparaît dans différentes chartes, tantôt sous le nom de *Gaufridus de Rivereio,* tantôt sous celui de *Gaufridus, avunculus Hugonis de Boigne.*

runt. Testes sunt: Enjorricus de Dolo-Asnino; Paganus coquus; Teobaudus, filiaster Gaufridi *de Boigne*; Guillelmus Gratardi. »

(*Cart. de Tiron*, f° 9 v°.)

LXVI.

Echange de prés entre l'abbaye et Hugues de Boigne.

« De cambitione pratorum. »

(1125 circa.)

« Noverint omnes qui vivunt quod Hugo *de Boigne* commutavit monachis Tyronii duo arpenta prati in Prato-Morini pro tribus que erant in capite pratorum *de Conde*, Osanna uxore ejus concedente et Odone filio ejus, et Goffredo avunculo Hugonis, et filiabus ipsius Hugonis, Legarde et Beatrice, Helvisse, Audeburga (¹), Deelina. Hujus rei sunt testes: Gauterius piscator; Gauterius, filius Gaufridi Carbonelli; Hugo, filius Teoderici; Robertus, frater Gauterii; Johannes de Vienna. »

(*Cart. de Tiron*, f° 10 r°.)

LXVII.

Don d'une pièce de terre à Brimont.

(1125 circa.)

« Notum sit omnibus hominibus tam presentibus quam futuris quod ego Garinus Capreolus (²), pro redemptione animę meę et pro anima

---

(¹) *Sic, pro* Hildeburge.

(²) Guérin Chevreuil était un des puissants seigneurs du Perche. Son père, Hubert Chevreuil, sénéchal du comte Rotrou, commanda au château de Nogent, avec Béatrix, mère de Rotrou, pendant la captivité de ce seigneur au Mans par l'ordre de Robert de Bellême. Ce fut Hubert Chevreuil qui conçut et exécuta le projet de retenir prisonnier à Nogent Hilbebert, évêque du Mans, comme un otage de la sécurité de la vie de Rotrou.

patris Huberti Capreoli et pro absolutione animarum antecessorum meorum, dono et concedo Salvatori nostro Deo et monachis de Tyronio quamdam partem terrę quę est in Brimonte, et illa pars dividitur a duobus rivulis et ab una via que descendit a valle Capiusello et ascendit contra montem ad Oseleriam. Et hanc concessit helemosinam mater mea Hersendis, et Ada uxor mea, et filius meus Hubertus. Hujus rei testes sunt :. Rannulfus, sacerdos et canonicus de Noiomio ; Guillelmus de Campanio ; Hugo Gauganus ; Engelbaudus de Brimonte ; Haimericus de Terceio ; Tebaudus Desreatus. Hanc terram ego Garinus Capreolus do liberam et quietam sicut tenebam, et nemus mortuum ad calefaciendum et vivum ad ędificandum. »

(*Cart. de Tiron*, f° 10 r°.)

LXVIII.

Don de l'église de Brunelles.

« De Brenelles. »

(1125 circa.)

« Cum omnibus sibi commissis debeat impendere curam episcopus, sancte religioni familiariter et studiosius oportet eum providere. Et ideo ego Gaufridus, Dei gratia, Carnotensis episcopus, ecclesiam de Brenella dono et in perpetuum habere concedo monachis Tyronensibus, hoc idem consentiente et volente Gosleno, archidiacono nostro. Ne autem in futurum donatio ista aliquod dampnum oblivionis paciatur vel contradictionis, nos eamdem et litterarum memorie mandamus et sigilli nostri auctoritate corroboramus (¹). »

(*Cart. de Tiron*, f° 11 r°.)

(¹) A la même époque, Geoffroy de Lèves donna l'église d'Argenvilliers, *ecclesiam de Hartgenvillari*, à l'abbaye de Tiron, exactement dans les mêmes termes (*Cart. de Tiron*, f° 10 v°). Voir aussi la charte LXXXI.

LXIX.

Fondation du prieuré des Fouteaux.

« De Fagulis. »

(1125 circa.)

« Quoniam quidem commodorum temporalium occupatior cura pro suis qualitatibus nos actenus evangelici illius precepti factores, quo que mundana possidemus pro pauperum necessitate vendere precipimur, reddidit, quod deterius est, pigriores, amodo saltim illius implendi desiderio fervenciores non pigri reddamur auditores, eternorum tabernaculorum effici si volumus habitatores, quando dicitur. » Facite vobis « amicos de mammona iniquitatis, » et cetera. Hoc precipuę aliisque preceptis quamplurimis ego Garinus (¹) excitatus, sanctę ecclesię ejusque religionis exaltationem pro modulo meo querere satagens, Tyronensibus monachis ordinis monastici, quantum ad humanum spectat examen, institucionem stenue tenendo, adimplendo, custodiendo, utpote nostris temporibus probatissimis, in loco que Footellis dicitur Deo servientibus, septem boum terram unius scilicet carruce cum predio quodam et plesseio (²), in quo videlicet predio domos suas construerent, solutam et quietam et ab omni potestate liberam apud Vallem-Manselli donavi. Cujus dati presens est epigrama testis, cum his quorum secuntur nomina : Giraudus capellanus, Gauterius *Robert*, Gaudinus miles, Stephanus Allobroga (³); Philippus de Montineio, Stephanus de Montedoblel, Papinus filius ejus, Gauterius Calva, Mauricius carpen-

---

(¹) Ce Guérin, bienfaiteur du prieuré des Fouteaux, est le même que Guérin Sans-Barbe que nous retrouvons dans un grand nombre de pièces de notre *Cartulaire*.

(²) Le plessis était une portion de bois fermée par une clôture de bois vif dont les branches s'entrelaçaient.

(³) Nous croyons que cet Etienne l'Allobroge devait avoir des liens de parenté assez étroits avec Geoffroy le Lorrain que nous avons déjà vu figurer comme témoin (ch. XXXIX) et avec Mathieu le Lorrain que nous rencontrerons dans une charte de 1156.

tarius, Gauterius carnifex, Herveus filius Guandeberti, Gillardus piscator, Heldoinus pelletarius, Garinus faber, Frogerius pelletarius. »

(*Cart. de Tiron*, f° 34 r°. — *Cart. des Fouteaux*, f° 5 r°. — *Vidimus en papier* de 1640.)

LXIX.

Don de sept sommes de sel.

« Septem summe salis. »

(1125 circa.)

« Omnibus fidelibus sanctę ęcclesię R[adulphus], filius Durandi ([1]), minimus inter illos, salutem : Notum sit omnibus tam clericis quam laicis me dedisse vii summas salis ęcclesię Dei et Sancti-Salvatoris *de Tiron*, in unoquo que anno, in perpetuum, recordantem illius scripturę, « Abscondite elemosinam in sinum pauperis, et ipsa orat pro vobis ad » Dominum, » et cetera. Et hoc feci pro anima patris mei et matris meę et aliorum meorum antecessorum, et pro anima mea et anima uxoris meę et filiorum meorum et filiarum mearum. Quod concessit Agnes uxor mea, et Henricus filius meus et omnes alii mei pueri. Et ita, quod habebunt illum salem, inter festum sancti Johannis et sancti Michaelis, servientes in eadem ecclesia. Teste : Giroldo sacerdote, et Ricoardo sacerdote, et Radulfo de Drutmara, et Durando *Rosel*, et Nicholao de Craventum. »

(*Cart. de Tiron*, f° 50 v°.)

LXXI.

Don de l'église de Saint-Remy et de terres à Néron.

(1125 circa.)

« Notum sit omnibus quod Andreas *Cholet* ([2]) et Moreherius de

---

([1]) Voir la note 2 de la page 77.

([2]) La famille Cholet, puissante en Beauce, avait, au XIIe siècle, ses principales possessions à Saint-Luperce, Saint-Germain-le-Gaillard, Theuvy et Néron. Hugues et Ives

Noviomo (¹) dederunt monachis *de Tiron* ecclesiam Sancti-Remigii quę est juxta villam quę dicitur *Neiron* (²) et terram trium boum juxta eam, necnon tria arpenta terrę secus rivulum. Postea vero predictus Andreas, cum vulneratus esset et attritus gravi infirmitate, concessit predictis monachis partem suam furni *de Neiron*, alteram vero partem furni concessit Moreherius, uxore sua Ermeniarde concedente, de cujus do-

Cholet figurent dans une donation de Geoffroy d'Erouville à l'Hôtel-Dieu de Chartres en 1190. Le nom de Hugues se rencontre encore dans une autre donation qu'il fit au même Hôtel-Dieu au mois de décembre 1222. Ives, qui avait épousé Alix, fille de Robert de Saint-Germain, est cité comme seigneur féodal à Saint-Germain-le-Gaillard dans un titre de l'Hôtel-Dieu de février 1196. Dans une charte du Chapitre de Chartres, il est appelé Ives d'Erouville. La famille Cholet devint propriétaire de la seigneurie de Dangeau en 1364. Elle a laissé son nom à la Choltière, hameau de la commune d'Orrouer.

(¹) Ce Morhier de Nogent est la souche de l'importante famille des seigneurs de Villiers-le-Morhier. Il confirma vers 1115 à l'abbaye de Saint-Père le don d'une terre à Saint-Lucien fait par Hugues, fils de Nivard de Senantes. Dans cet acte figurent Thècle, sa femme, et ses deux fils, Aimery et Garnier. D'après la pièce qui nous occupe, il paraît s'être marié en secondes noces à Ermengarde, dont il eut un troisième fils, Godescal, qui, vers 1151, se fit moine dans l'abbaye de Saint-Jean-en-Vallée.

Aimery (1148-1159) eut pour fils Garnier (1180), qui lui-même eut cinq enfants que nous retrouvons dans une grande quantité de chartes : Guillaume qui lui succéda dans la seigneurie de Villiers, Garnier, chevalier, Jean, clerc, Philippe, chanoine de Notre-Dame de Chartres, et Thècle, qui épousa Guillaume de Chartres, seigneur de Ver (1185-1229). A Guillaume succéda Aimery II (1240-1253). Guillaume II paraît comme seigneur de Villiers en 1280. Après celui-ci vint Philippe qui, avec sa femme Jeanne, fonda en 1330 la chapelle de Saint-Thomas à Villiers. On le retrouve encore en 1363. En 1374, Guillaume III lui avait succédé : il eut pour fils Etienne (1388), et à celui-ci succéda Simon Morhier (1425-1445). C'est surtout à Simon Morhier qu'est due l'illustration de la famille : il aida puissamment Charles VII à chasser les Anglais de France et fut élevé à la dignité de grand-maître de France vers 1437.

(²) Une charte de l'abbaye de Saint-Père, de l'année 1128 environ, fait mention de l'église que les moines de Tiron possédaient auprès de Néron : *Symon Saxo, pater Symonis junioris, quandam filiam suam uxorem dedit filio Theobaldi, filii Stephani. Cumque, ad eorumdem juvenum desponsationem, plurimi convenissent in quadam ecclesia monachorum Tironensium, que est juxta villam quam Neronem nominant, affuerunt ibi de monachis nostris Fulcherius, hujus monasterii tunc prepositus, et Hubertus cellararius; affuit etiam supramemorati filius Symonis, Germundus, Columbensis monachus.* L'église de Saint-Rémy n'existe plus. On en voyait encore les ruines il y a un demi-siècle : les pierres ont servi, en 1827, à la construction du moulin de Pierres, auprès de Maintenon.

T. I.

talicio erat, item filiis suis Garnerio, Haimerico, Godescaldo. Hujus rei, scilicet extreme partis furni, sunt testes : Paganus *de Esparlum*, Joscelinus *de Hanches*, Amauricus Pauper.

» Germundus Niger dedit monachis *de Tyrum* unum arpentum terre quod habebat juxta ecclesiam et unum arpentum terre juxta rivulum. Radulfus Niger, frater ejus, hoc concessit.

» Obernus, major *de Neiron*, dedit monachis *de Tiron* arpentum terre in terra de Piseios. Andreas *Cholet* et Moreherius hoc concesserunt.

» Guiardus Tortus dedit monachis unum arpentum terre in via *de Boerre*, in capite terre Guiardi.

» Godescalcus de Bosseria (¹) dedit monachis suam partem decime terre illorum et decimam animalium. Postea vero Simon de Monte-Pinzon (²) monachos inquietavit, sed venientes in placitum et videns se nichil posse proficere, eis decimam, ante episcopum Carnoti, concessit.

» Guillelmus *de Mestenon* (³) dedit eisdem monachis terram duorum boum super Vacarias. Amauricus, frater ejus, hoc concessit. Germundus, major suus, hoc bene novit.

» Moreherius dedit duo arpenta prati in insula de Jausis. Gauterius *de Corbones* habet inde xii denarios. Hoc concesserunt Ricardus et Paga-

---

(¹) Godescal de la Boissière donna, vers 1130, à l'abbaye de Coulombs, la moitié de la dîme de Néron.

(²) Vers 1120, Simon de Montpinçon, du consentement de ses fils Robert, Raoul et Gui, abandonna en faveur de l'abbaye de Saint-Père toute prétention sur la terre de Bouffigny, à Crucey, *de terra que dicitur Bulfiniacus, apud Cruciacum villam*, que son oncle Gautier Palard avait donnée à l'abbaye.

(³) Guillaume de Maintenon appartenait-il à la famille des seigneurs de Maintenon ? Le nom de son frère Amaury nous porterait à le croire : nous savons en effet qu'à l'époque où Guillaume fit cette donation, le seigneur de Maintenon s'appelait Amaury, fils de Mainier, lui-même seigneur de Maintenon, et qui, au commencement du XIIe siècle, fonda le prieuré de Notre-Dame de Maintenon. Nous trouvons Amaury cité comme témoin dans un acte de l'abbaye de Saint-Jean-en-Vallée antérieur à 1135 : il eut la garde du jeune Amaury V de Montfort (1137-1140), fils d'Amaury IV et d'Agnès de Garlande, dame de Rochefort. Amaury de Maintenon eut pour successeur Jean de Maintenon, marié à Agnès, que nous voyons vers 1175 donner au prieuré des Moulineaux 12 deniers de cens à Epernon. Jean eut pour enfants Amaury, qui lui succéda dans la seigneurie de Maintenon, et Agathe qui épousa Baudouin de Gazeran. Les descendants de Mainier et d'Amaury possédèrent la seigneurie de Maintenon jusqu'au commencement du XVIe siècle où cette terre fut achetée par Jean Cottereau.

nus filii ejus, Gauterius *de Corbones* habet inde IIII denarios de censu, in die jovis ante Pascha (¹). »

(*Cart. de Tiron*, f° 38 r°.)

LXXII.

Demande de confraternité de prières par les bourgeois de l'Aigle.

« De Aquila XLIIII solidi. »

(1125 circa.)

« Guillelmo, Dei gratia, abbati Tironensi, omnique conventui, Willelmus *de Gloth* (²), et Goscelinus capellanus, omnesque clerici et burgenses de Aquila, fraternam dilectionem : Noverit vestra religio nos summopere et omnimodis cordium nisibus participationem orationum vestrarum desiderare. Quapropter insinuamus caritati vestrę nos, in die Cineris, auxilium a confratribus ad opus vestrum postulasse, et Dei gratia accepisse, scilicet XLIIII solidos, de quibus ememus allecia. Sciatque sanctitas vestra nos clericos eis pepigisse vos in capitulo vestro animas parentum nostrorum absolvere et pro degentibus adhuc orationes fundere. Et sciatis istam societatem ita fore constitutam ut, unoquoque anno, in predicto die, idem auxilium a nobis iteretur. Igitur suppliciter poscimus ut ad nos litteras vestras, testes hujus concessionis, transmittere curetis, quę legantur in audiencia tocius populi, et ad predictum terminum unoquoque anno monacus vestrę sanctitatis huc dirigatur. Valete, nostri memores estote, et societatem, gratuito Dei munere initam, complere satagite.

(*Cart. de Tiron*, f° 53 v°.)

(¹) Une charte fausse du 1er avril 1189, attribuée à Renaud, évêque de Chartres, porte confirmation d'un prétendu amortissement fait par Galeran, seigneur de Maintenon, et Guillaume, seigneur de Nogent-le-Roi, de tous les biens donnés à l'abbaye de Tiron par André Cholet et Morhier de Nogent et de l'exemption de toutes charges pour l'abbaye.

(²) Guillaume de Glos, sénéchal de la maison de Breteuil, était fils de Barnon *de Glota*, prévôt de Guillaume Fitz-Osbern, intendant de la maison de Guillaume le Conquérant. Guillaume de Glos épousa Béatrix et eut pour fils Roger, qui, après avoir embrassé le parti de Guillaume Cliton, se réconcilia avec Henri Ier en 1119.

LXXIII.

Don de 20 sous de cens à Barzy et à Passy.

« De Dormanz. »

(1125 circa.)

« Quoniam multa hominum gesta temporis diuturnitate et hominum interitu a memoria in oblivionem elabuntur, que si scribuntur memorię in perpetuum commendantur, magnis ac sapientibus viris visum est ea que in suis gesta temporibus in subsequuturis etiam vellent incussa manere litteris assignando posteris relinquere. Hanc igitur providentiam nos quoque approbantes, omnibus hominibus notum fieri volumus tam futuris quam presentibus quod Andreas de Baldimento concessit et, assensu Guidonis filii sui [1], dedit monachis Tironensibus xx solidos de dominio censu apud Barzeium et Pacetum, quę due ville sunt inter Castrum-Teoderici et *Dormanz* [2]. Hujus vero census terminus est apud festum sancti Remigii. Hoc donum etiam laudavit et concessit comes Theobaldus et sigilli sui impressione corroboravit. Hujus rei testes sunt : Hugo filius Roberti, Dodo panetarius, Robertus de Luqueto, Ansoldus de Meriaco, Andreas de Firmitate, Hugo de Carleio, Petrus de *Dormanz*. »

(*Cart. de Tiron*, f° 62 v°.)

[1] André de Baudement avait un autre fils nommé Galeran, que le comte Thibaut IV avait, en considération de son père, chargé du gouvernement de l'abbaye d'Epernay. Sur les conseils de saint Bernard, abbé de Clairvaux, Galeran abandonna l'abbaye en 1127 pour se faire moine à Clairvaux.

[2] André de Baudement est considéré comme le fondateur du prieuré de Notre-Dame-de-l'Arable près Dormans. La donation faite par lui d'une censive entre Barzy et Passy est en effet le titre le plus ancien que nous ayons rencontré au sujet des possessions de l'abbaye dans les environs de Dormans.

LXXIV.

Dons faits au prieuré de Croixval.

« De Cruce-Vallis. »

(1125 circa.)

« Notum sit omnibus hominibus tam presentibus quam futuris quod Paganus *Helinan* (¹) et Hubertus Salva-Granum dederunt unam carrucam terre monachis Sancti-Salvatoris apud Crucem-Vallem (²) propriam et liberam, Grisogonella, comite Vindocinensium, et Guidone Turpino, et Pagano de Valle concedentibus. Hujus rei sunt testes : Robertus sacerdos Sancti-Martini, Arnulfus sacerdos *de Turne,* Simon Salva-Granum, Fulcherius et Audebertus frater ejus.

» Fromundus Licho dedit loco Crucis-Vallis unum arpentum prati et dimidium arpentum terre que sunt subtus stagnum, et inde monachi reddunt III denarios censualiter. Hujus rei est testis : Hubertus *Dace.*

» Hubertus Salva-Granum vendidit monachis Crucis-Vallis IIII arpenta terre que sunt deversus vallem *de Jaeres* et pratum quod est subtus, pro vacca una, et inde reddunt monachi XVI denarios censualiter, Pagano *Helinan* concedente. Hujus rei est testis : Enricus villicus de Montorio.

» Gifardus vendidit monachis ejusdem loci unum arpentum inter

---

(¹) Payen Hélinand était propriétaire, en la paroisse de Courdemanche, d'un fief relevant de la seigneurie de Lucé. Ce fief passa après lui à une des branches de la famille Riboule, d'où il prit le nom de la Riboullière.

(²) Le prieuré de Croixval était situé dans la paroisse de Ternay. Dans la vallée où coule le ruisseau de la Cendrine, au pied d'une colline que revêtent les arbres de Gastine, on voyait, il y a encore quelques années, les ruines de la chapelle prieurale dédiée à sainte Madeleine. — On a toujours reculé la fondation du prieuré jusqu'à l'année 1188 : on peut juger par les chartes que nous publions qu'il remonte beaucoup plus haut. Pierre de Ronsard, l'illustre poète vendômois, jouit par commande du prieuré de Croixval, où il faisait sa demeure ordinaire. Le corps de logis où résida Ronsard, se reconnaît encore à son toit aigu et à son rampant orné de crochets sculptés.

pratum et terram juxta Veterem-Molendinum (¹) pro duobus solidis, et monachi reddunt inde IIII denarios censualiter. Hujus rei sunt testes : Fulcherius Ascia (²), Bernardus *li vanners.*

» *Helisabeth,* uxor Huberti Salva-Granum, et Paganus *Helinan* dederunt monachis supradictis campum Hostorii et pratum quod est ad vadum *de la Barle,* et ad vadum de Riis, unam peciam terre et unam peciam prati, Gifardo et Pagano filiis *Helisabeth,* et uxore Gifardi concedentibus. Hujus rei est testis : Garinus, dominus Doe.

» Gifardus vendidit supradictis monachis tria arpenta terre supra rivum ex parte *Artins* pro VII solidis, et monachi reddunt inde VIII denarios pro censu, uxore ejus concedente. Hujus rei sunt testes : Airaudus canbitor et Enricus villicus.

» Helgodus de Caresmo dedit monachis de Cruce-Valle unum arpentum prati apud Pinellos. Hujus rei est testis : Beraudus de Pinellis et Paganus filiaster ejus.

» Fulcherius de Pinellis, Paganus Helinandus, et Milesendis uxor ejus, et filii ejus Hugo scilicet et Rainaudus concedunt hoc quod ipse dedit monachis de Cruce-Vallis. Testes hujus rei : Raherius filius Odonis de Montiniaco, Garinus Sine-Barba, Gauterius nutritor, Hugo armiger Garini, Martinus miles, Harduinus frater Gillardi, Fulcherius *de Asee.* »

(*Cart. de Tiron*, f° 66 v°.)

LXXV.

Vente d'un arpent de pré aux Prés-Morin.

« De Prato-Morini. »

(1125 circa.)

« Notum sit omnibus quod Girardus de Rivereio et uxor ejus et duo

(¹) Le 18 août 1411, Odet de Ternay, chevalier, rendit aveu à la châtellenie de Poncé pour son fief et pour le Vieux-Moulin de Ternay.

(²) *Fulcherius Ascia* appartenait à la famille des seigneurs d'Azay-le-Chétif, dont un des membres, Guillaume d'Azay, fut le premier bailli établi en Touraine par Philippe-Auguste vers 1193.

filii ejus vendiderunt monachis *de Tyron* unum arpentum prati in Prato-Morini xxv solidis, et habuit inde uxor ejus ii^{os} denarios, et filius major duos denarios, et minor iii^{es} obolos. Hoc etiam concesserunt Hugo *de Boigne*, et inde habuit iii nummos, et Gofredus avunculus ejus ([1]), de quorum feodo erat pratum. Testes sunt : Johannes et Ernaudus monachi, Gauterius aucepbs ([2]), Riolio Brito et Fulco serviens ejus. »

(*Cart. de Tiron*, f° 9 v°.)

LXXVI.

Exemption de toute charge pour la maison de Meudon ([3]).

(1125 circa.)

« Ludovicus, Dei gratia, rex Francorum et dux Aquitanorum, notum facimus universis presentibus pariter et futuris monachis Tyronensis monasterii ex regia nos benignitate concessisse hospitem illum quemcumque in domo sua de Mandonta posuerint, ab omni talliata et exactione, ab equitatu et expeditione et ab omni penitus consuetudine liberum perpetuo permanere nullique ministrorum nostrorum nisi solum nostre et monachorum subjacere justicie. Excipimus tamen quod nullum ex hominibus seu justicialibus nostris nisi cum assensu et voluntate nostra poterunt retinere. Quod ut ratum habeatur in posterum, scripto commendari et sigilli nostri auctoritate fecimus confirmari. »

(*Cart. de Tiron*, f° 76 v°.)

---

[1] Comme nous l'avons vu dans la charte XXXIV, l'oncle de Hugues de Boigne s'appelait Geoffroy de Riveray; il était donc sinon frère, du moins parent de l'auteur de cette charte. — Voir la note 2 de la page 71. Hugues de Riveray, que nous avons désigné dans cette note comme fils de Geoffroy, nous paraît plutôt être le même que *Hugues de Boigne*.

[2] Ce Gautier était sans doute un des veneurs de Girard de Riveray.

[3] C'est d'après une note du XVI° siècle que nous traduisons ainsi les mots *de Mandonta :* nous n'avons trouvé nulle part ailleurs la mention de ce prieuré de l'abbaye de Tiron à Meudon.

LXXVII.

Accord avec Nicolas de la Bruyère pour la maison de Melleray.

(1125 circa.)

« Quod inter Tyronenses monachos et Nicholaum de Brueria super domo Meleriorum controversia aliquando discurrerit quampluribus quidem notum esse credimus, qualiter autem, post diversas diversis in locis exagitationes, tandem apud Braiotum ventilata conquieverit, universos tam nostri temporis quam futuri presenti stillo nosse volumus. Dirimende igitur habite contentionis obtentu pristineque concordie reparande, concordi hinc et inde assensu diffinitum est et pluribus presentibus confirmatum quod predicti monachi iiii^{or} carrucatas tam terre quam nodularum, sementis vii modiorum funiculo vel pertica mensuratas, in supradicto loco possidebunt, preter quas carrucatas hospitalium quoque suum, ut ante conventionem habebant, utque circomducti fossati ambitus determinat, rehabebunt. Quibus etiam calefactionem suam tam ipse Nicholaus quam monachi Braioti, mortuum boscum (¹) extra haias (²) et plexicia, concesserunt; quod si aliquando vel vendicione vel alio aliquo modo mortuus boscus defuerit, monachi Meleriorum ubicumque extra haias et plexicia quercum invenerint accipient. Ad hospitalium vero domus Meleriorum, boscus tam vivus

---

(¹) Par *mortuum boscum* il ne faut pas entendre le bois mort comme nous le comprenons aujourd'hui. On faisait une grande différence entre le bois mort et le mort bois : une ordonnance de François Ier (1519) en fait foi : « Le bois mort doit s'entendre de » celui qui est mort et sec en estant ou abbatu, et mort bois de certain bois verd en » estant. » Toutes les chartes ne sont pas d'accord sur les essences classées comme mort bois. Le Coutumier des Forêts, rédigé par Hector de Chartres au commencement du XVe siècle, range dans cette catégorie le saule, le marsault, le bourgène, le frêne, l'érable, la ronce, le genêt, le genévrier, le pin, l'épine et le sureau.

(²) *Haia* désigne proprement une clôture ; mais la signification la plus commune de ce mot au Moyen-Age est celle de portion de forêt assez étendue et réservée pour certains besoins du seigneur. Comme cette portion était circonscrite par une clôture, elle tira son nom de cette particularité.

quam mortuus quocumque loco, exceptis haiis et plexitiis, inventus fuerit, indifferenter accipient. Nec pretermittendum quod licet monachis in suscepta terra vi hospites hospitari, qui nullam nisi eis consuetudinem reddent; qui videlicet hospites una cum monachis extra sepes communia pascua habebunt, et residuum mortui bosci qui ab aliis precisus fuerit predicti homines usui suo servabunt; et si forte in bosco venditio facta fuerit, a recenti sectione tribus annis et dimidio eorum animalia cohercebuntur. Huic paci interfuerunt quorum nomina suscripta sunt : Robertus de Bello-Monte, Ivo de Regimalastro, Gauterius de Friseia, Reinaudus de Horreivilla, Galerannus de Alneto, Haimericus de Merlaio, Hugo decanus, Girardus de Evra, Goffredus de Alogia, Goslenus, Guillelmus de Orrevilla et Reinaudus frater ejus (¹), Goslenus clericus, Adam *Brunel,* Odo Rufus, Gaufridus Paganus, Robertus *Chevet* et alii plures (²). »

(*Cart. de Tiron,* f° 85 r°.)

LXXVIII.

Don par Hugues de Poncé de terres apud Montem-Luisernum.

« De Monte-Luserni. »

(1125-1131.)

« Notificamus cunctis fidelibus tam presentibus quam futuris quod ego Hugo de Poncaio (³) dono monachis *de Tyron* apud Montem-Luisernum duas masuras terrę, unamquamque ad sex boves, liberas sicut ego possidebam et immunes ab omni consuetudine seculari. Et

---

(¹) Le même que *Reinaudus de Horreivilla*, déjà mentionné parmi les témoins.

(²) Cette charte a été ajoutée au XIII° siècle.

(³) La baronnie de Poncé était une des quatre grandes seigneuries du comté de Vendôme. Les seigneurs de Poncé, avec ceux de Lavardin, de Montoire et de Courtiras, remplissaient près des comtes de Vendôme, lors de leur première entrée, les mêmes fonctions que les pairs de France auprès du roi.

Hugo de Valenis (¹) illud quod habebat in duabus illis masuris donat et concedit libere possidendum monachis supradictis. Henricus de Caresmo concedit etiam eisdem monachis dimidiam partem decime ejusdem loci, et tres infantes filie Huberti de Bosco, duo masculi et una femina, concedunt hanc elemosinam, quare ideo ex servis liberi facti sunt. Jofredus, vicecomes Castriduni, et Hugo de Poncaio et Hugo de Valenis concedunt etiam pasturas porcorum in nemoribus suis monachis ibidem habitantibus. Et pro omnibus his Hugo de Valenis accepit mutuo a Hugone de Poncaio feodum Haimerici *Baufrei* et masuram Rainaldi *Nael*. Insuper concedo ego Hugo de Poncaio apes, mel et ceram que invenientur in silva (²), et in alio loco terram ad duas carrucas, similiter sex boum unamquamque. Et hec omnia concesserunt Joffredus vicecomes et uxor ejus Helois. Presentibus et assistentibus testibus his: Archenbaudo preposito, Bartholomeo de Vindocino, Frodone de Sancto-Martino, Henrico de Caresmo, Jeremia de Bosco-Garnerii, Roberto de Oca, Ernulfo *de Lanere*, Escherpi Peloquino (³), Gauterio preposito, Bernardo de Choa, Stephano *de Novi*, Ivone filio Radulfi, Garino de Rivaria, Rainaldo Galiberti, Roberto de Curte-Lamberti, Roberto vigerio, *Junen* forestario, Josberto Garini, Heimerico Baufredi, Herberto Ahene. »

(*Cart. de Tiron*, f° 37 r°.)

(¹) La famille de Valennes était très importante dans le Bas-Vendômois. Outre la terre d'où elle tirait son nom, elle possédait le fief de Riverelles en la paroisse de Vic, et celui du Bois-de-Conflans. Au XVIᵉ siècle, la seigneurie de Valennes fut la propriété de Honorat de Bueil, plus connu sous le nom de son fief Racan, qu'il illustra par ses poésies.

(²) L'éducation des abeilles n'était pas négligée au Moyen-Age. Les seigneurs et les religieux entretenaient dans les forêts des domestiques, appelés *apicularii* ou *bigni*, dont le service consistait surtout à recueillir les essaims sauvages.

(³) Peloquin était seigneur de l'Isle-Bouchard: il prit part à la révolte des seigneurs de la Touraine contre Geoffroy Martel. Vaincu par le comte d'Anjou et fait prisonnier dans son château de l'Isle-Bouchard, il obtint sa liberté de la générosité du vainqueur (1132).

LXXIX.

Don au prieuré des Châtaigniers d'une terre entre Villemafroi et Pré-Nouvelon.

(1126, 3 août.)

« Notum sit omnibus sancte Dei ecclesie fidelibus quod Petrus Rex, partim pro amore Dei, partim pro lucro terreno, monachis *de Tyrum* in loco qui dicitur Castaneis habitantibus dedit terram unius carruce inter maisiam *de Vilermafrei* et Pereium, ita quiete et absolute quod ab omnibus hominibus eam defendet. Testes ex parte monachorum : Radulfus, Baugenciaci dominus ([1]), ante quem donum hoc fuit factum et concessum, Hainricus dapifer, Helias Boellus, Umbaudus Rufus; ex parte Petri Regis : Guillelmus de Pulcro-Monte, Hugo Rufus, Antelmus de Tefaugia, Fulco Aviziaci, Archenbaudus Niger, Radulfus Marie de Papia, Josmerus Petri predicti famulus, Rainerius *de Vilermoin*, Joscelinus cordubernarius. Goffredus cancellarius, cognomine Grossinus ([2]), scripsit, anno dominice incarnationis MCXXVI, III nonas augusti, epacta VI.

(*Cart. de Tiron*, f° 42 v°.)

([1]) Suivant l'*Art de vérifier les dates*, Raoul Ier, seigneur de Beaugency, serait mort vers 1118. On voit par cette charte qu'on doit assigner à son décès une date beaucoup plus récente. Il était fils de Lancelin II, auquel il succéda vers 1080. Il fut un des plus fidèles vassaux du comte de Chartres, Thibault IV. Il était aussi lié d'amitié avec l'évêque Ives de Chartres, à la persuasion duquel il introduisit, vers 1104, dans l'abbaye de Notre-Dame de Beaugency, la réforme de Saint-Augustin.

([2]) Ce Geoffroy le Gros, chancelier, est sans nul doute le moine de Tiron auquel nous devons la Vie de saint Bernard.

LXXX.

Confirmation de la dîme de Cintry.

« De decima Sancti-Georgii de Cintri. »

(1126 circa.)

« In Christi nomine, ego Johannes, Dei gracia, Aurelianensis episcopus, notum fieri volo omnibus fidelibus tam futuris quam et instantibus quia quidam milites Umbaldus scilicet Rufus, et Hugo Chaorcensis, nepos ipsius, et alii preterea decimas quas in loco qui *Cintri* appellatur de animalibus sibi percipiebant, ob Dei amorem et animarum suarum et antecessorum suorum remedium, ad opus fratrum Tironensium ibi in Dei servicio permanencium in manu mea perpetuo solutas et quietas clamaverunt, et hoc omnibus sciendum et credendum litteris et auctoritate sigilli nostri mandavi. Signum Stephani decani. Signum Philippi precentoris. Signum Archanbaldi subdecani. Signum Bartholomei capicerii. Signum Bucardi archidiaconi. Signum Radulfi archidiaconi. Signum N. archidiaconi. Signum Algrini cancellarii. »

(*Cart. de Tiron*, f° 61 r°.)

LXXXI.

Don de l'église d'Argenvilliers.

« De Argentviler. »

(1126 circa.)

« Cum omnibus sibi commissis debeat impendere curam episcopus, sancte religioni familiariter et studiosius oportet eum providere. Et ideo ego Gaufridus, Dei gratia, Carnotensis episcopus, ecclesiam *de Hargentviler* dono et in perpetuum habere concedo monachis Tyronensibus, hoc idem consentiente et volente Gosleno, archidiacono nostro. Volumus ergo et statuimus ut monachi ibi accipiant, in tribus festis per annum, dimidiam partem omnium oblationum, videlicet in Natali Domini, in Pascha, in festo Omnium-Sanctorum, et in annona et in primitiis et omnibus decimis duas partes, retenta sibi ad integrum tota decima illa quam eis prius donaveram de feodo Roberti de Moteia. Tertiam vero reliquam partem quam ad presens, eorumdem petitione, Bernardo sacerdoti habere permitto, ne alius post istum sacerdotem clamare possit, predictis monachis habendam concedo. Ne autem in futurum donatio ista aliquod dampnum oblivionis paciatur vel contradictionis, nos eandem et litterarum memorie mandamus et sigilli nostri auctoritate corroboramus. »

(*Cart. de Tiron*, f° 11 r°.)

LXXXII.

Don de la terre de Harinval.

« De Neiron. »

(1126 circa.)

« Notum sit omnibus hominibus quod Paganus Lupus *de Neiron* dedit Deo Salvatori et monachis *de Tiron* unum arpennum prati et duo arpenta terre ad *Harinval* in elemosina. Galerannus vero de cujus feodo erat hoc concessit, et habuit inde quatuor solidos de caritate. Hujus concessionis testes sunt: Ogerius, decanus *de Esparlum*, et Hugo, tonsor de Carnoto. Testes vero doni predicti Pagani sunt isti : Moreherius de Noviomo et Garnerius filius ejus, et Guiardus Tortus *de Neirum*.

» Post aliquot autem annos, cum predictus Paganus in *Hierusalem* ire vellet, dedit predictis monachis *de Tiron* totam terram suam *de Harinval*, illam scilicet quam monachi pro terragio laborare consueverant. Hoc concessit uxor ejus Roscia et filia ejus Aales et Robertus Gifardus gener ejus, et inde habuit Paganus Lupus xxx^{ta} v^{que} solidos de caritate. Hujus rei testes sunt: Ogerius, sacerdos *de Neiron* ([1]), et Andreas *Cho-*

---

[1] En 1160, Oger, alors curé de Saint-Pierre de Maintenon, fit un accord avec les moines du prieuré de Marmoutier du même lieu pour les dîmes de la maison de Jean, seigneur de Maintenon.

leth, Petrus de Teunvilla, Hugo *de Rus* (¹), Petrus *de Lure*, Gervasius major *de Neirum* et Forre filius ejus, et Theboldus forestarius, et filius ejus cognomento *Botemie*, Ricardus Morinus. Hoc concessit Galerannus *de Mestenon*, de cujus feodo erat. Hujus rei testes sunt : Ogerius sacerdos *de Neirum*, Gauterius de Petris. »

(*Cart. de Tiron*, f° 37 v°.)

LXXXIII.

Don de l'église de Crasville et de terres au même lieu.

« De Crasvilla. »

(1126 circa.)

« Quoniam corrupti sunt filii hominum et abhominabiles facti sunt in studiis suis, student enim patrum plantationes eradicare suisque usibus mancipare, et quibus ecclesias Dei ditaverunt largitionibus, si nequeunt exterminare, saltim moliuntur corrodere. Hujus nostri locelli Crasville dator, res et testes hic habentur serie ne nos invasorum procacitas moliatur inquietare. Dedit igitur Robertus, predicte Craville possessor et dominus, Tironensibus monachis, ut sui suorumque Deus misereretur, ecclesiam ejusdem ville cum quibuslibet sibi pertinentibus, et cunctorum molendinorum suorum decimas et unius carruce terram ibidem et alterius apud *Rochefort*, et suam dominicam pasturam cunctis eorum animalibus. Concedentibus et testantibus ejusdem uxore Gilla et filiis Galeranno, Roberto, Willelmo, Guidone, Helia, Raginaudo, Giraudo, cum ceteris quorum hec sunt nomina : Robertus *Lebort*, Radulfus de Geratiis, Guillelmus Sanguine-Mixto, Gauterius de *Groteth*,

---

(¹) En 1249, les religieux de Josaphat reconnaissent devoir douze deniers de cens à Robert de Rutz, chevalier, et à Mathilde, sa femme, pour leur grange de Borville, en la paroisse de Serazereux. Robert de Rutz était fils de Girard de Rutz, qui, en 1204, échange avec l'abbaye de Coulombs la moitié du moulin Malo, situé au Val-Morin, faubourg de Nogent-le-Roi, et d'Isabelle, dame de Rutz, qui, en 1205, consent à la donation faite à l'abbaye de Grandchamp par Jean de Clérembault de douze arpents de terre à la Ronce.

Robertus *Granet*, Robertus ejus filius et Auldulfus, Osbertus filius Gelie, Gaufridus de Menia, Rennulfus *Germon*, cum multis aliis. »

(*Cart. de Tiron*, f° 54 v°.)

LXXXIV.

Don d'une terre apud Montem-Luisernum (¹).

« De Monte-Luserni »

(1126-1131.)

« Notum sit omnibus hominibus quod Raginaldus *Enforcet* dedit monachis Tironis medietatem terrę quam habebat de feodo Bartholomei Vindocinensis, quę est ad Montem-Luserni, sicuti terram illam dividit domus Ricardi. Sed Raginaldus pepigit quod tantum terre redderet monachis in feodo vicecomitis Castriduni, sicuti dividit eam Pirus-Meauges Ferrariarum usque ad terram Hugonis de Ponciaco, et prata et terras, et quandam domum in castro Montiniaci, et vineam, et quandam inclusam sub Jarcio. Concedentibus G[aufrido], vicecomite Castriduni, uxore sua *Hellui*, filiis eorum de quorum feodo erat terra, uxore Raginaudi *Enforce*, Maria nomine, et Radulfo filio eorum et tribus filiabus illorum Dea, Ascelina, Arenburgi. Hujus rei sunt testes : Hugo de Pontiaco et Hugo filius ejus (²), Haenricus de Caresmo, Robertus villicus, Gofredus *Ledut*, Espierius *de Lenere*, Garinus de Riveria, Tetbaudus filius Engelardi, Bernerius, Engelardus filius Guillelmi, Petrus de

(¹) Nous n'avons pu déterminer le nom moderne du prieuré *de Monte-Luiserni*; mais il était certainement situé dans les environs de Montigny-le-Gannelon. L'écluse et le bois dont il est question dans les chartes de Renaud Enforcet et de Hugues de Poncé, sont assurément l'écluse et le bois du Jard situés au S. de Montigny, sur le Loir, au-dessus de la Roche.

(²) Hugues II de Poncé et son frère Guillaume, chantre de Saint-Pierre-de-la-Cour, furent les bienfaiteurs du prieuré de Saint-Martin de Lunay, dépendant de l'abbaye d'Évron. Philippe de Poncé, fils et héritier de Hugues II, ratifia les donations de son père et de son oncle, le 4 mars 1231.

Sancto-Leonardo, Matheus frater Petri, Adam de Pereo, Gastinellus Vindocinensis (¹), Guillelmus frater Gastinelli. »

(*Cart. de Tiron*, f° 36 v°.)

LXXXV.

Abandon par Ives de Courville au comte Thibaut IV de la terre de Courville.

« Ivonis Curveville. »

(1127 circa.)

« Ivo de Curvavilla (²), abrenuncians seculo, dimisit comiti Teobaldo Curvamvillam, cum omnibus que tenebat de feodo ipsius comitis vel vicecomitis (³). Pro his dedit ei comes Teobaldus ducentas marcas argenti et juravit ei se tenere elemosinas ejus se sciente. Juravit et terram tenere cum consuetudinibus illis cum quibus Ivo eam tenebat et quod in terris sanctorum nullas mittet vel se sciente mitti permittet consuetudines a servientibus suis per castrum Curveville et quod Ro-

---

(¹) Ce personnage nous paraît avoir été la souche de la famille Gastineau qui, vers le milieu du XII° siècle, possédait de riches domaines dans les environs de Mortagne. En 1155, nous voyons Geoffroy et Payen Gastineau confirmer la donation de l'église de Saint-Pierre de Vitrai au prieuré de Saint-Sulpice de Laigle.

(²) Ives II, seigneur de Courville, était fils de Giroie de Courville et de Philippe. Orderic Vital nous a conservé au sujet de ce Giroie une anecdote qui peint bien les mœurs du temps : Armand d'Echaufour avait toujours été l'ennemi du comte de Bellême, Guillaume Talvas. Il partit pour la Terre-Sainte, et, à son retour, il pouvait croire que tout ressentiment était éteint, mais il avait compté sans la rancune de Mabile, la fille du comte de Bellême. Elle tenta une première fois d'empoisonner Armand à Echaufour : ayant échoué dans son dessein, elle corrompit Roger Goulafre, sénéchal du seigneur d'Echaufour, qui consentit à empoisonner son maître. Armand se trouvait alors à Courville chez Giroie, le seigneur du lieu, avec Guillaume Goët de Montmirail. Les trois seigneurs burent le breuvage empoisonné que leur servait Roger Goulafre ; les deux derniers se firent porter chez eux et purent se sauver grâce à des soins énergiques. Quant à Armand, il ne put se soigner convenablement, et il mourut quelques jours après. — Giroie mourut dans les dernières années du XI° siècle.

(³) Cet acte ne paraît pas avoir eu d'exécution : Foulques du Chêne était seigneur de Courville en 1128.

berto de Veteri-Ponte (¹) terram reddet, cum ipse Robertus predictam pecuniam ei reddiderit et predicta sacramenta juraverit, et illos homines Curveville quos comes Teobaldus queret et ipse Robertus habere poterit servandi se sacramenta obsides dederit, nec alii eam reddet a prima Domini Nativitate post hanc conventionem usque ad annum, et, si Robertus non venerit usque ad illum terminum, reddet eam filio Guillelmi de Torta-Quercu quem habuit de sorore Roberti secundum supradictas de Roberto conventiones, et si filius defuerit, maritabit unam de filiabus Guillelmi, quam habuit de sorore Roberti, uni de hominibus suis cum tota terra illa, cum supradictis conventionibus de Roberto. Sic tamen vel filio vel filie Guillelmi terram reddet ut si alius heres venerit et reclamaverit, ille qui terram habebit teneat ei inde justiciam, in curia comitis, et cuicumque comes reddet, excepto Roberto, faciet eum jurare et homines Curveville, quos comes queret et ille habere poterit, ut quandocumque Robertus veniat, si predictas conventiones sequi ipse Robertus voluerit, terram ei reddat. Hec sacramenta que juravit comes Teobaldus, juravit et mater ejus et frater

---

(¹) La famille de Vieuxpont entra en possession de la seigneurie de Courville à la mort de Foulques du Chêne, quelques années après l'acte de renonciation d'Ives de Courville. Elle était originaire du pays d'Auge. Du temps de Guillaume le Conquérant, un Robert de Vieuxpont donna à l'abbaye de Notre-Dame de Saint-Pierre-sur-Dive le patronage de Vieuxpont. Le roi d'Angleterre l'envoya au secours de Jean de la Flèche contre Foulques, comte d'Anjou, en 1078. Robert de Vieuxpont fut tué, en 1085, dans la guerre que Hubert de Sainte-Suzanne, vicomte du Maine, soutint contre le roi d'Angleterre. C'était le père de celui dont il est question dans cette charte.

La famille de Vieuxpont conserva la seigneurie de Courville jusqu'à la fin du XVᵉ siècle. En 1415, Ives de Vieuxpont fut fait prisonnier à Azincourt ; il laissait, de sa femme Blanche de Harcourt, quatre enfants en bas âge : Laurent, depuis chambellan de Charles VII, Guillaume, Louis et Marie qui épousa François de Beaumont. Ces enfants furent placés sous la tutelle de Jean Minguet, seigneur de Couttes; peu après la bataille d'Azincourt, Courville fut pris par les Anglais, et Jean Minguet emmena les enfants au-delà de la Loire pour les soustraire à la domination étrangère. Pendant plus de quinze ans, les héritiers d'Ives de Vieuxpont furent privés de leur patrimoine ; enfin, en 1432, le comte de Dunois, ayant repris Courville, rendit le château à Laurent, qui avait alors vingt-cinq ans. Mais les terres avaient été tellement ravagées qu'elles semblaient insuffisantes pour payer les dettes paternelles : aussi les enfants d'Ives de Vieuxpont durent-ils solliciter de Charles VII des lettres-patentes qui leur permissent de n'accepter l'héritage de leur père que sous bénéfice d'inventaire : ces lettres sont datées du 27 juillet 1446.

ejus comes Stephanus, et rex Anglie fide firmavit quod consilio suo comes de his conventionibus non exibit, et si inde exierit nullum in eo comes proficuum habebit ex quo rex cognoverit donec emendaverit. Harum conventionum obsides per fidem dedit comes Gaufridum vicecomitem Castriduni, Guillelmum Coietum juvenem (¹), Guidonem de Galardone, Andream de Baldemento, Gohonerium de Alneto, Girardum Boellum, Gaulinum de Leugis, Hugonem de Castro-Theoderici, hoc modo quod consilio suo de his conventionibus comes non exibit, et si inde exierit a quadraginta diebus ex quo hoc noverint non servient illi donec emendaverit, et si comes Teobaldus obierit non facient hominium successori ejus donec obsides eos supradicto modo concesserit. Homines quoque Curveville per fidem obsides dedit comes ut si de supradictis conventionibus ipse exierit cum recto herede se teneant. »

(*Cart. de Tiron*, f° 22 r°.)

LXXXVI.

Engagement à l'abbaye de la terre de Lièvreville.

« De Levrevilla. »

(1127 circa.)

« Noverint fideles cuncti presentes ac futuri quod ego Hugo de Levrevilla et Maria mater mea et Herbertus *Guitum*, cognatus meus, in vadimonium tradidimus monachis Tyronensibus totam terram nostram, ego videlicet duas bovatas et Herbertus unam, quas in predicto Levreville feodo habebamus, accipientes inde ab eisdem monachis decem libras carnotensium, de quibus ego Hugo duas partes solvam et Herbertus terciam : debebam etiam eis antea xx solidos quos super ipsum vadimonium solvendos impono. Et sciendum quod si de presenti peregrinatione *Jerusalem*, pro qua predictas terras in vadimonium tradidi-

---

(¹) Vers 1125, Guillaume Goët le Jeune, fit un accord avec le prieuré de Saint-Denis de Nogent pour les églises de Ceton et de Saint-Ulphace. En même temps, du consentement de sa femme Mabile, il remit aux moines de Saint-Denis l'église d'Unverre que Gaston de Brou leur avait donnée et que sa mère Eustachie avait injustement retenue.

-mus, non redierimus, vel si sine herede defuncti fuerimus, eas in elemosinam predictis monachis perpetuo habendas concessimus. Si vero reversi fuerimus ante quinquennium, eas redimere non poterimus. Sciendum etiam quod si de sepedictis terris aliqua calumpnia orta fuerit, pro quibus pacificandis monachis necesse fuerit aliqua expendere, nostrum erit totum eis restaurare. Hec autem omnia concessit Bardulfus *de Galardun* et uxor ejus Helvis, de quorum feodo predicte terre erant, recipientes inde ab eisdem monachis xxv solidos, quod monachis denuo solvent ipsi vel heres eorum si predicte terre eis perpetuo non remanserint ; si vero remanserint, monachi adhuc xv solidos eis dabunt. Reddent insuper monachi predicto Bardulfo vel heredi suo, pro servitio hujus terre quamdiu eam tenuerint, annuatim vii solidos si sepedicte terre eis integre remanserint, si vero non integre, secundum quod eis remanserint, solvent, videlicet in festivitate sancti Remigii vel infra octabas, sine lege. Sciendum denique quod ego Hugo de Levravilla et Maria mater mea, et predictus Herbertus et frater ejus Guillelmus, qui inde pro concessu habuit vi denarios, et soror ejus *Naelent*, que inde habuit vi, omnes nos, fide propria, in manu domni Gosleni archidiaconi, firmavimus hec omnia, ut scripta sunt, fideliter et sine fraude omni tempore servare. Inde sunt testes : Goslenus archidiaconus, Stephanus cellerarius, Teobaudus Engelardus, Rainaudus frater Bardulfi, Ansoldus *Piel*, Girardus de Tahenvilla, Andreas gener Bardulfi, Petrus faber, Sale frater ejus, Goslenus sutor, Lanbertus cordarius, Hugo et Ivo et Vaslinus, forestarii *de Brimunt*, Maria mater Petri fabri, Milesendis uxor Johannis sutoris, et Juliana filia ejus. »

(*Cart. de Tiron*, f° 23 r°.)

LXXXVII.

Don des terres de Choudri et d'Auvilliers.

« De Choldri. »

(1127 circa.)

« Quoniam quidem commodorum temporalium occupatior cura pro suis qualitatibus mortales actenus evangelici illius precepti factores quo que mundana possident, pro pauperum necessitate vendere precipiuntur, reddidit, quod deterius est, pigriores, saltim alterius implendi desiderio ferventiores, non pigri reddontur auditores quo dicitur : « Facite vobis amicos de mammona iniquitatis. » Hoc precipue aliisque quamplurimis excitatus preceptis, Girardus Diabolus(¹) dedit monachis Tyronis terram suam *de Choudre* et *de Orviler* (²), istud quidem sub hac conditione disponens ut singulis annis daret eis ad seminandum in eadem terra unum modium frumenti et xviii sextarios avene, hoc pacto ut quartam partem exinde quotannis ipse et heres ejus acciperent. Insuper etiam isdem eisdem decimam totam *de Orviler* quam multociens surripuerat concessit. Propter cujus doni pactique confirmationem fidem suam dedit eisdem monachis, sub cujus fidei confirmatione etiam posuit ut vicecomiti Gaufrido et uxori ejusdem Helvis, et omnibus filiis ejus, et Pagano, fratri ejusdem Girardi Diaboli(³), et omnibus filiis ejus concedere faceret, adjungens etiam sub eadem fide quod ab omni calumpnia immune hoc donum faceret. Hanc fidei confirmationem accepit Theobaudus Engelardus pro monachis, fecitque ipse Teobaudus ipsam fidei confirmationem pro monachis ut hoc erga eum tenerent pactum, insuper etiam ut hoc abbati capituloque Tyronensi concedere facerent. Hujus itaque pacti utrorumque fuit fidejussor Paganus de Froovilla et testis. Hac de re testis est presens epigramma, et Paganus de Mellaio, et Theobaudus Engelardus, et Ascelinus Lovellus, Robertus, et Rogerius Barbatus, et Hebrardus, Robertus. »

(*Cart. de Tiron,* f° 28 v°.)

(¹) Girard, surnommé le Diable, était seigneur du Plessis-Maillé, paroisse de Moisy. Les terres mentionnées dans cette charte servirent de dotation au prieuré d'Yron.

(²) Plusieurs chartes du *Cartulaire* de Tiron sont relatives à ces terres *de Choudre* et *de Orviler*, dont l'attribution nous a longtemps embarrassé. Après un sérieux examen des lieux, nous n'hésitons pas à y reconnaître Choudri près de Pré-Nouvelon et Auvilliers près d'Ozoir-le-Breuil.

(³) Ce Payen, frère de Girard le Diable, est le même que Payen de Frouville, qui se porte garant de la donation de Girard et qui figure dans plusieurs chartes.

LXXXVIII.

Don de 20 marcs d'argent sur le fisc de Winchester.

« De xv marcis argenti. »

(1127 circa.)

« Matildis imperatrix (¹), H[enrici] regis filia et Anglorum domina, archiepiscopis, episcopis, abbatibus, comitibus, baronibus, justiciariis, vicariis et omnibus ministris suis Francis et Anglis, salutem : Sciatis me concessisse et reddidisse monachis *de Tirum* in perpetuam elemosinam xv marcas argenti, quas pater meus Henricus rex dederat eis habere, singulis annis, de thesauro Wintonensi. Et preter hoc adcrevi eis v marcas argenti in perpetuam elemosinam, pro anima patris et matris meę et antecessorum meorum et mei ipsius, singulis annis. Et has xx marcas argenti concedo eis de firma Wintonensi, in festo sancti Michaelis x marcas argenti, et in Pascha x marcas. Quare volo et firmiter precipio ut qui firmam meam Wintonensem tenuerit reddat eis singulis annis in predictis terminis. Testibus : Roberto episcopo Lundonensi et cancellario, et A[da], regina Scotie (²), et Willelmo de Sablaillo, et Pagano de Clara-Valle. Apud Oxenetum. »

(*Cart. de Tiron*, f° 49 r°.)

(¹) Mathilde, fille du roi d'Angleterre Henri Iᵉʳ, avait été mariée à Henri IV, empereur d'Allemagne. Elle était veuve depuis peu lorsque, en 1126, son père la fit reconnaître pour son héritière ; peu de temps après, il lui fit épouser Geoffroy Plantagenet, comte d'Anjou. Mathilde ne voulut pas néanmoins abdiquer son titre d'impératrice, et elle ne prit jamais le nom de comtesse d'Anjou. Elle succéda à son père sur le trône d'Angleterre, en 1135.

(²) Adèle, fille de Waltheof, *Gualleous*, comte de Northumberland, épouse de David Iᵉʳ, roi d'Écosse. Waltheof refusa de trahir le roi Guillaume [en 1074 ; il fut condamné à mort pour n'avoir pas révélé le complot et eut la tête tranchée à Winchester le 31 mai 1075. Il fut enterré dans le monastère de Croyland, et de grands miracles s'accomplirent, dit-on, à son tombeau. De sa femme Judith, il eut deux filles, Mathilde et Adèle.

LXXXIX.

Fondation du prieuré de Saint-Michel de Colle (¹).

(1128, 1ᵉʳ août.)

« Notum sit omnibus sancte ecclesie filiis atque fidelibus christianis quod ego Gervasius, filius Pagani de Verseio, et mater mea Breta donavimus Deo Salvatori et monachis *de Tyron* terram ad quatuor boves im planam, ad construendum ibi locum et ecclesiam in honore sancti Michaelis Archangeli. Donavimus autem illam omnino liberam atque quietam ab omni censu et ab omni exactione terrena. Donavimus etiam predictis monachis decimam de Valgalle. Hec concessit Oliverus *de Larre* de cujus feodo erat. Factum est hoc atque confirmatum apud obedientiam predictorum monachorum que vocatur Audita (²), kalendas augusti, anno ab incarnatione Domini Mº Cº XXº VIIIº, regnante Lodovico rege Francorum et Hainrico Angliam gubernante. Hujus rei testes sunt : Gauterius *Hait,* et Tancredus sacerdos (³), et Gaignardus, Ernulfus Piscis, et Fulcoius Piscis, et Rainardus Piscis.

» Fulcoius quoque Piscis dedit predictis monachis in elemosinam terram ad dimidium modium seminis, concedentibus filiis suis Ernulfo et Rainardo ; unde testes sunt viri supradicti Gauterius *Hait* et alii.

» Sciendum est quod Guillelmus Quarrellus (⁴), volens crescere predic-

(¹) C'est une note du XVIᵉ siècle qui nous donne ce nom du prieuré dont il est ici question. Nous n'avons pu le retrouver d'une manière certaine ; mais nous pensons qu'il correspond au lieu appelé l'Abbaye, près de Montigny (Sarthe), à peu de distance d'Alençon.

(²) Encore un prieuré sur lequel nous n'avons aucun renseignement : nous ne l'avons jamais rencontré ailleurs. Serait-ce Louye, près Nonancourt, où plus tard s'établirent des religieux de l'ordre de Grammont ?

(³) Ce Tancrède est désigné ailleurs sous le nom de *Tancredus de Sancto-Remigio.*

(⁴) La famille Quarrel a laissé son nom à deux paroisses du Sonnois, Lignières-la-Carrelle, et Villaines-la-Quarrel. Ansquitinus Quarrellus, qui vivait vers 1030, est considéré comme le chef de cette famille. Son fils Richard accompagna les normands Guiscard et Roger de Hauteville dans leurs incursions en Italie : il épousa une de leurs

tum locum, donavit Deo et predictis monachis terram ad octo sextaria seminis, concedente uxore sua Aales. Hujus rei testes sunt : Herbertus Calvus, et Garinus filius ejus, et Gauterius gener ejus.

» Aubertus vero *de Guerame*, factus monachus, ad predictum locum donavit Deo et fratribus *de Tyron* terram ad septem sextaria seminis, pro amore Dei et pro anima filii sui Guillelmi qui jam obierat. Hoc concessit uxor ejus Rohes, et Garinus et Oliverus et Robertus clericus, Paganus filius ejus. Hujus rei testes sunt : Osmondus de Docellis, et Herbertus Pullus, et Rannulfus de Vallo-Gallet.

» Fulcoius quoque *de Chahenne*([1]) et Droco Custodiens-Piras dederunt predicto loco atque predictis monachis in elemosinam terram ad III sextaria seminis. Hoc concesserunt uxor Fulcoii nomine Odelina et uxor Drochi nomine Susanna. Hujus rei testes sunt : Haimericus de Clivo-Campo et Hernaudus frater ejus, et Gauterius *Hait*, et Ernulfus Piscis.

» Guiburgis autem, uxor Gaignardi siniferi([2]), dedit Deo et predicto loco atque monachis decimam molendini de Acheio. Hoc concesserunt Gervasius et Herbertus fratres ejus. Hujus rei testes sunt : Guillelmus Quarrellus et Gauterius *Hait*, et Tancredus sacerdos, et Garinus frater ejus.

» Post aliquos itaque annos, Guillelmus Quarrellus, de quo superius fecimus mentionem, volens adhuc augere suum beneficium, donavit

---

sœurs et conserva la principauté de Capoue. Jourdain, son fils, lui succéda et épousa une des filles du prince de Salerne ; de cette alliance sortit Richard II, prince de Capoue, qui fut dépouillé de ses Etats et chassé par son cousin Roger II, roi de Sicile. — Parmi les membres de la famille restés en France, nous connaissons Robert Quarrel, qui, sous Robert Talvas, baron du Sonnois, fut chargé de la défense du château de Saint-Cénery, fut fait prisonnier et eut les yeux crevés par ordre du vainqueur. Guillaume Quarrel souscrivit, en 1191, comme témoin, un accord que Marsile du Fay fit avec le prieuré de Saint-Guingalois de Château-du-Loir.

([1]) La famille de Chahenne (*de Chahenaia*) possédait, en la paroisse de Courdemanche, le fief de Vaux, dépendant de la seigneurie de Lucé. En 1247, Geoffroy de Chahenne fit un accord avec l'abbaye de Saint-Vincent du Mans pour le moulin de Charbonnel situé sur le ruisseau de Vaux. Avant d'appartenir aux Chahenne, le fief de Vaux avait été la propriété de la famille Bourreau, dont nous avons déjà eu l'occasion de parler.

([2]) Dans une notice placée à la suite de cette charte, le même personnage est ainsi désigné : *Gaignardus quoque Piscis*.

Deo et ecclesie Sancti-Michaelis et predictis monachis terram ad ii^{os} sextarios.

» Robertus quoque de Brulio dedit Deo et ecclesie et predictis fratribus de Sancto-Michaele de pratis suis quantum unus homo uno die falcare poterit. De terra vero quam dederunt predictus Guillelmus Quarrellus et Fulcoius, et de prato quod dedit Robertus de Brulio, sunt testes : Osmundus, et Herbertus Pullus, et Gauquelinus, et Guillelmus Roerius, et Gauterius de Monte-Rainerii, et Paganus de Monte-Ranerii, et Hamelinus de Gisloderia, et Herbertus Calvus, et Gauterius gener ejus(¹). »

(*Cart. de Tiron*, f° 68 r°.)

XC.

Donation de la terre de Sainte-Sabine.

« De Bello-Loco, Cenomanensis dyocesis, et de Monte-Allerii. »

(1128, 18 novembre.)

« † Signum Haois. † Signum Fulconis.

» Notificari volui omnibus sancte ecclesie filiis ac fidelibus defensoribus quod ego Haois *de Monfalcon* venerabili abbati Guillelmo *de Tyron* et conventui Tyronensium monachorum dedi omnem terram de Sancta-Sabrina, sicut eam habebam, in perpetuum possidendam. Hoc donum concessit Fulco *de Monfalcon*, nepos meus. Hoc autem donum factum est a meo nepote Fulcone apud Bellum-Locum in ecclesia Sancte-Marie-Magdalene, die xiii kalendarum decembrium, in festivitate sancti Martini, anno ab incarnatione Domini MCXXVIII, coram istis testibus : Guillelmo *de Soure*, Ricardo de Bosco, Willelmo filii Guidonis, Ricardo Rufo, Rainaudo et Girardo, famulis predicti abbatis Willelmi. Predictus vero Fulco *de Monfaucon* et uxor ejus Beatrix, pridem apud castellum de Carcere positi, idem donum concesserunt.

(¹) Une notice abrégée de cette charte se trouve reproduite dans le *Cartulaire*, f° 68 v°.

Testibus : Ernulfo et Herberto, monachis Sancti-Nicholai ; Guidone monacho et Tescelino ejus nepote, Garnerio de Vico-Caprino, Guiscardo *de Monfaucon,* Popardo et Huberto de Luceello. Fulco vero bone spei Andegavensium comes, et filius suus comes Gaufridus concesserunt. Testibus : Gervasio de Troeia, Gaufrido de Cleeris, Fulcone de Moleherna, Geldoino de Malleio, Ridello de Releio (¹), Philippo fratre comitis, Thoma capellano, Coranno camerario, Guiscardo de Jallia, Goscelino *de Bel-Prahel,* Lamberto despensario, Fulcone *de Molin-Herle* (²), Alberico *de la Barbee,* Amaurico fratre Mathei *de Troo,* Hugone Julii, Hugone de Pontiaco. »

(*Cart. de Tiron*, f° 69 v°.)

XCI.

Don d'une terre à la Malaise.

« Tota terra de Maleseiis. »

(1128.)

« Noverint omnes homines quod Gauterius qui vocabatur Paganus, filius Richerii, dedit monachis Tyronis omnem terram de Maleseis, quam tenebat a domina Aubereia (³), et a Roberto de Bellainvilla, filio suo Goffredo et uxore sua Aalesde, et Amelina filia Aalesdis concedentibus. Hujus rei sunt testes : Hugo *de Mielle;* Guillelmus, frater ejus;

(¹) Ce personnage a laissé son nom à plusieurs localités de la Touraine : Azay-le-Rideau, le Bois-Rideau, le Plessis-Rideau. En 1208, nous voyons que Hugues Ridel était à la fois seigneur d'Azay-le-Rideau et de Relai; il prend le titre de seigneur de Relai dans une charte où il fait don au chapitre métropolitain de Tours d'une maison située en cette ville.

(²) *Fulco de Molin-Herle* n'est-il pas le même que *Fulco de Moleherna* mentionné plus haut ?

(³) *Aubereia* est la même que *Alberica*, femme de Goscelin de Mongerviller, que nous voyons figurer dans la charte CXXXIV.

Richerius de Sancto-Victore; Rainaudus, nepos Pagani filii Richerii, anno ab incarnatione Domini M° C° XXVIII. »

(*Cart. de Tiron*, f° 8 r°.)

XCII.

Bail d'une terre par le prieuré de Lavardin à celui de Granri.

« De Granri. »

(1128.)

« Notum sit omnibus quod monachi Larvarzinenses (¹) monachis *de Granri*(²), quandam terram juxta eos sitam preter terram Roberti, usque ad quindecim annos, ad colendum tradiderunt, hac indicta conveniencia quod post quindecim annos monachi de Lavarzano suam terram liberam omnimode solutam et quietam reciperent; interim autem quartam partem seminis apponentes quartam partem messis ejusdem terre annuatim acciperent. Quod factum est anno MCXXVIII ab incarnatione Domini, Odone de Sancto-Serenico (³), priore de Lavarzino, et monachis sub eo, Ivone, Girardo, Bermundo, Bernerio, Fulcodio presentibus; laïcis : Hildegario fabro, et ejus filiastro Girardo carpentario, Boveto, *Perdiel* et Costio. »

(*Cart. de Tiron*, f° 68 r°.)

(¹) Le prieuré Saint-Genest de Lavardin dépendait de l'abbaye de Marmoutier ; ses anciens bâtiments servent aujourd'hui de presbytère.

(²) Auprès du village des Roches, sur un bras du Loir, existe encore un moulin appelé le moulin de Granri. C'est le seul souvenir de l'ancien prieuré de Tiron, avec une fontaine voisine, dite la fontaine de Granri, dont les eaux sont très renommées. A deux kilomètres à peine du prieuré de Granri fut fondée en 1204 l'abbaye de la Virginité, dont l'érection fut la cause de la ruine du prieuré.

(³) Eudes était le fils de Robert de Saint-Cénery, fils lui-même de *Geroius de Sancto-Serenico* et de Félicie, fille d'Avesgaud de Connerré. Par sa femme Adélaïde, Robert était cousin du roi Henri Ier : il fut l'un des adversaires les plus déclarés de Robert Courteheuse et tint la campagne contre lui en 1103.

XCIII.

Don d'une terre au-delà du ruisseau de Tiron.

« De terra que est trans torrentem juxta stagnum Tyronii. »

(1128 circa.)

« Noscat hoc universalis ecclesia quod Roberius de Belleinvilla dedit monachis *de Tyron* in capitulo terram que est trans torrentem, et fecit oblationem super librum, videntibus testibus istis : Willelmo *Hanetum* ; Radulfo de Monte-Fulchardi, Goffredo molendinario ; Hugone *de Boigne* ; Goffredo, avunculo Hugonis ; Odone, filio ejusdem ; Ansgoto ; Herberto ; Bernardo ; Hugone fabro ; Frogerio. »

(*Cart. de Tiron*, f° 7 v°.)

XCIV.

Achat d'un arpent de pré au Pré-Morin.

« De Prato-Morini. »

(1128 circa.)

« Notum sit omnibus quod monachi *de Tyron* emerunt unum arpentum prati in Prato-Morino a Roberto serviente xxx solidis, concedentibus uxore sua et III^{bus} filiis, scilicet Hugone, Ernaudo, Rainaudo, et tribus filiabus, scilicet....... ; de quibus mater habuit II^{os} denarios pro concessione, et unusquisque de filiis et filiabus unum denarium, preter Hugonem. Testes sunt : Johannes et Ernaudus monachi ; Gasto de Ramalasto (1) ; Robertus de Cortollano : Hugo, filius Gofredi dapiferi ; Ro-

---

(1) Gaston, fils de Gervais de Friaize et de Mabile de Châteauneuf, devint seigneur de Rémalard par son mariage avec Fulcarde, fille de Payen de Rémalard. Nous le rencontrons souvent comme témoin dans les chartes de la première moitié du XIIe siècle. Nous le voyons prendre part à une expédition contre le prieuré de Saint-Denis de Nogent ; voici à quelle occasion. A la mort de Gulférius de Villeray, le prieur de Saint-

gerius, nepos Hulduini; Hugo *de Boigne* et Gofredus ejus avunculus, de quorum feodo medietas ipsius prati erat, habuitque Hugo pro concessione ii^{os} solidos. »

(*Cart. de Tiron*, f° 9 v°.)

XCV.

Achat de six arpents de pré au Pré-Morin.

« De Longo-Prato. »

(1128 circa.)

« Notum sit omnibus quod Geroius de Ferreria vendidit monachis *de Tyron* sex arpenta pratorum apud Longum-Pratum solidos ducentos, concessu uxoris sue et filii sui Gauterii, unde habuit filius xii denarios, et concessu sororis sue filieque ipsius Hameline. Ad divisionem autem istorum pratorum fuerunt subscripti testes: Aalelmus, Johannes et Guillelmus Tyronenses monachi; Girardus forestarius quem misit comes ad dividenda ista prata que erant juxta prata comitis (¹). Testes sunt etiam : Haldricus de Monte-Dulcet; Robertus filius; Matheus Ardens; Grimaldus, coquus comitis; Odo, nepos Girardi et cliens comitisse Beatricis; Hugo *de Boigne.* »

(*Cart. de Tiron*, f° 9 v°.)

Denis se rendit à Villeray pour enlever le corps du défunt et l'enterrer dans l'église du prieuré, prétendant que Gulférius s'était donné au prieuré avec tous ses biens. A cette nouvelle, Hugues, frère de Gulférius, partit avec ses chevaliers, *pluribus cum eo militibus suis*, pour reprendre le corps de son frère. Après une vive altercation avec les moines, Hugues consentit à se retirer, mais non sans avoir reçu du prieur une chape d'or et d'argent et un manteau aussi d'or et d'argent, qui valaient bien trois cents sous d'or, *quamdam cappam de argento et auro et coopermentum ejus cappe similiter de argento et auro, que large valebant trecentos solidos et amplius*. Gaston de Rémalard accompagnait Hugues de Villeray dans cette expédition et fut un des témoins de l'accord. — En 1179, Ives de Rémalard, fils de Gaston, et Gaston, fils d'Ives, donnèrent à la léproserie du Grand-Beaulieu une maison qu'ils possédaient à Thimert.

(¹) Le forestier du comte du Perche remplit ici la charge d'arpenteur, office qui était ordinairement délégué aux sergents des seigneurs.

XCVI.

Don d'une partie de la dîme et des bois de Saint-Lubin-des-Cinq-Fonts.

« De decima Sancti-Leobini. »

(1128 circa.)

« Noscat universalis ecclesia quod Gauterius de Sancto-Leobino, in conversione sua, monacus enim noster fuit, dedit nobis quicquid habebat in decima Sancti-Leobini, et pratum apud Castaneos, et quicquid necessarium fuerit ad edificia construenda, in sua parte nemoris Sancti-Leobini, quod habebat cum Roberto fratre suo de Motheia ([1]). Hoc enim concesserunt uxor ejus Beatrix et filii eorum Gastho et Gaufridus et Galiena, et Robertus, frater ejusdem, de cujus feodo erat totum, et Gaufridus, filius ejus, et Ricardus Theherius, ejusdem nepos. Audierunt et concesserunt, de parte monachorum, audierunt qui et testantur: Guillelmus prior, qui eum fecit monachum; Gaufridus subprior; Hubertus *Labore;* Odo de Argenvillario, sacerdos, et famuli monachorum Rainaudus et Girardus. »

(*Cart. de Tiron*, f° 10 v°.)

XCVII.

Don de la terre de Villandon.

« De Guillelmo de Cocs. »

(1128 circa.)

« In nomine Domini, ego Guillelmus de villa que vocatur *Choes* ([2])

---

[1] Nous reparlerons dans la suite de Robert des Motets, qui fut un des principaux bienfaiteurs de l'abbaye de Tiron.

[2] Guillaume de Queux (*de Caudis*), du consentement de sa mère Ledgarde et de son frère Landry, donna vers 1114 au prieuré de Saint-Denis de Nogent l'église de Saint-Ouen *juxta Montem-Rahardi*.

et uxor mea Agnes dedimus monachis *de Tyron* terram nostram totam de Villa-Andon (¹), partim pro remedio animarum nostrarum, partim pro caritate quam nobis fecerunt, decem scilicet librarum carnotensis monete. Hoc autem factum est consensu filiarum suarum et cujusdam nepotis sui et neptis, non enim habebat filios, et hec sunt nomina filiarum : primogenita Leiardis, secunda Hersendis, tercia iterum Hersendis, quarta Odelina; nepos vocabatur Gatho et neptis vocabatur Heloys. Hi omnes, tam Guillelmus quam uxor ejus Agnes et filie eorum suprascripte et neptis et nepos, laudaverunt et firmaverunt propriis manibus, et hec sunt signa. Signum Guillelmi †. Signum Agnetis uxoris ejus †. Signum Leiardis †. Signum Hersendis †. Signum Hersendis †. Signum Odeline †. Hujus rei testes fuerunt : Hubertus, Herveus, Girardus, et Girardus, Gaufridus, Girardus, Gaufridus. Si quis vero calumniator surrexerit, supradictus Guillelmus vel heredes sui immunem et liberam ab omni calumpnia facient. »

(*Cart. de Tiron*, f° 18 r°.)

XCVIII.

Don d'une terre à Ribœuf et d'un moulin sur l'Aigre.

« De Risu-Bovis. »

(1128 circa.)

« Notum sit omnibus tam presentibus quam futuris quod ego Rainaudus *de Spiers* et uxor mea Ada damus Deo Salvatori *de Tyron* et monachis ibi Deo servientibus totam terram illam quam habebamus in Monte-Simphoriano, sicut partitur cum terra Johannis *de Secorel*, et ex alia parte partitur cum monachis Sancti-Karilefi(²). Necnon damus

---

(¹) Le prieuré de Villandon, dont la fondation remonte à la donation de Guillaume de Queux, était un des plus riches de l'abbaye de Tiron. Il était situé dans la paroisse de Theuville : son nom a complètement disparu.

(²) Nous avons déjà parlé de l'abbaye de Saint-Calais au Maine et du prieuré de Saint-Calais au château de Blois : il est ici question d'un troisième prieuré, celui de Saint-Calais, en la paroisse de Romilly-sur-Aigre, dépendant de l'abbaye de Bonneval.

eis quoddam molendinum in Egrea, cum omnibus pratis et vineis et viridario et omnia illa quę illic habebamus. Hoc donum concessit Goffredus, Castriduni vicecomes, et Helvis (¹) uxor ejus, et filii ejus Hugo, Paganus, et Aupes et Helvis filię. Hujus rei sunt testes : Gofredus de Monte-Foleth (²), Goffredus de Montiniaco, Goffredus legis doctus, et *Andol* miles, Raginaudus de Espieriis, Robertus *Doiart*, et Gosbertus et Jauveius. »

(*Cart. de Tiron,* f° 23 r°.)

XCIX.

Don de terres à Tournan.

« De Tornant (³). »

(1128 circa.)

« Quod ad multorum noticiam pervenire congruum duximus litterarum monimentis mandare provida deliberatione decrevimus. Noverit ergo presens etas omniumque secutura posteritas quod ego Manasse de Tornoio et Beatrix uxor mea, pro remedio animarum nostrarum omniumque parentum nostrorum, donamus Deo et monachis Tironis, per

---

(¹) Héloïse appartenait à la maison de Mondoubleau, et ce fut elle qui apporta cette seigneurie dans la famille des vicomtes de Châteaudun. C'est en sa qualité de dame de Mondoubleau qu'en l'année 1134 elle confirma, avec son mari, la possession de l'église de Saint-Pierre de Cormenon à l'abbaye de la Trinité de Vendôme.

(²) Montfeuillet (*Mons-Folletus* et aussi *Mons-Fauni*) est l'ancien nom de Saint-Mandé. Cette terre fut donnée vers la fin du XI° siècle à l'abbaye de la Trinité de Vendôme par Raoul de Beaugency pour y établir un prieuré. Mais sur les réclamations des religieux de Saint-Lomer de Blois qui alléguaient que la paroisse d'Oucques où était situé le prieuré était de leur dépendance, l'évêque Ives de Chartres rendit une sentence en leur faveur, et depuis cette époque le prieuré de Saint-Mandé-de-la-Coudraye n'a cessé de relever de l'abbaye de Saint-Lomer.

(³) On lit en marge du *Cartulaire*, d'une écriture du XVII° siècle : « Pour Saint-« Oing, du diocèse de Paris. » Cette donation de Manassès de Tournan servit en effet à la fondation du prieuré de Saint-Ouen, en la paroisse de Favières, à peu de distance de Tournan.

manum domini Stephani, Parisiensis episcopi, terram quam emimus a Guiboldo, famulo nostro, concedente Hugone *de Plaisse* de cujus feodo erat. Testibus istis: Hugone Forti, Arnulfo Scabioso, Gilleberto Constanciẹ filio, Constancio prefato. Donamus et predictis monachis duo molendina et terram de Gleseolis ad molendina pertinentem. Insuper emimus terram Theoderici Rufi que est supra molendinum et pratum Constancii prepositi. Insuper donamus monachis prefatis terram *de Putoi* quam emimus a Pagano de Orcoso et Odone fratre suo. Hujus emptionis testes sunt: Arnulfus Scabiosus, Constancius prepositus, Petrus Magister et multi alii.

» Dedimus etiam ego Manasses et uxor mea Beatrix monachis Tironis xxx solidos de paagio Tornaii, et hoc annuatim ad lumen ẹcclesiẹ. Insuper emimus Sancti-Petri pratum et Pratum-Longum de Rebelina et a tribus filiis suis et de Bernardo, et emimus a Bernardo de Faveriis et a Gunberto sutore duo arpenta prati, et a Baucherio sacerdote de Faveriis emimus unum arpentum prati, parrochianis ẹcclesiẹ concedentibus de quorum feodo erat. Emptionis horum pratorum sunt testes: Arnulfus Scabiosus, Albericus de Faveriis, Gillebertus frater Alberici. Hanc emptionem pratorum concessit Bernardus de cujus feodo erat, Bartholomeo Forti et Arnulfo Scabioso, testibus.

» Hugo Francus et Fulbertus frater ejus dederunt monachis Tironis duas partes terre, amore Dei, in die benedictionis cimiterii, videntibus istis: Huberto fratre ejus et Hugone Forti.

» Gillebertus Botellarius dedit monachis Tironis illam partem decime quam habebat in terra Pagani de Orcoso, uxore sua Eustachia et filio suo Hugone concedentibus, Manasse et uxore sua concedentibus. Hujus rei sunt testes: Robertus de Bretnaico, Simon de Vernolio, Goffredus de Pulchro-Visu, Petrus Magister.

» Manasse et Beatrix uxor sua emerunt a Gauterio Grosso terram et prata que sunt juxta Gleseolas, Gilleberto Botellario et uxore sua et filio suo Guidone de quorum feodo erat concedentibus. Hujus rei sunt testes: Petrus Magister, Arnulfus Scabiosus, Gillebertus filius Constancie. »

Cart. de Tiron. f° 63 v°.)

C.

Demande de création d'une abbaye à Asnières.

« Abbatem petit episcopus Andegavensis pro monasterio de Asneriis, fatendo abbatem Tironensem habere ad id omne jus. »

(1128 circa.)

« W[illelmo], venerabili, Dei gratia, abbati Tironensis monasterii, amico et domino suo, et sanctissimo ejusdem loci conventui, V[ulgerius], Andegavensis indigne dictus episcopus([1]), super gregem sibi commissum bene excubare. Deo disponente, rogatu domini Giraudi Monasteriolensis, in locum qui dicitur Asinarie, monachos vestros in locum tunc desertum transmisistis, qui inibi, Deo protegente et gubernante, in tantum famositate religionis et terrarum possessionibus et aliis facultatibus excreverunt ut, quod homines vicini summe desiderarent, abbas, si vobis placeret, convenienter in eodem loco possit haberi. Quod et nos et noster archidiaconus Normannus([2]) et clerici Andegavenses et dominus Girardus perquam plurimum affectantes, sanctitatem vestram rogamus quatinus eidem locello abbatem creare et locum illum abbatiam facere dignemini, tali videlicet modo ut vestrum sit semper, decedente abbate vel obeunte, alium eligere et mittere eidem loco, in caput cujus jus habeatis corrigendi et mutandi si ipse excedendo meruerit; episcopi vero Andegavensis sit eum consecrare et professionem, salva obedientię vestre plenitudine, ab eo recipere. Valete et pro nobis orate; et in hoc quod postulamus desideriis nostris satisfacite. »

(*Cart. de Tiron*, f° 78 r°.)

([1]) Ulger, évêque d'Angers, de 1124 à 1149.

([2]) L'archidiacre Normand est le même que Normand de Doué, qui, après Ulger, devint évêque d'Angers.

CI.

Don de maisons à Chartres.

« De Carnoto. »

(1128 circa.)

« Noverint omnes homines quod Radulphus monetarius (¹) dedit et dimisit monachis Tyronis super domum et super terram quam uxori sue dimisit centum solidos, et hoc fecit in infirmitate sua qua mortuus est ; ita videlicet dimisit centum solidos monachis super terram et super domum suam, quod illi qui, post mortem uxoris sue, terram et domum habere voluerint monachis centum solidos reddant. Hujus rei testes sunt (²) : Hugo presbiter, Guillelmus Aculeus, Ansoldus, Isembardus monetarius, Aufredus pater uxoris Radulfi, qui hoc donum fecit, Hosbernus monetarius (³).

» *Orios* dedit monachis Tyronis domum suam. Hujus rei testes sunt : Herbertus de Cerevilla et Bernardus de Bergevilla, Gumbertus

---

(¹) Raoul le changeur, fils d'Armand, paraît avoir eu une fortune assez considérable. Outre le don fait par lui à l'abbaye de Tiron, il laissa à l'abbaye de Saint-Père « *unum arpennum vinee apud Luciacum, et medietatem unius grangie et unius viridarii et totius ejusdem ambitus in quo eadem grangia sedet; itemque, apud Moncellum-Sancte-Marie, unum arpentum vinee et dimidium plante ; itemque centum solidos post mortem uxoris sue, quos dabunt hii qui dotem ejusdem uxoris illius hereditate habebunt, sicut et alios trecentos solidos vicinis monasteriis.* »

(² On trouve dans le *Cartulaire de Saint-Père* le nom des personnages qui assistèrent comme témoins au testament de Raoul le changeur. Ce sont les mêmes que ceux rapportés dans notre charte ; mais nous croyons devoir les reproduire parce qu'ils figurent avec des dénominations différentes : « *Hugo, presbiter Sancti-Aniani; Willelmus Aculeus; Osbernus monetarius; Ansoldus filius Dumenchii; Isembardus filius Teodoli; Aufredus loriminarius.* »

(³) La corporation des changeurs, monnayeurs et orfèvres était une des plus puissantes de la ville de Chartres. Outre trois autres verrières placées à l'étage inférieur de la cathédrale, les changeurs ont décoré deux fenêtres de l'abside. La rue des Changes et celle de la Monnaie existent encore à Chartres et rappellent le quartier de la ville où les changeurs exerçaient leur profession.

coquus, Johannes de Paradiso, Maria uxor Garini pellificis, Aremburgis soror Gosberti.

» Hamelina dedit monachis Tyronis domum suam. Hujus rei testes sunt : Fubertus sacerdos Sancti-Hylarii, Ascelinus Jerosolomitanus (¹), Aleelmus nepos Ameline, Odelina uxor Stephani, Berta.

» Guillelmus faber et uxor ejus Osanna dederunt se et possessionem suam totam et domum suam monachis Tyronis. Hujus rei sunt testes : Gumbertus et Gratiosa uxor ejus. »

(*Cart. de Tiron*, f° 14 v°.)

CII.

Don au prieuré du Theil d'une pièce de terre à Beauvais.

(1128-1135.)

« Notum sit omnibus quod ego Seibrandus de Foresta monachis Tyronensibus unum frustum terrę apud Bellum-Visum dedi. Pro quo dono frater Giraudus Normannus, prior Tillioli, mihi unum equum dedit. Hoc donum concesserunt duo nepotes mei Guillelmus et Savaricus. Hujus rei testes sunt : Osbertus de Brullio-Calciato, Johannes de Gasto, Theobaudus Alumpnus. »

(*Cart. de Tiron*, f° 58 r°.)

CIII.

Don au prieuré du Theil d'une ouche de terre à Maupertuis.

(1128-1140.)

« Sciat universalis ęcclesia quod ego Girardus de Giba, pro Dei amore et animę meę parentumque meorum salute, dedi monachis Tyronensibus unam oscham terrę quę est apud Malum-Foramen cum adjuncto sibi nemore. Monachi autem pro hoc dono vi sextaria annonę

___

(¹) Ce surnom de *Jérosolymitain* était donné à ceux qui avaient été aux Croisades.

mihi in caritate dederunt, et fratribus meis qui hoc donum concesserunt, alii quasdam caligas, alteri xii denarios ; mihi iterum unam vacam cum duobus vitulis suis dederunt. Hoc donum concessit Gauterius Ubelinus, cognatus meus. Hujus rei testes existunt : Goffredus de Ceresiaco, Theobaudus Alumpnus, Girardus Normannus qui tunc temporis prior Tillioli erat. »

(*Cart. de Tiron*, f° 57 v°.)

CIV.

Don au prieuré du Theil d'une pièce de terre aux champs de la Cublairie.

(1128-1140.)

« Notum sit omnibus quod ego Haimericus Mala-Pugna quoddam frustrum terrę quod in campis Cublerarię habebam monachis Tyronensibus, pro Dei amore, dedi. Monachi vero pro hoc ix solidos et unam minam frumenti mihi in caritate dederunt, et cujusdam bovis debitum quem ab eis emeram liberum et quietum mihi concesserunt. Hoc autem concessit Giraudus frater meus. Hujus rei testes sunt : Theobaudus Alumpnus et Giraudus Normannus qui tunc Tillioli prior erat. »

(*Cart. de Tiron*, f° 57 v°.)

CV.

Don au prieuré du Theil d'une pièce de terre à Saint-Maximin.

(1128-1140.)

« Sciant omnes presentes atque futuri quod ego Giraudus Jarrocellus unam bordariam terrę quę est in honore Sancti-Maximini, pro Dei amore et animę meę salute, monachis Tyronensibus dedi. Hanc autem terram excolit jure hereditario Goffredus Flamatus. Hujus doni testes existunt : Theobaudus Alumpnus et Giraudus Normanni Tillioli prior. »

(*Cart. de Tiron*, f° 58 r°.)

CVI.

Confirmation par le comte du Perche de toutes les donations faites par lui à l'abbaye.

(1129.)

« Quum Scripture Sacre veridica assertione luce clarius constet eos qui terrena pro Christo in presenti largiuntur eterne in futuro beatitudinis gloria remunerari, ego Rotrocus, Perticensium comes, eorum qui tam felici tamque optabili mercede donabuntur consors fieri desiderans, pro salute anime mee antecessorumque meorum, matre mea Beatrice et Maltide uxore concedentibus, quedam beneficia, que divisim per singula subscribuntur capitula, monachis Sancti-Salvatoris *de Tyron* in perpetuam elemosinam largitus sum. Que ne aliquis heredum meorum falsis calumpniis avellere vel temera improbitate pervertere posset, presenti scripto memorie commendari meique sigilli auctoritate confirmari et corroborari precepi. Venerabili itaque abbati Bernardo, admirande sanctitatis viro, ejusque fratribus, cum primum in partes istas habitandi gratia devenissent, super adventu ipsorum exultatione non modica repletus, dedi eis boscum qui dicitur de Tyronio, sicut a dextro latere et a sinistro dividunt ipsum duo rivuli eumdem boscum intra se includentes, et sicut superius ipsum dividit alter exiguus rivulus et terra que est de feodo Gaudene. Eisdem preterea monachis donavi terram de Braia, sicut dividitur a terra de Cereseriis et sicut boscus eam ducit usque ad portam antique Ferrerie et sicut sepis vinearum dividit eam usque in stagnum Ferrerie, et sicut rivus ipsius stagni ducit eam contra vallem, ipsum quoque stagnum similiter, censumque pratorum que sunt in eadem terra [1]. Infra istam namque terram ha-

---

[1] Cette description est parfaitement exacte, et malgré les changements que près de huit siècles ont apportés dans la configuration des lieux, on peut suivre sur le terrain la délimitation des terres comprises dans la donation du comte Rotrou. Seulement l'antique Ferrière est bien déchue. Ses portes et ses murailles n'existent plus que dans la tradition; c'est aujourd'hui un pauvre hameau où l'on trouverait bien difficilement le nombre de bourgeois énumérés par Rotrou.

bentur prata que tunc burgenses predicte Ferrarie de me tenebant michique censum inde ad sancti Martini festum reddebant. Quorum burgensium nomina hec sunt : Balduinus de Ferreria qui reddebat vi denarios de censu ; Guillelmus, frater ejus, vii denarios ; Richeldis de Ferreria vi denarios ; Guillelmus Chavellus vi denarios ; Benedicta de Braia iii denarios ; Gauterius, Guillelmus, Odo iii denarios ; Reginaudus Caprarius ii denarios ; Guillelmus prepositus v denarios ; Raginaudus Caprarius, Haimericus vi denarios. Hujus terre decimam tunc temporis habebat Paganus, filius Richerii, quam dedit predictis monachis perpetuo possidendam permissu meo et assensu. Dedi etiam eis medietariam meam que est ad fontem *de Morinet* et vineas meas quas habebam ad Braiam ortosque meos de Campellis, inclinatus ad hoc predicte matris mee precibus, que me hoc agere multimoda obsecratione instanter exigebat. Illud quoque non pretereundum quod exaltationi et amplificationi supranominate ecclesie summo cum desiderio, ob spem future remunerationis, ardenter inhians, sepedicta matre mea et uxore mea Matilde atque sorore mea Juliana id ipsum suadentibus, id ipsum concedentibus, concessi memoratis monachis quicquid in toto feodo meo possent a me vel ab aliis adquirere, dono vel etiam emptione, libere et absolute et absque ulla exactione et seculari consuetudine, habere in perpetuum et possidere ; et illum similiter liberum qui domos eorum inhabitaret et que ipsorum forent custodiret. Horum omnium que superius leguntur testes existunt : Gatho de Rasimalastro ; Gervasius Capreolus ; Gauterius, Carnotensis archidiaconus ; Paganus, filius Richerii ; Girardus forestarius (¹) ; Guillelmus Villanus ; Odo de Curia ; Frogerius et Hugo *Pasturel ;* Ernaudus Gifardus et plures alii. Facta sunt autem hec anno ab incarnatione Domini M° C quadragesimo IX° (²), regnante in Gallia Ludovico Philippi, Henrico Anglorum rege.

(*Cart. de Tiron,* f° 6 v°.)

(¹) Girard, forestier du comte Rotrou, paraît avoir joui de la confiance de son maître. C'est lui que Rotrou désigna pour faire l'arpentage des prés donnés à l'abbaye de Thiron par *Geroius de Ferreria, apud Longum-Pratum.* (Voir charte XCV.)

(²) Sic pro 1129.

CVII.

Don par Louis VI d'un homme franc de toute redevance.

(1129.)

« In nomine sanctę et individuę Trinitatis, ego Ludovicus, Dei gratia, rex Francorum, omnibus tam futuris quam presentibus notum fieri volumus quatinus hunc hominem nostrum Archenbaudum ab omni consuetudine et exactione quam in eum prius habebamus, pro remedio animę nostrę et antecessorum nostrorum, sanctę Dei ęcclesię *de Tirum* quietum concedimus, et eidem de rebus suis predictę ęcclesię largiendi quecumque voluerit potestatem atque licentiam donamus. Hoc autem ne oblivione posset deleri aut a posteris infirmari, scripto commendavimus et sigilli nostri auctoritate nominisque karactere firmavimus, astantibus in palatio nostro quorum nomina et signa subscripta sunt. Signum Philippi filii nostri, ipso anno in regem coronati. Signum Ludovici buticularii. Signum Hugonis constabularii. Signum Alberici camerarii. Actum anno incarnati Verbi M° CXXVIIII°, regni nostri XXI°. Data per manum (*monogr.*) Simonis cancellarii. »

(*Cart. de Tiron,* f° 61 r°.)

CVIII.

Remise de deux muids de vin de terreau à Gourdez.

« De terciolo vicecomitis Puteacensis. »

(1129.)

« In nomine sancte et individue Trinitatis, ego Hugo, Puteacensis vicecomes ([1]), notum fieri volo omnibus sanctę ęcclesię Dei curam gerentibus quatinus, pro animarum patris mei et matris meę predecesso-

([1]) Hugues III le Jeune, châtelain du Puiset et vicomte de Chartres de 1109 à 1130, le même qui est si connu par ses guerres avec le roi de France, Louis le Gros.

rumque meorum remedio, monachis in ecclesia Tyronis Deo militantibus duos modios vini quos habebam de terciolo in vinea illorum que apud Gorzeias est dono eosque illis possidendos im perpetuum concedo. Dono hoc ita a me facto et concesso, domnus Guillelmus, abbas Tyronis, cujus tempore hoc factum fuit, sicut rogaveram, in plenario capitulo Tyronis, concessit quatinus hoc vinum ita a me datum, in octavis Pentecostes, quando festum ecclesie illorum, scilicet sancte Trinitatis, celebratur, fratribus tunc servitium Deo impendentibus in refectorio daretur, et concessit iterum quod, audito meo obitu, meum anniversarium annuatim facient, et hoc idem vinum quod habebunt fratres in ecclesie sue festivitate in vita mea, post mortem meam illi idem fratres habebunt in meo anniversario. Hec carta lecta et confirmata fuit Carnoti, in thalamo Gaufridi, episcopi Carnoti, et in presentia ipsius episcopi et abbatis Sancti-Petri. Hujus rei testes sunt: Gauterius, archidiaconus Carnoti; Zacarias, subdecanus; Hugo de Levis; Hugo, nepos decani; Goslenus, frater episcopi Carnotensis; Paganus *de Creu;* Robertus, prepositus Mauritanie. Iterum hec fuit lecta et confirmata in Puteacenso castro, in presentia vicecomitis Hugonis, uxore ejus Agnete et filiis scilicet Evardo, Bucardo concedentibus. Hujus rei testes sunt: Archenbaudus, Aurelianensis subdecanus; Gauterius, prior Sancti-Martini-de-Valle; Teobaudus, prior de Antevilla; Aimericus *Chenart;* Thomas; Odo de Alunna; Fulco de Curvavilla; Amauricus de Levesvilla ([1]); Philippus Brito; tota curia Puteacensis que tunc erat plenaria, ipse enim Hugo vicecomes tunc volebat ire *Jerusalem*, anno ab incarnatione Domini M° C° XX° VIIII. † Signum Hugonis vicecomitis. † Signum Agnetis, uxoris ejus. † Signum Evardi. † Signum Bucardi, filiorum vicecomitis. »

(*Cart. de Tiron,* f° 13 r°.)

([1]) Les membres de la famille de Levéville sont souvent mentionnés dans les chartes du pays chartrain. Le plus anciennement connu est Evrard Ier qui vivait à la fin du XIe siècle, et qui eut pour fils Amaury, cité comme témoin dans la charte qui nous occupe. — Le fils de cet Amaury fut Evrard II, nommé, avec son frère Girard, dans une charte de Saint-Père et dans un acte de Josaphat de 1170 environ. Evrard eut pour enfants : Amaury II, Germond, chanoine de Chartres, Isabelle, Alix, Eustachie et Béatrix. — Amaury II, avec sa femme Alix, donna, en 1204, la dîme du Poisvilliers, au chapitre de Chartres, du consentement de son fils Evrard et de ses filles Isabelle, Pétronille, Philippe et Marguerite.

CIX.

Don de terres à Lésanville et échange desdites terres contre d'autres sises à Choudri et à Auvilliers.

« De Orviler. »

(1129.)

« Notum sit presentibus atque futuris fidelibus christianis quod Helgodus de Memberolis donavit Deo Salvatori et monachis *de Tyron* unam carrucatam terre in Lesenvilla in elemosinam, et Robertus *Bofignon* dedit eisdem monachis totam terram suam quam habebat in eadem villa similiter in elemosinam. Monachi vero *de Tyrum* dederunt Pagano de Froovilla predictas terras, quas acceperant a predicto Helgodo atque predicto Roberto *Bofignon*, pro tribus carrucatis terre quas isdem Paganus commutavit eis in *Orviler* et *Choldre*. Et ut monachi im perpetuum haberent tres carrucatas terre quas a Pagano de Froovilla acceperant liberas atque quietas, donavit Blancha, mater predicti Helgonis, predicto Pagano unam carrucatam terre quam habebat de dote sua ad Lesenvillam, et dimisit etiam ei quartam partem furni sui quem habebat apud Castrumdunum; ita tamen ut ipsa semper panes suos in furno coquere possit. Et hec commutatio terrarum facta est hoc modo ut Paganus vel heredes ejus tres carrucatas terre predictas monachis im perpetuum ab omnibus calumpniis defenderent atque tutarent. Et Paganus predictus de his rebus Ursonem de Fractavalle fidejussorem dedit. Hec autem omnia concessit Gaufridus, vicecomes Castriduni, et Helvisa uxor ejus, et Hugo et Paganus filii ejus, et due filie ejus Alpes et Helvisa. Hoc autem totum factum est et confirmatum apud Castrumdunum, coram vicecomite Gaufrido, anno ab incarnatione Domini MCXXVIIII, regnante Lodovico Philippi, rege Francorum. Hujus rei testes sunt: Urso de Fractavalle, Matheus Rufus, Gaufridus de Monte-Fauni, Odo Agnus, Rainaudus de Secorio, Reimundus Angotus, Hugo filius Gilbaudi, Hieremias de Nemore-Garnerii, et Forrerius,

Gauterius pistor, Hugo Viator, Ascelinus Lupellus, Mauricius Brito, Radulfus sutor, Adam clericus. »

(*Cart. de Tiron*, f° 29 r°.)

CX.

Fondation du prieuré de Notre-Dame d'Arable.

« De Dormie. »

(1129.)

« Ego Goslenus, per Dei patienciam, Suessionum humilis minister [1], notum fieri et ut inconcussum consisteret scripto contineri et sigilli mei impressione muniri volui quod Gosbertus de Duromagni et Comitissa uxor ejus et Jacobus eorum filius, in presentia mea, multis assistentibus, Duromagnis, ante ecclesiam, confirmaverunt donum quod fecerant Deo et Sanctę-Marię et monachis de Tiron ad locum qui dicitur Fons-de-Arabl [2], hoc scilicet, duas carrucatas de terra, de campo et de silva, et furnum de Chacis, et unum arpentum cum novem arboribus quę nuces ferunt, et de pratis novem arpenta. Hec autem quiete et in pace habenda monachis concesserunt, nullam ibi retinentes justiciam, et ut illibatum maneret signis subscriptis munierunt. Signum Cometisse †. Signum Jacobi †. Signum Gosberti †. Hoc autem ex parte nostra viderunt et audierunt : Johannes capellanus, Engenulfus, Radulfus, Teobaldus, canonici Suessionenses, Paganus presbiter ; ex parte eorum : Hugo nepos ipsorum, Petrus de Curia, Letardus. Actum est hoc anno ab incarnatione Domini M° C° VIIII° [3], Philippo in regem sublimato. »

(*Cart. de Tiron*, f° 63 r°.)

[1] Gosselin de Vierzi, évêque de Soissons, de 1126 à 1152.

[2] La dénomination de ce prieuré, *Fons-de-Arabl*, qui rappelle singulièrement le nom de *Fontevrault*, a été la cause d'une confusion faite par M. d'Arbois de Jubainville, dans son *Histoire des Comtes de Champagne*, t. III, p. 332. Il attribue à l'abbaye de Fontevrault la possession du prieuré qui existait dans les environs de Dormans.

[3] Sic pro 1129.

CXI.

Don de la dîme d'un moulin par Gui de Meigneville.

« De decima molendini Guidonis. »

(1129.)

» Notum sit omnibus hominibus quod Guido de Menevilla dedit monachis Tironis decimam molendini *de Maen* ([1]), uxore sua Leticia et filiis suis Hugone, Evrardo, Galerano concedentibus. Testes hujus rei sunt : Goffredus filius Berardi, Herbertus dapifer, Garinus Scutum-ad-Collum ([2]), Gonbertus quoquus, Archenbaudus dispenserius, Paganus filius Ansei, Petrus de Parisius, Radulfus *Gamar*, Garinus filius Berardi, Raginaudus de Stampis, Petrus de Bugsno. Anno ab incarnatione Domini M° C° XXVIIII. »

(*Cart. de Tiron*, f° 71 r°.)

CXII.

Création de l'abbaye d'Asnières.

« De abbatia Hasneriarum. »

(1129.)

« Quoniam cuncta que fiunt temporaliter, humane mortalitatis necessitate cogente, quam cito oblivioni traduntur, hujus cartule cirogra-

---

([1]) Nous n'avons pu déterminer d'une manière certaine où était situé ce moulin *de Maen* : la pièce qui le concerne est isolée dans le *Cartulaire*, et ce n'est qu'avec hésitation que nous proposons l'attribution de *Meigneville* pour le donateur de cette charte. — Peut-être faut-il traduire *Maen* par Meung : nous trouvons ce lieu écrit *Main* jusqu'en 1793.

([2]) En 1118, Robert *Scutum-ad-Collum*, du hameau de la Brosse près Nottonville, est témoin d'un accord fait entre Eudes le Déshérité et les moines de Nottonville pour un moulin et une écluse à Nottonville.

pho presentibus et futuris notificetur quod monasterium de Asneriis (¹), in Andegavensi episcopatu, in honore Dei genitricis fundatum, quondam cella extitit monachorum Sancte-Trinitatis *de Tiron*, plurimis ibidem fratribus sub priore degentibus. Sed quia Geraudus *Berlais*, magne discretionis et generositatis vir, eodem Spiritu inspirante quo prius monasterium fundaverat, propter honorem et exaltationem sanctę ecclesię, in supradicto loco abbatem constitui a domino Willelmo et omni Tironensi conventu poposcit (²), Deo providente, concessum est. Ipse autem Giraudus et uxor ejus Ada eandem abbatiam ita liberam omnibus temporibus concesserunt ut nichil in ea posset constitui ab aliqua potestate seculari, scilicet nec ac ipso vel ejus filiis vel eorum successoribus. Concessit etiam isdem Giraudus et abba tunc primum in supradicto loco electus et ejus monachi ut omnis abbatum ejusdem loci de Asneriis futura electio, nisi providentia et potestate Tironensis abbatis suique capituli, fieri non poterit. Si vero quicumque abba sepedicti loci de Asneriis vel aliorum locorum eidem subjectorum indecenter aut seculariter, quod absit, se suosque rexerit, vel etiam a nostre humilitatis habitu et aliis nostris religiosis institutionibus recesserit, Tironensis ecclesię nutu et imperio erit removendus, atque alter qui dignus fuerit constituendus, Andegavensis episcopi ubique salvo jure. Hoc etiam provisum est, propter vinculum caritatis et unitatem fraternitatis, quod quando unusquisque ex abbatibus supradicte ecclesię de Asneriis eligendus erit, ab abbate Tironensi et conventu electus et traditus fuerit, in presencia abbatis qui tunc preerit fratrumque conventus, matri ecclesię *de Tiron* ejusque rectoribus obedientiam et debitam subjectionem ipse tunc noviter electus abba et ipsius monachi qui tunc presentes aderunt coram Deo et fratribus promittent. Nec pretereundum quia eandem obedientiam et debitam subjectionem quam abba de Asneriis, debeant Tironensi ecclesię et alii abbates si quos constituerit, et statuto tempore, singulis annis, ad matris ecclesię

(¹) L'abbaye d'Asnières avait pris le nom de son fondateur et s'appelait Asnières-Bellay : elle était située dans la paroisse de Cizay, non loin de la ville de Montreuil-Bellay, qui, comme nous l'avons dit page 35, tirait aussi son surnom de Berlai III, père de Giraud. Il ne reste plus rien aujourd'hui de l'ancienne abbaye d'Asnières.

(²) Voir *supra*, charte C.

capitulum, stabilitate et confirmatione sue religionis, tam abba de Asneriis quam alii convenerint. Quando autem Tironensis abbas ad sepedictum locum Sancte-Marie de Asneriis, quem, mutato nomine, Clarifontis abbatiam (¹) amodo vocari constituimus, vel ad quemlibet locorum ei subjectorum advenerit, honorifice, ut decet, recipietur, et ipse abbas loci propriam sedem sue dignitatis ei preparabit, in choro scilicet, in capitulo, in refectorio, et ubicumque paternam ei reverentiam exhibebit, sicut dicit Apostolus : « Cui honorem honorem, » et iterum : « Honore invicem prevenientes. » Et si forte in aliquo locorum monacus contumax vel rebellis contra suum abbatem repertus fuerit, in bene placito Tironensis abbatis de loco in alium removeri poterit ; et si aliquis frater inobediens extiterit, nequaquam parti alteri sine litteris commendaticiis conjungendus erit. Omnis vero substancię humanitas ita inter eos communis fore promittitur ut cum in aliquo rerum temporalium eguerint aliis et aliis subvenietur ; et spiritualium beneficiorum pro vivis et defunctis tanta unanimitas ut sic pro aliis quam pro suis propriis fratribus ferveat caritas ut etiam nulla penitus sit diversitas. Cum ergo mater ęcclesia *de Tiron* suo pastore orbata fuerit, si communi capitulo placuerit, quem libuerit de suffraganeis abbatibus vel monachis in magistrum abbatem sibi preponere poterit, et in ejusdem matris ęcclesię capitulo alter eligetur ad regendam ecclesiam cujus pater apud Tironem assumptus fuerit. Et ut nichil pretermisisse videamur quod nostre religioni contraire existimetur, illud etiam statuimus ut eamdem omnino potestatem quam Tyronensis abbas in capitulo suo, videlicet in Tyronio, habuerit, in subditis sibi locis habeat quocienscumque placuerit.

» Hoc autem notum sit sanctis ęcclesię filiis quod Tironensis ecclesia tale privilegium habet ut quicumque injuriam ei qualicumque causa intulerit ab ipso papa, rectore et pastore totius sancte Christianitatis,

(¹) Nous n'avons vu nulle part que ce surnom de Clairefontaine ait jamais été appliqué à l'abbaye d'Asnières : le nom primitif subsista. — Parmi les pièces intéressantes concernant cette abbaye, nous mentionnerons comme peu connu un procès qu'elle eut à soutenir au XVII⁰ siècle avec les marchands fréquentant la rivière du Thouet, pour un droit de péage de deux deniers que l'abbaye prétendait percevoir sur chaque pipe de vin et autres marchandises descendant la rivière. Les religieux furent déboutés de leur prétention par un arrêt du Parlement de Paris de l'année 1621.

excommunicandus sit: servantibus autem et idem Christi patrimonium amplificantibus benedictio et pax a domino Jesu-Christo, cui est honor et imperium in secula seculorum, amen. Hec autem facta sunt anno ab incarnatione Domini M° C° XXXIX (¹), regnantibus Ludovico Philippi in Gallia, Henrico in Anglia,

» Ego Giraudus *Berlais* que in hoc cirographo continentur concedo atque manu mea signo †. Unde sunt testes : Philippus *de Blazon*, Petrus Girorius, Girardus de Ardena, Girorius filius Simonis, Haimericus, Thomas, Bartholomeus Raterus, Guillelmus *de Castel-Aron*, Rainaudus famulus abbatis. »

(*Cart. de Tiron*, f° 78 v°.)

CXIII.

Don de cent sous de rente à l'abbaye d'Asnières.

« De centum solidis. »

(1129 circa.)

« Ego Chotardus, cum filiis et Beatrice uxore mea, congregationi Tironis, salutem : Hoc scire debetis me donasse in unoquoque anno, in medio marcii, scilicet W[illelmo] abbati et fratribus, centum solidos, pro anima mea et uxoris meę et filiorum meorum, concedente Ansterio, Petro, W[illelmo] filiis meis. Testes sunt : W[illelmus] de Rocha, Croslebois, Girbaudus, Boerius, Gaufridus de Calleto. »

(*Cart. de Tiron*, f° 78 r°.)

(¹) Il faut sans doute lire 1129; car Henri I⁏ᵉʳ, roi d'Angleterre, était mort le 3 décembre 1135, et Louis le Gros, fils de Philippe roi de France, mourut le 1ᵉʳ août 1137. La date de la fondation de l'abbaye d'Asnières est généralement reculée jusqu'en 1134 ; nous voyons qu'elle doit être reportée à quelques années plus haut.

CXIV.

Don d'une maison à l'abbaye d'Asnières.

(1129 circa.)

« Jacobinus, armiger Cotardi, concessit domum suam confratribus Sanctę-Marię de Tirone (¹), per manum domni Giraudi, pro redemptione animę suę, et hoc post obitum. Istis videntibus : Simone sacerdote, Cesario sacerdote, Pagano diachono, W[illelmo] subdiachono, Raginaldo subdiachono, Pipino Rufo, et filio, et multis aliis, »

(*Cart. de Tiron*, f° 78 v°.)

CXV.

Confirmation des possessions de l'abbaye à Villandon.

« De Villa-Ande. »

(1129 circa.)

« Guiburgis et Ricardus filius ejus, et filii Ricardi Adam et Stephanus, et alter filius nomine Robertus ex concubina, et avunculi ejusdem Ricardi Goscelinus atque Gaufridus de Monasteriis, et uxores eorum et filii eorum concesserunt monachis *de Tyron* terram *de Villandon* quam Guillelmus *de Choes* eis dederat(²), et manibus suis firmaverunt, videntibus et audientibus legitimis testibus. Guiburgis concessit et firmavit in domo sua que est in Einvilla, coram testibus istis : Garino capellano, Simone filio Hervei, Ysembardo fabro, Fulcherio fratre ejus, Michaele salinario, Durando *de Dordenc*, Huldierio molendinario, Cadi-

---

(¹) Cette désignation de *Notre-Dame de Tiron* peut tout d'abord paraître assez étrange; car jamais l'abbaye de Tiron ne fut consacrée à la Sainte-Vierge. Il n'est pas question ici de l'abbaye-mère, mais bien de l'abbaye d'Asnières, qui était en effet sous le vocable de Notre-Dame.

(²) Voir *supra*, charte XCVII.

britone, Stephano *de Telle*, his signis : † Guiburgis, † Ade, † Roberti.

» Ricardus et uxor ejus Havis et filius ejus minor concesserunt et firmaverunt in ecclesia Sanctorum-Nicholai-et-Leobini de Proevilla, coram testibus istis : Gaufrido de Monasteriis, Odone de Brainvilla, Ricardo de *Malobuixon* et Gauterio. † Signum Ricardi. † Signum uxoris ejus Havis. † Signum Stephani, filii ejus.

» Goscelinus, avunculus Ricardi, et uxor ejus *Helisabet* et filii ejus Hugo, Petrus, Amalricus, Robertus et filia Juliana concesserunt et firmaverunt in domo ejusdem Goscelini de Freeinvilla. † Signum Goscelini. † Signum uxoris ejus *Helisabet*. † Signum Hugonis primogeniti. † Signum Petri. † Signum Amalrici. † Signum Roberti. † Signum Juliane. Presentibus testibus : Stephano, Herveo, Rainaldo, Johanne, Rainerio.

» Guiburgis et Ricardus filius ejus, et Goscelinus, avunculus Ricardi, habuerunt pro isto consensu septem libras carnotensis monete, Guiburgis quinquaginta solidos, Ricardus, filius ejus, quinquaginta solidos et XII denarios, Goscelinus XL solidos. Tali pacto ut si quis ex parentibus eorum calumpniam intulerit, Ricardus et supradicti liberam et immunem ab omni calumpnia faciant. »

(*Cart. de Tiron*, f° 17 r°.)

CXVI.

Don d'une vigne à Conie, d'une dîme à Marboué et d'une maison à Châteaudun.

« De vinea Connie et de domo Castriduni. »

(1129 circa.)

« Noverint fideles cuncti presentes atque futuri quod domina Blanca de Menberolis ([1]) dedit monachis Tyronis unum agripennum vineę apud

---

([1]) Nous avons déjà rencontré Blanche de Membrolles dans la charte CIX, où elle est désignée comme mère de *Helgodus* de Membrolles et où elle abandonne à Payen de Frouville une charruée de terre à Lésanville, et la quatrième partie d'un four qu'elle possédait à Châteaudun.

Conniam, et decimam suam *de Marboe*, et domum suam de Castriduno, post mortem Gaufridi nepotis sui. Quod concessit Engelardus de Cavillana-villa et uxor ejus et filii eorum Guillelmus et Robertus atque Gaufridus, et filie eorum Erenburgis et Ascelina ; pro qua concessione predicta Blanca concessit supradicto Engelardo et heredibus suis emptiones suas de Connia et *de Marboe*. Unde sunt [testes] : Gauterius Maria, Rogerius Barbatus, Gaufridus famulus, Garinus *Bidois*, Lambertus, Robertus clericus Blanche. »

(*Cart. de Tiron*, f° 24 v°.)

CXVII.

Echange de terre à Choudri et à Auvilliers.

« De Choldri. »

(1129 circa.)

« Notificetur omnibus quia Paganus de Froovilla (¹) tres carrucatas terre ad *Orviler* et ad *Cheldrei* monachis Tyronensibus mutuavit pro elemosina Helgonis de Menberolis(²), pro terra videlicet unius carruce quam habebant ad Leisenvillam et pro terra Roberti *Bofigni* (³) de feodo et de proprio quam habebant ab illo ad Leisenvillam, et pro quadrante furni domine Candide quem eis dederat in elemosinam, libere fideliterque defensurus contra omnes invasores, fidejussore Ursone de Fractavalle ut, si Paganus mortuus fuerit, pueri ejus, id est heredes, ejus garentabunt terram contra omnes calumpniatores, atque omnia dampna restauranda promittente. Hujus rei testes sunt : Adam clericus, Hugo

---

(¹) En 1139, Payen de Frouville fut témoin d'une transaction passée entre Ursion de Meslay et le Chapitre de Chartres.

(²) Voir *supra*, charte CIX.

(³) *Robertus Bofigni* et *Helgo de Memberolis* sont évidemment les mêmes qui sont désignés dans la charte CIX sous les noms de *Helgodus de Memberolis* et de *Robertus Bofignon*. Un peu plus bas, le nom de Blanche de Membrolles est latinisé et devient *Candida de Memberolis*.

filius Girbaldi, Cofinus, Hilarius, Bartholomeus. Omnis conventio ista facta est, concedente Gaufrido vicecomite, de cujus feodo est, et Helvisa uxore ejus, et Pagano filio et filiabus ejus Alpes et Helvisa. Et quia concesserunt vicecomes et sui, testes sunt : Urso de Fractavalle, Matheus Rufus, Gaufridus de Monte-Folet, Odo Agnus, Rainaudus de Secureio, Reimmundus Angotus, Hugo filius Gisbaldi, Jheremias de Monte-Garnerii, Forrerius, Stephanus de Novio, Gauterius talamerarius, Hugo Viator, Ascelinus Lupellus, Mauritius Brito, Radulfus Sirot (¹), Adam clericus, Bartholomeus.

« Et ubi Paganus de Frodevilla tradebat abbati Tyronensi et monachis terram de *Cheldri* et *Orviler* affuit Girardus Diabolus, qui concessit eam monachis sine calumpnia, scilicet medietatem *de Orviler* et medietatem *de Cheldri*, excepto uno *ostez* apud *Cheldri* et tanto terre quod tribus modiis seminari possit apud *Orviler* de terra communi ; hec enim plus habet monachis. Et *ostez* de Pireio concessit Paganus de Froevilla monachis, et dua frusta terrę que fuerunt defuncti Hugonis de Menberolis. Hujus rei sunt testes : Horricus abbas *de Cistels*(²), et Fulcherius de Menberolis, et Goffredus frater ejus, et Ascelinus Lupellus, et Girardus de Pireio, et Bernardus mediator Girardi Diaboli, et Medardus et Girardus famuli monachorum, et Rainaudus.

» Hoc idem mutuum concesserunt Frodo et Odo, filii ejusdem Pagani de Frovilla, et filia ejus Godeheldis, atque Pagana ejusdem uxor, cujus conjugii erat, apud Fractamvallem. Infantes vero illius Pagani habuerunt inde unum denarium, quem dederunt eis monachi propter intersignum ad nuces emendas. Hujus concessionis sunt testes : Guimundus famulus Raginaldi prepositi de Tyrone, et Radulfus famulus

---

(¹) Mauvaise leçon du *Cartulaire;* c'est certainement *Radulfus sutor* qu'il faut lire : cependant nous citerons, à titre de curiosité, *Ricardus Sirot* qui, vers 1180, avec d'autres pêcheurs de Saint-Marcouf, s'engage à payer aux moines de Saint-Sauveur-le-Vicomte un sou par gros poisson qu'il prendrait, *unum solz in omnibus crassis piscibus quos ceperit*.

(²) Il n'est pas question ici de la célèbre abbaye de Citeaux, mais de celle de l'Aumône ou du Petit-Citeaux, qui venait d'être fondée en 1121 par le comte Thibaut IV dans la forêt de Marchenoir. Horricus ou Ulric fut le premier abbé de l'Aumône : il fut envoyé de l'abbaye-mère par l'abbé Etienne, et bénit en 1121 par l'évêque de Chartres, Geoffroi de Lèves.

Hugonis monachi, prioris de Menberolis(¹), ex parte monachorum; et ex parte Pagani : Guillelmus, Hugotus et Christianus Savagius; et ex parte femine : Bigota, uxor Rainaudi *Angot,* et Richeldis, cameraria ejus. »

(*Cart. de Tiron,* f° 29 v°.)

CXVIII.

Accord entre l'abbaye de Tiron et le prieuré de Saint-Denis de Nogent-le-Rotrou.

« De Noiomio. »

(1129-30, 24 janv.)

« In nomine Domini, noverint omnes christiane professionis pro certo quod Bernardus, prior de Noiomio, post mortem Guicherii prioratum suscepit, et alii fratres concesserunt monachis Tyronensibus, pro Dei amore et rogatu Rotroci comitis, decimam de Veteri-Tyrone, de terra scilicet que tunc plana erat et in dominio eorum laborata. Concesserunt etiam eis eodem modo decimam de campo qui est in parrochia de Belleinvilla, juxta stagnum, inter viam que ducit ad Ferreriam et viam que ducit ad monasterium eorum, et decimam de vinea que est post dormitorium, et de orto inter vineam et aquam, et de terra que est post vineam inter viam que ducit ad Castridunum et Tyronensem fluvium. Et Rotrocus comes et Tyronenses monachi, abbas videlicet et alii, concesserunt monachis Beati-Dionisii donum habere in pace quod Robertus Judas fecerat Beato-Dionisio et monachis ejus (²), et

---

(¹) Comme on le voit, l'abbaye de Tiron possédait un prieuré à Membrolles, dont les terres de Choudri et d'Auvilliers formaient la principale dotation.

(²) Nous trouvons en effet dans le Cartulaire de Saint-Denis de Nogent que Robert Judas, neveu de Georges Fortin, avant de partir pour l'Espagne avec le comte Rotrou, c'est-à-dire vers 1118, avait donné au prieuré de Saint-Denis « *tres agripennos terre ultra Joniam fluvium contiguos terre eorum, et areas molendinorum suorum et suam terram circa tres areas.* »

posuerat super altare per tabulam in qua brevia scribuntur, multis videntibus, antequam iret in Hispaniam cum Rotroco comite (¹), quia regressus de Hispania idem Robertus fecerat idem donum Tironensibus monachis et posuerat super altare eorum, et inde erat quedam controversia inter utrosque monachos. Hec autem concessio ea conditione facta est ne alii ultra super alios aliquid capiant de redditibus eorum. Hec carta autem, ita scripta et concessa, fuit lecta in capitulo Beati-Dionisii, nono kalendas februarii, anno ab incarnatione Domini M° CXX° IX°. Cujus rei sunt testes : Gatho de Vicheriis; Hugo de Septem-Fontibus; Odo de Curia; Girardus, famulus abbatis Tyronis; Guillelmus Male-Nutritus; Fromundus Turmellus; Gauterius, filius Herardi; Petrus de Furno; Medardus, famulus monachorum Tyronis; Garinus, sacerdos, filius Aalardi de Mauritania; Lambertus, filius Gauterii *de Islou;* Vivianus de Stabulo; Robertus *de Margum;* Cadorellus; Paganus coquus; Gauterius *Trusanum.* »

(*Cart. de Tiron,* f° 5 v°.)

CXIX.

Don de la terre de la Malaise.

« De Malesees. »

(1130.)

« Quod ad multorum notitiam pervenire congruum duximus, litterarum monimentis mandare provida deliberatione decrevimus. Noverint ergo tam presentes quam futuri quod Gauterius, qui vocabatur Pa-

---

(¹) Rotrou était cousin-germain d'Alphonse VI le Batailleur, roi de Navarre et d'Aragon, fils de don Sanche et de Félicie de Roucy, sœur aînée de Béatrix, mère du comte du Perche. Il fit plusieurs expéditions en Espagne pour prêter son aide contre les Maures au roi d'Aragon. Celle dont il est ici question doit être rapportée à l'année 1118: Rotrou s'y couvrit de gloire; il fut créé par le roi seigneur de Tudéla et reçut, en récompense de ses services, une partie de Saragosse, avec plusieurs châteaux et de nombreux domaines.

ganus (¹), filius Richerii, dedit monachis Tyronis omnem terram *de Malesees* (²), quam tenebat a domina Aubereia et a domno Roberto de Belleinvilla, concedente filio suo Goferio et uxore sua Aalesde. Hujus rei testes sunt : Hugo *de Mielle;* Guillelmus, frater ejus ; Richerius de Sancto-Victore ; Rainaudus, nepos Pagani filii Richerii (³). Postea vero Robertus de Belleinvilla concessit monachis *de Tyron* suam partem ejusdem terre, quam dederat Paganus filius Richerii. Hujus rei testes sunt : Odo, sacerdos *de Hargenviler* ; Guillermus, cementarius, de Sancto-Leobino ; Benedictus *de Maleseis*. Hoc autem factum est anno ab incarnatione Domini millesimo centesimo tricesimo. »

(*Cart. de Tiron,* f° 6 r°.)

(¹) Comme on peut le reconnaître par les pièces publiées dans ce *Cartulaire*, le surnom de *Paganus* était fort commun au XII° siècle, si commun qu'il devait avoir une signification particulière. Voici l'interprétation qui nous paraît la plus vraisemblable : *Paganus* est un dérivé de *pagus*, comme notre mot paysan est un dérivé de pays. *Paganus* peut donc se traduire par *paysan*, mais avec une acception autre que celle possédée par ce mot aujourd'hui. Le *paysan* du XIIe siècle était celui qui possédait dans le pays : nous pensons donc que tous les individus surnommés *Paganus* étaient des roturiers ayant acquis de riches domaines non fieffés. Ils n'avaient pas ainsi le droit de prendre le titre de leurs terres, et cependant le vulgaire qui ne pouvait les confondre avec les gens de mince fortune leur donnait le surnom de *Paganus*, pour indiquer qu'ils étaient propriétaires du pays ou plutôt d'une partie du pays. C'est ainsi que Girard, en la charte XII, est dit *paganus Barzilliarum*, Girard paysan de la Bazilière ; le père de Barthélemy de Vendôme, un des plus opulents propriétaires du Vendômois, s'appelait *Gauterius paganus de Vindocino* : son fils Barthélemy prit rang dans la noblesse et laissa tomber le surnom de *Paganus*, tandis qu'un autre fils Gautier, qui vivait bourgeoisement à Vendôme, le conserva pendant toute sa vie.

(²) La terre de la Malaise appartenait en effet entièrement à l'abbaye de Tiron, sauf la garenne qui avait été réservée au seigneur. Dans un aveu de 1407, rendu par Gauvin de Dampierre, à cause de Marie de Poislay, sa femme, à Tuault de Châteaubriant, seigneur de Longny, du Saussay et de Bretoncelles, on trouve parmi les objets avoués : « Item la garenne de Malèzes contenant en bois et en garenne dix-huit arpens ou en- » viron, et toutes les bestes sauvaiges qui sont audict boys. »

(³) La première partie de cette charte est la répétition de la charte n° XCI, qui est datée de l'année 1128 : elle doit donc être reportée à cette année. Cependant nous devons faire observer qu'antérieurement à cette époque, Payen, fils de Richer, avait déjà donné la terre de la Malaise à l'abbaye de Tiron, puisqu'en 1117 (voir ch. XI) Robert de Blainville confirme ce don.

CXX.

Vente à l'abbaye de prés en la paroisse de Condé.

« De Boine pratis. »

(1130.)

« Notum sit omnibus tam presentibus quam futuris quod Odo, filius Hugonis *de Boinne*, et mater ejus Osanna vendiderunt monachis de Tyronio iii^a arpenta prati ad *Boigne,* non longe a fluvio Hyenne. Hoc concesserunt sorores Odonis, Beatrix et Deelina et Hildeburgis et Ligardis atque Helois. Factum est hoc anno ab incarnatione Domini MCXXX°. Hoc concessit Rotrocus comes. Hujus rei testes sunt : Garinus Capreolus; Juliana, soror comitis ; Radulfus ; Robertus de Moteia ; Gastho de Vicheriis; Odo de Curia; Paganus *Gingalois*; Blancardus de Ructoria ; Radulfus *Malfetun*. Signum Odonis †. Signum Osanne †. Signum Deeline †. Signum Hildeburgis †. Signum Legardis †. Signum Helosse †.

(*Cart. de Tiron,* f° 9 r°.)

CXXI.

Don des terres de Villequoy et de Puerthe.

« De Pesovilla. »

(1130.)

« Notum sit omnibus quod Petrus de Spesovilla concessit monachis Tyronis terram Ville-Galli (¹), sicuti eam probavit Guiternus de Pataico sicuti monachi ruperant, et aquam ; necnon dedit eis boscum qui est

---

(¹) La possession de la terre de Villequoy donna lieu à de nombreuses contestations au XIIe siècle. En 1164, Pierre de Péronville, du consentement d'Eudes Bourreau, son seigneur féodal, engagea, moyennant 40 livres, au chapitre de Sainte-Croix d'Orléans tout ce qu'il possédait à Villequoy. Malgré cet engagement qui ne paraît pas avoir été

in medio terre. Iterum concessit eis terram de Pertis, sicuti dividitur, et in illa terra terram propriam ad domos suas faciendas, ad grangiam, ad virgerium et ad hortum, et quendam arpentum ad plantandam vineam, et rosellum aque (¹), et herbam. Si vero hanc terram supradictam de Pertis Petrus adversus Paganum et Guiardum *Trobel* adquirere poterit, erat enim tunc temporis controversia inter Petrum et illos duos fratres supradictos, reddent monachi Petro medietatem terragii, et, terragio delato a monachis in grangiam eorum et trito, vocabunt monachi Petrum vel famulum illius, eoque vidente, uno famulo monachorum dante fidem suam et uno monacho teste, deferent monachi partem Petri in domum suam Spesoville ; partem vero Petri forragii marcische servabunt monachi in grangiam suam usque ad Pascha. Si vero Petrus et heres ejus terram illam alicui concesserint, hanc convenientiam monachis ab illis concedi facient. Monachi autem non capient neque accipient scientes terram que sit Petri vel heredis ipsius vel de feodo ejus, sine ejus consensu. Similiter Petrus vel heres ejus non invadent scientes neque facient calumpniam super aliquam terram monachorum adquisitam vel adquirendam, nisi sui juris fuerit. Monachi tantum Spesoville habent piscaturam suam in aqua. Hec omnia concessit Hersendis, uxor ejusdem Petri, et Hubertus filius ejus, et Jaquelina soror ejus. Hujus rei testes sunt : Garinus de Monte-Poncerii et Teodericus filius ejus ; Garinus de Secorelio ; Hubertus *de Vilers*, forestarius ; *Eon,* faber de Basochiis ; Valerianus ; Bernardus, filius Gauterii *Sorel* ; Rainaudus et Girardus, famuli domini Guillelmi abbatis. Hoc autem factum est anno ab incarnatione Domini MCXXX. Signum Petri †. Signum Hersendis †. Signum Huberti †.

« De dimidio arpento vinee et de dimidia domo. »

» Hubertus donat dimidium arpentum vinee et dimidiam domum monachis *de Tyron*, concedentibus istis : Benedicto, Roberto, Hilderio,

---

retiré, le fils de Pierre, Hubert, prétendit avoir droit de justice sur les hôtes de Villequoy. En 1173, un accord intervint à ce sujet entre Hubert et le chapitre de Sainte-Croix, accord qui fut confirmé en 1176 par Jean de Salisbury, évêque de Chartres.

(¹) Les rosières étaient des marécages couverts de roseaux. Ces roseaux étaient surtout employés pour couvrir les maisons. On sait la réputation dont jouissent encore les *rouches* de la Conie.

Gauterio, Haimone, Ricaude, Lioe, Doa, Erenburge, Hildebulge. Isti fuerunt testes : Fulcherius, Gervasius, Eutasius, Johannes, Herveus, Hugo, Gauterius, Hernulfus.

» Illas convenientias quas fecit domnus abbas cum domno Petro de Spesumvilla concessit idem domnus Petrus, et Hubertus filius ejus, et uxor ejus Hersendis, et soror ejus Jaelina. Hujus rei testes sunt : *Vaslot* de Burgo-Novo, et Garinus de Monte-Pancer, et Garnerius armiger ejus, et Hubertus *de Vilers;* et alios, cum res consummate fuerunt, mittemus. »

(*Cart. de Tiron.* f° 27 v°.)

CXXII.

Don d'une vigne à Bray.

« De vineis Braii. »

(1130 circa.)

« Notum sit omnibus sancte ecclesie filiis presentibus et futuris quod ego Paganus, Richerii filius, concedente filio meo Golferio, donavi in elemosina monachis Sancti-Salvatoris *de Tyron* dimidium vinee mee quam apud *Brai* habeo in perpetuo habendum, alterum mihi ipsi hac conditione retinens quod si illud unquam dare vel vendere disponerem, nulli omnino nisi ipsis monachis *de Tiron*, si sibi illud retinere vellent, darem aut venderem. Hanc vero donationem feci in foro Novigenti, coram subscriptis testibus : Roberto de Moteia ; Willelmo *de Chois ;* Girardo forestario ; Teobaudo, ejusdem filio ; Odone de Curia ; Morello, comitisse famulo ; Roberto Albo, et coram aliis quampluribus ipsa die in eodem foro assistentibus. »

(*Cart. de Tiron,* f° 7 v°.)

CXXIII.

Don d'une place pour construire un moulin à Gardais.

« De area molendini. »

(1130 circa.)

« Stephanus *de Garzeis* et uxor ejus dederunt monachis *de Tyron* quandam aream ad molendinum faciendum in *Garzees*, concedentibus filiis suis; et Girardus, avunculus uxoris ejus, et Paganus, filius Richerii, consanguineus ejus, hoc concesserunt. »

(*Cart. de Tiron*, f° 8 r°.)

CXXIV.

Don de trois arpents de pré aux Prés-Morin.

« Tria arpenta prati. »

(1130 circa.)

« Ne noticiam lateat posterorum quod satagit caritas modernorum, litterarum memorie commendavimus quomodo Drogo de Curtolino tria arpenta pratorum dedit monachis *de Tyron*, in loco qui dicitur Pratum-Morini (¹), propter VIII libras dunensium, quas eis debebat, partem pro patre qui eorum monacus fuit, partem quam sibimet super accommodaverant. Tali conditione quod si rehabere ipse vel heres suus voluerint, reddendo VIII supradictas libras rehabeant, aliis dare vel quoquomodo dispendere nequeant, et quicquid interim proficui in pratis subcreverit

---

(¹) En 1565, l'abbaye de Tiron aliéna au seigneur de Thiville les prés Morin, autrefois de la paroisse de Margon et depuis de celle de Condé, en se réservant 2 sous 6 deniers de cens seigneurial.

in elemosina fuerit. Nec reticendum quod pro censu inde reddituri sunt monachi, singulis annis, duos solidos, et hoc concedere non distulerunt mater ejus Juliana et uxor ejus Haois, et filii ejus Robertus et Oliverus, et frater suus Gaufridus. Hujus rei testes sunt : Yvo de Gaudena; Haimericus de Radereio ; Hugo de Peleinvilla ; Gauterius monetarius ; Hugo de Pratellis ; Guillelmus de Nuilleio ; Hemenulfus de Sancto-Victorio ; Gauterius de Peleinvilla, et quamplures, quia in foro Nongentino factum est. Eadem conditione qua supra dedit predictus Drogo duos alios agripennos pratorum in angulo *de Bellaincort*, pro quibus ab eisdem monachis accepit sexaginta solidos dunensium, omnibus supradictis concedentibus. Uxor vero ejus inde habuit quinque solidos, filii ejus singulos solidos. Unde sunt testes : Robertus de Moteia, Ivo Guarascha, Robertus *de Buslou,* Rainaudus, famulus abbatis. Hoc sciendum quod census non crescet. »

(*Cart. de Tiron,* f° 8 v°.)

CXXV.

Don d'une charruée de terre à Brimont.

« De loco de Brimont. »

(1130 circa.)

« Noverint omnes homines tam futuri quam presentes quod ego Gaufridus *de Sonboum* (¹) dedi monachis Tyronii unam carrucatam terrę in

(¹) Geoffroy de *Sombone* (alias de *Somboono*), du consentement de sa femme Hildeburge, de son frère Hugues et de son fils Robert, avait donné au prieuré de Saint-Denis de Nogent-le-Rotrou l'église de Saint-Pierre d'Happonvilliers. Quelques années plus tard, *instimulante diabolo et quibusdam pravis consiliariis,* Geoffroy voulut reprendre une partie des dîmes dépendant de ladite église. Les moines le citèrent devant le comte Rotrou : Geoffroy présenta comme témoins deux de ses chevaliers, Payen de Villeperdue et Aldric de Montdoucet; mais ceux-ci déposèrent contre lui, et il fut condamné par la Cour du Comte. Il fut donc contraint de faire aux moines un nouvel acte de donation : cet acte fut confirmé par ses trois fils : Robert, qui reçut en récompense un bon palefroi que le comte Robert avait donné au prieuré, Geoffroy, qui apprenait alors les belles-lettres, et Gontier, qui était encore enfant.

Brimonte, uxore mea concedente Hyldeburge et filiis meis Roberto, Goherio, Gofredo, quietam et liberam sicut hactenus eam possedi, et nemus vivum ad edificandum et mortuum ad calefaciendum, et porcos ipsius domus ire in nemoribus libere et quiete. Hujus rei sunt testes : Guillelmus, filius Anseis, Rannulfus sacerdos, Paganus *Riboth*, Robertus de Moteia, Richerius de Planta, Robertus Flavus, Odo de Fractigneio, Gosbertus frater ejus, Hugo Gauganus, Engerricus carpentarius, Odo sacerdos, Garinus de Alto. »

(*Cart. de Tiron*, f° 10 r°.)

CXXVI.

Don d'une maison et d'un four à Chartres.

(1130 circa.)

« Notum sit omnibus tam presentibus quam futuris quod Girardus, filius Ansoldi, monachis *de Tyron* furnum, pro salute anime sue, dedit, et deinde Dodo de Cruce ([1]) domum proximam furno, que fuerat ex eodem patrimonio, monachis supradictis VIII libras vendidit. Emptor autem domus hujus pro parte monachorum Aalardus Rufus ([2]) extitit.

([1]) L'hôtel de Tiron (dit plus tard *du Court-Bâton*), siège de la seigneurie de l'abbaye de Tiron dans la ville de Chartres, était situé en la rue actuelle du Bois-Merrain, en face la rue dite aujourd'hui rue Marceau (anciennement du Chapelet ou au Beurre). Le quartier était désigné sous le nom de quartier de la *Croix-aux-Moines-de-Tiron*. Il existait en effet devant l'hôtel des religieux une fort belle croix en pierre, qui est encore aujourd'hui conservée dans le jardin d'un hôtel de la rue Sainte-Même. Est-ce à cette croix qu'il faut attribuer la dénomination ancienne de la rue (Rue de la Croix-aux-Moines, 1381) et du quartier, ou ne peut-on pas la faire remonter plutôt au donateur même, *Dodo de Cruce*, mentionné dans notre charte ? — En 1587, Philippe Desportes, abbé de Tiron, vendit à Philippe Trochon, procureur au bailliage de Chartres, moyennant 1,000 livres, « la maison du Courbaston, appartenances et dépendances d'icelle, » joignant par le devant au pavé du Roy qui est la rue tendant de la Croix de Tiron en » la place des Halles, d'aultre par derrière à la rue aulx Asnes appellée le Petit-Change, » d'aultre part aux hoirs et ayant cause de feu Pierre Lapoustoire. »

([2]) La famille le Roux était une des plus importantes parmi la bourgeoisie chartraine. En 1101, Albert le Roux est témoin d'un accord fait entre le comte Henri-Etienne et l'évêque de Chartres pour l'immunité de la maison épiscopale à la mort de l'évêque.

Et sciendum quod, in diebus donni Glavini monachi Hierosolimitani, Aalardus ipse denarios venditori tradidit. Facta est autem hujus venditionis firmitas in domo Dodonis, in qua etiam, vino vendentibus et ementibus dato, statuta sunt munera concessionis, et quinque filiis Dodonis, et duabus filiabus Godefredi, et quinque infantibus Odonis, sororibus etiam et filiis earum statuta sunt pro eodem munera que postea Aalardus emptor pro monachis distribuit. Omnes igitur generis et familie venditorum sese constituerunt fidejussores hujus rei, et ante Ansoldum, filium Godeschalis (¹), et Stephanum Rogerii (²), Alcherium Aalonis, Hugo Tronellus et Fulcaldus, filius ejus, testes adfuerunt, et Ranulfus faber et filius ejus Burgevinus, et Hubertus Asinarius, et Guillelmus, famulus Alcherii, et Radulfus pistor, et Rogerius pistor, et Dagobertus Aculearius et filii ejus, et Gosbertus serrarius, et Stephanus cordarius (³), et Flaaldus de Valia (⁴), et Robertus *Gaifol*. »

(*Cart. de Tiron*, f° 12 v°.)

En 1128, Adelard le Roux, dont le fils Herman prit l'habit monastique dans l'abbaye de Saint-Père de Chartres, est témoin de la donation de l'église de Saint-Martin-au-Val faite à l'abbaye de Marmoutier par le comte Thibaut. Hubert le Roux, fils d'Adelard, était prévôt de Chartres en 1138. (Voir la note de la charte CXXXII.) D'après cette note, on peut voir qu'Albert le Roux était le beau-père de Roger, prévôt de Chartres, et ce fut sans doute du chef de sa mère qu'Adelard prit le surnom de *le Roux*.

(¹) Godescal de Champhol et Milesende, sa femme, étaient serviteurs des seigneurs de Lèves. Ceux-ci les donnèrent à l'abbaye de Saint-Père, en 1107, avec tous leurs enfants. Anseau, le fils de Godescal, semble être devenu moine de Tiron ; mais il était en même temps un des familiers de l'abbaye de Saint-Père. En effet, à la mort du vidame Hugues II en 1110, enseveli honorablement en l'abbaye de Saint-Père, Miles de Lèves, par reconnaissance, confirma le don de ses frères, *in manu Ansoldi, filii Godeschaldi*.

(²) Etienne, fils de Roger, est le même que Etienne, prévôt de la comtesse Adèle à Chartres (voir la note de la charte CXXXII).

(³) Raoul, boulanger, et Etienne, cordier, sont deux des six serviteurs donnés par le comte Thibaut à l'abbaye en 1121 (voir charte XLV).

(⁴) *Floaldus de Valeia* confirme vers 1129 la vente d'un étal dans le cloître de Notre-Dame de Chartres faite à l'abbaye de Saint-Père par son parent, Gautier, fils de Hubert le maçon.

CXXVII.

Fondation du prieuré d'Oisème.

« De Oysesmo. »

(1130 circa.)

« Notum sit omnibus fidelibus quod Ansoldus, Godescalchi filius (¹), pro anime sue et parentum suorum salute, dedit Deo Salvatori et monachis *de Tyrum* semetipsum cum suis omnibus que habebat vel adquisiturus erat apud Oysesmum, videlicet in terris, in pratis, in vineis, in edificiis et in cunctis universaliter que tunc temporis possidebat ibi vel alibi, vel adquirendo possessurus erat. Hoc autem concesserunt domina Hermentrudis et filii ejus Gauterius, Drogo, Robertus, et Ivo nepos ejus, de quorum erat feodo. Hujus rei sunt testes : Gaufridus legisdoctus (²) et Robertus frater ejus, Raginaudus de Spieriis, Aubertus Infans, Hugo *de Freez*, Mauricius Bugerellus, Guillelmus de Porcheria, Halo, Hugo filius Gisbaudi, Radulfus famulus Ansoldi, Hylarius Joculator, Bernerius filius Engelardi, Johannes capicerius Sancte-

---

(¹) Voir la note 1 de la page précédente.

(²) Plusieurs des personnages qui figurent ici comme témoins faisaient partie de la Cour et du Conseil du comte de Chartres. Une charte de 1114 nous fait connaître la composition de ce Conseil. En 1114, le comte Thibaut étant en guerre avec le roi de France, Salomon le pannetier, qui était alors prévôt de Châteaudun, somma les moines de Marmoutier, de la part du comte, d'avoir à envoyer leurs hommes de Chamars devant le château du Puiset pour servir de gardes à Thibaut, *ad custodiendam corpus comitis*. Les religieux refusèrent d'obéir à cet ordre : à son retour de la guerre, Salomon prescrivit aux religieux d'envoyer leurs hommes au palais du comte pour avoir à rendre compte de leur infraction à ses ordres. Nouveau refus des religieux : Salomon fit saisir dix des hommes de Chamars et les envoya au comte pour obtenir d'eux satisfaction. Les religieux en appelèrent à Thibaut, prétendant que l'aleu de Chamars leur avait été donné libre de toute redevance. Le comte alors convoqua son conseil, *accepit consilium cum familiaribus suis, cum Alberto videlicet Infante et cum Salomone preposito et cum Fromundo cellerario, convocavitque ad consilium secum optimates suos, Radulfum videlicet de Balgentiaco, et Gaufredum vicecomitem, Guillelmum Goetum juvenem, et Nivelonem de Fractavalle, et Raimbaldum Cratonem, Reginaldum de Spieriis, Gaufridum legisdoctum, Rotbertum fratrem ejus et plures alios.*

Marie; Herveius canonicus. Itaque ut de toto ad partes veniatur, predictus Ansoldus prenominato loco dedit totam illam terram censivam, de qua censum reddebat Girardo filio *Avesgoth*, III scilicet solidos et dimidium.

» Non post multum temporis, predictus Ansoldus accommodavit Guillelmo, Tyronensi abbati, xx duas libras carnotensium, de quibus Tyronenses monachi emerunt quandam carrucatam terre a Gauterio lignario et uxore sua Rama, et filiis ejusdem uxoris, Garino et sorore ejus *Ysabel*, quos habuit de Roberto primo viro suo, necnon et illis quos habuit de Gauterio, Johanne, Roberto, Maria, sine ulla retentione quam ibi retinuissent hi qui vendiderunt. Et quia territorium unde carrucata ista erat duas carrucatas terre ita communes habebat quod ab invicem non poterant separari, postquam unam, sicut dictum est, emerunt, aliam ad censum de Hugone de Praella acceperunt; de qua illi Hugoni, singulis annis, pro censu x et VIII solidos reddunt. Isti sunt testes vendite carrucate: Teobaudus *Charum*, Guillelmus filius Ligerii, *Barbous* (¹), Gosfredus monetarius. Horum enim consilio precepit comes Teobaudus ut fieret coentio et vinearum commutatio, quas proinde filii uxoris Gauterii quos de Roberto habuit retinuerunt sibi pro terra que de illorum patrimonio [erat]. Pro terra itaque in commutatione duo arpenta vinearum dedit eis predictus Gauterius, arpentum scilicet de Falarvilla et arpentum de Stulcia. Cum supradictis vero testes sunt: Ansoldus teleonarius, Lambertus vigerius, Goitus, Stephanus, Hildearius, Meinardus de Campo-Follo (²) et fratres ejus, Girardus et

(¹) Le même personnage, appelé *Barbous de Sancto-Petro*, est témoin de la donation de l'église de Saint-Martin-au-Val faite à l'abbaye de Marmoutier en 1128 par le comte Thibaut : Barbou était en effet familier de l'abbaye de Saint-Père (*Cart. de Saint-Père*, p. 280 et 294). — Ce nom de Barbou, nom de baptême dans le principe, devint le nom de famille des descendants du personnage qui nous occupe. Les Barbous jouèrent un certain rôle à Chartres pendant les XIII° et XIV° siècles; nous citerons entre autres Renaud Barbou, familier de Philippe le Bel et fondateur de l'hôpital des Aveugles de Chartres. Un des faubourgs de la ville, situé dans la censive de l'abbaye de Saint-Père, s'appelait, au XII° siècle, le faubourg de Barbou; c'est aujourd'hui, par corruption, le *faubourg des Bas-Bourgs*.

(²) Mainard était maire de Champhol pour l'abbaye de Saint-Père. Sa fille, Odeline, était servante de Goslein, seigneur de Lèves, et celui-ci la donna, vers 1115, à l'abbaye de Saint-Père.

Robertus, Ricardus *Muschet*, Robertus Via, Albertus Bibens-Sanitatem.

» Notandum est etiam Gauterium, filium Teobaudi, pro anime sue salute et antecessorum suorum, dedisse dimidiam vicariam monachis, quam habebat apud Oysesmum, concedente Herveo de Galardone, domino suo. His interfuerunt : Guillelmus filius Teobaudi, Guillelmus de Unvillerio, Holdoerius de Truncherio, Mainardus, Robertus, Girardus, Rogerius, Herveius.

» Illud etiam scripto tradendum est quod Gaufridus Brito et uxor sua et Galerannus frater Gaufridi dederunt et concesserunt monachis *de Tyrum* totam suam vicariam quam habebant in loco Oysesmi. Huic rei interfuerunt : Rainaudus de Bercheriis, Rualenus sacerdos Sancti-Andree, Richerius archidiaconus, Aubertus *de Met*, Paganus dapifer Galeranni, Mainardus de Campo-Follo et Girardus frater ejus.

» Hoc vero postea concessit Philippus, predictorum Gaufridi et uxoris sue filius, apud Oysesmum, ponentes tam ipse quam pater et mater ejus atque avunculus cutellum super altare ecclesie ejusdem loci, in signo concessionis. Unde sunt testes : Ansoldus filius Godeschalci, Gauterius de Gaivilla, Guillelmus de Oysesmo et filii ejus Garinus et Milo, Robertus de Campo-Follo, Paganus cliens Ansoldi *Godeschal*. Ipsi vero predicti hujus rei datores in martirologio nostro scribentur, audito uniuscujusque obitu.

» Cunctis iterum notificetur quod, prece et petitione Guillelmi, Tyronensis abbatis, Ursio de Fractavalle et filii ejus Nivelo et Amelinus concesserunt Deo et monachis *de Tyrum* quicquid Ansoldus *Godeschal* vel quilibet alter dederat eis de feodo suo apud Oysesmum, et Paganus similiter de Frouvilla, et Robertus filius ejus concesserunt eis quicquid ibidem datum eis fuerat de feodo suo : dicebant enim ibi se habere feodum. De utraque parte testes sunt : Paganus de Frovilla et Robertus filius ejus, Teodericus *de Boschet*, Almauricus de Firmitate, Brito de Sancto-Carilelpho (¹), Paganus *de Vilers*, Paganus de Loesvilla.

» Neminem iterum lateat quod Gauterius, Heldrerii filius, dedit monachis sepedictis apud Oysesmum duo arpenta terre, pro anime sue parentumque suorum remedio, retentis sibi dumtaxat viii nummis de

---

(¹) Silvestre de Saint-Calais est cité parmi les guerriers qui se distinguèrent en Espagne à la suite du comte Rotrou, en 1118.

censu ejusdem terre, ad festum sancti Remigii. Hoc vero concesserunt uxor Tescia et filii Aimerici Christianus, Goffredus, et filie ipsius Gauterii, Hersendis, Raminardis. Hujus rei sunt testes : Robertus sacerdos de Campo-Follo, Mainardus, Robertus et Giraudus fratres, Hilderius filius predicti Meinardi, Osbertus, Lambertus, Guillelmus, Garinus, Milotus filii ejus, Hilduinus, Aimericus, Galo, nepotes Hilduini.

» Scribere etiam curavimus quod Paganus Calvus-Mus, uxore sua et filio suo Herveio concedentibus, dedit Sancte-Marie-Magdelene de Oysesmo agripennum terre quem Ansoldus tenebat de illo, pro anime sue suorumque amicorum salute, et per unum cultellum posuit super altare ejusdem ecclesie donum. Inde sunt testes : Mainardus de Campo-Follo, Guillelmus closarius et Garinus filius ejus, Germundus, Martinus, Engerrandus de Gaesvilla, Radulfus de Sancto-Prisco. »

(*Cart. de Tiron,* f° 16 r°.)

CXXVIII.

Vente à l'abbaye d'une terre à Villandon.

« De Radulfo et Gilleberto. »

(1130 circa.)

« Quoniam primi hominis lapsu brevi constat humana natura et ad veritatem pervertendam falsitatemque astruendam cupiditate est prona, memorie futurorum tradere disponimus ut sint rata, videlicet quod Radulfus et Gislebertus de Umbleriis vendiderunt monachis Sancti-Salvatoris *de Tyron* quandam terram quam apud *Vilandon* habebant, concedente Rogerio Chanardo, de cujus feodo erat ipsa terra. Item supradictus Radulfus de Humbleriis et frater ejus Gislebertus scilicet, et Gauterius, et Horricus, et Rogerius vendiderunt eisdem jamdictis monachis omnem fiscum quem jure hereditario apud *Vilandum* possidebant. Perceperunt autem singuli ex venditione hac x^{cem} solidos. Concesserunt quippe supradictum et hoc negotium uxores et filii et filie et nepotes quinque predictorum fratrum : uxor autem et filii et filie supradicti Gisleberti sunt isti : Hersendis, Raginaudus, Gaufridus, Robertus et

Erenburgis et Hildeardis ; uxor vero et filii et filie supradicti
Radulfi sunt isti : Aales, et Ursonius, et Johannes, et Agnes ; uxor
quoque et filii et filie jamdicti Gauterii sunt isti : Odelina, et Raginaldus, Teobaudus, Richerius, Erenburgis et Angardis ; uxor vero predicti
Horrici vocatur Froburgis, et filii Hilduinus et Guillelmus ; uxor autem
supradicti Rogerii vocatur Maria. Guiardus vero et Odo quinque predictorum fratrum sunt nepotes. Isti omnes jamdicti viva voce concesserunt commercia supradicta. Testes autem istorum sunt : Herbertus,
presbiter de Donamarie, et Gauterius, presbiter de Ermenovilla, et Ansoldus fultrerius, et Radulfus Pifannus, et Osbernus de Ceresvilla, et
Gauterius de Carmeio, et Geroius filius ejus, et Fulcoius de Lonvillerio, et Odo de Bercheriis, et Teobaudus *de Ramalat*, et Herveius de
Normannia, et Guillelmus de Sancto-Mauricio, et Raginaudus filius
Hugonis de Porta-Morardi (¹). »

(*Cart. de Tiron*, f° 17 v°.)

CXXVIII.

Don de trois arpents de terre à Villandon.

« De Guidone de Ulmeto. »

(1130 circa.)

« Ne posteritatem lateat, stili officio, memorie commendamus quatinus Guido de Ulmeto et mater sua Maria, pro animarum suarum
remedio, tres agripennos terrę que erat apud *Vilandum* Tyronensibus
monachis tribuerunt. Deinde autem Odo *Craton* (²), hinc ut cognatus

---

(¹) La famille de la Porte-Morard, qui tirait évidemment son surnom de la proximité de son habitation avec la porte de la ville de Chartres ainsi appelée, semble avoir possédé de nombreux domaines à Chartres et aux environs, au XII siècle. Ives de la Porte-Morard est un des plus généreux bienfaiteurs de l'abbaye de Saint-Père.

(²) Eudes Craton, avec ses frères Geoffroy, Raimbauld et Asthon, et ses sœurs Mabile et Odeline, assiste comme témoin à une transaction conclue en 1107 entre sa mère Radegonde et les moines de Chamars à Châteaudun : voici à quelle occasion. Raimbaud Craton avait acheté à Chamars une maison de pierre et une place à côté : les

patrimonium, et hinc ut dominus feodum suum, eis calumpniatus est. Robertus, tunc temporis Villandonensis domus Tyronensium prior existens, nolens malivolentiam et inquietationem supradicte persone habere, xx solidos et verrem pro concessu tribuit. Quare ille, hoc concessu habito, matrem suam *Helvis*, et uxorem suam *Beatrit*, et filium suum Goslenum, et filias suas *Hermengart* et *Hudeart*, quod concesserat concedere fecit. Hoc factum est Ludovico rege Gallie existente et Gaufrido Carnotensis ecclesie presule. Hoc isti testantur : Martinus et Harpinus pelletarius, et Stephanus salnerius. † Signum Odonis. † Signum matris sue *Helvis*. † Signum uxoris sue *Beatrit*. † Signum Gosleni filii sui. † Signum filiarum suarum *Hermengart* et *Hildeart*. »

(*Cart. de Tiron*, f° 19 r°.)

CXXIX.

Concession d'une terre à Prunay.

« De terra Pruneii. »

(1130 circa.)

« Scriptum est hic ne oblivisceretur quod Rainaudus, filius Harduini de Andovilla, quamdam terram quam dicebat fuisse suorum parentum in parochia Pruneii, quam dederat Ivo de Curvavilla monachis *de Tyron*, eisdem monachis, pro salute anime sue suorumque parentum, et pro uno caballo concessit et concedere fecit in eternum matri sue Aelai et fratri Berardo, et sororibus suis Tescie et Aelai et Raingardi, et nepotibus suis et neptis, scilicet Odone, Gaufredo, Radulfo,

---

moines de Marmoutier réclamèrent le droit de vente sur ladite maison ; Raimbaud, ne voulant pas payer le droit, fit construire une maison en bois sur la place qu'il avait achetée. Mais il mourut avant d'avoir payé ce qu'il devait à son vendeur ; celui-ci réclama ce qui lui était dû à Radegonde, veuve de Raimbaud Craton, qui s'était remariée. Radegonde ne pouvant payer, et le vendeur refusant de lui accorder aucun délai, *cum nolebat ei terminum dare*, elle fit enlever la maison et la transporta sur un autre terrain, *de platea domum eradicavit et ad catenam eam portare fecit in propria terra sua*. Le vendeur et les moines, ainsi déboutés de leurs prétentions, accordèrent main-levée à Radegonde.

Ernulfo, Ricardo, Hildeardi, *Hersent*, Hameline, Odeline, Tesce, *Ermensent*. Testibus : Johanne, sacerdote de Pruneio, et Gauterio Berbione et Bernerio suo filio, Garino Ocioso, et Odone et Bernardo suo nepote, Haldrico fratre Bernardi, Guillermo de Croceio, Jereio de Haimunvilla, Gunterio, Ascelino et Radulfo fratre suo, Odone, Custantio, Teobaudo, Bernardo, Radulfo filio Gaudini, Radulfo, Rainerio, Gauterio filio Radulfi, Bernerio, Rainardo. Factum est hoc regnante Lodovico rege Francorum, et Teobaudo, consule Carnotensium, et Gaufredo de Leugis, episcopo Carnotensium, tempore quoque domni Guillelmi, abbatis *de Tyrum*. »

(*Cart. de Tiron*, f° 20 v°.)

CXXX.

Accord entre l'abbaye de Saint-Père et celle de Tiron pour la terre de Bois-Ruffin.

« Concordia inter monachos Sancti-Petri et Tyronenses, de Meleriis. »

(1130 circa.)

« Ego Gaufridus, Dei gratia, Carnotensis episcopus, notum fieri volo tam futuris quam presentibus quomodo terminata sit, in presentia nostra nostrarumque personarum, Gauterii scilicet archidiaconi, donnique Hugonis de Leugis ([1]), donnique Hugonis nepotis decani ([2]), con-

---

([1]) Hugues de Lèves était de la même famille que l'évêque Geoffroy. Dans une charte de l'abbaye de Saint-Père, il est ainsi désigné : *Hugo, filius Aimerici, prepositus Sancte-Marie, propinquus Gosleni de Leugis.* Nous l'avons vu en effet figurer comme prévôt, en même temps que Hugues de la Ferté (*Hugo, nepos decani*), dans la charte de fondation de l'abbaye de Tiron. Il semble avoir occupé pendant quelque temps la charge de sous-doyen de l'église de Chartres, et il devint dans la suite archidiacre de Blois.

([2]) Hugues, neveu du doyen, est le même que nous avons vu figurer comme prévôt dans la charte de fondation de l'abbaye de Tiron : il était le neveu du doyen Arnaud, et fit, avec son oncle, une vive opposition à l'évêque Ives de Chartres dans l'exercice de ses droits épiscopaux (*Lettres d'Ives de Chartres*, passim). Après la mort d'Arnaud, Hugues lui succéda dans le décanat. Le *Gallia Christiana* ne parle pas de ce doyen;

cessu Udonis abbatis Carnotensis (¹) et Guillelmi abbatis Tyronensis, controversia quedam que erat inter monachos Sancti-Petri Carnoti et monachos Tyronenses de terra de Bosco-Rufini (²). Decretum est enim et ab utraque parte concessum quod idem monachi Tyronenses habeant quatuor ibidem terre carrucatas circumcirca domum *de Mereleth* ex unaquaque parte equaliter et prata que intra eandem terram continentur. Decimas vero ejusdem terre, quoniam sita est eadem terra in parrochia Sancti-Leobini *de Arro*, monachi Carnotenses habebunt; minutas decimas de propriis animalibus suis Tironenses sibi retinebunt. Si vero monachi Tyronis ibi habeant famulos aut famulas sua ibidem habentes animalia, monachorum Sancti-Petri erit ipsorum animalium decima. Conjugati etiam famuli Tyronensium ecclesie Sancti-Leobini *de Arrou* que Sancti-Petri Carnoti est, parrochiani erunt; ceteri vero ibunt quo voluerint. Iterum si in eadem terra Tironenses monachi medietarios duos habuerint, ipsi medietarii de communibus animalibus dimidiam partem decime reddent monachis Sancti-Petri, reliquam Tyronensibus monachis. Si vero ipsi medietarii propria animalia ibidem habuerint, de illis totam decimam dabunt Sancti-Petri monachis. Bosco autem predicto utentur idem Tironenses preter defensa, scilicet haias et plessicia, ad calefaciendum, ad edificia construenda prefate mansionis, ad pastum sine pasnagio porcorum suorum et propriorum animalium. Testes ex parte monachorum Sancti-Petri : Moyses monacus, Robertus de Braiolo, Rogerius de Boesvilla, Thomas de Burseriis, Gaufridus *de*

---

mais on lit, dans une lettre de Geoffroy, abbé de Vendôme, à l'évêque Geoffroy de Lèves (lib. II, ep. 30) : « *Per Hugonem decanum vestrum mihi mandastis.* » Il devint dans la suite archevêque de Tours. — Hugues et Arnaud appartenaient à la famille de la Ferté ; c'est ce que témoigne une charte donnée par l'évêque Geoffroy à l'abbaye de Saint-Père, charte dans laquelle Hugues, prévôt de Notre-Dame, est désigné comme le frère de Guillaume de la Ferté : « *Rogaverunt me Willelmus de Firmitate et frater ejus Hugo, prepositus ecclesie nostre.* » Cette charte fut passée « *in camera Ernaldi, avunculi dicti Willelmi, decani nostri.* »

(¹) Udon, abbé de Saint-Père-en-Vallée, succéda à Guillaume vers 1130. Il mourut le 6 septembre 1150.

(²) Ursion de Fréteval avait donné vers 1120 à l'abbaye de Saint-Père la terre de Bois-Ruffin avec le bois qui en dépendait, à l'exception de deux charruées de terre que Jérémie de l'Ile avait précédemment données à l'abbaye de Thiron, avec six arpents de bois.

Arro (¹), Gaufridus famulus; ex parte vero Tironensium: Goslinus episcopus Suessionis (²), Gauterius archidiaconus, Bernardus capicerius, Rainaldus monachus suus, Johannes monachus suus. »

(*Cart. de Tiron*, f° 35 v°.)

CXXXI.

Confirmation d'une terre à Lièvreville.

« De Maria de Levrevilla. »

(1130 circa.)

« Omnibus per orbem fidelibus notum sit quod Maria de Levrevilla, et Hugo filius ejus, et Ansoldus frater Marie concesserunt Deo Salvatori et ecclesie et monachis de Tyronio terram quam eis dederat Gaufridus *Tyrot*, filius predicte Marie, quando eum monachum fecerunt, scilicet duas bovatas terre apud Levrevillam et alias duas bovatas terre, cum eodem vavassore qui illas duas bovatas de eodem Gaufrido tenebat apud predictam villam, qui vocatur Primaudus. Sed et hoc concessit Bardulfus et uxor ejus Helvis, pro qua concessione acceperunt ab eisdem monachis quinquaginta quinque solidos carnotensium. Hec autem facta sunt apud Carnotum, in capella Tyronensium monachorum, in qua predicti omnes concessores super altare ejusdem capelle, in signo concessionis, librum posuerunt. Unde sunt testes hii monachi: Stephanus cellerarius, Gosbertus, Rainaudus Calvus; hi laici: Guillermus de Cella (³),

(¹) Geoffroy d'Arrou avait reçu de Guillaume, abbé de Saint-Père, la mairie de Bois-Buffin : c'est à ce titre qu'il figure comme témoin dans cet accord.

(²) Gosselin de Vierzi, évêque de Soissons, de 1126 au 24 octobre 1152.

(³) Dans une charte de l'évêque Geoffroy en faveur de l'abbaye de Saint-Père vers 1120, Guillaume de la Celle est désigné comme prévôt de Chartres, *urbis prefectus*. Si l'on doit entendre par le préfet de la ville le même que le prévôt, nous ne pensons pas que Guillaume de la Celle ait longtemps possédé cette fonction. Nous savons en effet que Roger était prévôt de Chartres à la fin du XI° et au commencement du XII° siècle. Il eut trois fils: Etienne, qui lui succéda dans la prévôté et que nous rencontrons fréquemment, Anseau et Adelard surnommé le Roux, *Adelardus Rufus*. Ce dernier eut pour fils Hubert le Roux, qui semble avoir succédé presque immédiatement à son oncle Etienne. Voir la note 2 de la charte CXXVI.

Radulfus aurifex (¹), Radulfus faber, Petrus filius ejus (²), Bernerius Truella, Richerius Coconerius, Girardus de Tachelvilla, Stephanus de Burgo, Primaudus, Goslenus Gastellarius, Cotardus nepos Guillelmi de Cella. »

(*Cart. de Tiron*, f° 21 r°.)

CXXXII.

Don d'une terre à Argentelle près le prieuré d'Augerville.

« De Ogervilla. »

(1130 circa.)

« Notum omnibus sit tam futuris quam presentibus fidelibus quod ego Stephanus, capellanus de Puteaco, et fratres mei Teobaudus et Ansoldus atque Milo vendidimus monachis Tyronensibus totam terram alodiorum nostrorum quam habebamus apud Argentelam prope domum monachorum de Ogerivilla (³), tali videlicet pacto quod si de terra illa aliqua calumpnia orta fuerit, predicti monachi integre decimam nostram quam habebamus in terris eorum, videlicet de Ogeriville possidebunt jam donec dicta calumpnia terminetur. Habebamus enim in predicta Ogeriville terra quartam partem decimarum, de qua emptione habui-

---

(¹) *Radulfus aurifex* doit être le même que *Radulfus monetarius* mentionné charte CI.

(²) Nous croyons reconnaître dans ce *Petrus, filius Radulfi fabri*, le *Petrus faber* qui apparaît comme témoin dans plusieurs chartes et qui est indiqué comme frère de Hubertus Sale.

(³) Le prieuré dont il est ici question était certainement situé à Augerville-la-Rivière, aujourd'hui commune du canton de Puiseaux. *Puteacum* doit donc s'entendre pour Puiseaux, et non pas le Puiset, comme on le traduit habituellement. Louis-le-Gros, à la sollicitation de l'évêque Ives de Chartres, avait fondé en 1112 à Puiseaux une abbaye où il avait établi douze chanoines réguliers de l'ordre de Saint-Augustin, mais l'année suivante, 1113, le roi, ayant fondé l'abbaye royale de Saint-Victor-lès-Paris, donna à ce nouveau monastère la ville de Puiseaux, et dès lors l'abbaye de Notre-Dame de Puiseaux devint un simple prieuré dépendant de Saint-Victor. Nous pouvons considérer Étienne, chapelain de Puiseaux, comme le premier possesseur du prieuré.

mus sexaginta solidos in remanentia et sexaginta mutuo, quos in proxima persolvamus festivitate sancti Remigii. Inde sunt testes : Goslenus archidiaconus, Guillelmus Boslenus, Guillelmus de Croceio, Stephanus de Aureliani, Aucherius filius *Aalum*, Petrus faber, Sale, Lambertus cordarius, Gauterius sellarius, Ysenbardus de Auberiis, Mainerius Dagoberti, apud Carnotum, in aula episcopi. Sed et hoc concesserunt apud Ogervillam filii Teobaudi Gillebertus et Robertus atque Haimericus, et filii Ansoldi Garinus et Ernaudus, et Milesendis filia, et filii Milonis Odo et Herbertus atque Stephanus, et Erenburgis et Legardis filie. Unde sunt testes : Guillelmus et Guillelmus Normanni, Garnerius de Ferreria, Amalricus *de Galardum*, Paganus de Pruneio, Goscelinus et David et Britellus, omnes famuli monachorum. Hoc idem apud Carnotum concesserunt hii : Gaufridus, clericus, filius Ansoldi ; Radulfus, filius Envani, nepos noster. Inde sunt testes : Hugo filius Hugonis de Curvavilla, Aubertus de Ulmeto, Guillelmus *de Ceres*, Hubertus *Sale*, Ernulfus famulus. Hujus rei fidejussores sunt : Robertus de Tuvilla et Guillelmus de Croceio atque Stephanus de Aureliani. Sed et de LX^{ta} solidis mutuo acceptis fidejussores sunt predicti fratres Teobaldus et Ansoldus atque Milo, et etiam fide sua firmaverunt quod in proxima festivitate sancti Remigii persolverentur. Unde testes sunt : Gaufridus clericus nepos Bosleni, Garinus *Burdum*, Ernulfus famulus, Hubertus *Sale*. »

(*Cart. de Tiron*, f° 22 v°.)

CXXXIII.

Don d'une terre à la Malaise.

« De Malesees. »

(1130 circa.)

« Notum sit omnibus fidelibus quia Goscelinus *de Mungerviler* et uxor ejus, Alberica nomine, et Guillelmus, filius Guillelmi filii Mascelini, dederunt terram *de Malesees* monachis *de Tyron*, juxta stagnum. Hoc concessit Ysanna filia Alberice, et filia Ysanne nomine Maria, et uxor supradicti Guillelmi Amelina (¹) nomine, et Robertus filius ejus. Necnon et hoc donavit et concessit soror hujus supradicti Guillelmi qui hoc donum fecit, que tunc temporis egrotabat. Sed maritus ejus, postquam ipsa mortua est, calumpniatus est, et exinde quia concessit tria sextaria annone habuit. Hoc autem donum concessit Nivelonus ad cujus feodum pertinet, et quicquid donatum fuerit eis in *Malesees*. »

(*Cart. de Tiron*, f° 6 r°.)

CXXXIV.

Accord entre le vicomte de Châteaudun et le prieuré de Bouche-d'Aigre pour deux moulins sur l'Aigre.

« De molendinis de Risu-Bovis. »

(1130 circa.)

« Noscat universalis ecclesia quod Gaufridus, Castriduni vicecomes, et Tyronenses monachi de Risu-Bovis (²) duo super Ogriam, in terra ipsorum monachorum, nova construxerunt molendina, que deinceps in omnibus per medium inter se haberent communia, in piscibus scilicet, in farina, in ponendo molendinario, in annona et in reditibus universaliter omnium que lucratum fuerit molendinum, et sicut illa debent habere communia, sic pariter invenire debent quecumque molendinorum usibus erunt necessaria, excepto quod vicecomes solus, sine monachis, debet invenire merramentum quotiens molendina renovanda erunt, vel aliquid in eis de ligno reparandum. Nec illud silendum est

---

(¹) Ameline était la fille d'Adèle Filoche qui, après avoir épousé Gautier Payen, se remaria à Robert de Blainville.

(²) Le prieuré de Ribœuf est assurément le même qui fut plus tard désigné sous la dénomination de prieuré de Bouche-d'Aigre. — Un de nos confrères, M. Gillard, possède la matrice du sceau de ce prieuré au XIIIe siècle. Ce sceau ovale représente dans le champ saint Jean et saint Paul, patrons du prieuré, et porte en exergue : ✠ S . CONVENTUS . DE . BUCA . UGRIE.

quod vicecomes totam terrę suę moltam (¹) quam illis partibus noscitur habere, seu quacumque causa poterit acquirere, ad predicta molendina faciet venire, et predicti monachi suam propriam habebunt. »

(*Cart. de Tiron*, f° 23 r°.)

CXXXV.

Constitution de dot par Étienne Payen à sa fille Adélaïde.

« De Neronio. »

(1130 circa.)

« Notum sit omnibus hominibus tam futuris quam presentibus quod Stephanus cognomine Paganus, cum filia sua, dimidium hereditatis suę atque conjugis in legali conjugio attribuisse fertur Roberto, filio Ascelini Pagani : reliquam vero partem sibi remanentem potest vendere vel in vadimonio mittere, vel pro anima sua atque parentum suorum, sine calumpnia eorum, alicui ęcclesię dare ; post decessum autem Stephani Pagani, si uxor ejus Roscha post eum vixerit, tali modo potest facere. Hujus rei vero Robertus et uxor ejus Adelais fidem suam coram Deo et sacerdote atque populo promiserunt calumpniam sibi non inferre, sed si retinere potuerint filium atque filiam suam non exheredet. Robertus quidem terram Panis-Cocti cum centum solidis dedit ei sub nomine dotis, fueruntque fidejussores, ex parte Roberti : Robertus *Cholet*, Petrus Brito, Villana, Avelina, Haois, *Otran*, *Sothan*, Guido, Paganus, Gosbertus, Hugo *de Chalet*, Fulcaudus, Gauterius, Gunterius, Pucardus *de Chancei*, Petrus de Luriaco ; ex parte vero Pagani : *Galeran de Mestenon*, Teodericus, Hubertus, Ogerius, Gervasius major, Albericus,

---

(¹) La *moute* était le droit qu'on payait au seigneur pour faire moudre son grain au moulin banal ; ce droit pesait sur les personnes ou les habitations, on l'appelait *moute mouillée*, par opposition à une autre moute dite *moute sèche* qui se percevait sur les terres labourées. Tout le blé récolté dans l'étendue de la seigneurie devant être moulu au moulin banal, si, avant d'être transformé en farine, ce blé était exporté hors du ban, il n'en devait pas moins le droit de moute au propriétaire du moulin, et c'est ce qu'on appelait la *moute sèche*. Il y avait aussi la *moute cherchée* et la *moute non cherchée*. (*Cart. de N.-D. de Chartres*, t. II, p. 336, 344, 354, et prolég., p. ccxi.)

Giraudus, Tebaudus, Constantius, Richardus *Morin*, Martinus, *Fore*, Landricus, *Guerri*, Rogerius, Brunellus, Roscha, Ligardis, Adelais, Avelina, Odelina, Alberga. »

(*Cart. de Tiron*, f° 38 v°.)

CXXXVI.

Don au prieuré des Châtaigniers d'une dîme à Soizé.

(1130 circa.)

« Omnibus fidelibus futuris et presentibus notum esse volumus quatinus Hugo de Barra duas partes decime suę terre *de Soise*, in manu Gaufridi, venerabilis episcopi Carnotensis, dimisit; episcopus vero monachis *de Tiron* in loco Castaneorum ([1]) Deo famulantibus donavit atque concessit. Testes hujus rei : Odo Potarius, Gauterius de Balio, Haldricus de Claro-Fonte, Girardus Barzillarum. Ego Gaufridus, Carnotensis episcopus, quę in hac certa continentur cuncta concedo et sigilli mei auctoritate corroboro. »

(*Cart. de Tiron*, f° 42 r°.)

CXXXVII.

Exemption par Robert de Leicester de toutes charges pour l'abbaye.

(1130 circa.)

« Robertus, comes Legrecestrie ([2]), omnibus ballivis et ministris suis Normannie, salutem. Clamo quietum abbatem *de Tirum* et omnes mo-

---

([1]) Les bâtiments de l'ancien prieuré des Châtaigniers existent encore en partie : la chapelle a été détruite il y a environ quarante ans.

([2]) Robert II, comte de Leicester, surnommé le Bossu, frère jumeau de Galeran de Meulan, devint seigneur de Breteuil et de Pacy par son mariage avec Amicie, fille de Raoul de Gaël (1121). Le comte Robert se retira vers 1152 dans l'abbaye de Notre-Dame de Leicester qu'il avait fondée en Angleterre, et y mourut en 1167.

nachos ejusdem abbatie, per totam terram meam in Normannia, de omni paagio et de omni consuetudine de suis dominicis rebus, et firmam pacem meam habeant per totam terram meam. Testibus: Ernulfo de Bosco (¹), Adam *de Ros* (²), Alano de Novavilla, Ricardo nepote Anscherii, Radulfo de Novo-Burgo, Roberto *de Charunviler* (³). Apud Nugent-Rotrodi. »

(*Cart. de Tiron*, f° 48 v°.)

CXXXVIII.

Don de deux sous de rente par Guillaume du Fontenil.

« De II^{bus} solidis a Willelmo de Fontinillo datis. »

(1130 circa.)

« In nomine sanctę et individuę Trinitatis, notificamus tam posteris quam presentibus Willermum de Fontenillo (⁴) dedisse monachis de Tironio in elemosinam duos solidos, per singulos annos, in redditum, quos debet reddere Willermus qui dicitur *Aviron*, in die Cineris, pro

(¹) Une charte de Robert de Leicester, confirmative des biens que l'abbaye de Lire avait à Breteuil, est adressée à Arnaud du Bois et autres ses officiers en Normandie. Arnaud du Bois était en effet sénéchal du comte de Breteuil et en même temps gouverneur de Lire. Il a laissé son nom à la commune du Bois-Arnaud.

(²) Adam de Ros était le neveu de Guillaume de Ros, clerc de Bayeux, célèbre par ses richesses et qui jouissait d'une triple dignité dans cette église, où il était à la fois chantre, doyen et archidiacre. Guillaume de Ros fut abbé de Fécamp de 1079 à 1108.

(³) Guillaume de Chéronvilliers fit vers 1130 une donation assez considérable au prieuré de la Chaise-Dieu. Il avait pour fils Roger et Robert.

(⁴) Guillaume du Fontenil, Dreux de Rai, Isnard d'Ecubley sont cités parmi les feudataires que Richer de l'Aigle appela à son aide lorsque Henri Ier, le roi d'Angleterre, vint mettre le siège devant l'Aigle en 1118. — Les terres de ces anciens seigneurs portent encore les mêmes noms; mais des trois demeures seigneuriales, il n'existe plus aujourd'hui que le château du Fontenil qui a été rebâti dans le style de la Renaissance. A la place de celui de Rai est une ferme, et il ne reste d'Ecubley qu'un petit hameau de deux ou trois maisons qui ont conservé ce nom et près desquelles on aperçoit les traces des anciens fossés du château.

feodo quem tenet de eo jure hereditario. Insinuamus etiam Richerium, de Aquila dominum (¹), hoc munus concessisse et Beatricem uxorem suam. Hujus muneris testes sunt : Willermus de Glotis qui tunc capellanus (²), et Hugo de Crusladio qui tunc dapifer, Ansquetillus de Reio, Drogo de Reio, Simon de Crusladio, Willermus de Escaufo, Ricardus de Fontenillo, Robertus de Monte-Corlen, Hugo filius Henduini, Robertus *Brichet*, Erardus Curleius, Nicholaus de Saprio.

» Notum sit etiam omnibus illum Villermum quem dicimus *Avirum*, per unumquemque annum, red[dere] Willermo de Fontenillo, pro illo feodo VII solidos, de quibus sunt isti [duo] solidi, quos debet reddere Willermus *Avirum* et ejus successor vel heres monachis de Tironio. »

(*Orig. en parchem. — Cart. de Tiron,* f° 50 r°.)

CXXXIX.

Don de huit ambres de sel et d'un serviteur par Guillaume de Glanville.

(1130 circa.)

« Sciant presentes et futuri quod ego Guillelmus de Glanvilla dedi ecclesię Sancti-Salvatoris *de Tiron* VIII ambras salis (³) in elemosina, de decima mea. Insuper vero dedi eidem ecclesię quendam hominem nomine Leotoldum, cum omni teneura sua, cum omni servicio suo, scilicet VI ambras salis, pro remedio et salute animę meę et uxoris meę et

(¹) Richer était le fils de Gilbert, baron de l'Aigle, et de Julienne, sœur du comte Rotrou. Il succéda à son père vers 1118. Successivement allié du roi de France, puis du roi d'Angleterre, il eut une vie fort agitée et vit plusieurs fois brûler les villes de ses domaines. Il partit pour la Terre-Sainte avec Louis VII en 1147, et mourut vers 1160.

(²) Cette charte est postérieure à l'année 1125. Dans le titre de fondation du prieuré de Notre-Dame-du-Désert par Robert II, comte de Leicester, en 1125, nous voyons figurer parmi les témoins Joscelin, chapelain de l'Aigle, et Guillaume de Gloth qui n'est encore mentionné que comme simple clerc.

(³) L'ambre était la mesure le plus généralement employée pour le sel. En 1053, le duc Guillaume donne au monastère de Saint-Julien de Tours, *salinas duas et dimidiam reddentes* xv *ambras salis*.

omnium natorum meorum et antecessorum meorum, et idem Leotoldus dat dimidiam ambram, et Rogerius *Aleger* dimidiam ambram, Herbertus *Renegarth* unam ambram. Hunc autem predictum Leotoldum do ego, cum omni servicio quod faciebat michi et cum omni consuetudine et libere, ut congreget salem, sicut predixi, ut fratres inveniant promptum cum venerint vel miserint pro eo, et ut serviat fratribus ejusdem ecclesię de quocumque mihi serviebat. Hoc autem dedi, concessu et teste filiorum meorum, Bartholomei et Anselmi, et Basilie uxoris meę, et his testibus: Richardo capellano comitis Mauritonii ([1]), et Alano capellano meo, Gilleberto presbitero, Stephano, Gilleberto *de Baliol*, Gilleberto filio *Rainald*, Richardo *de Cunnioles*, Willelmo *de Vilers*, Guidone filio Rainaudi, Nigello, Hugone *Gernun*, Rogerio *Alaher*, Willelmo *Mansel*; Willelmo *de Grant-Campt*, Leotoldo, Herberto *Renegarth*, Roberto filio Guillelmi. »

(*Cart. de Tiron*, f° 53 r°.)

CXL.

Don de la moitié d'une maison à Mortagne par Guillaume le maçon.

« De domo Mauritanie. »

(1130 circa.)

« Notum sit omnibus hominibus quod Guillelmus cementarius de Mauritania et Hersendis uxor ejus venerabilis, in conversione sua, monachi enim Tironensis ecclesię fuerunt, Deo et predictę ecclesię monachis dimidiam domum suam dederunt, alteram vero domus medietatem cuidam nepoti suo, Rainerio nomine, dono reliquerunt, partem vero suam de monachis tenendam et monachorum partem habere in custodiam per totam vitam suam et heredum suorum successionem quamdiu bene se suosque rexerint. Quod si predicto Rainerio suam

---

[1] Le comte de Mortain était Etienne, fils du comte de Chartres Henri-Etienne. On sait qu'il devint roi d'Angleterre en 1136, à la mort de Henri Ier.

partem monachis placuerit vendere, quia aliis non poterit expendere, centum tantum solidos permissum est ei ab eisdem accipere posse, vel si sine herede morti decubuerit, apud Tironium inhumabitur et illi ęcclesię suam partem largietur. »

(*Cart. de Tiron*, f° 57 v°.)

CXLI.

Accord entre le prieuré de Croixval et Girard, doyen de Ternay, pour une terre à Ternay.

« De Cruce-Vallis. »

(1130 circa.)

« Noscat universalis ecclesia quod Tironenses monachi de Crucis-Valle quamdam terram a Pagano Olere emere cupientes, pacifice non valebant adimplere, pro Girardo decano qui eandem terram sibi festinabat emere. Quapropter idem monachi illum Girardum ad emptionem faciendam secum collegerunt, tali condicione ut post ipsius Girardi obitum terra illa ad monachos reverteretur, et ipsi monachi sepedicto Girardo octo libras redderent, nisi eis quas de suo pro emptione jamdicta expenderat dimitteret. Et sciendum est quod hujusmodi negotium ideo cum Girardo decano fecerunt monachi ut ejusdem fortitudinem et auxilium haberent et amodo amici familiares inter se existerent. Hoc igitur ut magis maneret firmum, coram Guidone Turpino (¹) de cujus feodo erat, sollempniter est confirmatum. Horum omnium que superius leguntur testes sunt : predictus Guido Turpinus, Paganus de Fretavalle, Hugo de Monte-Aureo (²), et Gauffredus frater ejus, Ma-

---

(¹) Ce Gui Turpin appartenait certainement à la famille Turpin, de Touraine, dont descendent les Turpin-Crissé. Un des membres de cette maison, Guillaume Turpin, se distingua tellement à la bataille de Bouvines que Philippe Auguste, en récompense, lui donna cent livres de rente sur les péages de Tours et de Semblançay.

(²) Nous trouverons plus loin Hugues *de Montorio*. Il nous semble cependant que le nom primitif de Montoire devait bien être *Mons-Aureus*. En 1050, dans l'acte de fondation du prieuré de Saint-Hilaire-sur-Yerre par Gannelon, trésorier de Marmoutier, on voit figurer parmi les témoins *Nihardus de Monte-Aureo*, neveu du fondateur. Nihard est le

theus *de Troo* (¹) et Almarricus frater ejus, Gifardus de Alneto, et cirographum quod subsequitur. »

(*Cart. de Tiron*, f° 67 r°.)

CXLII.

Don au prieuré de Saint-Ouen par Gautier de Villemigeon de quatre arpents de terre à Boitron.

« De Tornam. »

(1130 circa.)

« Notificamus quod Gauterius de Villa-Meion et Robertus frater ejus et uxores et sorores donaverunt monachis ecclesiam Sancti-Audoeni colentibus IIII arpenta terre, unum videlicet separatum a tribus apud *Meum-Bertron*, ex quo accipiant in singulari anno VI nummos. Testes sunt : Angerius sacerdos, Adenarius, Gislebertus.

» Donavit iterum Fubertus monachis Tironensibus, pro remedio anime sue et parentum suorum, totam terram quam tenebat ad Foveas, Hugone fratre ejus, et uxore ipsius, et filiis suis, et matre illorum concedentibus. Hac caritate scilicet habuerunt decem sextarios frumenti, et unam capam, et porcum quemdam, et pelles matri, et unum sextarium avene, et unum jugerium sui aratri. His testibus : Angerio sacerdote, Adenario, Stephano carpentario, Tereiaco Salverio, Gisleberto.

» Guido de Villanis condonavit monachis IIII nummos quos debebant ei de uno prato, et sex nummos annuatim eis donavit quos debebat ei Constantius prepositus. Hujus rei sunt testes : Hubertus *Dornine*, Hugo Francus, Richerius metaerius prepositi.

» Petrus Magister condonavit monachis Tironis tres minas avene

---

plus ancien seigneur connu de Montoire : après lui, on voit figurer, dans les chartes des prieurés de Saint-Martin de Lancé et de Notre-Dame de Tuffé, Mathieu et Dreux de Montoire, puis Hamelin de Montoire. Au XIII° siècle, Jean de Montoire, fils de Pierre et d'Agnès de Vendôme, réunit la seigneurie de Montoire au comté de Vendôme.

(¹) Mathieu de Troô, que nous retrouverons plusieurs fois dans ce *Cartulaire*, était le gendre de Gui Turpin, dont il avait épousé la fille Sibille.

quas habebat in pratis Sancti-Petri. Hujus rei sunt testes : Ranerius faber, Odoinus faber. »

(*Cart. de Tiron*, f° 73 r°.)

CXLIII.

Don de deux bovées de terre et de dîmes à Charencey.

(1130 circa.)

« Notum sit omnibus quod Girardus, Fulberti filius, in conversione sua, dedit monachis Sancti-Salvatoris *de Tiron* terram ad duos boves in feodo Carenceii ([1]), et cunctas decimas suas, exceptis de carruca sua quas monachi Sancti-Petri Carnoti habebant, scilicet in frugibus, in lana, in agnis, in porcellis, in nummis et in omnibus omnino rebus quę ecclesia jure exigere debet in decimis. Hoc concesserunt filius ejus Fulbertus et uxor ejus Guita, et Guillelmus et Paganus fratres ejus. Hujus rei testes sunt : Teobaldus presbiter et Lambertus Noa-Drocensium et plures alii. Hujus autem muneris largitio coram Gaufrido, Carnoti episcopo, recongnita et confirmata fuit. »

(*Cart. de Tiron*, f° 74 v°.)

CXLIV.

Don de terres par Baudouin de Villeflix au prieuré du Raincy.

« De Reinse. »

(1130 circa.)

« Sciant omnes sanctę matris ęcclesię filii presentes et futuri per baptismum abluti, per passionem Christi redempti, quod donnus Bal-

---

([1]) Cette donation est la plus ancienne de celles qui servirent à la dotation du prieuré de Saint-Barthélemy du Vieux-Charencey (aujourd'hui Charencey-le-Vieux, commune de Saint-Maurice-les-Charencey). Ce prieuré subsista jusqu'à la Révolution. Il existe aux Archives d'Eure-et-Loir un nombre assez considérable de titres de rentes appartenant aux moines du Vieux-Charencey.

doinus qui cognominatur *de Villa-Fluis* et Mensendis uxor ejus atque filii eorum concesserunt monachis *de Tiron* qui conversantur apud *Reinse* (1) tantum de terra que tunc inculta erat quando ibi advenerunt quantum ad unam carrucatam omni tempore sufficere possit, quam tantum circa eorum edificia accipient. Per omnem boscum ipsius Bauduini accipient monachi omnia que necessaria sibi erunt ; pascua tocius terre et nemoris similiter habebunt. Quod laude atque voluntate domni Baldoini *de Bonel* atque Hersendis uxoris suę factum est, ex quorum feodo movet. Et ut hec carta firma permaneat testes subterposuimus : Sugerus, Savericus, Ivo, Albericus, Hubertus, Deodatus, Ascho frater ejus, Willelmus. »

(*Cart. de Tiron,* f° 76 r°.)

CXLV.

Don par Guillaume de Saint-Cheron du fief de Menchout.

« De loco Brehervalli. »

(1130 circa.)

« Noverit omnium fidelium posteritas quod Guillelmus de Sancto-Carauno (2) dedit omnem feodum quod tenebat de filiis Rogerii *de Limeth*, scilicet feodum quod vocatur de Curtesia et de Mancheiolo, monachis Sanctę-Trinitatis *de Tiron* (3). Filii autem predicti Rogerii, scilicet Laurentius et Gislebertus, retinuerunt sibi duos solidos census pro servicio ejusdem terre quos reddent eis prefati monachi annualiter,

(1) Cette donation de Baudouin de Villeflix servit de dotation au prieuré de Raincy en la paroisse de Livry.

(2) Les membres de la famille de Saint-Cheron figurent souvent dans les chartes du XII° siècle. En 1128, Guérin de Saint-Cheron fut témoin d'un accord entre les chanoines de Saint-Jean-en-Vallée et Thibaut du Valgelé, concernant les droits et les charges des hôtes de l'abbaye de Mantarville.

(3) L'abbaye de Tiron possédait près de Bréval un prieuré, qui fut sans doute fondé à la suite de cette donation de Guillaume de Saint-Cheron. On trouve encore, sur la carte de Cassini, près de Boissy-Mauvoisin, un lieu désigné sous le nom de *Tiron*, et à côté *la Fontaine-aux-Abbés*.

in die scilicet Ascensionis Domini, et tali pacto concesserunt monachis predictam terram in perpetuum possidere. Concesserunt etiam prefati fratres Laurentius et Gislebertus sepedictis monachis omnem decimam ejusdem terre quę de labore propriarum carrucarum exierit. Hec autem facta sunt in turre Brehervalli. Unde sunt testes : Radulfus Crassa-Lingua, Robertus frater ejus, Odo de Sauceio, Guido de Rouris, Gauterius filius ejus, Robertus de Logis, Philippus de Marcilleio, Fulco de Faeio, Guillelmus de Lorreio. Ex parte vero monachorum affuerunt hii : Germundus et Hildoinus filius *Nurse*, Herembertus *Cosinun*, Germundus filius Fulcoini, Hilduinus de Nemore. »

(*Cart. de Tiron*, f° 76 v°.)

CXLVI.

Don par Geoffroy, seigneur de Doué, de la terre de Ferrières.

« De Ferrariis. »

(1130 circa.)

« Notum sit quod Gaufridus, Doeii dominus, quamvis omnino pauper nollet effici, intellexit esse implendum qui, divino spiritu intimante, pro redemptione animę sue suorumque consanguineorum, omnem suam propriam terram Ferrarum ([1]), prout metatus est cum suis metatoribus, Deo fratribusque Tironis tribuit, et insuper quicquid sui homines de suis casamentis darent concessit, et molendini Tueboii tres sextarios annone, tres minas tritici iiique siliginis, prima die dominica Quadragesime esse reddendos, atque quinquaginta anguillas cursu aque ejusdem molendini captas, tali pacto quod si iiii ad minus capiantur, quinquagesimus numerus non illis impleatur et reddatur, et si aliqua non capitur nulla reddetur; necnum suam partem prato-

---

([1]) Le prieuré de Saint-Léonard de Ferrières, près de Thouars, à cinq lieues de Saumur, existait depuis longtemps : on dit même qu'il aurait été fondé du temps de Louis le Débonnaire (Voir une prétendue charte de fondation, apud Jean de la Haye, *Orig. Pictav.*). — C'est de cette charte de Geoffroy de Doué que date la prise de possession du prieuré de Ferrières par les religieux de Tiron. Ferrières fut érigé en abbaye vers 1184.

rum que cum Petro Perillii partiebatur, Andrea Raginaudoque filiis suis(¹) concedentibus, Stephano Viviano tunc illius terrę existente villico, Roberto Evroino, atque Asallito Morinocato, et Andrea Aaie, Guidoneque filio Laurentii, Pagano Montis, Raginaudo Folino, Seebrando *Fatot*, testibus. Et istis supradictis donis Gaufridus Pauper quamdam suam borderiam terre, prout Ferrarii habebat, auxit, Pagano de Petra-Rubea et monacho fratre Gaufridi concedentibus, pro redemptione suarum animarum. »

(*Cart. de Tiron*, f° 79 v°. — *Gallia Christiana*, t. VIII, *Instr.*, p. 326.)

CXLVII.

Don d'Aimery, vicomte de Thouars, au prieuré de Ferrières.

(1130 circa.)

« Aimericus, vicecomes Toarcii (²), Agnesque uxor illius quodcumque Ferrariis habebant, vignalia scilicet et alia, Deo fratribusque Tironis tribuerunt, ac vicecomes quicquid de suis casamentis illis daretur concessit, atque illis quidem fisus est quatinus eos semper in sua tutela haberet, et, si abesset, in custodia Bernardi Porcini illos esse jussit, Normando Bloio, Americo de Torneria, Pagano de Petra-Rubea, Bernardoque Porcino, testibus. »

(*Cart. de Tiron*, f° 79 v°.)

(¹) Nous n'avons rencontré ni André ni Renaud parmi les seigneurs de Doué. En 1177, ce fief était possédé par Thomas de Martigné; nous trouvons ensuite Eustachio, dame de Doué, et André son fils vers 1200, puis Gédouin en 1248 (*Jodoinus, dominus Doadii*). A la fin du XIII° siècle, la seigneurie de Doué passa dans la famille de l'Ile-Bouchard qui la posséda pendant deux siècles.

(²) La série des vicomtes de Thouars est assez difficile à établir, à cause du mode de succession adopté pour ce fief. Tous les fils d'un vicomte prenaient à la fois le même titre et tour-à-tour se succédaient du frère aîné au puîné. Les plus anciens vicomtes Savary I⁽ᵉʳ⁾ et Aimery I⁽ᵉʳ⁾ remontent au commencement du X° siècle. En 1066, Aimery III accompagna Guillaume le Bâtard à la conquête de l'Angleterre, et contribua puissamment à la victoire d'Hastings où il commandait l'aile gauche. Le vicomte mentionné dans notre charte est Aimery IV, qui se croisa en 1097. A la mort de Richard Cœur-de-Lion, Jean-sans-Terre installa comme gouverneur à Chinon Aimery V, vicomte de Thouars, qui, l'année suivante, fut remplacé par Girard d'Athée.

CXLVIII.

Accord entre le prieuré de Ferrières et Payen Cabut.

(1130 circa.)

« Contemptio que erat inter monachos Ferrarum et Paganum *Cabut* fuit, coram Aimerico, vicecomite Toarcii, et vicecomitissa Agnete, Normando Bloio, Aimericoque de Torneria, et Landrico pretore, Raginaudoque Jovino, Pagano de Petra-Rubea, Bernardo Porcino, Guillelmo de Marolio, Simone Sarrello, Bursardo de Sancto-Petro, judicibus atque testibus,.....([1]). »

(Cart. de Tiron, f° 79 v°.)

CXLIX.

Don de deux arpents de pré sur l'Yerre.

« Duos arpennos pratorum super Herinam. »

(1130-1145.)

« Notum sit cunctis fidelibus quod ego Paganus, filius Berlaii, et Robertus frater meus dedimus Deo et monachis Tironis duos arpennos pratorum super aquam que vocatur Herina : quod donum posuimus super altare Crucifixi Tironensis ecclesię cum cultello([2]), in presencia

---

([1]) Cette charte est évidemment incomplète.

([2]) L'investiture *par le couteau* était une des plus usitées au Moyen-Age. Les couteaux d'investiture longtemps gardés précieusement dans les chartriers ont tous disparu : c'est à peine si l'on peut citer celui qui est déposé au cabinet des Médailles de la Bibliothèque nationale, et un manche noir conservé à Angers et provenant de l'abbaye du Roncerai. Mais Gaignières, dans ses manuscrits, nous a transmis le dessin de deux couteaux qui étaient attachés aux titres de donation eux-mêmes et qui se trouvaient au XVIIe siècle dans les Archives du Chapitre Notre-Dame de Chartres. Ces très curieux spécimens de ce symbole d'investiture ont été reproduits en fac-simile dans les *Mémoires de la Soc. Arch. d'Eure-et-Loir*, t. III, p. 135.

domni Guillelmi abbatis, istis testibus : Roberto sacerdote de Curtosleno, Ricardo fratre ejus, domina Juliana et duabus neptibus suis Philippa et Felicia, Vitali capellano, Radulfo Boveto, Guillelmo *Mareschot*, Guillelmo *Talevath*, Guillelmo de Sancta-Ceronna, Gisleberto de Ferraria, Gaufrido filio comitis. Hoc vero postea concesserunt uxores nostre, Isielis et Amelina, et primogeniti filii nostri, Guillelmus et Gervasius. Unde sunt testes : Guarinus sacerdos, Robertus de Sancta-Ceronna et Girardus filius ejus, Radulfus de Moria, Garinus filius ejus, Garinus de Valnoisa, Gauterius filius ejus, Raherius et Robertus Anglicus.

» Juxta hos supradictos pratorum arpennos dedit Robertus Raerius unum alium arpennum prati monachis *de Tiro*, uxore sua et filiis concedentibus, et audientibus istis : Garino sacerdote, Fulcone sacerdote, Rogerio clerico, Guillelmo de Sancto-Hilario, Guillelmo *Gratart*, Gauffredo de Valnoisa, Gauterio *Bretel*. Hanc elemosinam concesserunt Paganus, filius Bellaii, et Guillelmus filius ejus, et quatuor denarios quos pro censu per annum a predicto Roberto accipiebant et totum servicium eisdem monachi condonaverunt. Unde sunt testes : Gervasius seneschaulus, Robertus presbiter *de Cortoslain*(¹), Richardus frater ejus, Garinus *Veel*, Goffredus *de Cortceol*, Guillelmus *Gratart*. Hoc etiam concessit uxor predicti Pagani Isieldis apud Sanctam-Ceronnam. Inde sunt testes : Garinus sacerdos, Robertus de Sancta-Ceronna, Robertus *Moisi*, Paganus *Havart*, Paganus filius Girardi.

» Juxta hos arpennos dedit Paganus *de Corthgehoth* et uxor sua unum arpennum, et posuerunt donum super altare Crucifixi Tironensis ecclesię cum cultello. Istis testibus : Roberto sacerdote de Corthhosleno, Roberto de Logiis, Hugone *Seinoret*, Rainoldo sutore, Herberto de Montibreio. »

(*Cart. de Tiron*, f° 51 v°.)

(¹) Il est curieux de constater combien vite s'altèrent les noms propres de familles ou de localités. Un siècle ne s'était pas écoulé depuis la mort d'Alain, auquel Courtalain (*Curia-Alani*) devait son nom, et déjà, dans l'appellation vulgaire, il était impossible de retrouver la trace du fondateur. Nous retrouverons beaucoup d'autres exemples de ces altérations, qui rendent si difficile parfois l'attribution exacte des noms au Moyen-Age.

CL.

Abandon par l'église de Saint-Julien du Mans au prieuré des Châtaigniers d'une terre et d'un pré à Saint-Bomer.

« De Castaneis. »

(1130/1, janv.)

« Notum sit omnibus presentibus atque futuris quod monachi *de Tyron*, Radulfus prior et alii fratres qui habitant ad locum qui dicitur Castaneorum, acceperunt terram atque pratum Sancti-Baomiri quę erant secus rivulum qui dicitur Sueta, ab episcopo et ab ecclesia Sancti-Juliani Cenomannensis, et a Hamelino decano, atque ab Ivone sacerdote Sancti-Baomiri, in perpetuum possidenda, et reddent predicti monachi pro ea de censu xii denarios carnotensis monete ecclesię Sancti-Baomiri, scilicet ad festum predicti confessoris vel infra octabas ejusdem festi. Insuper predicti monachi concesserunt ecclesię Sancti-Baomiri pratum suum quod non longe est ab ecclesia predicti confessoris. Hec autem conventio facta est anno ab incarnatione Domini MCXXX, mense januario. »

(*Orig. en parch.*)

CLI.

Don d'un moulin, d'une terre et d'un pré à Mazangé.

« De molendino Masenge. »

(1131, 21 sept.)

« Notum sit universis ecclesię Christi fidelibus quod ego Hubertus Tortus de Monte-Dubello dono Deo et Salvatori nostro et monachis *de Tiron* molendinum meum et terram meam et pratum meum quę habebam ad *Masange*, in elemosinam in perpetuum possidenda. Feci autem donum hoc in capitulo Tironensium monachorum, xi kalendas octobris et anno ab incarnatione Domini M° CXXX° I°, regnante Lodovico Philippi rege Francorum et Henricho Angliam gubernante; domnus autem episcopus Gaufridus tunc Carnotensem regebat ecclesiam. Hujus rei testes sunt : Gaufridus sacerdos et monachus de Villa-Malor, Petrus sacerdos et monachus, Robertus sacerdos de Fresneio, Guillelmus cementarius de Mauritania, Girardus Gesmerus de Luniaco, Gosbertus de Capella et Gauterius frater ejus, Teobaldus Bucellus, Durandus de Montorio, Gosbertus *de Selle*, Rogerius *Rebufeth*, Hildrerius de Soldaio([1]), Garinus *de Aze*, Ricardus de Aceio, Rogerus *de Savinne*. »

(*Cart. de Tiron*, f° 42 v°.)

CLII.

Confirmation d'une terre au Val-Saint-Aignan.

« De vicecomite Castriduni. »

(1131.)

« Notum sit universis Christi ęcclesie fidelibus quod ego Gaufridus, Castridunensis vicecomes, concessi monachis Sancti-Salvatoris *de Tyron* terram quam dederat eisdem monachis Algarda, uxor Ansoldi filii Godeschalci, in valle Sancti-Aniani, ad construendas domos suas, concedentibus uxore mea Helvisa et filiis meis Hugone et Pagano, et filiabus meis Alpes et Helvisa. Factum est hoc apud Castrumdunum, in domo Raginaudi *de Spiers*, anno ab incarnatione Domini MCXXX° I°, regnante

---

([1]) La famille de Souday était importante dans le Vendômois dès le XI° siècle. En 1070, Achard de Souday fonda le prieuré de Saint-Pierre de Souday qu'il donna à l'abbaye de Saint-Vincent du Mans.

Nous ne pensons pas au reste que Hildrerius ait appartenu à la famille seigneuriale de Souday. Achard eut pour successeur Ranevius, son fils aîné, qui, avec son frère Pierre, disputa longtemps à l'abbaye de Saint-Vincent ses possessions à Souday. A Ranevius succéda Hugues, surnommé du Saut-du-Loup *(de Lupi-Saltu)*, qui semble avoir possédé la seigneurie de Souday du chef de sa femme Marie. Enfin après Hugues, apparaît Gautier de Souday qui donna à l'abbaye de Saint-Vincent de nombreux gages de sa libéralité.

Ludovico Philippi, rege Francorum. Hujus rei testes sunt: Matheus Rufus, Balduinus medicus, Hugo *de Illers*, Girardus Diabolus, Forrerius ([1]), Gaufridus Burserius, Odo Sirardi filius, Durandus nutricius Hugonis. »

(*Cart. de Tiron*, f° 24 v°.)

CLIII.

Don par le vicomte de Châteaudun de la terre de Gorth.

« De Gurgitibus. »

(1131.)

« Notum sit cunctis fidelibus quod ego Gaufridus, Castridunensis vicecomes, dedi Deo Salvatori et monachis *de Tyron* locum *de Gorth*, et dedi etiam eisdem monachis terram circa eumdem locum quantum una carruca arare poterit, concedente uxore mea Helvissa et filiis meis Hugone et Pagano, et filiabus meis Alpes et Helvisa. Factum est hoc apud Castrumdunum, in domo Raginaudi *de Spiers*, anno ab incarnatione Domini M° C^{mo} XXX^{mo} I^{mo}, regnante Ludovico Philipi rege Francorum. Hujus rei testes sunt: Matheus Rufus, Balduinus medicus, Hugo *de Illers*, Girardus Diabolus, Forrerius, Gaufridus Burserius, Odo filius Sirardi, Durandus nutricius Hugonis vicecomitis ([2]). »

(*Cart. de Tiron*, f° 32 r°.)

([1]) En 1111, Geoffroy, vicomte de Châteaudun, voulut prendre du blé qui appartenait à Etienne de Vieil-Allonnes, lequel était homme du prieuré de Saint-Martin de Chamars : il envoya ses serviteurs en la maison d'Etienne, où le blé était conservé dans un coffre. L'un de ces serviteurs, nommé *Furrerius*, voyant le coffre fermé, força la serrure. Le prieur de Chamars porta plainte au vicomte de Châteaudun : celui-ci désavoua son agent trop zélé qui fut forcé de faire amende honorable aux moines de Marmoutier.

([2]) Comme il est facile de le reconnaître par le nom des témoins et par le lieu où fut passé le contrat, cette charte fut octroyée aux moines de Tiron en même temps que la pièce précédente.

CLIV.

Remise de cens sur des vignes à Châteaudun.

« De censu vinearum Ogerii Castriduni. »

(1131 circa.)

« Noverint fideles cuncti presentes atque futuri quod Garnerius Oculus-Canis dedit monachis Tyronis duodecim denarios quos accipiebat ab eisdem monachis, de censu vinearum Ogerii (¹), concedente matre sua Comitissa et Loremera uxore sua. Inde sunt testes : Archenbaudus, abbas Sancte-Marie-Magdalene ; Stephanus Neptunus et Hugo Formica, canonici ; Robertus de Menberolis ; Paganus de Danceio ; Hubertus Eschaugueta ; Harpinus famulus predicti Garnerii. »

(*Cart. de Tiron*, f° 24 r°.)

CLV.

Don de trois charruées de terre à Montreuil et à Villequoy.

« De Pesovilla. »

(1131 circa.)

« Notum sit universis ecclesie Christi fidelibus quod Petrus de Spesovilla dedit monachis *de Tyron* III carrucatas terre, unam ad Mosterollum et duas ad *Vilechoc*, et pro illis tribus carrucatis habuit decem libras et x solidos et unum caballum, et in illa carrucata de Mosterello dedit duos arpentos terre, quietos et solutos ab omni consuetudine, ad faciendas domos suas et edificia sua et quicquid vellent.

(¹) Les vignes sont encore assez abondantes aux environs de Châteaudun, particulièrement sur les coteaux qui dominent le Loir. L'abbaye de la Madeleine possédait un grand nombre de vignobles ; ce qui explique l'intervention en cette charte de l'abbé et de deux de ses chanoines.

» Et notum sit iterum quod canonici Sancte-Crucis de Aurelianis et monachi Sancti-Florentini Bonevallis calumpniabantur ei illas duas carrucatas terre *Vilechoc*. Quare Petrus supradictus habuit conventionem monachis *de Tyron* ut si perderet illas duas carrucatas *de Villachoc* in plaido sine ulla retentione omnino, unam carrucatam terre redderet illis ad Mosterollum. Quod si terram illam supradictam *de Vilechoc* omnino non perdiderit, sed aliquid sibi retinuerit in nummis vel in censu, vel quoquomodo aliquid inde acceperit, de priori conventione nichil ei a monachis relaxabitur, sed ex toto prima conventio ab eo reparabitur monachis et restaurabitur, scilicet terram trium carrucatarum.

» Et sciatur iterum quod Petrus dimidium terragium et dimidiam decimam retinuit sibi in hac terra quam dedit monachis *de Tyron*, tali conventione quod totum terragium et tota decima adunaretur simul in granea supradictorum monachorum, et uno famulo Petri vidente divideretur, vel uno famulo monachorum qui Petro esset per fidem, et pars Petri deferretur a monachis ad domum suam de Spesovilla. Hec donatio facta est a Petro, concedente uxore sua Hersende et filio suo Huberto et sorore sua Jaguelina et filiabus suis Isabel et Aurendis. Hujus rei testes sunt: Herveus, decanus Castriduni, et Stephanus presbiter *de Donamen*, et *Guiter de Patai*, et Hugo de Jalandis, et Burgundus de Baselgis, et Ricardus de Bosco-Sancti-Martini, et Sevinus. »

(*Cart. de Tiron*, f° 26 v°.)

CLVI.

Don de la terre de Puerthe.

« De Pessumvilla. »

(1131 circa.)

« Notum sit et presentibus et futuris quod Gosbertus paganus([1]) de Castriduno et Guiardus *Trobel*, frater ejus, dederunt nobis monachis

---

([1]) Pour ce surnom de *paganus*, voir la note 1 de la page 141.

de Tyron omnem terram suam de Pertis, excepto dimidio terragio quod retinuerunt sibi et heredibus suis, et tali pacto illud retinuerunt quod si vellent illud dare aut vendere aut invadimoniare aut aliquo modo extra manus suas mittere, pro tanto precio nobis illud dimitterent quantum ab alio habere possent. Et quando messis carricanda erit, mittet monachus qui in domo illa erit ad eos unum nuncium ut ipsi mittant terrigiatorem suum, et de illo terrigiatore non intromittent se monachi, de illo scilicet custodiendo si guerra fuerit vel defendendo, nec de recessu vel reditu ejus nec de procuratione ejus. Et cum terragium carricatum fuerit et in grangia missum, tunc triturabitur et cum mina partietur, et partem eorum ducent vel mittent ad eos monachi ad domos eorum. Hoc concesserunt uxores eorum : Maildis et Helois, et Helois filia Gosberti pagani, et Odinus filius Guiardi *Trobel*, et Guiburgis et Maria filie ejus. Hujus doni testes sunt ex parte eorum : Goffredus Bussinus, presbiter, et Adam canonicus Sancte-Marie, et Hugo *de Jalant*, et Garinus de Favelis, et Theobaudus *de Jupeel*, et Garenbertus pelliparius et Guillelmus filius ejus, et Serlo scutarius et Robinus filius ejus, et Garnerius *Cofin*. In parte nostra est testis : Herveus decanus de Castriduno, et Goffredus presbiter de Sancto-Medardo, et Hugo Cantor pelliparius, et Girardus pelliparius, et Moeherius et Fulco nepotes illius, et Goffredus Bursarius, et Hubertus carnifex, et Bartholomeus filius Herberti *Mortpein*, et Ricardus filius Engelberti, nepos Girardi pelliparii, et Garinus tanator. Et in illa terra de qua sunt isti testes, concedunt hospitationem liberam, de qua nichil expectent quantum opus erit. Pro hoc dono ita concesso et testificato domnus abbas donavit quadraginta solidos. »

(*Cart. de Tiron*, f° 27 r°.)

CLVII.

Don de la terre de Bouffry.

« De bugnone Acranie. »

(1131 circa.)

« Notum sit omnibus tam futuris quam presentibus hominibus quod

Haimericus Baufredus (¹) et Hugo frater ejus, qui fuit monachus Tyronis, dederunt monachis Tyronis terram de Castellis Baufredi, boscum et totam terram planam sicuti pertinebat ad ipsum feodum (²), sicuti dividitur a terra Hieremie et a terra Johannis de Secore (³) et a terra Goffredi Normanni. Necnum dederunt monachis Tyroni bugnonem de Acrania et totam illam terram quam habebat juxta ipsum bugnonem et ad Plana-Baufredi, et planam terram et totum boscum, sicuti dividitur a terra Odonis Montiniaci et a terra Bartholomei Vindocini, scilicet sex carrucatas terrę. Concedentibus istis: Margarita Haimerici uxore et filiis suis Angoto, Gauterio, Willelmo et filiabus suis Ada, Auburge, Odelina. Insuper hoc concessit Goffredus, vicecomes Castriduni, et Helois uxor ejus, et filii eorum Hugo et Paganus. Hujus rei testes sunt: Aenricus de Caresmo, Goffredus *Leduit*, Goffredus *de Ruavasselor* (⁴), Guido *de Six*, Beeriverus de Monte-Dublello, Adam Brunellus, Odo de Varenis, Ascelinus Cauda-Hirundinis, *Fulrel*, Willelmus Brito, Girardus Diabolus, Gervasius de Monte-Barelis, Matheus filius Bocardi, Garinus de Monte-Corbun, Ogerius filius Auburgis (⁵). »

(*Cart. de Tiron*, f° 32 r°.)

(¹) C'est ce personnage qui a laissé son nom à la commune actuelle de Bouffry, aux environs de laquelle il avait toutes ses propriétés. — Bouffry eut pendant trois siècles ses seigneurs particuliers, entre lesquels nous citerons Hugues de Bouffry qui, en 1240, vendit la troisième partie des dîmes de Villeboust à l'abbaye de la Madeleine de Châteaudun; Raoul de Bouffry qui, en 1247, reconnut que les chanoines de la Madeleine avaient droit de prendre trois muids de blé sur un moulin à Bouffry.

(²) Cette donation faite par Aimery, seigneur de Bouffry, fut l'origine du prieuré de Saint-Nicolas des Fouteaux, situé sur la rivière de l'Egrenne, dans la paroisse de Bouffry.

(³) Vers 1130, Jean de Secourray, du consentement de son fils Renaud, fit un accord avec les religieux de Bonneval pour la colonisation de Cormainville, *ut ipsi monachi hospitari faciant Columbanam villam, et ruricolas ejus incolere faciant supra dictam terram*.

(⁴) Vers l'année 1060, *Fulcradus de Rugavassalloria*, évidemment un des ancêtres de Geoffroy, est qualifié de *homo Vindocinensis* et vend à l'abbaye de Marmoutier la sixième partie du cimetière de Villeberfol.

(⁵) Cette charte a été copiée deux fois dans le Cartulaire.

CLVIII.

Don de vignes à Châteaudun.

« De vineis Castriduni. »

(1131 circa.)

« Notum sit universis ęcclesie Christi fidelibus quod ego Raginaudus *de Spiers* (¹) do Deo et monachis ęcclesie Tyronensis in elemosinam, pro redemptione anime mee et salute parentum meorum, dimidiam partem quatuor arpentorum vinearum, quas ego et uxor mea Ada emimus de nostro censu et pecunia mobili in territorio Castriduni; que vinee sunt in censiva Hugonis *de Belmont* et Petri de Vilereio. Hec datio et elemosina facta est regnante Ludovico rege Francorum et Theobaldo existente consule Bleseacensium. Hujus rei testes sunt : Gaufridus vicecomes, Paganus de Plaxitio, Matheus dapifer, Arnulfus de Laneriaco, Garnerius Oculus-Canis, Jolduinus Dirridatus, Stephanus filius Forrarii, Teobaldus Engelardi filius, Raimundus Sexterius (²), Ebrardus prefectus, Gaufridus de Monte-Fani (³), Girardus. »

(*Cart. de Tiron,* f° 24 v°.)

(¹) Renaud d'Espieds était seigneur de Lanneray. Il assista comme témoin à la fondation du prieuré de Saint-Gilles de Montigny-le-Gannelon par Eudes, seigneur de Montigny, vers 1130. — La famille d'Espieds était d'ailleurs depuis longtemps une des plus puissantes du pays dunois. Adélaïde, femme d'un autre Renaud d'Espieds et fille de Rahier de Montigny, confirme, comme suzeraine, la fondation du prieuré de Saint-Hilaire-sur-Yerre, faite vers 1050 par Gannelon, trésorier de Marmoutier.

(²) *Raimundus Sexterius* est témoin d'une confirmation faite par Thibaut, comte de Blois, en 1114, des possessions du prieuré de Chamars.

(³) Le vrai nom de ce témoin est *Gaufridus de Monte-Folet,* sous lequel nous le trouvons plusieurs fois désigné. Girard de Mont-Feuillet confirme, vers 1100, à l'abbaye de Marmoutier ce qu'elle possédait autour de Fréteval, dans la Forêt-Longue. — Comme nous le verrons un peu plus loin, Mont-Feuillet, qui était un bourg assez important au XII° siècle, fut complètement détruit au XVI° siècle et remplacé par le village de Saint-Mandé.

CLIX.

Restitution de la terre de la Bretonnerie.

« De Carnoto. »

(1131-1141.)

« Sciant fideles cuncti presentes atque futuri quod Ansoldus *Berbel* (¹), in presentia Zacarie decani, reddidit nobis et concessit terram de Bretoneria (²) et pratum, jusque fecit quod ea aliquantis annis injuste nobis abstulerat. Inde sunt testes : Goslenus de Leucis ; Herveus de Josaphat (³) ; Gaurinus Herceblesiam ; Jordanus de Hermentervilla ; Robertus major ; Guillelmus de Cella ; Herfredus de Sancto-Mauricio ; Garinus de Peevillerio ; Hugo tonsor ; Renoldus Collum-Rubeum (⁴) ;

(¹) Vers 1127, Anseau de Beauvoir, *Ansoldus de Bello-Videre*, fils d'Anseau Berbel, se préparant à partir pour la Terre-Sainte, donna à l'abbaye de Saint-Père une maison de pierre sise à Chartres près la rue de la Mégisserie (aujourd'hui rue de la Foulerie).

(²) La terre de la Bretonnerie, à Chartres, était située dans les environs du cloître de la cathédrale ; elle avait donné son nom à une ruelle qui fut enclavée dans les jardins de l'Evêché lors de la jonction de l'hôtel du Vidame au palais épiscopal, en 1619.

(³) Josaphat était le nom d'un monastère de Bénédictins, qui venait d'être fondé, en 1117, par Goslein de Lèves et son frère Geoffroy, évêque de Chartres ; Hervé était donc un moine ou un domestique de l'abbaye.

(⁴) La famille Colrouge joua un grand rôle parmi la bourgeoisie de Chartres au XIIIe siècle dans les démêlés qui eurent lieu entre le Comte et le Chapitre de Chartres, au sujet des *avoués* du Chapitre. On appelait ainsi des bourgeois de Chartres que le Chapitre attachait à sa domesticité, les faisant jouir des privilèges ecclésiastiques et entre autres de l'exemption de toute taille et autre imposition seigneuriale. En 1192, Gilon Colrouge, prévôt de la comtesse Adèle, était allé chercher dans la maison du chanoine prévôt de Fontenay un refuge contre la colère de sa châtelaine. Pendant près d'un demi-siècle, les Colrouge restèrent les fidèles clients du Chapitre, et l'un d'eux, Gilot Colrouge, devint même maire du Chapitre en 1256. Mais ils eurent sans doute des différends avec les chanoines, car nous les voyons peu après redevenir les serviteurs du comte. En 1286, Jean Colrouge, en 1313, Etienne Colrouge étaient prévôts du comte de Chartres, et comme tels avaient maille à partir avec le Chapitre, au sujet de cette juridiction ecclésiastique que les chanoines défendaient avec tant d'ardeur.

Hosbertus de Ceresvilla; Herbertus famulus. Hoc quoque concesserunt Richeldis, Ansoldi mater, et ejus filius Ernulfus. »

(*Cart. de Tiron*, f° 13 v°.)

CLX.

Don de la terre des Coutures.

« De Cultura Mereil. »

(1131-1145.)

« Notum sit omnibus hominibus quod Adam, nepos Drogonis *Brochart* de Varenna, in vita sua dedit monachis Sancti-Salvatoris *de Tiron* terram suam totam que vulgo Cultura noncupatur, apud parrochiam *de Mereil* (¹). Quod ille Drogo, ejusdem terre dominus et a quo prefatus Adam illam tenebat, libenter concessit, tali conditione ut, permissa caritate L solidorum, in orationibus Tironis colligeretur. Quod etiam filii ejus Robertus et Odo concesserunt, et Beroardus *de Peuvers* supradicte terre caput dominus, et Horrieus ejusdem Beroaldi filius. Quod testantur Sancho nepos Beroardi, Geraudus suus famulus, Odo Voverus, Adam de Crutis, Hugo frater ejus, Fulchoius de Charmeio, Paganus Brunus, gener Drogonis *Brochart*, qui et concessit et testatur. Hoc etiam donum ante regem Gallie qui tunc temporis Stampis aderat factum est, presente Godefredo Salvaticho, Stampis prefecto, et Odone *de Ledemans*, et cunctis supradictis presentibus et testificantibus.

» Et quia terra illa inter *Adam* et Drogonem communis erat, concessum est monachis duo arpenna quieta habere de communi ad edificium suum faciendum (²).

(¹) Malgré les plus patientes recherches, nous n'avons pu retrouver la trace de la paroisse de Mareuil dans les environs de Pithiviers. Peut-être ce nom a-t-il disparu pour faire place à celui de la Neuville. C'est en effet dans la commune actuelle de la Neuville qu'était situé le prieuré des Coutures, auquel se rapportent plusieurs pièces de notre *Cartulaire*.

(²) La première partie de cette charte se trouve reproduite dans le *Cartulaire*, f° 71 r°.

» Accidit autem ut, mortuo predicto Beroardo, filius ejus Simon, qui donum patris sui, dum adhuc viveret, calumpniatus fuerat, parum terre, videlicet circa dimidiam carrucatam, quam Drogo *Brochart*, cum monachus Tironii fieret, de eodem feodo, eis dederat, iterum calumpniaretur in tantum ut etiam monachorum boves predaretur. Sed hoc modo boves redduntur et calumpnia pacificatur: apud *Peveirs*, in claustro cujusdam Cluniacensis obediencie ([1]), presente Guillermo tunc Tironii abbate, cum tribus suis monachis Philippo et Petro, Osberto Culture priore, circumsedente etiam, cum ipsius loci monachis, clericorum pariter et laicorum grandi multitudine, Simon ille Beroardi filius ([2]), cum quodam fratre suo Marcho, advenit, et circumsedentibus omnibus quos supra retulimus, concessit quicquid huc usque calumpniatus fuerat, donum videlicet patris sui et quicquid de Drogonis feodo apud Culturam datum fuerat monachis, datis sibi proinde XL solidis; tali siquidem conditione ut deinceps contra omnes corrosores sive quoslibet calumpniatores terram illam monachis tueretur, etiam si, quod absit, qui dederat calumpniaretur. Inde de parte Simonis testes sunt: Beroardus ipsius Simonis consanguineus, Marcus etiam frater ejus qui et concessit et testatur, Adam ipsius dapifer, Giraudus monachorum Cluniacensium prefectus, Laurentius ipsius Simonis famulus; de parte monachorum: Vitalis decanus, Robertus Normannus sacerdos, Robertus Niger sacerdos, Robertus de Broisia filius Drogonis, Hugo de Crutis, Gisbertus, Malgerius, Herveus, monachorum famuli. »

(*Cart. de Tiron*, f° 71 v°.)

([1]) L'abbaye de Cluny possédait en effet, dans la ville de Pithiviers, un prieuré qui, au XIIe siècle, fut très-florissant.

([2]) En 1186, Rahier *de Pithiviers* et Hugues, son fils, du consentement de Hugues de Vallières, seigneur du fief, donnèrent à l'Hôtel-Dieu de Châteaudun toute la dîme de Porcheronville. A cette charte figure comme témoin Thibaut le Doyen, maire de Châteaudun, *Theobaldus Decani, major communie*. — Suivant l'abbé Bordas (*Histoire du Dunois*), la commune de Châteaudun daterait de 1197; l'opinion la plus généralement adoptée la fait remonter à une charte de Thibaut V du mois de février 1189; d'après l'acte de 1186 que nous citons, il est permis de croire que Thibaut V ne fit que confirmer les franchises communales déjà existantes à Châteaudun.

CLXI.

Don du péage de Pont-Rousseau, par Conan III, duc de Bretagne.

« De Septem-Fagis. »

(1132, 17 nov.)

« In nomine Domini, ego Conanus, comes et dux Britannie (¹), dono Deo Salvatori et monachis *de Tiron* paagium de Ponto-Rossel et piscaturam que ibi melior fieri poterit (²). Hoc autem donum feci, pro redemptione animę meę parentumque meorum vivorum et mortuorum, et illis dedi ad emendum butirum et pisces. Hoc autem donum feci in capitulo Tyronensium monachorum, dum orationis causa Vercellaicum pergerem (³), anno ab incarnatione Domini Mº Cº XXXIIº, xvº kalendas decembris, anno secundo sublimationis Philippi, filii Ludovici regis Francorum, patre adhuc vivente. Hujus rei testes sunt qui convenerant : Giraudus *de Clizon* (⁴), Rollandus de Lereio, Alanus capellanus, Gestinus de Arraio, Haimon de Gircia, *Agaat*, *Maifani* filius dapiferi

---

(¹) Conan III, dit *le Gros*, succéda en 1113 à son père Alain Fergent, qui s'était retiré à l'abbaye de Redon pour cause d'infirmités. Il épousa Mathilde, fille naturelle de Henri Iᵉʳ, roi d'Angleterre.

(²) La donation de Conan III servit de dotation au prieuré de Sept-Faux.

(³) Nous n'avons pas trouvé relaté ailleurs ce voyage de Conan III à Vézelai. Nous pouvons supposer du reste qu'il n'était pas fait uniquement pour cause de piété. Conan III avait toujours été l'allié de Thibaut IV, comte de Chartres et de Champagne, dans l'apanage duquel Vézelai était situé. Il avait soutenu le comte de Chartres dans ses luttes contre le roi de France, et, en 1113, après la défaite et la blessure de Thibaut devant le Puiset, il s'était rendu, avec le roi d'Angleterre, le comte de Meulan et un grand nombre de barons Anglais et Normands, à l'abbaye de Saint-Evroult pour concerter la conduite à tenir envers Louis le Gros.

(⁴) La maison de Clisson remonte à une haute antiquité : en 1071, Gui de Clisson fit une fondation en faveur du prieuré de Chateauceaux. Le membre le plus illustre de cette famille fut le connétable Olivier de Clisson mort en 1407.

Rodonensis, Johannes de Gladio-Regis, *Daguenez*, famulus illius, Goherius de Alneto, Hugo de Septem-Fontibus(¹). »

(*Cart. de Tiron,* f° 84 v°.)

CLXII.

Don d'un demi-arpent de terre à Montreuil.

« De Salomone. »

(1132.)

« In nomine sancte et individue Trinitatis, notum sit omnibus quod Salomon Dosnellus (²) donavit Deo et monachis de Tyrone dimidium arpentum terre, liberum et quietum et sine ulla prorsus requisitione, apud Mosteriolum. Quicquid vero terre in eadem villa amplius habet concessit ut idem monachi ad opus suum, licenter et libere, colant, nisi forte propriam suam carrucam aut hospites ad hospitandum ibi mittere voluerit; et quoniam prefatus Salomon campipartem et decimam ibidem retinuit, statutum est ut monachi eandem campipartem et decimam usque Monciacum (³), ubi hospicium ejusdem Salomonis est, sive in pace sive in gerra, conducant. Si vero Salomon campipartem et decimam de eadem terra in gerbis educere voluerit, nichil ei

---

(¹) Voici un nouvel exemple de cette altération des noms propres, qui rend parfois si difficile la constatation de l'identité des personnages qui figurent dans les chartes du Moyen-Age. Le prieuré de Sept-Faux *(de Septem-Fagis)* est quelquefois appelé prieuré de Sept-Fonts *(de Septem-Fontibus),* et quoique ces deux noms aient un sens absolument différent, nous sommes persuadé que l'usage de la langue romane qui déjà s'était vulgarisée faisait traduire par *Septem-Fontibus* le Sept-Faux mal prononcé.

(²) Ce personnage nous paraît le même que Salomon le Pannetier, prévôt de Châteaudun, un des familiers du vicomte Geoffroy. En 1111, il fut chargé du commandement des troupes dunoises envoyées au secours du comte Thibaut dans sa guerre contre Louis VI.

(³) Nous n'avons pu déterminer d'une manière précise l'emplacement de Montreuil et de Moncy; mais ces deux localités étaient certainement dans les environs de Péronville : le don de Salomon Doisnel était fait en faveur de ce prieuré, et nous avons déjà vu que Montreuil touchait à Villequoy (charte CLV).

monachi inde amplius respondebunt. Licebit etiam ei, si voluerit, hominem suum, custodiendi gratia, messionum tempore, illuc mittere. Hanc autem conventionem, sicut cum Salomone et monachis facta est, heres ita etiam ejusdem Salomonis, quicumque ille fuerit, in perpetuum tenebit. Hec omnia concessit atque laudavit uxor ejus, de cujus capite erat, cum infantibus suis. Cujus etiam rei firmiter tenende atque servande ex utraque parte Petrus major obses et fidejussor extitit. Testes autem sunt, ex parte Salomonis: Johannes de Monciaco, Moreherius de Villanova, Teobaudus de Arlevilla, Johannes *Chestuns*; ex parte monachorum: Guichardus, Odo de Geminiaco, Archenbaudus frater ejus, Bartholomeus filius Baudrici, Gaufridus *de Saran*, Albertus Bulzerius, Paganus frater majoris. Actum publice Aurelianis anno ab incarnatione Domini M C XXX II, regnante Lodovico rege Francorum. »

(*Cart. de Tiron*, f° 26 r°.)

CLXIII.

Don de l'église de Saint-Lubin-des-Cinq-Fonts.

« De ecclesia Sancti-Leobini. »

(1132.)

« Ego Gaufridus, Dei gratia, Carnotensis episcopus, omnibus tam futuris quam presentibus notum fieri volo quod, pro Dei amore, dono et concedo monachis *de Tyron* ecclesiam Sancti-Leobini-de-Quinque-Fontibus, cum duabus partibus omnium decimarum ad eamdem ecclesiam pertinentium, et omnes oblationes que ab extraneis parrochianis ad predictam ecclesiam deferuntur, necnon et duas partes oblationum quinque sollempnitatum, libere et quiete deinceps possidenda, retentis dumtaxat synodo et circata annuatim solvendis. Ut autem hoc nostrum donum firmum et stabile maneat, presens scriptum inde fieri et sigilli nostri auctoritate precepimus roborari. Datum anno M° C° XXXII° ([1]). »

(*Cart. de Tiron*, f° 2 r°.)

([1]) La date a été ajoutée postérieurement.

CLXIV.

Don de l'église de Saint-Lubin-des-Cinq-Fonts et des dîmes de la paroisse d'Argenvilliers.

« De ecclesia Sancti-Leobini. »

(1132 circa.)

« Ego Gaufridus, Dei gratia, Carnotensis episcopus, apostolice sedis legatus, notum fieri volo tam futuris quam presentibus quod Robertus de Moteia ([1]) et Gauterius, filius ejus, pro salute animarum suarum, dimiserunt et reddiderunt in manu nostra ecclesiam Sancti-Leobini-de-Quinque-Fontibus quam injuste tenuerant; dimiserunt etiam et reddiderunt nobis omnes decimas ad predictam ecclesiam pertinentes et omnes decimas quas habebant in parrochia ecclesie Sancti-Petri *de Hargentviler*. Nos autem, pro Dei amore et pro prece eorum, predictam ecclesiam Sancti-Leobini, cum omnibus supradictis decimis, bonis et religiosis, monachis de Tyronio dedimus et perpetuo habendas concessimus et auctoritate sigilli nostri scriptum inde factum corroboravimus. Hoc viderunt et audierunt hii monachi: Stephanus cellararius, et Hubertus de Sancto-Martino, et Ogerius decanus de Neronio, et Goslenus de Leugis, frater meus, et quidam miles ejus nomine ([2]). »

(*Cart. de Tiron*, f° 3 r°.)

([1]) Robert des Motets, quoique possédant plusieurs villages et de nombreux héritages, et passant généralement pour riche, était en réalité dans la gêne. Il vivait dans la familiarité du bienheureux Bernard, et il le supplia d'honorer sa maison de sa présence et de daigner passer une nuit sous son toit. L'homme de Dieu y consentit, et à partir de ce jour l'opulence rentra dans la maison. Aussi, dit Geoffroy le Gros, *nequaquam ingratus extitit, sed exinde, prout potuit, ipsi incessanter ministravit, ac nobis post ipsius excessum, nonnulla beneficia contulit, atque nostrum monasterium quamplurimis decimarum redditibus ampliavit.*

([2]) L'évêque de Chartres, Geoffroy, était frère de Goslein de Lèves, un des principaux conseillers du comte de Chartres, Thibaut IV, et qui se croisa en 1107. Ce Goslein, marié à Odeline, eut deux fils : Geoffroy, seigneur de Lèves, qui lui succéda, et Goslein, que nous voyons souvent figurer comme archidiacre de l'église de Chartres et qui suc-

CLXV.

Confirmation par Geoffroy Plantagenet du don de son père au prieuré de Russé.

(1132 circa.)

« Ego Goffredus, comes Andecavensis, donum quod pater meus Fulcho, qui nunc est in *Jerusalem* rex (¹), concessit abbati de Tirone et monachis ejusdem loci Deo servientibus (²) confirmo sub titulatione sigilli mei. Molinum vero quod frater Guido, prior ejusdem loci, fecit, et stannum, et nemus ad omnia necessaria eorum, et quicquid ipse ibi adquisivit, pro remedio anime meę et uxoris et filiorum meorum, liberaliter concedo. »

(*Cart. de Tiron*, f° 81 v°.)

CLXVI.

Don d'une terre à Tercé.

« De feodo Terceii. »

(1132 circa.)

« Noscat omnis devotio fidelium quod Paganus de Villa-Perdita, et Paganus, filius Richerii, et Haimericus de Terceio, et Ernaudus de

céda à son oncle sur le siège épiscopal en 1148. L'évêque de Chartres, Geoffroy, avait encore deux autres frères, Dodon et Miles, que nous rencontrons plus rarement. — Les seigneurs de Lèves étaient alliés aux plus nobles familles du pays chartrain : dans des chartes données par eux à l'abbaye de Saint-Père, ils citent le vicomte de Chartres, Arrold, et le vidame Hugues II comme leurs parents, *cognati eorum*. Nous avons déjà mentionné le don fait par Miles de Lèves à l'abbaye de Saint-Père, en reconnaissance de la sépulture honorable accordée par l'abbaye au vidame Hugues II en 1110. (Voir note 1, p. 148.)

(¹) Comme nous l'avons déjà dit, p. 63, Foulques V avait succédé sur le trône de Jérusalem à Baudouin II, son beau-père, le 14 septembre 1131.

(²) Nous n'avons pas retrouvé dans le chartrier de l'abbaye l'acte de donation de Foulques, fait en faveur du prieuré de Russé.

Terceio dederunt monachis *de Tyron* terram de feodo Terceii, juxta stagnum. Hanc donationem testantur: Guillelmus et Gilduinus, filii Gosberti Ferrarii, et alii qui affuerunt. Terra vero divisa est a chimino Gardeiarum quo itur ad Terceium usque ad torrentem Tyronis. »

(*Cart. de Tiron*, f° 8 r°.)

CLXVII.

Vente à l'abbaye de trois quartiers de terre à Chartres.

« De terra Carnoti. »

(1132 circa.)

« Notum fiat omnibus futuris et presentibus quod ego Hugo Morinus de Porta-Drocensi monachis Tyronensibus, Legardis uxoris mee infantumque concessu, tres quadrantes terre vendidi, fidejubente genere meo Dodone Fulquoioque lavendario. Quorum fuit emptor Hubertus Asinarius ex parte monachorum, testificantibus domno Alcherio, Aalonis filio, Guillelmoque ejus famulo, et Stephano cordario, Radulfoque pistore. »

(*Cart. de Tiron*, f° 15 r°.)

CLXVIII.

Remise de dix-huit sous de cens à Oisème.

« De Oysemo. »

(1132 circa.)

« Omnibus christianis fidelibus notum sit quod ego Hugo de Praella monachis Tyronensibus, partim pro Dei amore, partim pro nummis quos inde habui, x et vIII solidos census, quos mihi reddebant apud Oysesmum, perpetuo remisi; habui autem inde ab eisdem monachis xII libras carnotensium. Hoc autem concesserunt Thesca uxor mea, et filii mei Ernulfus et Gosbertus, et Agnes filia, et Sultanus et Robertus, fratres mei, apud Carnotum, in capella predictorum monachorum. Unde sunt testes: Guillelmus Boslenus, Hubertus nepos Andree *Chamberlenc*, Stephanus cordarius, Robertus faber ([1]), Sale frater ejus, Gaufridus sutor, Ivo Abrincarum, Guillelmus Lepus, Garinus *Burdum*, Guillelmus de Ogerivilla, Odo de Longovillari famulus, Goslenus Gastellarius et Ernaudus filius ejus, Ernulfus famulus, Hamelinus de Cloia. Hoc vero concessit Gauterius de Friesia, de cujus feodo erat, et habuit inde sex libras et vii solidos, et fide propria, in manu Gaufridi episcopi, firmavit quod hoc idem filio suo et filie concedere faceret tempore oportuno, illo enim tempore non habebat eos secum. Inde sunt testes: predictus episcopus et Goslenus archidiaconus. »

(*Cart. de Tiron*, f° 15 v°.)

CLXIX.

Don d'une terre à Villandon.

« De Villandon. »

(1132 circa.)

« Noscat universalis ecclesia quod Hugo *de Vilandon* major et uxor ejus dederunt Sancto-Salvatori et monachis *de Tyron* quandam terram apud *Vilandon*, concedente Juliana filia ipsorum, tempore longo antequam Landricus ejus vir acciperet eam sibi conjugem. Ad hoc fuerunt multi testes, scilicet: Reinerius Gallus; Herbertus *de Nicorbin;* Guillelmus *de Vilandon; Cavaret*; Guillelmus de Tovilla et uxor ejus; Mainardus et Fromundus filius ejus; Gaufridus *de Hunbleres* et Horricus vicinus ejus. »

(*Cart. de Tiron*, f° 17 r°.)

([1]) Par *faber* on doit entendre un forgeron ou serrurier ou tout artisan travaillant le fer. La rue de la Clouterie actuelle, à Chartres, s'est appelée, jusqu'au XVII° siècle, *rue aux Fèvres*.

CLXX.

Don de terres à Villandon et à Maincourt.

« De Radulfo de Humbleriis et fratribus ejus. »

(1132 circa.)

« Ne oblivioni tradatur quicquid amore Dei sancte ecclesie tribuitur, merito sub cyrographo mittitur. Noverint ergo tam presentes quam futuri fideles quod Radulfus de Umbleriis et fratres ejus Gislebertus, Gauterius, Rogerius, Horricus[1] dederunt monachis Sancti-Salvatoris *de Tyron*, pro remedio animarum suarum carorumque suorum, terram quam habebant ad *Vilandum* ad Manum-Curti, necnon et illam quam habebant juxta viam hinc et inde que ducit de ipsa Manu-Curti ad Spinam. Hoc concesserunt mater eorum nomine Arsendis, et uxores et filie et filii : uxor Gauterii Odelina, filius Herbertus, filie Haniardis, Harenburgis ; uxor Rogerii Maria ; uxor Horrici Froburgis, filius Holdoinus. Isti omnes et datores et concessores habuerunt inter se de ipsis monachis, pro ista eadem terra, septem libras de caritate. Hujus rei sunt testes : Ansoldus fultrarius ; Herbertus de Ceresvilla ; Goffredus ; Radulfus *Pihan* ; Bernardus ; Radulfus ; Guillelmus ; Hugo ; Cadio. »

(*Cart. de Tiron*, f° 18 v°.)

[1] Nous avions cru d'abord que ce personnage était le même que celui désigné dans la charte précédente sous la dénomination de *Horricus, vicinus Gaufridi de Hunbleres*, et nous en avions conclu que le surnom de Hombières, joint au nom de Raoul et de ses frères, devait s'entendre, comme cela arrive souvent, du lieu qu'ils habitaient plutôt que d'un fief qu'ils auraient possédé. Mais nous avons retrouvé Raoul de Hombières témoin en 1134 de la permission accordée par le Chapitre de Chartres aux religieux de Marmoutier de construire un bourg à Chartres dans les vignes qu'ils possédaient aux Epars, *ad Esparras*, près des maisons de la paroisse de Saint-Saturnin, et, dans un obit du même Chapitre, Raoul est indiqué comme premier seigneur féodal d'un terroir à Maulou, *Radulphus de Humbleriis, de cujus feodo dictum territorium primo movebat*. Horricus, frère de Raoul de Hombières, ne doit donc pas être le même que Horricus, voisin de Geoffroy de Hombières.

CLXXI.

Confirmation d'une terre à Villandon.

« De Guillelmo Aculeo. »

(1132 circa.)

« Notum sit omnibus legentibus quod Guillelmus Aculeus (¹), filius Roberti Aculei, et uxor ejus nomine *Helisabet*, concesserunt monachis *de Tyron* terram *de Villandon* quam dedit eis Guillelmus *de Cues* (²), atque postea illam terram quam habebat ibi in proprio ipsis monachis vendidit, unde habuit centum solidos et uxor ejus v, concedentibus filiis et filiabus suis Roberto, Manasse, Rogerio, *Maiot*, Magarita. Unde sunt testes: Augerius filius Aalonis et Arnaudus frater ejus, et Hubertus Asinarius, et Stephanus corderius, et Robertus peletarius. »

(*Cart. de Tiron*, fº 19 rº.)

CLXXII.

Don au prieuré de Crasville de l'église dudit lieu et de terres et moulins.

« De ecclesia Crasville. »

(1132 circa.)

« Hugo, Dei gratia, Rothomagensis archiepiscopus (³), presentibus et futuris in perpetuum : Sciatis quia nos, consilio fidelium et amicorum

(¹) Guillaume Aiguillon, surnommé de Trie, était seigneur de Barjouville, près Chartres, et de Trie. Il fut le fidèle allié de Galeran de Meulan dans la lutte de ce seigneur contre le roi d'Angleterre Henri Iᵉʳ. Guillaume d'Aiguillon prit la croix en 1146. En 1169, se voyant sur le point de mourir, il demanda à être enterré dans la léproserie du Grand-Beaulieu auprès de sa femme Elisabeth. Son fils Nivelon se conforma à ce désir, et, en reconnaissance de la sépulture accordée à son père, il donna à la léproserie du Grand-Beaulieu, du consentement de son fils Nivelon, deux arpents de pré à Sours.

(²) Voir *supra*, charte XCVII.

(³) Hugues III d'Amiens, archevêque de Rouen, de 1129 à 1164.

nostrorum, concessimus monachis de Tyrone qui apud Crasvillam morantur ecclesiam ejusdem ville cum decimis et elemosinis et omnibus que ad ipsam ecclesiam jure pertinere noscuntur, et decimas molendinorum *de Herolcort*, de feodo Galeranni *de Rochefort*, et decimam unius molendini de Novilla, et unam carrucatam terre apud Crasvillam, et unam apud *Rochefort*. Omnia hec, precatu ipsius Galeranni, salvo per omnia jure Rothomagensis ecclesie. Servantibus istis sit pax et gratia domini nostri Jesu-Christi, amen. »

(*Cart. de Tiron,* f° 54 v°.)

CLXXIII.

Vente à l'abbaye d'un arpent de pré aux Prés-Morin.

« De Prato-Morini. »

(1132 circa.)

« Notum sit posteritati successorum quod Robertus Berenguarius vendidit monachis *de Tyron* agripennum prati juxta lineas Prati-Morini, triginta duos solidos, annuente uxore, sex denarios de assensu accipiente, suis quoque sex filiis singulos denarios accipientibus. Interfuerunt autem huic venditioni: Aldricus, Frogerius, Gaufridus, Burgundinus, filius Godeffredi *de Nuilli*; Rogerius, nepos Ilduini. »

(*Cart. de Tiron,* f° 9 v°.)

CLXXIV.

Don de vignes et de maisons à Chartres.

« De vineis Carnoti. »

(1132 circa.)

« Radulfus et Ansoldus Harpinus monachis Tyroni atque ecclesie illorum dant viii agripennos vinee et dimidium domumque quandam in illis positam, et III agripennos terre ad Grossellam et aliam domum in via Sancti-Petri, et iterum III agripennos terre post mortem sororis : juxta illam terram sunt duo agripenni vineę quos frater illorum, Robertus scilicet, post mortem suam eis concedit. Omnia ista concesserunt ex parte sua parentes illorum, videlicet Lambertus patruus suus, Jubertusque filius, Elisabethque uxor ejus, Hersendis filia ipsius et Ermengardis filia ejus similiter, et de istis supradictis infantes isti a Constantio monacho suam concessionem acceperunt. Cum his Robertus, filius Gaufridi Bainville, concessit, et Harduinus, sororius illorum, Stephanusque prepositus, Hugo monetarius, Ansoldus filius Rogerii, Teobaldus Claro, Adzelardus prepositi frater(¹), Alcherius Alonis filius, Stephanus filius Erii, fraterque Hubertus Asinarius(²), Hugo Tronellus fraterque Berengarius pelliparius (³), Popinusque gener illius, Hilderius *Gorzeis*, Paganus Sancti-Martini major, Barboeius et Guiardus sororius, Garinus laignarius cognatusque Gosbertus, Goscelinus pelliparius, Stephanus corderius, Dagobertus mercerius(⁴), Gaufridus monetarius, *Nael* famulus Alcherii, Tecelinus famulus prepositi, Hernaldus Rogrini, Alerrandus Bergeinvile, Librans-Nemus famulus prepositi, Odo Quitellus, Girardus Valeie. Ex omnibus istis supradictis auditores atque testes plures fuerunt, parentela illorum concessores. Pro ista concessione Lambertus cellerarius quinquaginta solidos habuit. »

(*Cart. de Tiron,* fº 14 vº.)

(¹) Voir *supra*, note 3 de la page 137.

(²) Hubert l'Anier, qui figure souvent dans le *Cartulaire*, était prieur de l'abbaye de Tiron à Chartres.

(³) Le commerce des pelletiers était très important au Moyen-Age : le goût prononcé des seigneurs et des membres du haut clergé pour les fourrures assurait aux pelletiers de Chartres un débit facile des marchandises que leur fournissaient en abondance les forêts dont le pays était alors couvert en partie. Au commencement du XIIᵉ siècle, nous voyons le roi Louis VI demander à l'évêque Ives deux paires de peaux de chats sauvages du pays Chartrain; Thibaut Claron, qui paraît comme témoin dans cette charte, donne, comme pot de vin, à Payen de Fains, duquel il avait acheté une terre, deux magnifiques peaux de chats sauvages.

(⁴) Ce Dagobert, mercier, est certainement le même qui est désigné dans la charte CXXVI sous le nom de *Dagobertus aculearius*. Nous ferons remarquer la synonymie de ces deux mots, *mercerius* et *aculearius,* qui prouve que, dès le XIIᵉ siècle, le commerce des aiguilles était une branche importante de la mercerie.

CLXXV.

Don au prieuré des Châtaigniers d'un pré à Saint-Bomer.

(1132 circa.)

« Notum esse volumus tam futuris quam presentibus quatinus Gaufridus de Sancto-Botmeio, pro remedio animę suę et parentum suorum, quoddam pratum suum monachis *de Tiron* in loco Castaneorum Deo famulantibus, Guillelmo filio suo concedente, dedit atque concessit. Et quoniam illud pratum ęcclesię Sancti-Botmeii fuerat, aliud pratum quod erat juxta prefatam ecclesiam ([1]) eidem ęcclesię, Herveo presbitero concedente, donavit atque concessit. »

(*Cart. de Tiron*, f° 42 r°.)

CLXXVI.

Don de la terre de Granri.

« De Granri. »

(1132 circa([2]).)

« Notum sit omnibus quod ego Erenburgis de Alneio dono Deo Salvatori et ecclesie *de Tyrum* filium meum Arnulfum ad monachum faciendum. Dono etiam predicte ecclesie in elemosina totam terram nostram *de Granri* im perpetuum possidendam. Hoc concessit conjux meus Guido Berardus et filius meus Robertus de Alneio. Hujus rei sunt

---

([1]) Ce pré est celui dont il est question à la fin de la charte CLI, et que le prieur des Châtaigniers avait abandonné au curé de Saint-Bomer.

([2]) La date de cette charte aurait peut-être dû être reculée de quelques années. Elle nous paraît en effet marquer la fondation du prieuré de Granri : or, d'après la charte XCII déjà publiée par nous, nous voyons que ce prieuré existait antérieurement à l'année 1128.

testes : Hugo de Montorio et Goffredus frater ejus (¹), et Achardus frater meus, et Radulfus de Lunaico, Nicholaus filius Girberti, Guiardus de Bonavalle, et Josbertus et Lanbertus filii ejus. »

(*Cart. de Tiron*, f° 67 v°.)

CLXXVII.

Don au prieuré de Saint-Ouen de trente sous de revenu à Tournan.

« De Tornaco. »

(1132 circa.)

« Notum sit universis sanctę ęcclesię fidelibus quod Manasses, Torniaci dominus, dedit monachis Tironensibus aput Sanctum-Abdoenum degentibus xxx solidos, singulis annis, de redditibus supradicti castri Torniaci, videlicet quos diu deinceps monachis abstulit. Postea vero, quadam infirmitate correptus et monachorum monitu excitatus, nummos quos diu abstulerat Deo et monachis, super altare Sancti-Audoeni manu propria baculo quodam posito, reddidit. Hac de causa dederunt ei monachi quatuor modios vini. Hujus rei testes sunt : domnus Hugo Torniaci prior (²), Galo de Campo-Roure, Petrus de Bosco, Gislebertus prefectus, Arraudus, Guido de Sancto-Audoeno, Rainerius armiger Manasses. »

(*Cart. de Tiron*, f° 75 r°.)

(¹) Un des membres de cette famille, peut-être le père de Hugues et de Geoffroy, Pierre de Montoire, figure, en 1124, comme témoin, dans l'acte de fondation de l'église Notre-Dame-des-Marchais à Troô par Foulques, comte d'Angers. Dans une charte du prieuré de Fréteval de 1187, un autre Pierre de Montoire est désigné comme fils d'Hamelin, qui lui-même avait succédé à Mathieu de Montoire. — Cette note complète les renseignements que nous avons déjà donnés sur les seigneurs de Montoire, note 2, p. 166.

(²) Ce prieuré de Tournan est le même que celui désigné dans cette charte et ailleurs, sous le nom de Saint-Ouen.

CLXXVIII.

Confirmation au prieuré de Saint-Ouen de trente sous de revenu à Tournan.

« De Tornam. »

(1132 circa.)

« Noscat universalis ecclesia quod Manasses *de Tornen* xxx solidos quos ad lumen ecclesię Sancti-Audoeni semper inveniendum, sicut superius legitur, concesserat, et nescio qua ductus incuria aliquando se concessisse negaverat, in presencia domini Guillelmi abbatis, palam testibus his deinceps recognovit : Gauterio de Villa-Beiun(1), Gilleberto de Corcelliis, Pagano de Campo-Rouro, Ligerio *de Tornen*, Gilberto venatore, Gilberto pistore, Durando *Salt-de-Crues*, Simone filio Girardi Bucherii, Giroldo et Mainardo fratre Roberti Bogii et pluribus aliis. »

(*Cart. de Tiron*, f° 73 r°.)

CLXXIX.

Don au prieuré de Saint-Ouen de prés à Villemigeon.

(1132 circa.)

« Notum sit omnibus tam futuris quam presentibus quod Adam de Armentrecis monachis Tironensibus locum Sancti-Audoeni incolentibus omnia prata que juxta Villam-Meion habebat, caritate quadraginta solidis ab ipsis acceptis, donavit. Condonavit etiam ipsis xii nummos quos pro censu, singulis annis, illi dare soliti fuerant de terra quam tenebant ab illo et quę est ante suum hostium, concedentibus patre et matre et fratre atque suis sororibus. Ex parte Adam huic dono interfuerunt testes : Gaubertus Rufus, Herbertus suus sororius, Girardus

---

(1) *Sic, pro Villa-Meiun.* Voir la charte suivante.

venator, Gauterius de Villa-Meion ; ex parte monachorum : Guido dominus de Leugeiis, Albertus frater Henrici de Neiella, Adam frater eorumdem, Gislebertus Engania. Facta est autem concessio hujus doni et confirmata in curia domine Margarite (¹), ipsa presente atque Guidone filio suo.

» Adam iterum donavit ipsis monachis Tironensibus terram que est juxta Villam-Meion, fratre et sorore et marito sororis *Seron* concedentibus; x solidos ex ipsis monachis habuit. Hoc factum fuit in presencia dominorum Curnomii(²), videlicet Manasse et Widonis. Hii sunt testes : Petrus de Nemore (³), Galo, Angerius sacerdos, Gauterius Grossus, Bartholomeus Fortis, Gislebertus. »

(*Cart. de Tiron*, f° 73 r°.)

CLXXX.

Don d'un droit de fief sur deux moulins.

(1132 circa.)

« In divina pagina legitur a Domino dictum quia « sicut aqua extin-
» guit ignem, ita elemosina extinguit peccatum. » Quapropter nos fratres Goslenenses(⁴) sororque nostra, in redemptione animarum nostra-

---

(¹) Marguerite, dame de Tournan, était la mère de Manassès et de Gui. Parmi les seigneurs qui succédèrent à Manassès dans le domaine de Tournan, nous n'avons retrouvé qu'une dame nommée Héloïse, dont la tombe, du XIIIe siècle, se voyait autrefois dans l'église de Saint-Denis de Tournan.

(²) *Sic, pro Turnomii;* c'est certainement des seigneurs de Tournan qu'il est ici question : nous avons vu figurer Manassès dans les deux chartes précédentes.

(³) Petrus de Nemore est souvent aussi appelé Petrus de Bosco dans le *Cartulaire*.

(⁴) Cette expression *Goslenenses fratres* désigne ordinairement dans nos titres du pays Chartrain les quatre frères de la famille de Lèves dont nous avons parlé (voir note 2, p. 188); mais il est impossible d'attribuer à ces seigneurs la charte qui nous occupe. Les seigneurs de Lèves avaient de riches propriétés aux environs de Chartres, mais quelle apparence qu'ils aient été propriétaires en Poitou? D'ailleurs le nom de ces frères se trouve à la fin de cet acte, Albert, Giraud, Airaud, etc. — Nous n'avons pu déterminer d'une manière précise l'emplacement du prieuré *de Murciaco*, mais, suivant une note du XVIIe siècle jointe au Cartulaire original, ce prieuré était celui de *Tiron*, au diocèse de Maillezais.

rum, damus cuidam monacho et sociis ejus fedum quod in duobus molendinis habemus, quos a dominis nostris, Gaufredo videlicet *la Burda* et Helia *del Brul*, sororis sue conjuge, tenemus, et a Fulberto *de Luens*, a quo medietatem unius molendini habemus modiationis, ipsam ab eodem Fulberto quietam eisdem monachis facientes; quartam vero partem ipsius molendini nobis retinemus, talem in ejus edificatione mittentes qualem et accipimus. Predictam quoque medietatem idem Fulbertus monachis postea concessit, audientibus Frogerio Barba et Gaufredo *Barre;* censum autem alterius medietatis reddent monachi Gaufredo *la Burda*, et Elie *de Brul* unum sextarium frumenti, alterum vero annone ejusdem moldure; de altero quoque molendino ejusdem dominis II sextaria reddent avene. Hoc nos Goslenenses fratres damus et concedimus Bernardo, monacho de Murciaco, et sociis ejus, ut habeant et successores religionem eorum sectantes, absque calumpnia seu calumpniatore, audientibus : Aimerico, Benedicto, Tedardo. Hoc idem concesserunt : Gaufridus *la Burda*, Helias *del Brul* et uxor ejus soror Gaufredi, audientibus : Alberto, Giraudo, Gaufredo, aliisque quampluribus. † Signum Alberti. † Signum Giraudi. † Signum Airaudi. † Signum Bonelli. † Signum Rainaldi. † Signum Eldeardis. »

(*Cart. de Tiron*, f° 80 r°.)

CLXXXI.

Donation de terre à Chanteloup.

(1132-1143.)

« Ego Gaufridus, Dei gratia, Carnotensis episcopus et apostolice sedis legatus, universis ecclesie filiis notificamus quod Rainaudus, cognomento *Percehaie*, quicquid sibi retinuerat in illa terra que Campus-Lupi dicitur, quam Castridunensibus leprosis [1] dederat, Deo et mona-

[1] Nous ignorons la date exacte de la fondation de la léproserie de Châteaudun; mais cet établissement remontait certainement au moins aux premières années du XII° siècle. Vers 1120 en effet, nous voyons Guillaume de Mesmerand se retirer à la léproserie de Châteaudun et lui faire don de tout ce qu'il possède à la Jambe. La maladrerie était établie devant la croix de Saint-Eman; aussi est-elle appelée dans les chartes *leprosaria de Cruce-Sancti-Alemanni Castriduni*.

chis *de Tyrum* apud Ugriam commorantibus, sine ullo retentu, libere in elemosinam, in presentia nostra donavit, videlicet ejusdem terre dominium et omnium arborum terre culte fructus, et unum modium melioris avene ejusdem terre, singulis annis, in festivitate sancti Remigii, accipiendum. Hoc tamen sciendum est quod prefate terre cultores in supradicta solennitate illum annone [modium.....] afferent et monachis reddent. Si vero die prescripta redditum........., terre cultores eum afferentes monachis reddent. Verumtamen hoc [pretermit]tendum non est quod quamdiu annone modium prenominati cultores reddere distulerint, tamdiu eadem terra in manu et potestate monachorum erit, et quicquid in toto feodo illo de rebus cultorum invenerint sine offensa capere poterunt. Hoc autem ut ratum et inviolabile permaneret, quia in presencia nostra factum fuerat, presens scriptum, ad testimonium futurorum, nostri auctoritate sigilli muniri precepimus. Hujus rei ex utraque parte testes existunt : Gauterius sacerdos de Cloia, Gaufredus Normannus, Angeroandus pater Bigoti, Francus, cum pluribus aliis. »

(*Vidimus en parch.* d'août 1381.)

CLXXXII.

Confirmation des biens de l'abbaye par le pape Innocent II.

(1132/3, 16 mars.)

« Innocentius episcopus, servus servorum Dei, dilecto filio Guillelmo, Tyronensi abbati, ejusque successoribus regulariter substituendis, in perpetuum : Officii nostri nos hortatur auctoritas æcclesiarum omnium curam gerere et earum quieti et utilitati salubriter, auxiliante Domino, providere. Quamobrem, dilecte in Domino fili, Guillelme abbas, karissimi fratris nostri Gaufridi, Carnotensis episcopi, precibus inclinati, tuis rationabilibus postulationibus clementer annuimus et Tyronense Sanctæ-Trinitatis monasterium, cui, Deo auctore, presides, apostolicæ sedis patrocinio duximus muniendum. Statuimus enim ut quæcumque pessessiones aut bona in presentiarum ad idem monasterium juste et canonice pertinere noscuntur, aut in futurum concessione pontificum, largitione regum vel principum, oblatione fidelium seu aliis justis modis, prestante Domino, eidem loco offerri contigerit, firma tibi tuisque successoribus et illibata permaneant. In quibus hęc propriis nominibus annotanda subjunximus : in regno Angliæ, in episcopatu Sancti-David, æcclesiam Sanctæ-Marię de Cathmeis, cum appenditiis suis; in episcopatu Sancti-Andreę de Scotia, abbatiam Sanctæ-Mariæ Rochaburgensis, cum appenditiis suis; ęcclesiam Sanctorum martyrum Johannis et Pauli de Ogra, cum appenditiis suis; ęcclesiam Sancti-Egydii de Castenariis; ęcclesiam Sancti-Leonardi de Ferreriis; ęcclesiam Sanctæ-Marię de Asneriis; ęcclesiam Sanctæ-Marię de Telio; ęcclesiam Sancti-Laurentii de Brigia; ęcclesiam Sancti-Petri de Audita; ęcclesiam Sancti-Martini de Hildrevilla; ęcclesiam Sanctæ-Marię-Magdelenę de Jarzia; ęcclesiam Sanctæ-Marię de Aguille; ęcclesiam Sancti-Johannis-Baptiste de Murgeriis; ęcclesiam Sancti-Andreę de Anglia, cum appenditiis suis. Decernimus ergo ut nulli omnino hominum liceat vestrum monasterium perturbare aut ejus possessiones auferre vel ablatas retinere, minuere seu aliquibus molestiis fatigare; sed omnia integra conserventur eorum pro quibus gubernatione et sustentatione concessa sunt usibus profutura, salva nimirum dyocesanorum episcoporum reverentia. Decimas sane laborum quos propriis manibus aut sumptibus colitis, seu etiam vestrorum animalium, absque alicujus contradictione, vobis concedimus possidendas. Si qua igitur in posterum æcclesiastica secularisve persona hanc nostræ constitutionis paginam sciens contra eam temere venire temptaverit, secundo terciove commonita, si non factum digna satisfactione correxerit, potestatis honorisque sui periculum patiatur et a sacratissimo corpore et sanguine Dei et domini nostri Jesu-Christi aliena fiat; conservantes autem eidem loco quæ justa sunt omnipotentis Dei et beatorum apostolorum Petri et Pauli gratiam consequantur. Amen, amen, amen.

» † Ego Innocentius, catholicę ecclesię episcopus (*monogr.*)

» † Ego Lucas, presbiter cardinalis tituli Sanctorum Johannis et Pauli, subscripsi.

» † Ego Gregorius, diaconus cardinalis Sanctorum Sergii et Bachi, subscripsi.

» † Ego Otto, diaconus cardinalis Sancti-Georgii, subscripsi.

» † Ego Guido, diaconus cardinalis Sanctorum Cosme et Damiani, subscripsi.

» Datum Valentię, per manum Aimerici, sanctæ Romanæ æcclesiæ diaconi cardinalis et cancellarii, xvii kalendas aprilis, indictione x, incarnationis dominicæ anno M° C° XXX° II°, pontificatus autem domni Innocentii ii pape anno iii°. »

(*Original en parch.* — *Cart. de Tiron*, f° 1 v°.)

CLXXXIII.

Fondation du prieuré de Bacqueville.

« Littere de Basquevilla. »

(1133.)

« Hugo, Dei gratia, Rothomagensis archiepiscopus, Willermo, venerabili abbati *de Tyron*, ejusque successoribus canonice substituendis, in perpetuum : Ad nostrum pertinere dignoscitur officium loca Deo dicata sub protectione sancte matris ecclesie suscipere eorumque bona sibi canonice a fidelibus collata nichilominus episcopali auctoritate tueri et roborare. Verumptamen oblationes fidelium que precia peccatorum esse noscuntur a nemine licitum est frangi, nec ad alios usus preter eos quibus assignate sunt aliquos inde fas est perfrui. Ceterum de religione et bona vestra conversatione gratulantes, que pie requiritis congruum vobis duximus concedere justisque vestris postulationibus assensum prebere. Ecclesiam itaque Sancte-Marie de Baschevilla cum his que ad eam pertinent et sex acras terre vobis concedimus; nec illud concessioni nostre nocere debet quod monachi de Pinu eamdem ecclesiam aliquando habuerunt atque ibidem aliquamdiu commorati sunt ; idem namque monachi jamdictam ecclesiam locumque illum Willelmo *Martel* [1] in presentia nostra reddiderunt et inde sibi quod vellet facere

[1] Pendant plusieurs siècles, la famille Martel compta parmi les plus riches de la Normandie. Son principal hôtel à Rouen était situé en la rue actuelle de la Prison,

permiserunt. Concedimus vobis preterea ecclesiam Sancti-Petri de Baschevilla, cum universis sibi pertinentibus, salva parte monachorum Sancti-Wandregisili, et ecclesiam Sancti-Johannis de Wimbelevilla cum omnibus que ei pertinent, et duas garbas de decima feodi Gauterii prefecti ; duas quoque garbas de feodo Bartholomei filii Gauterii, quod tenet de Gisleberto de Tillio, et unam acram terre vobis similiter concedimus, et duas garbas de feodo Huberti de Tudela, et de feodo Willelmi Nani duas garbas, et de feodo Willelmi *Recucion* quod habet apud *Albemont* duas garbas, et de feodo Ricardi *de Grouciet* quod tenet de Rogerio *de Guitot* duas garbas, de feodo vero Gauffridi de Fagerlanda quod tenent Herluinus et Gislebertus *de Baudretot* duas garbas et unam acram terre, et II garbas de feodo Rogerii filii Haumundi, de feodo etiam Gisleberti de Tillio quod tenet Gislebertus *Malvaslet* duas garbas et unam acram terre, sed et de feodo Willelmi *Geroart* duas garbas, et de terra Gisleberti Grammatici II garbas, de terra quoque Radulphi prepositi II garbas, et de feodo Vaulterii Ruffi duas garbas, et de feodo Roberti de Germondivilla duas garbas, et de feodo Radulphi de Wimbelevilla duas garbas, de hamello vero Gisleberti de Cornevilla II garbas, et de terra Radulphi de Busseio duas garbas, et de terra Roberti carpentarii duas garbas, et de Willelmo de Petravilla de xx acris terre II garbas. Preterea ea que Willermus *Martel* et fratres sui, mater quoque sua et conjunx filiique sui dederunt et concesserunt vobis, ad opus monachorum ceterorumque fratrum in ecclesia Beate-Marie de Baschevilla Deo assidue servientium (¹), et nos concedimus firmaque vobis et illibata

près de l'église de Sainte-Marie-la-Petite, dont les anciens Martel de Bacqueville avaient été les fondateurs. Cet hôtel fut saisi sur la famille Martel au commencement du XVIIᵉ siècle et vendu à Robert Arondel, sieur de Bleurville. — Près de l'hôtel de Bacqueville était l'hôtel de l'*Ecu de France*, où mourut, le 22 octobre 1613, Mathurin Régnier, dont les entrailles furent enterrées en l'église de Sainte-Marie-la-Petite.

(¹) Dans le *Registre des visites* d'Eudes Rigaud, archevêque de Rouen, nous trouvons les renseignements suivants sur le prieuré de Bacqueville : « Oct. 1248. *Venimus apud Basquevillam. Invenimus quod monachi exeunt claustrum illicenciati; seculares frequenter intrant claustrum; non observabant jejunia regule, culcitris utebantur. Statuimus quod monachi claustrum non exeant, nisi licencia a priore obtenta; inhibuimus ne seculares claustrum intrent, et injunximus quod a culcitris abstineant et jejunia regule observent. Item invenimus quod Laurencius et Gofridus infamati sunt de nimio discursu per villam ultra voluntatem prioris: promiserunt quod bene se super hiis emendarent, ita*

deinceps perpetuo sanccimus possidenda manere, videlicet de proprio dominio suo xx acras terre, quarum una est in prato, boscum eciam essarti et viridarium sicut aqua currebat, et terram vivarii usque ad fossetum, et curiam edificii usque ad viam molendini, et ut in eodem molendino annonam suam quiete molant post bladum quod ingranatum fuerit. Decimam autem nummorum suorum quos in Normannia ipse Willelmus *Martel* in redditibus habuerit et in Anglia de censu, et decimam sui victus qui non fuerit emptus de denariis decimatis, et apud Baschevillam expendetur, et duo modia vini ad Rothomagum pariter vobis concedimus. Ceterum boves monachorum in dominicis pascuis cum bovibus domini quiete pergant. Dedit etiam Nicholaus de Osovilla unam acram terre, et Robertus de Magnavilla unam acram terre, sed et Gislebertus *de Hotot* quinque acras terre, et Willelmus de Warinvilla duas. Verumptamen quecumque in presentiarum canonice possidetis vel deinceps justis modis adipisci poteritis, firma vobis et stabilia permaneant, salvo sancte Rothomagensis ecclesie jure episcopali et consuetudine juste servata parrochiali. Cunctis igitur vobis ista servantibus sit pax domini nostri Jesu-Christi, quatinus et in presenti fructum bone actionis percipiant et in futuro premia eterne pacis inveniant. Amen.

» Actum est hoc anno ab incarnatione Domini M° C° XXX° tercio, regnante rege Francorum Ludovico, principante in Normannia rege Anglie Henrico, pontificatus vero nostri anno quarto. Ego Hugo, Rothomagensis archiepiscopus, subscripsi †. Ego Walterius, abbas Sancti-Wandregisili, subscripsi †. Ego Gauffridus, archidiaconus, subscripsi †. Ego Rogerius, archidiaconus, subscripsi †. Ego Fulbertus, archidiaconus, subscripsi †. »

(*Cart. de Tiron*, f° 86 r°. — Écriture du XVIe siècle.)

quod bonam famam de ipsis audiremus. Prioratus habet in redditibus cc *libras; debent circa* xl *libras. »* — *« Fév.* 1256. *Visitavimus apud Basquevillam. Ibi sunt quatuor monachi Tironenses. Utuntur culcitris; injunximus hoc emendari. Est ibi quidam qui non est presbiter; injunximus ei quod quolibet mense confiteatur et communicet corpori et sanguini Jhesu-Christi. Ter in ebdomada datur elemosina omnibus ad eam venientibus. Non servant jejunia regule, utuntur carnibus passim; injunximus eis quod super hoc regulam suam plenius observarent. Frater Johannes* Pligant, *prior, frater Lucas de Nogento, frater Herbertus Carnotensis, frater Stephanus de Castroduni; istos monuimus de premissis. Redditus non sunt conscripti; injunximus priori quod eos conscribi faceret. Debent* cl *libras; habent in redditibus* cc *libras. »*

CLXXXIV.

Confirmation par Ursion de Fréteval de divers dons faits à l'abbaye.

(1133.)

« Notum sit universis Christi fidelibus quod ego Ursus de Fractavalle concessi monachis *de Tyron* unam carrucatam terre quam Johannes *de Secore* dederat eis ad Verrerias, et decimam Guicherii quam prefatus Johannes dederat eis in parrochia *de Alteil*, et decimam de Bolvilla quam dederat Hugo *de Jaland*, per manum Goffredi Carnotensis episcopi, et illam terram quam dederat eis Aubertus de Sechervilla ad *Viler-Mafre*. Hanc concessionem feci in thalamo meo Fractavalle, volente mea uxore Beatrice(¹) et filiis meis volentibus et concedentibus Nivelone et Hamelino, anno ab incarnatione Domini MCXXXIII, Theobaldo existente comite Bleseacensium, istis videntibus et testantibus quorum nomina subscripta sunt : Salomon *de Torei*, Matheus *Potoron*, Brito de Sancto-Karilelfo, Gauterius Theutonicus, Girardus *de Vilers*(²) et Herbertus filius suus, et Hugo *Potoron*, Girardus *de Cambon*, Gaute-

---

(¹) Béatrix, sœur d'Aimery, seigneur de Lavardin, était la seconde femme d'Ursion de Meslay. Celui-ci avait d'abord épousé Emma qui, au mois de mars 1122, date du château de Fréteval une confirmation du don fait par son mari à l'Hôtel-Dieu de Châteaudun de trois cents arpents de bois sis entre la grande route qui va de Beaufou à Fréteval d'une part, et le bois Bourreau d'autre part.

(²) Une charte de l'année 1120 environ, par laquelle Guillaume de Mesmerand, en présence de l'évêque d'Orléans, Jean II, donne la terre de la Jambe à la léproserie de Châteaudun, est confirmée par Guillaume de Villiers, suzerain de Guillaume de Mesmerand, et tenant lui-même cette terre de Payen, fils de Guérin. A cette charte apparaissent comme témoins le vicomte de Châteaudun, Geoffroy, avec sa femme Helvise, et tous les seigneurs que nous avons vus en diverses occasions formant la cour du vicomte Geoffroy II : Renaud de Spiers, Guillaume Goët le jeune, Etienne de Neuvy, Payen Hélinand, etc. — Si nous citons cette pièce, c'est qu'on a été embarrassé pour lui assigner une date approximative à cause de la présence de l'évêque d'Orléans, Jean II, qu'on confondait avec Jean de Salisbury, évêque de Chartres.

rius *Moysant*, Odo famulus. Beatricis signum †. Ursi signum †. Nivelonis signum †. Amelini signum †. »

(*Cart. de Tiron*, f° 31 r°.)

CLXXXV.

Don par le vicomte de Châteaudun de terres à Fontaine-Raoul et à Bouffry.

« De Gurgitibus Emeniarde. »

(1133.)

« Ne cujusdam pactionis noticia posteros nostros lateat quam domnus Goffredus, Castridunensis vicecomes, et ejus venerabilis uxor Helvisa, cum Tyronii monasterii abbate et conventu habuit, illam litteris commendare et cyrographo confirmare voluimus. Predictus vicecomes et ejus uxor venerabilis, divine remuneracionis spe et intuitu concitati et de suorum antecessorum salute solliciti, abbatem et conventum predicti monasterii postulaverunt ut in loco suo proprio constitueretur (¹). Cui conventui dederunt predictus vicecomes et uxor ejus ad Fontem-Radulfi quatuor carrucatas terre, et ad buinonium Esgrenne fluvii duas carrucatas, et ex altera parte ejusdem rivi alias duas carrucatas terre, et totam terram de Planis-Baufredi, et juxta castrum Montis-Dublelli unam carrucatam terre que vocatur Fossa-Roberti. Et notum sit omnibus hominibus quod istas supradictas terras ita liberas et quietas dederunt sicut prius ipsi tenebant, et concesserunt pasturam nemorum suorum omnibus animalibus habitancium in his locis, excepto defenso suo, et cursum omnium nemorum suorum propriis porcis monachorum absque pasnagio. Et concesserunt omnia nemora sua habitatoribus horum locorum ad edificandum et calefaciendum. Dederunt etiam dimidiam partem decime nummorum redditus Castriduni, quam prius totam Tyronio monasterio dederant. Tali autem condicione ista dedit et concessit su-

---

(¹) Ce prieuré fondé sur la terre du vicomte de Châteaudun est celui des Fouteaux, dont nous avons déjà parlé, ch. CLVII.

pradictus vicecomes et uxor ejus ut ibidem conventus in perpetuum haberetur. Hec autem facta sunt anno ab incarnatione Domini M° C° tricesimo tercio, Castriduni, in aula sua, filiis et filiabus suis concedentibus Hugone, Huberto (¹), Aupeza, Heloisa, regnante Lodovico rege Francorum, et Goffredo existente consule Andegavensium. Istis videntibus et audientibus quorum nomina subscripta sunt : Ernulfus *de Laneré*, Lambertus Tortus(²), Fulcoius *Escharbot*, Girardus Diabolus, Petrus *Laguina*, Stephanus Forrarius, Despierius *de Laneré* (³), Stephanus de Novico, Theobaldus filius Engelardi, Morellus Moisnardus, Guillelmus de Porcheria, nepos Heloisse vicecomitisse, Hugo de Insula-Buchardi, Paganus de Venchaico, Guillelmus *de La Ferté*, Girardus et Guillelmus famuli monachorum, Agnes soror vicecomitisse. »

(*Cart. de Tiron*, f° 32 v°.)

CLXXXVI.

Accord entre l'abbaye de Tiron et celle de la Madeleine de Châteaudun pour l'église de Ruan.

« Carta Gaufridi, episcopi, super compositione inter nos (⁴) et monachos de Tyronio. »

(1133.)

« Juste pastoralitatis officium esse cognoscitur cum is qui curam habet regiminis in administratione pacis et concordie plebibus a Do-

---

(¹) *Sic, pro* Pagano.

(²) Pourquoi ce Lambert le Tort ne serait-il pas le célèbre auteur de l'*Alexandriade*? On sait que celui-ci s'intitulait « clerc de Châteaudun. »

(³) Ce témoin est le même que *Raginaldus de Spieriis* que nous avons plusieurs fois rencontré dans le *Cartulaire* (Renaud d'Epieds, seigneur de Lanneray).

(⁴) Ce chirographe fut divisé entre les moines de Tiron et ceux de la Madeleine. La charte qui a servi pour notre publication est celle qui fut remise à l'abbaye de la Madeleine.

mino sibi commissis sollicite providet universis. Cum vero omnibus qui Christi nomine insigniti sunt necessarium sit concordię bonum, illorum pręcipue concors et unanimis debet esse intentio, qui ex mutuę dilectionis exhibitione discipuli veritatis ab omnibus agnoscuntur (1). Ne igitur inter homines pię devotionis et sanę opinionis aliqua in posterum retractetur discordia, ad dirimendam controversiam quę inter karissimos filios nostros Tyronenses monachos et canonicos Castridunenses super quadam ęcclesia parrochiali cui nomen Rotomagum emerserat, ego Gaufridus, Carnotensis episcopus, apostolicę sedis legatus, efficaciter elaboravi, et de modo concordię hanc nostrę inscriptionis paginam, auctoritatis nostrę munimine roboratam, ad agnitionem tam pręsentium quam futurorum reliqui. Siquidem, in Rotomagensi ęcclesia supradicta quę in episcopatu nostra sita erat, deserta tamen et solitaria, quod meum erat venerabilis frater noster, Guillelmus, abbas Tyronensis ęcclesię, per nostrę manus dationem et concessionem, sanctis precibus meruerat obtinere; sequenter, cum ęcclesia Beatę-Marię Castridunensis (2), auctore Deo, regularibus canonicis tradita fuisset, et in ea Archenbaudus (3), vir venerabilis, in abbatem fuisset ordinatus, idem abbas Archenbaudus et fratres qui cum eo erant canonicam vitam possesi, a quodam milite, Gaufrido *de Arrou* (4), possessore memoratę ęcclesię Rotomagi, in tanta reverentia et amore sunt habiti, ut eis circa Rotomagi ęcclesiam terram trium carrucarum dederit, ipsam quoque ecclesiam ut eis concederem postulavit. Verum ego eandem ęcclesiam bis dare reveritus, quoniam eam jam monachis Tyronensibus concesseram, utriusque partis quieti providens, utilitati consulens prout rectius potui, de eadem ęcclesia disposui hoc modo. Habebunt

(1) C'est le préambule de cette charte qui a servi à forger la lettre de l'abbé de Tiron à Guillaume de Passavant, évêque du Mans, lettre que nous publierons plus loin.

(2) L'église de la Madeleine de Châteaudun fondée, suivant la tradition, du temps de Charlemagne, fut d'abord desservie par des chanoines séculiers sous le vocable de Notre-Dame. Vers l'an 1130, Geoffroy IV, vicomte de Châteaudun, substitua des chanoines réguliers aux anciens possesseurs.

(3) Archambaud fut le premier abbé régulier de la Madeleine. En 1131, il dressa pour son abbaye un règlement général qui nous a été conservé.

(4) Les membres de la famille d'Arrou figurent pendant les XIIe et XIIIe siècles parmi les principaux bienfaiteurs de la Madeleine et de l'Hôtel-Dieu de Châteaudun.

amodo canonici Castridunenses et obtinebunt, in pace et concessione Tyronensium fratrum, corpus ęcclesię Rotomagi, decimas et omnia parrochialia; Tyronenses vero monachi terram quam in Rotomagi parrochia possident per se et per mediterios suos cultam et de se et de mediteriis suis ab omni parrochiali jure quietam habebunt, et tam eam quam aliam terram quam habent ad Fontem-Radulfi et ad *Guathe* (¹), hospitibus et mansionariis et mediteriis suis, quibus et quotquot voluerint, ad libitum suum, quiete distribuent possidendam et excolendam. Quorum omnium baptismus, confessiones, sponsalia, decime majores et minute et omnes reditus parrochiales, sepulture etiam et corpora defunctorum ad ęcclesiam de castro Bofferici deferentur. Sciendum est etiam quod hęc loca, Foetelli, Fons-Radulfi et *Guathe* ita libera et quieta erunt, quemadmodum monasterium Tyronii, quod situm est in parrochia Sanctę-Marię de Guarzeis, quietum et liberum est ab omni jure parrochiali. Statutum est etiam ut in carrucata terrę quam pręfati monachi habent juxta *Vilerboul* et in Buxeria mediterios vel habitatores omnes quos voluerint et pro capacitate terrę poterint, ad libitum suum possent, quorum decimas majores et minutas ipsi eidem monachi Tyronenses integre possidebunt; sed habitatores cum omni jure parrochiali ad ęcclesiam ibunt, ad cujus parrochiam pertinebunt. Porro pręter hęc omne quod monachi Tyronenses ultra Ledum possessuri sunt et per se cum propriis carrucis absque mediteriis elaboraturi, quietum a decimis et omni parrochiali jure possidebunt. Hujus rei testes affuerunt: Bernardus, capicerius Carnotensis ęcclesię; Gaufridus, decanus Novigenti; Herbertus, presbiter Sancti-Hilarii; magister Odo *Piszat*; magister Guillelmus de Modalibus; Robertus presbiter; pręter hos: Rainaudus et Ivo et Rogerius, famuli abbatis Tyronii; Gosbertus de Aula; Gaufridus, cocus abbatis Vindocinensis; Gaufridus *Ballargent*; Ernaudus de Chenio; Paganus; Anselmus, famulus archiepiscopi Turonensis. Acta sunt hec anno ab incarnatione

---

(¹) La Gaste, dont il est ici question, était située dans la paroisse de Choue. Ce bordage devint dans la suite la propriété de la chapelle Saint-Blaise, dépendant de l'Hôtel-Dieu de Châteaudun. Le nom de la Gaste a disparu pour faire place à celui de la Bizolière, en souvenir de Jean Bizolier, qui était propriétaire de cette métairie en 1545.

Domini M° C° XXXIII°, indictione xi, epacta xii, regnante Lodovico in Gallia. »

(Chir. orig. en parch. à la Bibl. de Vendôme. — Cart. de Tiron, f° 34 r°. — Cart. des Fouteaux, f° 7 v°. — Vidimus en pap. de 1640. — Bull. de la Soc. Arch. du Vendômois, t. XIX, p. 186.)

CLXXXVII.

Don au prieuré de la Troudière de terres à Tourny et à Pressagny.

« De Turneo et de Trouderia. »

(1133-1145.)

« Noscat universalis ęcclesia quod Matheus de Vernono (¹), pro salute animę sue et patris et matris et omnium parentum et amicorum suorum, dedit monachis Sanctę-Trinitatis *de Tiron*, apud villam suam quę Turneium dicitur, duas terre carrucatas intra quas eorum constructa sunt edificia, et parvum boscum prope domos ipsorum qui Trunchetum vocatur (²), et apud Presigneium molendinum quod de Malva nuncupatur, et nemora sua ad omnia necessaria eorumdem. Et hec ita quiete sicut ipse possederat, pasnagium etiam et in bosco et in plano per

(¹) D'après une charte fausse datée du 3 des ides de mai 1182, Richard, petit-fils de Mathieu, se qualifiant seigneur de Vernon, Tourny et Le Goulet, *de Vernonico, Turneyo et Gousletis dominus*, confirme le don fait par son aïeul de l'usage dans les bois de Vernon. Le commencement de cette charte est assez curieux pour mériter d'être rapporté : « Cum monachi monasterii Tironensis in Pertico, ex donatione sancte memorie gloriosi et Deo devotissimi propatrui mei Adjutoris, olim a perfidis Sarracenis capti, et ab eis, meritis et intercessionibus et precibus beatissime Marie-Magdelene et sanctissimi Bernardi, predictorum monachorum et monasterii Tironensis abbatis, admirantissimo miraculo liberati, ac, relicta seculari militia, tunc ipsorum monachorum Tironensium ordinem et religionem ingressi, et dive memorie devotissime et religiosissime proavie mee Rosmunde *de Blarru*, apud ipsos monachos et in eorum monasterio Tironensi predicto dudum post decessum inclite et clare memorie Johannis proavi mei velate, in eorum capella Beate-Marie-Magdelene-super-Secanam inhumatorum, precibus inclite et clare memorie Mathei, avi mei..... »

(²) Le prieuré de Tiron situé dans la paroisse de Tourny perdit dès le XIIIᵉ siècle son nom du Tronchet pour prendre celui de la Troudière.

totam terram suam et pasturam similiter quiete (¹). Et hoc donum factum est per manum Hugonis, Rothomagensis archiepiscopi, apud Rotomagum, presentibus Roberto archidiachono, Petro Velgesinensi decano, concedentibus etiam ipso Matheo qui elemosinam faciebat et fratre suo Richardo, et Matheo de Clara cum fratribus suis Gaufrido et Berengerio, qui et viderunt et concesserunt. Unde testes sunt : Guillelmus *Harenc* (²), et Simon frater ejus, Johannes de Porco-Mortuo et ejus filius Hugo, *Godart* de Presigneio, Gislebertus *Treholt* et fratres ejus Robertus *Primart* et Odo, Guillelmus filius Richardi de Querceto, et multi alii et clerici et laici.

» Et quia hec in parrochiali jure erant, Guillelmus, de Turneio sacerdos, qui hereditarie parrochialia habebat, concessit et dedit monachis proprias eorum decimas de tota ipsorum terra, in nutrituris scilicet. Hoc testantur : ipse Matheus, Simon de Porco-Mortuo, Guillelmus *Harenc* et ejus frater Simon (³), Petrus decanus, Johannes de Porco-Mortuo et Hugo ejus filius.

» Symon etiam de Porco-Mortuo et Guillelmus *Harenc* ejus frater predictis monachis concesserunt totam decimam quam capere poterant in terram eorum et ubicumque crescere poterunt monachi in parrochia illa. Hoc testatur predictus Matheus a quo illi Simon et Guillelmus *Harenc* predictam tenent decimam, et *Godart* de Presigneio, Guillelmus de Querceto, Robertus *Primart*, Herbertus *Botevilain*, Johannes de Porco-Mortuo et Hugo ejus filius.

(¹) Mathieu de Vernon eut pour fils Guillaume, auquel succéda en 1169 Richard de Vernon. En 1185, Philippe Auguste donna, en échange de Vernon et de Longueville, à ce même Richard et à son fils qui portait le même nom, Montmélian, Govilz, Auvers, Roberval et 15 sous de rente sur la prévôté de Pontoise. Depuis lors, les sires de Vernon prirent le titre de seigneurs de Montmélian : nous trouvons Jean de Vernon, châtelain de Montmélian en 1228 et Guillaume de Vernon aussi châtelain de Montmélian en 1854.

(²) Raoul Harenc était gouverneur d'Ivry en 1107. Son fils ayant été donné en otage à Eustache de Breteuil, celui-ci lui fit crever les yeux. Raoul en revanche fit crever les yeux aux deux filles d'Eustache, qu'il avait reçues comme otages de son fils. Guillaume Harenc, dont le nom patronymique était de Port-Mort, devait tenir son surnom de sa mère, sans doute fille de Raoul Harenc.

(³) Il doit y avoir une erreur dans le *Cartulaire* : Guillaume Harenc avait pour frère Simon de Port-Mort, que le copiste fait figurer deux fois parmi les témoins.

» Iterum, in tempore Radulfi Cingturarii, qui tunc temporis ibidem prior erat et in cujus tempore hec supradicta facta sunt omnia, Robertus Rex de Presigneio dedit loco monachorum singulis annis minam nucum(¹), et Radulfus prior versa vice pro hoc dedit ei XI solidos. Testantur hoc Matheus et *Godart* de Presigneio, Guillelmus presbiter, Guillelmus de Querceto et Simon de Porco-Mortuo.

» Iterum Gislebertus *Treholt* tres acras terre dedit eis, presente Matheo domino suo, et ejus fratres concesserunt, Robertus *Primart* et Odo. Hoc viderunt et audierunt Petrus decanus, Guillelmus presbyter, Helias de Sancta-Columba, *Godart* de Presigneio.

» Galterius etiam granearius, in conversione sua, dedit monachis VII acras terre quas calumniatus fuerat intra donum domni Mathei, et alibi tres acras, et decimam virgulti sui. Hoc iterum concesserunt filii ejus Gauterii, Petrus, Richardus, Helias, Mauritius. Hoc testantur: Hugo de Faio, Paganus de Querceto, Richardus filius Engeles, Rogerius de Presigneio.

» Iterum Radulfus, filius Adeles, et Oelardus, ejus frater, presente Matheo, dederunt eis acram terre justa terram eorum. Hoc testantur: Herbertus *Botevilain*, Berengarius de Clara, Hugo de Faio(²).

» Dedit iterum eis Eustachia, soror prefati Mathei, VI acras terre in culturis suis de Nuiseio. Hoc concessit Matheus de cujus feodo est et filii Eustachie, Matheus de Clara et Berengarius ejus frater. Hoc testantur: Andreas et Richardus de Nuseio.

» In parrochia Fontineii, Mauricius clericus et Ascelina mater ejus dederunt eis frustum terre juxta domum ipsorum, ubi monachi vineam et virgultum plantaverunt. »

(*Cart. de Tiron*, f° 56 r°.)

(¹) Le commerce de noix avait une certaine importance au Moyen-Age, particulièrement dans le pays de Vernon. Dans cette ville, une place spéciale était affectée au marché aux noix. Ce qui donnait une grande extension à ce commerce était l'usage très répandu de l'huile de noix à cette époque.

(²) En 1191, Marsile du Fay fait un accord avec le prieuré de Saint-Guingalois de Château-du-Loir.

CLXXXVIII.

Don de terres et de dîmes en la paroisse de Tourny.

« De Trouderia. »

(1133-1145.)

» Noscat universitas fidelium quod Simon de Porco-Mortuo (¹) dedit nobis Tironensibus monachis decimam omnium terrarum quas habemus vel habere poterimus in parrochia de Turneio, concedente domino suo Matheo de Vernonio de quo eandem decimam tenebat. Inde sunt testes : Guillelmus, predicti Simonis frater, qui et hoc concessit, Johannes de Porco-Mortuo, Hugo filius ejus, Gislebertus *Trohorit*, Robertus Primardus, Berengarius de Clara, Guiardus de Maceriis.

» Guillelmus etiam, sacerdos de Turneio, dedit nobis omnes minutas decimas quas capiebat in terris vel in hortis nostris, hereditario jure possidens antea eas. Inde testes existunt : Matheus de Vernonio, Petrus decanus, Helias de Sancta-Columba, Gislebertus *Trohorit*, Rogerius Brito, Robertus Primardus, Guillelmus de Querqueio.

» Robertus Rex dedit nobis minam unam nucum, singulis annis habendam tam ab ipso quam a successore herede ejus, ob hoc accipiens a nobis undecim solidos quos dedit ei Radulfus Tunsor, monachus noster. Quod si nuces inveniri non poterint, tantumdem frumenti reddent. Inde affuerunt testes : Godardus de Pressinneio (²), Matheus de Vernonio, Berengarius de Clara, Simon de Porco-Mortuo et Hugo filius ejus, Gislebertus *Trohorit*, Robertus Primardus.

» Sed et Gislebertus *Trohorit* dedit nobis IIII acras terre ad Turneium, concedentibus fratribus suis, Robertus Primardus et Odo, his testibus :

(¹) Au commencement du XIIᵉ siècle, Richard de Port-Mort, se faisant moine à l'abbaye de la Trinité-du-Mont, concéda à cette abbaye tout ce qu'il possédait à Bizy. En 1248, Jean de Port-Mort contribua à la fondation du couvent des Cordeliers de Vernon.

(²) Vers 1175, Durand de Pressagny-l'Orgueilleux donna à l'abbaye de Saint-Wandrille tout ce qu'il possédait à Pressagny, donation qui fut confirmée par Richard de Vernon.

Matheo de Vernonio, Godardo de Pressinneio, Rogerio Britone, Helias de Sancta-Columba, Rogerio de Pressinneio, Pagano de Valle, Guillelmo de Querqueio.

» Mauricius clericus vero de Fontineio(¹) et mater ejus Ascelina dederunt nobis unam acram terre adjacentem terre nostre de Faeio. Testes sunt : Robertus clericus de Fonteneio, Richardus filius Dere, Radulfus prepositus de Fonteneio, Radulfus de Broco, Paganus filius Ricardi, Gislebertus presbiter(²). »

(*Cart. de Tiron*, f° 66 r°.)

CLXXXIX.

Partage de l'église de Bouffry entre l'abbaye et le Chapitre de Chartres.

« De communitate ecclesie *de Boferi* et reddituum in ecclesia Carnotensi. »

(1133-1147.)

« In nomine sancte et individue Trinitatis, ego Willelmus, Tyronensis cenobii abbas, et omnis conventus ejusdem loci, notum fieri omnibus volumus quod communicamus ecclesiam nostram *de Boferi*, per manum Richerii, archidiaconi, Capitulo Beate-Marie Carnotensis ecclesie, tali pacto quod quicquid reddituum, tam in decimis quam in aliis, idem Richerius seu predictum Capitulum ibi acquisivit vel acquisierit, post decessum ejusdem Richerii, commune erit inter nos et ipsum Capitulum. Presbyter etiam communiter eligetur et substituetur, salvo jure episcopi et archidiaconi tam in hoc quam in ceteris. Hospites nostri omnes de Fonte-Radulfi et de Foetellis parrochiani erunt predicte ecclesie et ibi parrochialia jura exsolvent, hoc excepto quod decime omnes eorumdem hospitum et tocius nostre terre, tam minute que pri-

---

(¹) La seigneurie de Fontenay appartenait au XIII° siècle à Mathieu de Trie et à Marie de Moret, sa femme.

(²) Cette charte-notice reproduit les dispositions de la charte précédente; mais elle nous fournit des variantes intéressantes dans les noms des témoins.

mitie vocantur quam alie, nostre proprie erunt sicut modo sunt. Si quis vero parrochianorum apud nos sepelire voluerit, salvo jure sui presbyteri et ecclesie, liceat. Servientes nostri de propria mensa excipiuntur a parrochiali jure. »

(*Livre des Priv. de l'Égl. de Chartres*, cart. 28, p. 80, et 28 bis, f° 36 v°. — *Cartulaire de N.-D. de Chartres*, ch. 40.)

CXC.

Confirmation de la donation de l'église de Bacqueville.

« De Basquevilla. »

(1134, 15 mai.)

« Quoniam verbum quod est vix audiri potest cum id preteritum est et quod futurum est esse nundum potest, statutum est antiquitus cyrographo muniri quod debeat in posterum memoriter haberi; sic plerumque confutatur multorum versutia quos miratur fraudulentos sanctorum justicia. Notis ergo litterarum deductis ad medium sermo noster fulciatur veritate testium, et dicatur qualiter et ex quo Tyronium Bascheville mereatur ferre patrocinium. Anno ab incarnatione Domini millesimo centesimo tricesimo quarto, idus maii, ego Willermus *Martel* (¹), assensu matris mee Albereye, et uxoris mee similiter Albereye, et Eudonis fratris mei, dedi ecclesie Sancti-Salvatoris *de Tyron* ecclesiam Beate-Marie de Baschevilla, cum hiis que ei adjacebant, scilicet sex acras terre et duas partes dimidie cantarie que est in parrochia Sancti-Petri et duas garbas de decima feodi Gauterii prefecti. Dedi insuper de proprio dominio meo viginti acras terre, quarum una est in prato, et boscum essarti, et viridarium sicut aqua currebat, et terram vivarii usque ad fossetum, et curiam edificii usque ad viam molendini, et ut in eodem molendino annonam suam molant quiete post bladum quod

---

(¹) La famille Martel posséda la seigneurie de Bacqueville jusqu'à la fin du XV⁰ siècle. Louise Martel épousa vers 1450 Constantin de Barville, seigneur dudit lieu, qui, par cette alliance, devint seigneur de Bacqueville.

ingranatum fuerit, et decimam nummorum meorum quos in Normannia habuero de redditu et in Anglia de censu, et decimam mei victus qui non fuerit emptus de denariis decimatis et apud Baschevillam expendetur, et duo modia vini ad Rothomagum (¹). Preterea quicquid terre vel decimarum homines mei in feodo meo prefatis monachis in elemosinam largiri vellent concessi eis libere et quiete habere, sicut libere et quiete dominium meum teneo et possideo. Post donationes istas, non longo incurrente temporis spacio, sepedictis monachis in elemosinam donavi apud Augustinvillam triginta duas acras terre ad vavassorum consuetudinem et triginta sex acras ad garbam; apud *Raslonde* triginta acras ad vavassorum consuetudinem et triginta sex ad garbam, et quinque acras ad terciam garbam in eodem loco: in hac autem terra que subscribuntur michi retinui, moltam videlicet, carreium semel in anno ad vinum meum, et quartam molam, carreium similiter ad mei corporis deffensionem contra hostes meos auxilium. Horum omnium que superius leguntur testes existunt : Goffredus, Rogerius, filii mei; Eudo, Gauterius, Baldricus, fratres mei, qui et ista omnia sicut et ego ipse concesserunt. Testes etiam sunt : Guernerius de Bracheio, Willelmus Nanus, Goffredus de Fagerlanda, Esbertus de Raslonda, et Willelmus filius ejus, et multi alii. Et ut ista melius et firmius in perpetuum haberentur, presentem paginam sigilli mei munimine confirmavi et roboravi. »

(*Cart. de Tiron*, f° 87 r°. — Écriture du XVI° siècle.)

CXCI.

Don par Gautier Hait de terres et vignes aux Mées-en-Saonnois.

« De gurgite de Mollant. »

(1135, 28 déc.)

« In nomine Domini, ego Gauterius *Hait*, vicecomes *de Mollan* (²),

(¹) Voir la charte CLXXXIII, où la donation de Guillaume Martel est rappelée presque dans les mêmes termes.

(²) Ce Gauterius Hait, qui prend ici le titre de vicomte, sans doute du chef de sa

dono Deo Salvatori et monachis *de Tirun* meum *gorth de Messe*, sicuti eum habebam. Necnum dedi eis unum arpentum vineę ad *Messe* de vineis quas emit Ermeniardis, vicecometissa(¹) et uxor mea, a Johanne pistore. Hoc donum concessit ipsa Ermengardis vicecometissa, uxor mea, et filię meę. Hoc donum feci pro redemptione animę meę et pro animabus antecessorum meorum defunctorum, et maxime pro anima filii mei Tevini. Feci hoc anno ab incarnatione Domini MCXXXV, v kalendas januarii, in capitulo Tironensis monasterii. Abbas autem G[uillelmus] ejusdem ęcclesię et omnis conventus concesserunt nobis ut scribamur in martirologio Tironensis ęcclesię post mortem nostram, ego et uxor mea, et ut pro nobis officium sicut pro suis fratribus agerent. Hujus rei testes sunt : Odo de Porta, Gauterius Carnotensis, Aubertus famulus Odonis de Porta, Ernulfus famulus vicecomitis predicti, Guimundus famulus Dude, Radulfus nepos Isenbardi camerarii. »

(*Cart. de Tiron*, f° 52 r°.)

CXCII.

Accord entre l'abbaye de Tiron et celle de Saint-Avit de Châteaudun pour les dîmes de vignes à Châteaudun.

« Pro quadam decima Castriduni. »

(1135.)

. . . .
. . . . recte finite iterum oriantur cavere debemus. Noverint itaque universi quia orta est controversia inter mo-

---

femme, apparaît comme l'un des principaux témoins lors de la fondation du prieuré de Saint-Michel-du-Tertre par Gervais de la Verserie (voir ch. LXXXIX). — Nous profitons de cette occasion pour rectifier la note que nous avons jointe à cette charte. Le prieuré de Saint-Michel-du-Tertre était situé en la paroisse de Louvigny, non loin de la forêt de Perseigne, et à peu de distance de Cohardon, où, comme nous l'avons vu, charte IX, l'abbaye de Tiron possédait un autre prieuré.

(¹) L'attribution de cette charte a présenté d'assez grandes difficultés. Gautier Haït, était sans doute vicomte de Moulins en la paroisse de Louvigny, et le lieu désigné sous

nachos Tironenses et moniales Sancti-Aviti de Castridunô (¹) super jure decimarum cujusdam terre quam Robertus de Monteforti eisdem monachis infra partem monialium de vineis excolendam dederat, cumque ante nostram presentiam partibus evocatis, causam judiciario ordine terminare intenderemus, tandem post, priore Tironii et illius predicti monasterii abbatissa volentibus et approbantibus, talis inter ipsos per dominum Carnotensem episcopum et Cenomannensem electum (²) et alios religiosos viros amicalis compositio facta est. Concesserunt moniales supradictis monachis medietatem decime omnium frugum in tota illa, sive culta jam esset sive colenda, et sive monachi suis laboribus et sumptibus, sive alii quicumque terram illam excolerent, excepta decima cujusdam vinee in qua erant v arpenta, quorum decima tota moniales sibi retinuerunt, ita tamen ut si monachi vel alii quicumque in eadem terra alias vineas plantaverint earum decimam integre et sine contradictione moniales habeant. Provisum est etiam ut utriusque partis consideratione homo tempore messium eligatur qui eis fidelitatem faciat, et sic decimas supradictas congreget. Illud etiam inter eos convenit ut monachorum de propriis animalibus omnibus que in terra illa essent moniales integram decimam haberent. Hanc compositionem promisit utraque pars a suo capitulo per proprias cartas confirmandam. Nichilominus etiam ex utraque parte concessum est sacerdotem parrochialem terciam partem decime utriusque partis habere, nisi de vineis predictis et animalibus propriis et carrucis propriis monachorum. Valete. »

(*Cart. de Tiron*, fº 64 rº.)

le nom de *Messe* doit s'entendre des Mées, paroisse voisine de celle de Louvigny. Mais pourquoi le *Cartulaire* original a-t-il donné pour titre à la charte par laquelle le vicomte de Châteaudun fonda le prieuré des Fouteaux : *De gurgitibus Ermeniardis?* (voir charte CLXXXV). Malgré toute notre confiance dans les rédacteurs du XIIᵉ siècle, il nous est impossible de ne pas admettre là une erreur.

(¹) Vers 525, le roi Childebert fonda, en faveur de saint Avit, un monastère près du lieu appelé alors *Piciacum* et depuis Châteaudun. Ce monastère, d'abord habité par des moines de Saint-Benoît, fut détruit par les Normands au IXᵉ siècle. Restauré au XIᵉ siècle (vers 1045) par Gannelon, trésorier de Saint-Martin de Tours, il fut consacré en l'honneur de saint Avit et donné à des religieuses de l'ordre de Saint-Benoît qui le possédèrent jusqu'à la Révolution.

(²) Cet évêque élu du Mans nous paraît être Hugues de Saint-Calais, qui prit possession en 1135.

CXCIII.

Accord entre l'abbaye et Pierre de Péronville.

« De Pesonvilla. »

(1135.)

« Quoniam corrupti sunt filii hominum et abominabiles facti sunt in studiis suis, student enim patrum plantationes eradicare suisque usibus mancipare, et quibus ecclesias Dei ditaverunt largitionibus, si nequeunt exterminare, saltem moliuntur corrodere, hanc cartulam tanto validiori testium munimine decuit roborari quanto fraudulentorum injuria multas novimus violari. Talium ergo semper pullulantium viperea mordacitate vexati, post tot impugnationum contrarietates, post tot circumvenientium recrastinationes, post tot precipitationis verba quę veritatem impugnando lingua dolosa nova semper multiplicat, more ydre cui, secundum hujusmodi tractatores, uno consumpto tria semper capita renascebantur, monachi Sancte-Trinitatis *de Tyron* et ego Petrus de Spesonvilla ita his deliberavimus quandoque finem dare altercationibus ut, convenientibus nobis in unum, conferretur in medium quibus rationibus et testibus que de meo feodo habent habere noscuntur, incipientibus a patre meo, qui prior me, pro sue suique generis salute, dedit eis apud se possessionem, et de hujus recapitulationis fine pax consecuta inter nos teneretur in evum. Ordo igitur narrationis sic incipit. Dedit itaque pater meus Hubertus monachis *de Tyron* duas carrucatas terre ultra aquam Pessumville ubi eorum edificia construuntur [1] et quantum ipsorum terra extenditur, ipsam aquam ad piscandum tantum ad edulium eorum, et quecumque ibi sibi necessaria invenerint in herba et in edificandis domibus, et duo arpenna de altera parte aque, et hoc ita quiete et absolute quod nemo alius ibi aliquid capit. In meo

---

[1] Le prieuré de l'abbaye de Tiron à Péronville a laissé des traces dans la topographie locale. Près du village est une ferme qui porte encore le nom de Thironneau.

autem tempore, quidam nomine Harrius (¹) dedit eis frustum terre de meo feodo, et ego concessi ita similiter quiete. Alter vero Gaufridus de Pertis similiter sue terre particulam dedit, et ego concessi omnino quiete. Donum etiam quod Paganus et Guiardus fratres de meo feodo fecerunt eis apud Pertas, ego concessi, et domui eorum de Pertis aquam meam apud Villerarium et ripariam ad sua necessaria. Donum etiam quod Guitellus de Pataio (²) fecit, et ego calumpniatus fueram, iterum concessi, et si forte contra eos inde aliquis surrexerit non eis nocebo. Ego autem dedi eis II carrucatas terre, unam apud *Mosteriol*, alteram ultra aquam juxta 'suam terram, et si im perpetuum illam que ultra aquam est adquietare non potero convenienter excambiavero. Domum vero illorum *de Mosterol* cum duobus arpennis concessi quietam, sicut domum suam de Spesovilla. De terra autem harum duarum carrucatarum decima et campipars in unum colligetur, et si voluero mittam ibi meum famulum in custodem, vel ipsi mea dispositione suum mihi apud domum meam adduxerint, cui, fidelitate accepta, si voluero, eamdem curam commisero, et in beneplacito meo decime illius et campipartis mea portio triturabitur, et ventilatam deferent apud domum meam de Spesovilla, et forraginem mee partis reservabunt usque ad Pascha mihi apud se. In terra autem duarum carrucatarum, in cujus redditu medietatem decime et campipartis, ut dictum est, habeo, si quid calumpnie forte oritur, mei omnino monachi auxiliatores extiterint, adjuvando de se et suis per medium. Iterum juxta hanc terram dedi eis pro XXX solidis morsellum terre, retenta mihi media parte decime et campipartis. Dedi iterum quiete et libere eis, pro Girardo meo avunculo, in conversione sua, frustum terre justa suam terram de Pertis. Hec omnia, pro Dei amore et mei generis salute, dedi et concessi eis ita libere et quiete ut superius legitur, et ne inde aliquid lateat, proinde memini me accepisse ab eis caritative XIII^{cim} libras et unum palefridum, ut hoc firmum maneat in evum. Hęc omnia Castri-

---

(¹) Le vrai nom de ce personnage est *Harricus*. Voir charte CXVI.

(²) Ce chevalier s'appelait en réalité Renaud de Patay; Guiterne était un surnom. En 1140, Geoffroy IV, vicomte de Châteaudun, confirme le don fait par Renaud de Patay, surnommé Guiterne, *Raginaldus de Pataio, cognomine Guiternus*, à la maladrerie de Saint-Lazare de Châteaudun, d'une terre à Mascherainville.

duni ego Petrus concessi et confirmavi coram multis, quorum hec nomina sunt : Herveius, tunc temporis decanus, Ivonus presbiter, Robertus *de Altel*, presbiter, Petrus *Laguina*, Bartholomeus ejus filius, Stephanus de Novio, Haimericus ejus filius, Gaufridus Burserius, Fromundus ejus filius, Garinus de Taneria, Henricus *Loloerenc*, hi de parte monachorum ; de parte vero Petri : Matheus Rufus, Garinus *de Monpancer*. Apud Spesovillam vero, quando uxor ejus *Hersent* et filii eorum Hubertus et Erchenbaudus et filie Isabel et *Alsent*, hii enim eo tempore eis nati fuerant, et soror Petri Jachelina concesserunt, singuli palam omnibus aliquot nummos pro testimonio accipientes, isti fuerunt testes: Hugo *de Jalanz* et Goerius ejus filius, Arnulfus *Burgun* et Rainaudus ejus filius, Vitalis *de Pertuset*, Rainaudus *Bote*, de parte monachorum ; de parte vero Petri : Hubertus de Villariis, Odo *Volsart*, Erardus de Pertis, Fulchereus, Rainaudus *Tendrum*, Enardus de Mascherenvilla, Baldricus *Bochet*, Guillelmus *Bordum*. Anno ab incarnatione Domini millesimo CXXXV, regnantibus Ludovico in Gallia, Henrico in Anglia. »

(*Cart. de Tiron*, f° 25 r°.)

CXCIV.

Fondation du prieuré du Gué-de-Launay.

« Terra de Vado-Alneti cum decima. »

(1135 circa.)

« Notum sit omnibus hominibus tam presentibus quam futuris quod ego Guillelmus de Sozaico et mater mea Mathea donavimus Sancto-Salvatori et monachis Tironis terram Insule-Goscelini ([1]), sicuti est divisa, quem locum vocamus Vadum-Alneti. Terra vero ita terminatur a valle ubi prata monachorum incipiunt usque ad terram Arberti de Sancto-

---

([1]) Le prieuré du Gué-de-Launay, érigé depuis en abbaye, fut en effet dans le principe construit sur une île formée par la Braye. Le bois cédé aux moines par Guillaume de Souday est le bois de Couéteron.

Michaele et a terra Arberti usque ad Fossas-Vulpium et a Fossis-Vulpium usque aliam vallem sicuti terminis terminata est. Omnia vero que ad locum pertinent cum ipso loco liberaliter damus, scilicet decimam tocius terre, et glandem nemoris nostri ad porcos, et pasturam ad alia animalia, et boscum ad ignem monachorum et ad omnia necessaria. Hoc donum concesserunt Paganus de Sozaico frater ejus, et Juliana et Agatha sorores ejus. Hujus rei sunt testes: Goffredus presbiter de Sozaico, et Droco *Espechel*, Constantinus, Amelinus *li Gentil*, Giraudus de Rivaria, Gauterius *de Coatrum*. Hoc donum iterum concesserunt Rotrocus et Lucia uxor ejus et Rotrocus filius ejus, a quibus Guillelmus de Sozaico habebat terram. Et ipse Rotrocus et Lucia uxor ejus et Rotrocus filius ejus utramque ripam aque monachis libere concesserunt ad molendinum faciendum et ad piscationem. Hujus concessionis sunt isti testes: Droco Mala-Musca, Hugo *de Munz* et Amelinus *li Gentil*.

» Necnon post multos dies Guillelmus de Sozaico dedit monachis Tironis unam carrucatam terre in illo loco sicuti termini eam dividunt. Hoc concesserunt Paganus frater ejus, et Agatha soror ejus. Hujus rei sunt testes: Constantinus cognatus ejus, et Hugo de Barra, et Hubertus *Bisul*. Quando vero Guillelmus de Sozaico hec omnia dona monachis dedit nec uxorem nec filios habebat.

» Ex alia vero parte aque donnus Rotrocus dedit monachis unam carrucam terre, et auneta ad prata facienda, et pessionem suorum nemorum propriorum ad porcos monachorum ibidem morantium, et pasturam ad animalia; et concessit suam propriam forestam ad ignem monachorum et ad sua necessaria, uxore ejus Lucia et filio suo Rotroco concedentibus, Guillelmo de Sozaico, et Guillelmo *Espechel*, et Teobaudo de Riverio testibus (¹). »

(*Cart. de Tiron*, f° 65 r°.)

(¹) Une copie de cette charte existe aux Archives du département de la Sarthe (H 85); mais le nom du donateur est altéré (*Guillelmus de Soraico*), ainsi que ceux de plusieurs témoins. Comme nous le verrons dans la suite, les archives de la Sarthe possèdent un grand nombre de titres concernant l'abbaye du Gué-de-Launay; mais la plupart de ces titres sont des copies défectueuses.

CXCV.

Don de diverses terres par Guillaume de Vaupillon.

« De Murgeriis. »

(1135 circa.)

« Notum sit omnibus tam futuris quam presentibus quod Willelmus de Valle-Piron (¹) et Agnes, uxor ejus, dederunt monachis *de Tyron* terram ad duas carrucatas in loco qui dicitur Vallis-Joscelini, et prata et noas (²) que sunt ad rivulum qui dicitur Doneta usque ad semitam Haimerici, et totam silvam que dicitur Boeletum-Aviot (³) sicut possidebant, et in alio loco qui dicitur Marches-Mainerii duas carrucatas terre, et alibi in loco qui dicitur Hatonis-Villa, carrucatam unam terre cum hospitalicio et pratis et nemoribus, et in Belsia (⁴), in villa que dicitur *Borsei*, carrucatam unam terre et medietariam Gisleberti, cum omnibus pratis sicut possidebant, et stagnum et molendinum quod dicitur Novum cum moltura sua in valle Cumundi, et oscam terre super ipsum molendinum, et pratum unum reddentem unoquoque anno, ad festum sancti Remigii, xvi^{cim} denarios, et decimam molendini sui quod est super ipsum stagnum, et terciam partem decime cujusdam molen-

---

(¹) *Sic*, pro **Valle-Pilon**.

(²) On désignait sous le nom de *noues* les prairies basses et un peu marécageuses, comme les herbages de Normandie.

(³) Il ne reste plus de forêts dans les environs de Vaupillon ; mais une foule de hameaux ont conservé le souvenir des bois qui devaient exister en ces lieux ; nous citerons : le Haut-Bois, le Bois-Robin, le Buisson, les Hayes-d'Alleray, les Hayes-Guitton, etc.

(⁴) La délimitation du pays que l'on appelait la Beauce est très difficile à établir, d'autant que le Rerche, pays de date plus récente, est venu envahir une partie de l'ancienne Beauce, avec laquelle il forme aujourd'hui la distinction la plus tranchée. De nos jours il ne viendrait à l'esprit de personne de placer Boursay en Beauce, pas plus que son voisin Saint-Agil, dont nous voyons sans cesse le prieuré désigné sous le nom de *Sanctus-Agilus in Belsa*.

dini quod dicitur *Estivaus*, quod tunc in vadimonio habebat a Widone de Isis (¹), prece et concessione ipsius Guidonis, et oscam terre super ipsum molendinum reddentem per singulos annos, in Nativitate sancti Johannis-Baptiste, duos solidos. Dederunt etiam furnum de Valle-Piron et silvam necessariam in omne opus furni preter sepes, tali conditione quod nec molendinum nec stagnum nec furnum aliud ex illo die fieret in toto honore de Valle-Piron quod his posset nocere(²). Furnarium etiam liberum concesserunt; Gaufridum filium Baldrici similiter dederunt liberum atque solutum ab omni consuetudine et justicia seculari, et omnes boscos suos ad pasturas, ad ardendum, ad hospitandum ubicumque esset preter sepes, et decimam omnium que in ipsis boscis sive in alodiis sive in defensis, sive manu firma, aut moriolis (³) vel in *gralou* tunc fiebat, vel inantea fieri poterant, scilicet de pasnagiis, de carpentariis (⁴), de carbonariis (⁵), de novalibus sive de quocumque alio labore in ipsis facto, et decimam omnium reddituum suorum, quecumque tunc ipsi possidebant aut in posterum heredes sui possessuri erant in toto feodo et honore de Valle-Piron, et decimam horrei sui. Quecumque etiam predicti monachi in toto honore de Valle-Piron quocumque modo adquirere poterint vel ipsis in elemosinam data fuerint concesserunt. Hec omnia dederunt Guillelmus et Agnes uxor ejus monachis *de Tyron*, pro remedio animarum suarum, libera atque soluta ab omnibus secularibus consuetudinibus et justiciis et calumpniis, sed

---

(¹) Vers 1128, Robert des Yys, en faveur de son fils Gradulphe qui voulait se faire moine à Saint-Père, donna à cette abbaye l'église de Saint-Pierre-des-Yys.

(²) Cette donation de Guillaume de Vaupillon fut la dotation du prieuré de Saint-Jean-des-Murgers.

(³) *Moriola* nous paraît désigner des landes marécageuses; *gralou* a à peu près le même sens, terrains boueux et fangeux : le moût de raisin s'appelait *gralée*. On dit aujourd'hui, dans le langage vulgaire, *gadoue* pour signifier des boues et immondices : faut-il reconnaître à ces deux mots une origine commune ? — On sait au reste combien est marécageuse la partie du Perche où Vaupillon est situé. On trouve encore, dans les communes du Pas-Saint-Laumer et de La Madeleine-Bouvet, où coule la Donnette, plusieurs lieux appelés l'Herbage, les Noes, etc.

(⁴) Les charpentiers étaient naturellement un des corps d'état qui fréquentait le plus les forêts.

(⁵) Les mentions du charbon, des charbonniers et de leurs fosses ou ateliers sont fréquentes dans les chartes des XIIe et XIIIe siècles.

diversis temporibus. Et ut hec omnia monachi in pace possiderent, memoratus Guillelmus et Agnes uxor ejus, ad conversionem venientes aput *Tyron*, dereliquerunt dotem ipsius Agnetis, quam jam predictis monachis concesserant, Radulfo *de Guitot* successori suo quamdiu ipse viveret, assistentibus et videntibus istis legitimis testibus qui subscribuntur : magistro Rainardo, Evrardo, Philippa et Albereia ipsorum sororibus, Willelmi scilicet et Radulfi. Supradictorum vero donorum testes isti fuerunt quorum nomina subscripta sunt : magister Rainardus, Evrardus, Raginaldus presbiter, Ogerius, Fromundus *de Melee*, Odo Quarrellus, Girardus Diabolus, Otrannus et Garinus filius ejus, Philippa et Albereia sorores ipsius Willelmi. Super omnes istos affuit jamdictus Radulfus *de Guitot* qui omnia ista concessit et confirmavit, et partem etiam hujus cyrographi reservavit, et in fide sua promisit se suosque heredes omnium supradictorum donorum legales testes et veraces defensores existere. »

(*Cart. de Tiron*, f° 47 r°.)

CXCVI.

Don de l'église et des dîmes de Marolles.

« De ecclesia Mairoliis. »

(1135 circa.)

« Noscat hoc universalis ecclesia Christi quod ego Hugo de Roceio do Deo salvatori nostro et monachis de Tyronio, pro salute anime mee et pro remedio antecessorum meorum, ecclesiam de Maioroliis et decimas meas totius parrochie in perpetuum possidendas. Ego autem ad extrema perveniens, hoc donum feci per manum donni Gaufredi, tunc Carnotensis ecclesie episcopi ac sancte Romane ecclesie legati. Hujus rei testes sunt : Hugo de Noceio [1] ; Ogerius filius ejus ; Johannes

[1] La famille de Nocé était puissante dans le Perche au XII° siècle. Nous trouvons plusieurs fois Hugues de Nocé témoin, avec Gauthier d'Amilly. Geoffroy de Nocé se croisa en 1191.

Beleth; Goferius tanerius ; Gerricus de Villa-Visana ; Robertus, sacerdos de Sancto-Hilario. De concessione episcopi subscribuntur testes isti: Hugo de Villario et Hugo puer filius ejus ; Radulfus de Pereio ; Gauterius de Armilleio; Aaliz, uxor Hugonis de Villario. »

(*Cart. de Tiron*, f° 6 v°.)

CXCVII.

Donation d'un morceau de terre à Villandon.

« De Roberto filio Roberti. »

(1135 circa.)

« Robertus, filius Roberti, dedit monachis *de Tyron* modicum terre apud Villam-Andon, cum consensu uxoris sue Alburgis et filie sue Milesendis, testibus Hugone, fratre ejusdem Roberti, et Alberto Gasero. † Signum Roberti. † Signum Alburgis. † Signum Milesendis. »

(*Cart. de Tiron*, f° 17 v°.)

CXCVIII.

Don d'une terre à Villandon.

« De Roberto filio Roberti. »

(1135 circa.)

« In nomine sancte Trinitatis, notum sit omnibus tam presentibus quam futuris quod quidam miles Robertus, filius Roberti, atque uxor sua Alburgis, concedentibus filiis suis Aimerico, Guillelmo, Garino et filiabus Lucia, Erenburga, *Milesent, Ermengart*, omnique sua progenie tunc temporis superstite, quamdam terram apud *Vilandum*, pro redemtione animarum suarum, Tyronensi ecclesie Sancti-Salvatoris dederunt ; que terra uno latere juncta est terris monachorum Sancte-Marie de Pulcro-Loco, alio vie que ducit ad Tovillam et Nicorbinum, altero continuata est terris Tyronensium. Et ne hoc detur oblivioni testes qui ibi affuerunt his scriptis ad memoriam revocamus : Gaufridum carnificem, Garinum *de Bertocut*, Gaufridum *de Vilvocees*, Fulcherium *de Gives*, Gaufridum *de Nerum*, Andream, Britellum, Ilvoium. Insuper terram aliam quam adversus monachos calumpniabantur, junctam terris monachorum Sancti-Martini de Majori-Monasterio, in pace dimiserunt. »

(*Cart. de Tiron*, f° 18 r°.)

CXCIX.

Vente à l'abbaye de trois quartiers de terre.

(1135 circa.)

« Lorinus de Porta-Drocensi vendidit monachis *de Tyron* et Leugardis, uxor sua, tres quadrantes terre XL et VIII solidos, et filii eorum concesserunt, et Odo gener ejus est fidejussor tranquillitatis contra omnes homines, et Fulquedus lavendarius, et donnus Hubertus Asinarius fuit emptor ex parte monachorum, et donnus Alcherius filius Aalonis, et Guillelmus, famulus ejusdem, fuerunt testes monachorum, et Stephanus cordarius, et donnus Radulfus pistor. Hec terra est ad locum qui dicitur *Pissaloup*. »

(*Cart. de Tiron*, f° 12 v°.)

CC.

Don d'une terre à Maincourt.

« De Gilleberto. »

(1135 circa.)

« Notum sit omnibus hominibus quod Gillebertus de Umbleriis et Teobaudus, filius Girardi de Gradu, dederunt illam terram que est justa fossam *de Mameincurt* monachis Tyronis, et unusquisque illorum habuit inde de caritate xx solidos, Hugone *de Vilandon* concedente, de quo movebat terra, et Hildearde uxore ejus, que habuit inde xii denarios. Isti sunt testes, ex parte Gilleberti et Ugonis : Garinus, sacerdos de Tuvilla, Rainerius, filius Holrici de Vovis, et Cornutus Robertus, et Johannes herbarius, et Fulbertus de Puteo ; isti ex parte Teobaudi : Gauterius *de Vilemant*, miles, Goffredus Canutus, Raginaudus *de Coluns*, Gauterius de Boscho. »

(*Cart. de Tiron*, f° 19 r°.)

CCI.

Don de terres à Lièvreville.

« De Hugone de Levrevilla. »

(1135 circa.)

« Cunctorum fidelium tam presentium quam subsequentium noticie manifestum fieri volumus quod Hugo de Levrevilla, propter caritatem quam ei et suis amicis, scilicet matri et fratri et sorori, monachi Tyronenses impenderant, quos ad monachatum susceperant, dedit se suaque omnia predicte ecclesie, pacto quod subscribitur : si voluerit esse monachus nonnisi apud nos ipsos fiet ; si autem de suis terris vel decimis in elemosina dare voluerit aliquid, nulli ecclesie nisi ecclesie Tyronensi dare poterit ; si vero sine herede defunctus fuerit, omnia que habuerit tam in terris quam in decimis sive aliis aliquibus rebus ecclesie Tyronis erunt : ipse autem apud Tyronem, sive sit monachus sive non sit, humabitur suaque omnia monachis reddentur. Concessit etiam predictus Hugo sepedicte ecclesie terram quam dederat eis Gaufridus *Tyroht*, frater ejus, scilicet duas bovatas terre apud Levrevillam et alias duas bovatas terre quas tenebat de eo quidam qui vocatur Primaudus, in feodo ejusdem ville([1]). Inde sunt testes : Robertus oblearius, Ascelinus

---

([1]) Voir *supra*, charte CXXXI.

mediterius, Robertus Tortus (¹), Richerius Blancus, Richerius Longa-Testa, Ernulfus *Turinel*, Herbertus filius Ansgoti, Antiquinus de Alneto, Johannes *Ferrecoc*, Garnerius Curtus, Robertus poterius. Videntibus et audientibus istis dedit cum suis predictus Hugo, cum libro quod in signo dationis vel concessionis posuit super altare Dei Salvatoris Tyronensis ęcclesie. »

(*Cart. de Tiron*, f° 21 r°.)

CCII.

Remise à l'abbaye par Pierre de Péronville de terres qu'il lui avait enlevées.

« De Pesovilla. »

(1135 circa.)

« Notum sit universis ecclesie fidelibus quod Petrus de Spesovilla reddidit monachis *de Tyron* terram de Vilerfreslengis ad perficiendam carrucatam terre de Mosterello. Reddidit etiam terram de Pertis, sicut eam divisit et monstravit Guillelmus cellararius, et ipse Petrus concessit. Concessit iterum monachis decimam terre eorum quam eis dederat Hildeardis de Pertis. Simul etiam reddidit eis terram Maresii quam

(¹) Dans un grand nombre de chartes de l'abbaye de Tiron, les témoins, loin d'appartenir aux maisons seigneuriales du pays, sont pris au contraire parmi les artisans et les clients du monastère. Nous entrons ainsi dans la connaissance intime des familles qui, sorties de l'état de domesticité des couvents, sans avoir joué un rôle historique, ont occupé cependant, pendant deux ou trois siècles, une place importante dans l'histoire particulière du pays Chartrain. Les Le Tort (*Tortus*) sont une de ces familles. Vers 1125, Renaud Le Tort (*Raginaldus Tortus*) fut investi par Guillaume, abbé de Saint-Père, de l'office de la pelleterie de l'abbaye; voici à quelle occasion : « *Quidam homo noster*, dit l'abbé de Saint-Père, *Belinus, erat pelliparius noster. Volens ad majora conscendere, rogavit me ut facerem eum cellararium nostrum, et ipse dimitteret officium pelliparie quod a nobis habebat. Venit igitur in capitulum nostrum et revestivi eum de cellararii nostri ministerio*: l'office de pelletier étant ainsi devenu vacant, Renaud Le Tort en fut investi.

diu calumpniando monachis ipse abstulerat. Hec omnia ipse Petrus fidei sue confirmatione stabilivit, et Robertus Voxaldus. Ex parte Petri testes sunt supradictus Robertus et Odo filius ejus; ex parte monachorum Brito de Castriduno. »

(*Cart. de Tiron*, f° 26 v°.)

CCIII.

Don du Moulin-Neuf au prieuré de Monrion.

« De Monte-Rionis. »

(1135 circa.)

« Notum sit omnibus ęcclesię fidelibus tam presentibus quam futuris quod Arsendis *de Perei* et Ascelina filia ejus dederunt et concesserunt monachis Tironis quoddam molendinum quod vocatur molendinum Novum situm in aqua Brevonis sub domo monachorum Montis-Rionis [1]. Hoc vero ita peracto, Villana Rabella et Garinus Grao, quorum erat medietas areę molendini, fecerunt molendinum simul cum monachis, ita quod monachi Montis-Rionis haberent medietatem molendini et piscature, Villana et Garinus aliam medietatem, et insimul mitterent monerium in molendino, accepta primitus fide ab eo, et insimul reficerent molendinum et inclusam vel molas vel quicquid necesse esset, et Villana et Garinus facient homines suos molere ad molendinum, quia hac de causa habent medietatem molendini. Villana vero et Garinus dabunt semper de censu II solidos monachis Tironis ad Nativitatem Domini, et IIII^{or} denarios Male-Musce [2] ad Natale Domini [3]. »

(*Cart. de Tiron*, f° 45 v°.)

[1] Le prieuré de Monrion, fondé à la suite de la donation de la comtesse Adèle (voir ch. XXIV), était situé dans la paroisse de Cellettes. Le Moulin-Neuf existe encore sur la rivière du Beuvron.

[2] Ce personnage est Eudes Borgoil, surnommé Male-Mouche, qui paraît dans la charte XXIV. Voir note 3 de la p. 41.

[3] Cette charte est reproduite dans le *Cartulaire*, f° 46 r°.

CCIV.

Don au prieuré de Saint-André de Hamla.

« De Sancto-Andrea in Anglia. »

(1135 circa.)

« Ego Emma, uxor Rogerii Alis (¹), notum fieri volo tam futuris quam presentibus quod dederim monachis Tyronensibus apud Sanctum-Andream de Hamla manentibus, pro salute anime mee et conjugis mei et antecessorum meorum, terram et prata que possident apud Auditonam, libere et quiete et absque ulla seculari consuetudine. Hanc autem donationem dedi ego Emma in capitulo monachorum Sancti-Andree et posui super altare, presentibus monachis : Gaufrido priore, Roberto Rufo ejus nepote, Haimerico sacerdote, Erchenbaudo, Rualleno, post facto monacho, cujus peticione et familiaritate hoc totum feci. Inde sunt testes : Gervasius miles, Ricardus filius meus, Eawardus *de Stanhan*, Eawardus Juvenis, Guillelmus de Christianivilla, Guillelmus de Vallibus. Pro hac autem donatione receperunt me in sororem predicti monachi et filios meos in confratres, et omne genus meum vivorum et mortuorum in Tyronensis ecclesie beneficium. »

(*Cart. de Tiron*, f° 49 v°.)

CCV.

Abandon à l'abbaye des dîmes de Cintry.

« De Cintriaco. »

(1135 circa.)

« Quod memorie posterorum tradere volumus litterarum apicibus

---

(¹) Parmi les principaux vassaux du comte de Breteuil, nous retrouvons Guillaume Alis. Il a laissé son nom à deux moulins, situés l'un à Breteuil, l'autre à Carentonne, près Bernay.

commendare satagimus : omnibus igitur sancte ęcclesię fidelibus notum sit quod Hugo de Monte-Bernardo, et Roschus de Baugentiaco ([1]), et Lebertus de Paveia, gener ejus, et Theodericus Pluisnela, sororius ejus, et uxores eorum, et Garnerius et Goslenus, filii Theoderici, omnem decimam omnium animalium, quam calumpniabant contra monachos Sancti-Salvatoris *de Tyron* degentes apud Cintriacum ([2]), solùtam et quietam eis im perpetuum reliquerunt. Insuper autem, pro remedio peccatorum suorum, dederunt eisdem monachis decimam III^{or} agripennorum terre extra omnia edificia domorum eorum ubicumque monachi eligerent. Ipsi vero monachi ita elegerunt ut tres agripennos extra vineam caperent et quicquid infra clausuram vinee erat pro uno agripenno, quantumcumque terre esset, haberent. Hec autem omnia concesserunt predictus Hugo de Monte-Bernardo et alii omnes quos supra denotavimus. Hoc etiam concessit Goffredus Camberlanus *de Puisath*, de cujus feodo hec decima de qua agitur erat, misitque donum suum cum cutello super altare Sancti-Georgii de Cintriaco. Unde sunt testes : Radulfus de Baugentiaco ([3]), Henricus senescallus, Umbaldus *de Villereth*, et Petrus privignus ejus, et Durandus de Medunno, et Christianus de Cintriaco. ».

(*Cart. de Tiron*, f° 60 v°.)

([1]) Dans la charte XLI, ce même personnage est appelé *Roscha de Baugentiaco* : la leçon *Roschus* est évidemment préférable.

([2]) Le prieuré de Cintry, un des plus anciens de l'abbaye de Tiron, avait été fondé dans les environs de Beaugency à la suite de la donation faite par le roi Louis le Gros (voir charte VII). Nous n'avons pu retrouver l'emplacement exact de ce prieuré ; mais nous avons cru devoir traduire *Cintriacum* par Cintry plutôt que par Cintray, comme nous l'avions fait précédemment.

([3]) Vers l'an 1108, Raoul de Beaugency assiste à l'accord fait entre Louis VI et Gui Troussel, seigneur de Montlhéry, accord aux termes duquel Gui Troussel céda au roi sa seigneurie de Montlhéry. Une charte du Cartulaire de Beaugency, de la même année environ, nous fournit le nom de la femme de Raoul, Mathilde, et de ses enfants : Hugues, Simon, Lancelin, Raoul, Agnès et Mathilde. Son second fils Simon, puis son troisième fils Lancelin lui succédèrent dans la seigneurie de Beaugency. — On voit dans les *Lettres de saint Ives* la relation d'un différend qui surgit en 1114 entre Raoul et son suzerain Thibaut IV, comte de Chartres.

CCVI.

Confirmation par Arnaud de la Ferté de terres et d'un moulin donnés à l'abbaye.

(1135 circa.)

« Ego Arnaudus, Feritatis dominus (¹), universis fidelibus tam posteris quam presentibus notum fieri volo Gislebertum de Curia-Episcopi, servientem meum, dedisse Deo et monachis Tyronensibus in perpetuam elemosinam totum feodum Amicii, ita quod plexicium quod in eodem feodo est et unam carrucatam terre circa ipsum plexicium quiete et libere ipsi monachi possidebunt, reliquum vero ejusdem feodi campartem reddet predicto Gisleberto, et insuper de unaquaque bovata terre XII denarios, ad festum sancti Remigii, remoto quolibet alio servicio et consuetudine. Preterea sciendum quod memoratus Gislebertus et Gauterius de Lamborria similiter dederunt memoratis monachis medietatem molendini quod in predicto feodo est. Hoc donum tam terre quam molendini ego Arnaudus, Feritatis dominus, de cujus feodo est, concessi et in tutelam meam suscepi, Arnaudus quoque filius meus et Guillelmus et Hugo (²). Concessimus etiam in prefata elemosina feriam pre-

---

(¹) La généalogie des seigneurs de La Ferté-Arnaud (depuis La Ferté-Vidame) est assez difficile à établir. Les renseignements les plus certains que nous trouvions sont tirés d'une charte donnée par Hugues, archevêque de Tours, à l'abbaye de Saint-Père vers 1140. Dans cette charte l'archevêque rapporte que Guillaume de La Ferté, son frère, avant de partir pour la Terre-Sainte, donna à l'abbaye le bois dans sa forêt de La Ferté. Ce don fut confirmé par Arnaud, fils de Guillaume; puis celui-ci étant mort peu de temps après le départ de son père pour la Palestine, l'archevêque lui-même confirma cette donation devant tous ceux qui étaient venus aux obsèques d'Arnaud de La Ferté. Il la fit ensuite renouveler par Hugues, frère d'Arnaud, qui avait succédé à celui-ci dans la seigneurie de La Ferté.

(²) Guillaume et Hugues nous paraissent être les deux frères d'Arnaud : Hugues, comme nous venons de le dire, devint seigneur de La Ferté à la mort de son frère; quant à Guillaume, plus connu sous le nom de Guillaume de Ferrières, il devint vidame de Chartres vers 1115 par son mariage avec Elisabeth, fille de Guerry, puis ayant succédé à Hugues dans la seigneurie de La Ferté, il réunit celle-ci au vidamé de Chartres, auquel elle resta annexée jusqu'à la Révolution.

fatis monachis liberam et quietam ab omni consuetudine, ad festum sancti Johannis; hominibus autem eorum nemora mea ad hospitalicium et ad calefactionem, et pasturam eorumdem nemorum juxta consuetudinem meorum hominum. Donum Gisleberti concessit uxor ejus Christiana, et Balduinus filius ipsius, et Ascelina filia. Hec itaque ut rata permaneant, et sigilli mei impressione et veracium testium assertione roboravi. Addendum est premissis et similiter roborandum quod in supradicto molendino supradicti monachi molendinarium ad libitum suum mittent et auferent, et eorum justicie subjacebit. Horum testes sunt: Hugo de Roseria et Gauterius frater ejus, Girardus *de Loun*, Hugo de Lamborria, Odo clericus domini Arnaudi, Andreas capellanus Sancti-Mauricii, et plures alii. »

(*Chirogr. orig. en parch.*)

CCVII.

Don par Thibaut l'ermite à l'abbaye du Gué-de-Launay d'une terre près La Loupe.

« De Vado-Alneti. »

(1135 circa.)

« Notum sit cunctis fidelibus quatinus Hugo Amicus-Bonus de Valeniis omnem dedit terram Teobaudo heremite, fratri suo, quam tenebat a quodam domino Odone nomine, de Lodopa cognominato, justa terminum ejusdem loci Lodope scilicet existentem. Hanc vero terram ipse Teobaudus, cum maneret secus ipsum locum, tribuit monachis Alneti, id est ecclesie Sancti-Laurencii, in elemosina, liberaliter atque absolute possidendam, sicuti ipse eam quippe a fratre suo velud ex patrimonio absque calumnia possederat. Istud namque beneficium non solum concesserunt domini de quorum feodo terra videbatur, sed etiam tuendam et ad opus monachorum conservare promiserunt, Hugo videlicet Bonus-Amicus, Odo de Lodopa supradictus, Hugo de Valeniis dominus(¹), et cum ejus uxore Garnerius ipsius filius et ceteri cuncti a quibus oportebat concedi. Et inde sunt testes : Hugo *Caradous*, et Ranulfus Hurtadus, Ricardus cocus, Engelbaudus denique Guitellus et ceteri quorum nomina tacentur (²). »

(*Cart. de Tiron*, f° 65 r°.)

CCVIII.

Don d'une terre à Péronville.

« De Spesovilla. »

(1135 circa.)

« Notum sit omnibus tam presentibus quam futuris quod ego Hauricus(³) dedi monachis *de Tyron* terram solutam et liberam sine aliquo retinaculo, in villa que dicitur Espesovilla, partim pro Dei amore, partim pro terreno commodo. Dedit enim michi xx solidos monachus qui tunc preerat obedientie de Spesovila, nomine Ernaudus Malboveri, et ovem unam albam (⁴) cum agno suo et dimidium sextarium pisi (⁵) uxori mee, et ita concessit ipsa cum liberis suis, et socero meo Guidoni *de Dotein* dedit duos solidos, concedentibus dominis meis, de quorum

---

(¹) Nous avons déjà parlé de cette famille de Valennes (charte LXXVIII). Elle fut longtemps puissante dans les pays du Maine et du Bas-Vendômois. En 1381, Geoffroy de Valennes, chevalier, est témoin du testament de Foulques de Valennes, chanoine de l'église du Mans, par lequel celui-ci lègue au Chapitre du Mans son fief de Chenillé, *de Chenilleyo*, en la paroisse d'Yvré-l'Évêque, *de Ebriaco-Episcopi*.

(²) Une copie de cette charte existe aux Archives départementales de la Sarthe (H. 84).

(³) Voir *supra*, charte XL.

(⁴) Les brebis blanches, comme les bœufs blancs, étaient particulièrement estimées au Moyen-Age; mais la mention même de cette couleur privilégiée est une preuve que les brebis noires étaient alors beaucoup plus communes qu'aujourd'hui.

(⁵) La culture des pois était très répandue au Moyen-Age. La redevance payée ici à la femme de Hauricus devait être destinée, soit à la nourriture des pigeons, soit à la préparation du potage aux pois, très estimé alors dans le Perche.

feodo terra illa michi et antecessoribus meis proveniebat, scilicet Petro et Erchenbaudo, filiis Huberti de Espesovilla, concedente etiam sorore eorum nomine Deelina. Est autem hec terra conjuncta terre quam ipse Hubertus de Espesovilla, pro remedio anime sue, dedit eisdem monachis *de Tyron*. Dedit etiam monachus supradictus Ernaudus Petro, domino ejusdem feodi, v solidos et matri ejusdem Petri atque victrico suo v solidos et porcam unam. Factum est hoc totum in presentia horum testium : Simonis et Roberti, avunculorum Petri de Espesovilla, Odonis de Geminiaco, Helderii sacerdotis, Pagani de Pertis, Borgonii, Rogerii de Brocia, Odonis Bosloveri, qui fuit ad metandum et ad dividendum et ad recognitionem pactorum. »

(*Cart. de Tiron*, f° 27 r°.)

CCIX.

Don au prieuré de Croixval de terres à Fains et à Chervigny.

« De Cruce-Vallis. »

(1135 circa.)

« Notum sit omnibus christianis tam presentibus quam futuris quod scilicet Odo de Aco, quidam de Turneio miles, vitam suam moresque in melius converti cupiens, se suaque dedit monachis Sancti-Salvatoris *de Tiron*. Quod datum fecit super altare Sancte-Marie-Magdalene de Crucis-Valle, astante Petro fratre suo, et Aales uxore sua, atque Girardo Vanerio, sponso illius[1], hoc ipsis concedentibus. Dedit itaque predictus Odo monachis de Crucis-Valle totam terram de Fenis usque ad Fossam-Claram, et duas partes omnium decimarum de feodo Chebrineiensi. Hujus rei testes sunt : Fulbertus presbiter de Turneio, et Hugo miles *de Treiet*, et Hildeardis uxor ejus atque filia Agatha, que eciam pro concessu habuit duos nummos. Ipse etiam Petrus, predicti Odonis frater, pro hac eadem concessione accepit a monachis IIII^{or} nummos.

[1] Il y a évidemment ici une lacune dans le texte : il manque le nom de la fille d'Eudes, dont Girard Vannier devait être le fiancé.

Sciendum vero quod predicti monachi prebebunt ipsi Girardo duos solidos in auxilium unoquoque anno quamdiu feodus deservierit. Hujus rei sunt testes: Garinus de Marreio (¹) sepedicti Odonis avunculus, et Robertus filius, et Giffardus de Alnetis et *Freslon* milites, et Augis de Aco, et Bernardus Vanerius, Simon fornarius, et Hugo *Gofart*, atque Hugo Helinandus, et Hugo de Fenis, et Odo Aaliz, et Giraudus metarius, Johannes Rufus, *Tibot* (²) Granoilla, Auveius, Robertus cocus et Robertus frater Alexandri de Turneio, et Ada uxor Gifardi, et *Hielent* mater Alexandri, et Basilia uxor ejusdem. Hoc actum est in illo tempore quando Raginaudus Magnus prioratum ipsius loci tenebat. »

(*Cart. de Tiron*, f° 66 v°.)

CCX.

Abandon à l'abbaye d'une terre à Mareuil.

(1135 circa.)

« Ego Guillelmus, Tyronensis ecclesie, Dei permissione, minister, notum esse volo omnibus tam presentibus quam futuris Gaudinum, filium Teobaudi Hervei, calumpniam totam quam nobis faciebat de terra quam habebamus et habemus juxta Marogilum, in loco qui dicitur Ad-Fontem-Sancti-Petri, quietam clamasse Aurelianis, in claustro canonicorum ecclesie Beate-Marie que est inter murum et fossatum (³), pro remedio anime sue antecessorumque suorum, presente Hugone de Rochiis et Teobaudo, cognatis suis, Rainaudo quoque de Sancta-Columba, Jor-

---

(¹) La famille de Marray habitait depuis longtemps le Vendômois. En 1068, Robert de Marray avait fait un accord avec les moines de Marmoutier pour la terre de Fourvant, dépendant du prieuré de Fréteval.

(²) C'est déjà notre nom actuel, *Thibaut*.

(³) L'église dont il est ici question est celle de Notre-Dame-de-Bonne-Nouvelle. Elle fut rebâtie en 1024 par le roi Robert et donnée par lui à des chanoines réguliers, qui y demeurèrent jusqu'en 1149. A cette époque, Simon de Beaugency, à laquelle elle appartenait *jure hereditario*, la remit entre les mains de Manassès de Garlande, évêque d'Orléans, qui la donna à l'abbaye de Marmoutier.

dano, Stephano filio Calciardi, Roberto de Costiceio, Jacobo, Archenbaudo, multisque aliis presentibus. »

(*Cart. de Tiron*, f° 72 v°.)

CCXI.

Confirmation au prieuré de Saint-Ouen d'un pré à Villemigeon.

« De Tornam. »

(1135 circa.)

« Universi noscant quatinus pratum apud Villam-Meiom, sicut Gauterius de Villa-Meion tenuerat, ita Gislebertus, quondam regis pincerna, uxorque ejus Eustachia filiique ejus Guido et Manasses, insuper et soror eorum Aloisa nomine, monachis Sancti-Audoeni concesserunt, in presencia fratris sui Stephani. Teste : Johanne de Campis, Milone *de Corterei*, Radulfo de Corcellas, Petro Magistro, Hatone fabro de Turnomio, Roberto de Marna; testibus etiam de monachis : Engelbaudo priore. »

(*Cart. de Tiron*, f° 73 v°.)

CCXII.

Don par Robert Picard de tout ce qu'il possédait à Charencey.

« De Carenceio. »

(1135 circa.)

« Notum sit omnibus fidelibus quod Robertus Picardus (¹), pro anima sua suorumque antecessorum, dedit Deo et Beate-Marię Sanctoque Mauricio et monachis *de Tiron* quicquid habebat in feodo Charen-

[1] Guillaume Picard fut tué en 1099 dans un des assauts donnés à Jérusalem. Nous croyons que Robert était son fils.

cii, scilicet tres partes feodi et aream molendini in eodem feodo quam tenebat a filiis Girardi filii Fulberti et Guillelmo. Monachi vero hac de causa cuidam filię suę Hersendi nomine, siquando maritum acciperet, xxx solidos promiserunt; quod si mallet, ad religionem reciperent. Concesserunt uxor ejus Richeldis et filię ejus Alberga et Hersendis. Hujus autem rei testes sunt : Rogerius presbiter Carenceii, et Robertus Holdeberge et Goffredus filius ejus, et Paganus famulus monachorum. Postea vero Guillermus de Busseio, de cujus feodo erat, hujusmodi contradicens donum, diu elemosinam disturbavit; sed deinceps, divina disponente sapiencia, que novit percutiendo sanare et occidendo vivificare, Fulbertus, frater ejus, qui cum illo quartam partem hujus feodi obtinebat, quadam gravi tribulatione contrictus est. Hac de causa,....

. . . .

(*Cart. de Tiron*, f° 74 v°.)

CCXIII.

Fondation du prieuré de Bois-Aubry.

(1135 circa.)

« Ego Briccius *de Chillo*, pro remedio animę meę et pro animabus patris et matris meę et uxoris meę, concedo Deo Salvatori et monachis *de Tiron* locum Sancti-Michaelis Lucizensis ([1]), quem dederam Domino Roberto sacerdoti ([2]) qui, pro amore et honore omnipotentis Dei, ipsum locum honeste jam edificatum prefatis monachis cum suis facultatibus

---

([1]) Le prieuré de Saint-Michel de Luzé, ainsi appelé de la paroisse dans laquelle il avait été fondé, aux environs de l'Ile-Bouchard, ne tarda pas à être érigé en abbaye, et peu après perdit son nom primitif pour prendre celui de Bois-Aubry. La chapelle de l'abbaye existe encore et offre un précieux spécimen de l'architecture du XII° siècle.

([2]) Suivant M. Hauréau (*Gallia Christiana*, t. XIV), ce Robert aurait été moine de Tiron et ce serait à ses prières que Brice de Chillon aurait fondé l'abbaye de Bois-Aubry. Nous doutons fort de la légitimité de cette qualification de moine de Tiron donnée au prêtre Robert, d'autant que M. Hauréau suppose que, dès le commencement du XI° siècle, *ineunte undecimo sæculo*, les religieux de Tiron se seraient établis à la celle de Saint-Michel : or l'abbaye de Tiron, nous l'avons vu, ne date que de 1114.

donavit. Dono siquidem prefato abbati et monachis ejus tantum terre quantum xx et iiii boves excolere poterunt; quod si abbatiam in prefato loco, ut jam statuerunt, concesserint, quantum xxx. Dono preterea ad vineas edificandas sive ad hortos tantum terrę quantum plantare voluerint. Concedo insuper convalles nemoris ad prata edificanda et quicquid nemoris ad usus eorum necessarium fuerit preter illam partem quam ad opus meum in defensione posuero. In illa vero parte concedo omnes arbores ad usus eorum preter quercus; si vero intra terram quam eis dono arbores mittere voluerint quiete possideant. Omnium etiam animalium eorum pasturam in toto nemore eis concedo. Si vero in illa parte quam in defensione posuero glandes vel ea quibus porci pascuntur fuerint, sicut et in alio nemore quiete et sine aliqua exactione eis concedo. Concedentibus fratribus meis Alealmo et Bosone capicerio, assensu etiam uxoris meę Aanoris et filiorum meorum Aelelmi atque Radulfi, et filiarum mearum Marię et Lisoye et Gelle et Milesendis. Testes sunt.: Robertus heremita; Guillelmus, Alveredus, discipuli ejus; Girardus, prior Sancti-Leonardi de Insula[2]; Paganus, sacerdos *de Rille*; Hugo *de Maippe*; Hugo de Cheselis. »

(*Cart. de Tiron*, f° 83 r°.)

CCXIV.

Don par Mathieu de Vernon de tout ce qu'il possédait à Tourny.

« De Turneio. »

(1135 circa.)

« Notum sit omnibus quod ego Matheus de Vernono dono Deo et monachis *de Tirun*, pro salute mea et animarum parentum meorum,

---

[1] Le prieuré de Saint-Léonard de l'Isle-Bouchard, dépendant de l'abbaye de Marmoutier, avait été fondé au XIe siècle. Il en reste encore des ruines qui attestent l'importance ancienne du prieuré. « Sous le rapport de l'élégance et de la perfection de » l'ensemble, l'église de Saint-Léonard est incontestablement un des édifices les plus » curieux du XIe siècle. L'œil le moins exercé y reconnait sans peine une œuvre pure- » ment romane. »

totam terram quam in dominio meo tenueram in partibus ubi hospitati sunt ipsi monachi, et boscum de Tronceio sicut via Faii separat, et quicquid, pro salute animarum suarum, dare eis voluerint de feodo meo homines mei legitimo dono. Hoc autem factum est antequam ducerem ego Matheus uxorem : uxor tamen mea Ysabel postea hoc concessit. De his omnibus testes sunt : Ivo decanus de Sancto-Egidio, Odo filius Hugonis, Radulfus *Bufart*, Odo filius Ameline, Robertus de Albinio, Radulfus filius Aeles, Robertus de Sancta-Columba, Richardus filius Engeles, Ascelinus Calcensis.

» Postea vero Eustachia, predicti soror Mathei, eisdem dedit monachis apud Miseium vi acras terre de predicti feodo Mathei, et Henricus de Sancto-Egidio unam acram, Radulfus filius Adeles i acram, Willelmus de Querceto i acram, Gislebertus *Trehout* iii acras, Galterius factus Tironii monachus([1]) ii acras et dimidiam.

» Simon de Porco-Mortuo quoddam vadimonium habebat super viii libras, quod, concessione predicti Mathei, dedit monachis si sine herede masculo moreretur, cum excremento sicut in manu ipsius Simonis excrescere poterit, testimonio Willelmi sacerdotis et ipsius Mathei. »

(*Cart. de Tiron*, f° 57 r°.)

CCXV.

Confirmation par Hugues de tous les dons faits à l'abbaye par son père, Geoffroy IV, vicomte de Châteaudun.

« De vicecomite Castriduni. »

(1136/7, 6 janv.)

« Quia cotidie eunte ad detrimentum refrigescit caritas multorum vixque invenitur qui faciat bonum, presertim cum in tantum excreverint malum ut qui sua pauperibus noluerint erogare propria si nequeunt

---

([1]) Ce Gautier, moine de Tiron, est le même que nous trouvons désigné sous le nom de *Galterius granearius* dans la charte CLXXXVII.

sibi mancipare, saltem moliuntur corrodere. Noscat universalis ecclesia quod domnus Hugo, venerabilis Gaufridi Castriduni vicecomitis filius, in anno quo pater ipsius, predictus Gaufridus, apud Fractam-Vallem, in carcere Ursionis tenebatur (1), concessit nobis Tyronii monachis quecumque de feodo patris sui et matris sue venerande Heloyse usque ad tempus illud habueramus, in terris, in pratis, in bosco, in aquis, in molendinis, in redditu et universaliter in omnibus(2), si qua que in his non contineantur inveniri poterint alia. His videlicet signis quod, quodam die festo Theophanie ipsius anni quo supradictus ejus pater G[aufridus] in captione supradicta custodiebatur, convenerunt apud Tyronium ut de placito suo in medium conferrent iste Hugo, Gaufridi filius, cum matre sua Heloysa, et Vindocini comes Gaufridus (3), et filius ejus Gaufridus, et Silvester de Sancto-Karilelfo, et Hebradus Putisatii dominus, et alii quorum subscribuntur nomina : Geldoinus *Desree*, Matheus Rufus, Hugo Viator, Grippa, Theobaldus de Grena, Gauterius, Gaufridus. Hii omnes, excepta domina Heloysa, in capitulo nostro Tyronii fuerunt, et cum aliis pluribus audierunt quod venerabilis predictus Hugo que superius leguntur nobis concesserit, et quod Hebradus, Putisatii dominus, rogatus a nobis similiter fecerit, videlicet quod ea que pater ejus Hugo de feodo suo nobis concesserat iste concesserit. Horum omnium qui prenominantur sunt testes, quia fuerunt presentes. Hec autem facta sunt anno ab incarnatione Domini M. C. XXXVI. »

(*Cart. de Tiron*, f° 24 r°.)

(1) On sait en effet que Geoffroy IV, vicomte de Châteaudun, fut fait prisonnier, en 1136, par Ursion de Fréteval, et retenu pendant plusieurs mois en captivité dans le château de Fréteval. Durant sa captivité, son fils Hugues eut l'administration de la vicomté de Châteaudun.

(2) Parmi les dons faits à l'abbaye de Tiron par le vicomte Geoffroy se trouvait le droit de percevoir toutes les coutumes dans la ville de Châteaudun, chaque dixième semaine. L'Hôtel-Dieu de Châteaudun ayant reçu, au mois de février 1201, du vicomte Geoffroy V le droit de foire pendant un jour à la fête de la Madeleine, prétendit être exempt de toutes coutumes envers l'abbaye quand la foire tombait dans sa dixième semaine : un assez long débat s'ensuivit qui fut terminé par une transaction en 1276.

(3) Geoffroy Grisegonelle, comte de Vendôme, était l'oncle de Hugues : il avait épousé Mathilde de Châteaudun, sœur de Geoffroy IV.

CCXVI.

Fondation du prieuré de Corseth et don de revenus à Pont-Rousseau.

« De Corseth. »

(1137 circa.)

« Notum sit omnibus hominibus quod Conanus, dux Britannorum, et Hermeniardis mater ejus ([1]) dederunt Pontem-Roselli monachis de Tirone et calceam et duos denarios de unaquaque quadriga, unum de suo jure proprio, alterum de jure baronum, quod et ipsi concesserunt. Dedit etiam comes eis tres nummatas ciborum in quacumque die fuerit Nannetis, et de siccis lignis suę forestę quantum opus fuerit ad calceam faciendam, et plateam quamdam ad domum componendam ([2]). Quod si aliquis heres suus hanc elemosinam auferre vel etiam minuere presumpserit, sub anathemate ponatur et a monachis maledicatur : sic enim Conanus constituit. Isti duo denarii sunt de calcea, quorum alterum comes, alterum donant barones : de Ponte-Roselli sunt alii duo, quos comes eisdem monachis dudum dederat ([3]). Hujus autem elemosine sunt testes : Hermengardis, comitissa ; Herveus, ejus capellanus ; Daniel, capellanus comitis ; Geraudus monachus, cui elemosina hec primum data est ; Hamericus, filius comitis ([4]) ; Johannes *de Coche* ; Gau-

[1] Ermengarde, fille de Foulques IV le Réchin, comte d'Anjou, après avoir été répudiée par Guillaume IX, duc d'Aquitaine, avait épousé en 1093 Alain Fergent, dit *le Roux*, duc de Bretagne, dont elle eut entre autres enfants Conan III, dit *le Gros*, qui succéda à son père. Elle mourut le 1er juin 1147.

[2] Nous pensons que c'est cette donation à l'abbaye de Tiron d'un emplacement pour construire une demeure qui fut l'origine du prieuré de Corseth : cependant nous trouverons plus loin une autre charte qui se rapporte à la même fondation.

[3] Voir *supra*, charte CLXI.

[4] Les historiens ne citent que deux enfants de Conan III : Hoël VI que le duc désavoua avant sa mort, et Berthe, mariée en premières noces à Alain le Noir, comte de Richemont, et en secondes noces à Eudes, comte de Perhoët. Nous n'avons rencontré nulle part la mention d'Aimery, dont la naissance nous semble avoir été illégitime.

fridus et Aufre *de Sion*; Gaufridus, filius Garini; Mainardus de Guerrandia; *Dagan; Bormaut* (¹). »

(*Cart. de Tiron*, f° 84 v°.)

CCXVII.

Don d'une charruée de terre à Brimont.

« De Brimonte. »

(1137 circa.)

« Notum sit omnibus futuris et presentibus quod ego Guillelmus *de Follet* dono Deo Salvatori et monachis Tyronii unam carrucatam terre in Brimonte. Hoc autem donum concessit uxor mea Hersendis. Hujus rei testes sunt : Guillelmus filius Anseis; Paganus *Riboth*; Robertus de Moteia; Richerius de Platea; Robertus Flavus; Odo de Fractigneio (²); Gosbertus, frater ejus; Hugo Gauganus; Engerricus carpentarius; Odo sacerdos; Garinus de Alto. »

(*Cart. de Tiron*, f° 10 r°.)

CCXVIII.

Don au prieuré des Coutures de la dîme de Piponvilliers.

« De Cultura Mereil. »

(1137 circa.)

« Notum sit omnibus hominibus tam futuris quam presentibus quod

---

(¹) Ermengarde était partie en 1131 pour la Terre-Sainte, où elle demeura quatre ans. Nous ne croyons donc pas pouvoir assigner à cette charte une date antérieure.

(²) Eudes de Frétigny était dans les ordres. Il fut témoin d'un accord passé entre les moines de Saint-Denis de Nogent et Garnier de Frétigny pour les dîmes de l'église de Frétigny, que Hugues, père de Garnier, avait données au prieuré.

ego Erardus Curciaci (¹) et conjux mea Hildeardis, pro animabus nostris et antecessorum nostrorum, dedimus Deo Salvatori et abbati et monachis Tironii decimam culture nostre de Piponvillari, et super altare celle Culture (²) ad primam missam que ibi cantata fuit (³) donum fecimus, et hoc Johanni filio nostro concedere fecimus. Testes : Vitalis archipresbiter, Robertus Niger sacerdos, Gauterius de Bosumvilla, Frogerius de Abbatia, Adam de Crutis, Hugo frater ejus. »

(*Cart. de Tiron*, f° 72 r°.)

(¹) Le mot *dominus* manque dans le Cartulaire original. Evrard devait en effet être seigneur de Courcy-aux-Loges, aujourd'hui commune du canton et de l'arrondissement de Pithiviers.

(²) Nous avons l'original de la prestation de serment faite en 1510 à l'abbé de Tiron par Jean Langlois, prieur de Saint-Laurent des Coutures. Nous reproduisons cette pièce; car cette formule de serment était certainement identique pour tous les prieurs nouvellement élus : « *Ego frater Johannes* Langlois, *prior prioratus Sancti-Laurentii de Cultura, Aurelianensis diocesis, membri ab insigni monasterio Sanctissime-Trinitatis de Tyronio, Carnotensis diocesis, immediate dependentis, juro et promitto, per votum mee religionis, fidelitatem, reverentiam, obedientiam et honorem defferre et exhibere reverendo patri et domino meo domino Ludovico* de Crevant, *abbati dicti monasterii Tyronensis et ejus successoribus canonice intraturis, jura et proprietates dicti mei prioratus pro posse observare et alienata recuperare, super ipsum prioratum residentiam trahere personaliter nisi super hoc mecum fuerit dispensatum, in capitulis generalibus dicti monasterii personaliter et annuatim comparere et interesse, excusatione tamen legitima cessante, pensiones capitulares dicti mei prioratus debitas et alia omnia, si que debeantur, eidem domino abbati aut ejus receptori reddere et persolvere, terminis assuetis, dictumque meum prioratum divinis non defraudare obsequiis, ymo bene et laudabiliter deservire aut deserviri facere; et alia prestiti juramenta prestari assueta. Sic me Deus adjuvet et sancta ejus euvangelia. Teste signo meo manu hic apposito, die duodecima mensis januarii, anno Domini millesimo quingentesimo decimo. Et hec prestiti juramenta in manibus fratris Philippi* de There, *prioris claustralis dicti monasterii Tyronensis, in absentia dicti reverendi patris et domini mei abbatis Tyronensis*. Signé : f. Jehan Langloys. »

(³) Nous avons déjà publié la charte de donation de la terre des Coutures faite à l'abbaye de Tiron (voir charte CLX). La pièce que nous éditons en ce moment, si elle était datée, nous donnerait l'époque précise de la fondation du prieuré des Coutures : nous la croyons de très peu antérieure à l'acte de donation de Froger de Mareau, daté de 1138.

CCXIX.

Confirmation par Louis VII d'une terre donnée par Anthelme de Groslay.

« De Grooleto. »

(1138.)

« L[udovicus], Dei gratia, rex Francorum et dux Aquitanorum, omnibus fidelibus sancte ecclesie notum facimus quod terram quam Antelmus de Groolento monachis Tironensibus dedit (¹), qui de feodo nostro erat, nos eisdem monachis liberam ab omni consuetudine jure perpetuo obtinendam concedimus, ita quod nichil nobis aut successoribus nostris in ea retinemus. Actum publice Parisius, anno incarnati Verbi M° C° XXX° VIII°, regni nostro I, astantibus in palatio nostro quorum nomina subtitulata sunt et signa. Signum Willelmi buticularii. Signum Mathei constabularii. Signum Mathie camerarii. Dapifero nullo. Data per manum Algrini cancellarii (²). »

(*Vidimus orig. en parchem.* de 1262 (³). — *Cart. de Tiron*, f° 61 v°.)

(¹) D'après une note jointe au Cartulaire original, la terre donnée par Anthelme de Groslay est celle qui forma le fief de Tiron à Paris. Nous rencontrerons dans la suite de ce *Cartulaire* un assez grand nombre de pièces relatives à ce fief, dont un plan assez informe existe aux Archives départementales d'Eure-et-Loir.

(²) Le *Cartulaire de Notre-Dame de Paris* (T. II, p. 395) contient une notice de cette pièce : « *Ludovicus, rex Francorum et dux Aquitanorum, liberam ab omni consuetudine concedit monachis Tyronensibus terram, de feodo suo moventem, ipsis monachis ab Ancelino de Grooleto datam.* » On voit qu'il y a une légère erreur dans le nom du donateur.

(³) Ce vidimus donné par Louis IX au mois de septembre 1262 est daté de l'abbaye de Maubuisson, *in abbatia Beate-Marie-Regalis juxta Pontysaram*.

CCXX.

Don au pricuré des Coutures de la terre de Mareau.

« De Cultura. »

(1138.)

« In nomine sancte et individue Trinitatis, ego Frogerius de Marulio(¹) et Osanna uxor mea dedimus Deo et monachis Tironis totam terram nostram de Mauriolo, concedente domina mea Oda et Raginaldo filio ejus, de quorum feodo erat. Testes, ex parte Frogerii : Briccius precentor, Aubertus *de Pivere* et Salo frater ejus, Pinellus de Evra, Sevinus de Marulio, Herbertus de Girunvilla, Hugo filius Cecilie, Bertrannus de Longa-Aqua ; ex parte vero domine Ode et Raginaudi filii ejus : Raginaudus et Tescelinus fratres domine Ode, Raginaudus filius Frehesendis, Pinellus gener Ode, Robertus *Saveir*.

» Sciendum vero est quod Oda et filius ejus Raginaudus pro hac concessione receperunt a monachis Tironensibus XL solidos aurelianensium, et Raginaudus frater sepedicte Ode XX solidos, Jordanus frater ejus V solidos. Hec autem facta sunt anno ab incarnatione Domini M° C° XXXVIII, in castro Piverense. Hoc etiam concessit Ernulfus *Arrabi*, nepos predicti Frogerii, cum cultello quod in signo concessionis posuit super altare capelle Sancte-Marie Culture. Inde sunt testes : Rainaudus nepos Huberti Asinarii, Hardoinus *de Sois*, Odo de Meratvilla, Haimo de Bosumvilla. Et sciendum quod pro hac concessione habuit predictus Ernulfus *Arrabi* XX solidos aurelianenses. »

(*Cart. de Tiron*, f° 72 v°.)

(¹) Nous avions pensé que *Marulium*, *Mereil*, devait se traduire par Mareuil, et ne trouvant aucune localité de ce nom dans les environs de Pithiviers, nous avions attribué cette dénomination à la Neuville. D'après les indications que nous fournissent cette charte et celle publiée par nous sous le n° CCXVIII, nous n'hésitons plus à reconnaitre dans *Marulium*, Mareau-aux-Bois, aujourd'hui commune du canton et de l'arrondissement de Pithiviers.

CCXXI.

Erection en abbaye du prieuré de Bois-Aubry.

« De abbatia Luceziensi. »

(1138.)

« Notificetur omnibus quod monasterium Lucizense, in Turonensi archiepiscopatu, in honore Sancti-Michaelis fundatum, quondam cella extitit monachorum Sanctę-Trinitatis *de Tiron*, plurimis ibidem fratribus sub priore degentibus([1]). Sed quia Bricius *de Chilo*, magne discretionis et generositatis vir, eodem spiritu inspirante quo prius monasterium fundaverat, propter honorem et exaltacionem Sancte-Crucis, in supradicto loco abbatem constitui a domino Willelmo et omni Tironensi conventu poposcit, Deo providente, concessum est. Ipse autem Bricius et frater ejus Adelelmus eandem abbatiam ita liberam omnibus temporibus concesserunt ut nichil in ea posset constitui ab aliqua potestate seculari, scilicet nec ab ipsis vel eorum filiis et successoribus. Concessit etiam isdem Bricius et abba tunc primum in supradicto loco electus et ejus monachi ut omnis abbatum ejusdem loci Lucizensis futura electio in providentia et potestate Tironensis abbatis suique capituli jure perpetuo maneat, quod si ille locus abbatiam facere absque consilio Tironensis abbatis suique capituli fieri non poterit. Si vero quicumque abba supradicti loci Lucizensis vel aliorum locorum eidem subjectorum indecenter ac seculariter, quod absit, se suosque rexerit, vel etiam a nostre humilitatis habitu et aliis nostris religiosis institutionibus recesserit, Tironensis ęcclesię nutu et imperio erit removendus, atque alter qui dignus fuerit constituendus, Turonensis archiepiscopi ubique salvo jure. Hoc etiam provisum est, propter vinculum caritatis et unitatem

---

([1]) C'est sans doute ce préambule qui a fait supposer que, dès le commencement du XIe siècle, la celle de Saint-Michel de Luzé était habitée par des moines de Tiron. Il ne se rapporte en réalité qu'à la première donation de Brice de Chillon (voir charte CCXIII).

fraternitatis, quod quando unusquisque ex abbatibus supradicte ecclesię Lucizensis eligendus erit, ab abbate Tironensi et conventu electus et traditus fuerit et, in presentia abbatis qui tunc preerit fratrumque conventus, matri ecclesię *de Tiron* ejusque rectoribus obedientiamet debitam subjectionem ipse tunc noviter electus abba et ipsius monachi qui tunc presentes aderunt coram Deo et fratribus promiserint. Nec pretereundum quin eandem obedientiam et debitam subjectionem tam abba Lucizensis quam alii convenerint (¹). Quando autem Tironensis abbas ad sepedictum locum Sancti-Michaelis, quem Lucizensem vocari constituimus, vel ad quemlibet locorum ei subjectorum advenerit, honorifice, ut decet, recipietur, et ipse abbas loci propriam sedem sue dignitatis ei preparabit, in choro scilicet, in capitulo, in refectorio, et ubicumque paternam ei reverentiam exhibebit. Et si forte in aliquo locorum monacus contumax vel rebellis contra suum abbatem repertus fuerit, in beneplacito Tironensis abbatis, de loco in alium removeri poterit; et si aliquis frater inobediens extiterit, nequaquam parti alteri sine litteris commendaticiis conjungendus erit. Omnis vero substancię humanitas ita inter eos communis fore promittitur ut cum in aliquo rerum temporalium eguerint aliis ex aliis subvenietur, et spiritualium beneficiorum pro vivis et defunctis tanta unanimitas ut sic pro aliis quam pro suis propriis fratribus ferveat caritas ut etiam nulla penitus sit diversitas. Cum ergo mater ecclesia *de Tiron* suo pastore orbata fuerit, si communi capitulo placuerit, quem libuerit de suffraganeis abbatibus vel monachis in magistrum abbatem sibi proponere poterit, et in ejusdem matris ecclesię capitulo alter eligetur ad regendam ecclesiam cujus pater apud Tironem assumptus fuerit.

» Hoc autem notum sit sanctę ecclesię filiis quod Tironensis ecclesia tale privilegium habet ut quicumque injuriam ei qualicumque causa intulerit, ab ipso papa rectore excommunicandus sit; servantibus autem et idem Christi patrimonium amplificantibus, benedictio et pax a domino Jesu-Christo. Hec autem facta sunt anno ab incarnatione Domini M° C° XXXVIII, regnantibus Ludovico Ludovici in Gallia, Stephano in Anglia. »

(*Cart. de Tiron*, f° 82 v°.)

(¹) Cette phrase est inintelligible.

CCXXII.

Don d'une maison à Chartres.

« De domo Carnotis. »

(1138 circa.)

« Notum sit omnibus tam presentibus quam futuris quod ego Paganus Dromadarius et Ansoldus frater meus dedimus domum Garini, patris nostri, de Querceto, per manus episcopi Gaufridi, monachis de Tyrone. Hujus rei testes sunt : Gobertus coriarius(1), Ricardus filius Algisii, Ernaudusque *de Ver*, et ex parte monachorum : Hubertus Asinarius, Stephanus cordarius, Dagobertus aculearius, Girardus pelliparius. »

(Cart. de Tiron, f° 15 v°.)

CCXXIII.

Restitution à l'abbaye d'une terre à Villandon.

« De Goscelino Gallo. »

(1138 circa.)

« Quo memorie posterorum representari volumus litterarum apicibus commendare satagimus. Notificamus igitur cunctis fidelibus tam presentibus quam futuris quod Goscelinus Gallus et Hersendis uxor ejus, et Guillelmus eorum filius, atque Helvis uxor ipsius Guillelmi terram que est apud Villam-Abdonis quam contra monachos Sancti-

---

(1) La corporation des corroyeurs à Chartres était, au XII° siècle, confondue avec celle des tanneurs. Ce ne fut qu'en 1448 que les corroyeurs reçurent des coutumes particulières. La rue de la Corroierie existe encore à Chartres.

Salvatoris Tyronis calumpniabantur, quam terram Raginaudus de Britiniaco eis monachis, quoniam illis ad manum erat et terre illorum inserebatur, pro alia terra mutaverat, unde etiam, concessionis gratia, ab ipsis monachis xx solidos carnotensis monete acceperat, ecclesiastice religionis judicibus rem diligenter inquirentibus causamque examinantibus, cum nichil illorum juris in ea fore cognoscerent, talemque calumpniam, plus ambitionis cupiditate ac contentionis importunitate quam hereditarie possessionis jure, exortam fuisse animadverterent, ipsis judicantibus coacti sunt dimittere. Hujus rei testes sunt : Guillelmus, monachus, ejusdem domus Ville-Abdonis prior; Salomon Sancte-Marie Carnoti cantor; Hugo subdecanus ; magister Robertus, decanus Seoris; Egidius et Piscis de Braio; Paganus *de Hargenton;* Goffredus famulus et Hamo de Braio. »

(*Cart. de Tiron*, f° 17 v°.)

CCXXIV.

Remise à l'abbaye d'une terre à Menchout.

« De Radulfo de Sancto-Carauno. »

(1138 circa.)

« Noverint fideles cuncti presentes atque futuri quod Radulfus de Sancto-Carauno dedit monachis *de Tiron* omnem terram quam de eisdem monachis tenebat, quam prius de Guillelmo de Sancto-Carauno tenuerat, scilicet in feodo de Mancheiolo et de Curtesia ; quod concesserunt filius ejus Bernardus et filia. Unde caritative ab eisdem monachis predictus Radulfus accepit quatuor libras nummorum, scilicet xl solidos carnotensium et xl solidos meduntorum. Hoc autem factum est in foro Brehervalli, videntibus et audientibus quorum infra sunt nomina, ex parte monachorum : Landricus et Robertus sacerdos, Simon presbiter, Paganus et Boudardus de Forestela, Christianus et Belinus de Neaufeta, Girelmus et Renoldus *de Bellui* ; ex parte vero Radulfi : Radulfus Crassa-Lingua, Gauterius *de Vilers,* Hugo Rufus, Guiardus et Hugo *de Ponz*. »

(*Cart. de Tiron*, f° 76 v°.)

CCXXV.

Lettres de protection par l'archevêque de Tours.

« De Bosco-Alberici. »

(1138 circa.)

« Hu[go], Dei gratia, Turonensis ecclesie minister humilis (¹), karissimo fratri W[illelmo], venerabili Tironensi abbati, et sanctissimo conventui ejusdem cenobii eorumque successoribus in eadem religione regulariter substituendis, in perpetuum. Karitati vestre gratias agimus super hoc quod, amonitioni et peticioni nostrę consenciendo, in loco quod Lucezium vocatur abbatiam fundare, ad honorem Dei et vestri ordinis amplificationem, pio religionis affectu consenxistis. Nos vero ecclesiam vestram et omnia loca ad eam pertinencia paterno affectu amplectentes, habitatoribus ejusdem loci consilium et auxilium nostrum promittimus. Insuper consuetudines quas in vestris aliis abbatiis habetis, salvo jure Turonensis ecclesię, vobis in prefata ęcclesia concedimus (²). »

(*Cart. de Tiron*, f° 82 r°.)

(¹) Hugues II d'Etampes, archevêque de Tours, de 1134 à 1148.

(²) Cette promesse de protection de l'archevêque de Tours ne suffit pas aux religieux de Tiron. Ils fabriquèrent une charte fausse qu'ils datèrent du 29 juillet 1206, aux termes de laquelle Barthélemy, archevêque de Tours, aurait soi-disant reconnu, « ad solum abbatem Tironensem spectare in monasterio Luceziensi et ejus membris omnes punicionem, correctionem, visitacionem, reformacionem, jurisdictionem, coercionem, dispositionem, statutorum edicionem et superioritatem mediatas, et non ad archiepiscopum Turonensem, nisi in abbatis Tironensis negligentiam..... ad solum abbatem Tironensem et non ad archiepiscopum Turonensem spectare receptionem renonciationis, cessionis sive resignationis pure vel causa permutacionis fiende ipsius abbatis Luceziensis de ipso monasterio Luceziensi. »

CCXXVI.

Don de l'église de Saint-Germain de Coulonges.

« De ecclesia Sancti-Germani. »

(1139 circa.)

« Ego Gaufridus, Dei gratia, Carnotensis episcopus, omnibus tam futuris quam presentibus notum fieri volo quod, pro Dei amore, dono et concedo monachis Tyronensibus ecclesiam Sancti-Germani de Colungis quam Symon de Berlainvilla, quia injuste tenuerat, nostre deliberationi dimisit et reddidit, per manum videlicet Hugonis, predicte ecclesie sacerdotis, et Gaufridi, Sancti-Hilarii presbiteri, presentibus Tyronensi abbati Guillelmo et Radulfo de Monte-Hagio ejus monacho, per se enim non poterat quia tunc temporis egrotabat. Ut autem hoc nostrum donum firmum et stabile maneat, presens scriptum inde fieri et sigilli nostri auctoritate precepimus roborari. »

(*Cart. de Tiron*, f° 2 r°.)

FIN DU TOME PREMIER.

www.ingramcontent.com/pod-product-compliance
Lightning Source LLC
Chambersburg PA
CBHW052041230426
43671CB00011B/1746